Franz Futterknecht

Infantiles Bewusstsein

Franz Futterknecht

Infantiles Bewusstsein

Johann Karl Wezels Kritik der Moderne

Ein unschuldiges Kind warst du ja eigentlich, aber
noch eigentlicher warst du ein teuflischer Mensch.
Franz Kafka *Das Urteil*

iudicium

Die Deutsche Bibliothek – CIP-Einheitsaufnahme

Futterknecht, Franz:
Infantiles Bewußtsein : Johann Karl Wezels Kritik der Moderne/
Franz Futterknecht. –
München : Iudicium, 1999
ISBN 3-89129-443-3

Druck: difodruck, Bamberg
Printed in Germany

ISBN 3-89129-443-3

Inhaltsverzeichnis

Vorwort 6

Vorüberlegungen 8

Kindheitsmuster: Primus in Sonderhausen 42

Wissenschaftsgeschichtliche und philosophische Hintergründe 63

Chaos, Wissenschaft und Ästhetik: *Lebensgeschichte Tobias Knauts, des Weisen, sonst der Stammler genannt* 120

Die komische Lebensgeschichte: *Herrmann und Ulrike* 197

Epilog: *Kakerlak* und *Die Wilde Betty* 247

Primärliteratur 261

Sekundärliteratur 266

Vorwort

Die Arbeit an diesem Buch hat viel mehr Zeit in Anspruch genommen, als ursprünglich geplant war. Angefangen hat alles mit einem Gespräch, in dem mir der damalige Mannheimer Philosoph Rainer Specht die Bedeutung der Physiologie des 18. Jahrhunderts nicht nur für die materialistische Philosophie, sondern auch die Romantik und Schelling auseinandersetzte. Da ich gerade ein Buch über Heinrich Heine beendet hatte, der von seinem Denken behauptet, es bilde eine Synthese aus Materialismus und Idealismus, interessierte ich mich spontan für das Medizinerwissen des 18. und beginnenden 19. Jahrhunderts. Dessen Aufarbeitung entwickelte freilich ihre eigene Dynamik, die mich weit in die Epoche der Aufklärung zurückführte. Als mir dann Wezels Schriften und literarische Werke in die Hände fielen, waren sie mir ein willkommener Fund: fast umstandslos ließen sich hier meine neu erworbenen Kenntnisse anwenden. Das erste Manuskript meines Wezelbuches war bereits 1995 fertig. Das Problem war nur, daß ich irgendwie wußte, in Wezel auf etwas gestoßen zu sein, was ich in meiner physiologischen Lesart nur unzureichend begriffen hatte. Seither hat mich der ‚Fall' Wezel nicht mehr losgelassen.

Meine Arbeit daran verlief in Form einer breiten Lektüre von Autoren der späten Aufklärung und der Goethezeit. Immer wichtiger wurde auch das Experimentieren mit Denkansätzen, die mir bei der Fortführung meiner Theorie-Lektüre begegneten. Zwischenergebnisse habe ich in Aufsätzen veröffentlicht, die ich z.T. heute nur sehr ungern wieder in die Hand nehme. Zuletzt kristallisierte sich aus dem Gemisch aus historischen Informationen und neuen theoretischen Fragestellungen der Verstehensansatz heraus, den ich in diesem Buch vorlege. Natürlich hätte ich das Buch nicht schreiben können, ohne auf die Erkenntnisse zurückzugreifen, die die Wezelforschung ans Tageslicht gefördert hat.

Was von meinem Verständnis Wezels zu halten ist, werde ich spätestens erfahren, wenn ich die ersten Rezensionen zu Gesicht bekomme. Wie immer sie ausfallen werden, für mich ist der ‚Fall' Wezel abgeschlossen. Was ich der Beschäftigung mit diesem Autor verdanke, ist mir selbst wohl kaum voll bewußt. Was ich weiß, ist, daß Wezel mein Denken über viele Jahre hindurch in Probleme verwikkelt hat, die nicht nur mein Interesse für die Zeit um 1800 und postmoderne Theorien stimulierten, sondern mein Denken zugleich davor bewahrten, mich in eine der ‚Schulen' einzuschreiben, die die gegenwärtige Diskussion im Gang halten. Das Verständnis der Moderne, das sich im Verlauf meiner Arbeit an Wezel gebildet hat, führt mich freilich jetzt dazu, mich anderen Phänomenen zuzuwenden.

Gainesville, den 27. 3. 1999

Vorüberlegungen

Eine Geschichte der Germanistik wird sich am Leitfaden der Wezelforschung wohl nie schreiben lassen, dazu ist sie allzu lückenhaft. Gleichwohl ist die Beschäftigung mit diesem Autor der Goethezeit heute alles andere als ein randständiges Unternehmen. Das kontinuierliche wissenschaftliche Interesse, dessen sich das Werk Johann Karl Wezels seit über 30 Jahren erfreut, hat nicht nur immer weitere Teile seines Werks zugänglich gemacht, sondern auch eine stattliche Anzahl von Monographien und kürzeren wissenschaftlichen Publikationen gezeitigt. Wezels Reputation wurde dadurch so gefestigt, daß auf beiden Seiten des Atlantiks eine Wezel-Gesellschaft gegründet werden konnte. Ihre zahlreichen Aktivitäten sind ein untrügliches Zeichen dafür, daß Wezel und sein Werk wissenschaftlicher Pflege für wert erachtet werden.

Auffallend ist freilich, daß lange der bei weitem überwiegende Teil der Wezelmonographien Dissertationen waren. Das ist gewiß kein Mangel, denn diese Arbeiten über Wezel waren durchgehend von theoretisch versierten, jungen Autoren geschrieben, und keines der Bücher über Wezel gehört zu jenem lästigen ‚genre ennuyeux', das es auch in der Literaturwissenschaft gibt. Gleichwohl erweckte das Übergewicht der Doktorarbeiten den Eindruck, daß man sich an Wezel allenfalls seine wissenschaftlichen Sporen verdienen konnte, aber auch nicht mehr. Etablierteren Wissenschaftlern schien Wezel zunächst nur einen Vortrag oder Artikel wert. Anerkennung fanden darin Wezels Werke unterm Aspekt einer repräsentativen Zeitgenossenschaft. So fehlt Wezel in keiner jüngeren Untersuchung zur Satire der Aufklärung; häufig wird er auch in Studien zum Roman der Aufklärung behandelt oder im Zusammenhang mit der aufgeklärten Kritik an Empfindsamkeit, Schwärmertum oder Melancholie. Jüngst wurde Wezel sogar als möglicher Autor der anonymen *Nachtwachen von Bonaventura* vorgeschlagen.[1] All das indiziert steigendes Prestige. Trotzdem meine ich, ist der Prozeß der literarischen und geistigen Bewertung Wezels noch längst nicht abgeschlossen. Daß Wezel ein interessanter Autor ist, scheint unbestritten. Die Frage, ob er

[1] Karl-Heinz Meyer: Johann Karl Wezel und die „Nachtwachen von Bonaventura". Der erste Teil einer Beweisführung. In: Neues aus der Wezel-Forschung 2 (1986), S. 62–86

zu den großen Schriftstellern seiner Zeit zu rechnen sei, ist wohl immer noch offen.

Und dafür gibt es verständliche Gründe. Einmal vermißt man die narrative Geschlossenheit der oft mehrbändig langen Romane Wezels.[2] Als Kunstwerke in jenem emphatischen Sinne, den der Werkbegriff seit der Klassik besitzt, sind sie kaum zu bezeichnen. Ein weiterer Grund dürfte der sein, daß Wezel keinerlei oder zumindest keine nennenswerte Wirkungsgeschichte hatte. Verglichen mit den vielen bedeutenden Zeit- und Generationsgenossen, die im letzten Drittel des 18. Jahrhunderts Epoche machten, blieb Wezel ein Außenseiter, der kaum Spuren hinterließ.[3] Wie die Rezensionen seiner Romane bezeugen, war Wezel seinen Zeitgenossen vor allem durch ein Übermaß an subversiver Kritik auffällig, die immer weniger in die Zeit paßte. Je mehr am Ende des 18. Jahrhunderts in der Nachfolge der – wie man sagt – in Krisen geratenen Aufklärung sich jenes neue kulturelle Selbstverständnis konsolidierte, das den Namen von Klassik und Romantik trägt, desto mehr geriet Wezel zur Kuriosität und in Vergessenheit. Tatsache ist jedenfalls, daß im Geschehen, das um 1800 eine neue diskursive Formation zur Herrschaft brachte, Wezels Beiträge und Positionen irrelevant und im wesentlichen ohne Folgen blieben. Tatsache ist ebenfalls, daß seine Werke innerhalb der Literaturgeschichtsschreibung bis in die zweite Hälfte dieses Jahrhunderts nur wenig beachtet wurden. Wezel gehört zu den Autoren, die wiederentdeckt werden mußten. Wiederentdeckungen sind häufig Akte einer Pietät, die nicht zulassen will, daß die Leistungen der Menschen der Vergessenheit anheimfallen, denen kein geschichtlicher Erfolg beschieden war. Ein stärkeres Motiv für Wiederentdeckungen ist das Offenbarwerden eines Sinngehalts in Werken, die der Zeit, in der sie entstanden sind, aus mannigfachen Gründen nichts oder nur wenig zu sagen hatten. Eben dies widerfuhr Wezel, und zwar erlebten seine Werke in dem Maße einen Zuwachs an Bedeutung, in dem die vermeintlich unendlichen Sinnresourcen des inthronisierten, literarischen Kanons der Moderne erschöpft schienen. Es ist deshalb nur folgerichtig, daß Wezel just in der Gestalt wiederent-

---

[2] Innerhalb der neueren Wezelforschung dazu: Elisabeth Holzhey-Pfenniger: Der desorientierte Erzähler. Studien zu J. C. Wezels „Lebensgeschichte Tobias Knauts". Bern-Frankfurt/M-München: P. Lang 1976

[3] Die ausgebliebene Rezeptions Wezel in der Goethezeit beklagt beredt: Phillip S. McKnight: Folgenreiche Weichenstellung: Weimars Nichtrezeption der Dichtungs- und Gesellschaftskritik J. K. Wezels. In: Wolfgang Wittkowski (Hrsg.): Verlorene Klassik? Ein Symposium. Tübingen: Niemeyer 1986, S. 167–184

deckt wurde, in der ihn seine Zeitgenossen verurteilten, nämlich als Außenseiter und Vertreter eines konsequent negativen Denkens.

Weiterhin überrascht es nicht, daß Arno Schmidt, der im bemühten, geistigen Wiederaufbau nach 45 die Rolle des notorischen Störenfrieds spielte, das erste und wirkungsvollste Fanal zur Rehabilitierung Wezels gab. In seinem glänzendem Radiofeature *Belphegor oder Wie ich euch hasse*, das 1961 veröffentlicht wurde[4], figuriert Wezel als eine seltene, weil aufrichtige Intelligenz, die entgegen dem trivialen Reader's Digest Idealismus und der erbaulich-verlogenen Sonntagsethik der Zeit über die Kraft zur grauenhaften Erkenntnis verfügte, daß in Natur und Gesellschaften auf unaufhebbare Weise das Leben und das Wohlergehen der einen auf das Töten und die Ausbeutung der anderen angewiesen sind.[5] Wie im Klappentext lapidar festgestellt, sieht Arno Schmidt Wezel als den Philosophen „einer Welt, die die boshaft-schlechtestmögliche ist". Durch die Verkehrung der Leibnizschen Rede von der „besten aller möglichen Welten" avanciert Wezel zum Gegenpol aller optimistischen Weltanschauungen, für die die *Theodizee,* Leibniz' berühmte Rechtfertigung Gottes, die moderne Stiftungsurkunde bildet. Es paßt in dieses monströse Wezelbild, daß die erste moderne Ausgabe von Wezels populärstem Roman, *Belphegor oder die wahrscheinlichste Geschichte unter der Sonne* 1978 vom Verlag Zweitausendeins publiziert wurde, der vor allem jene verfemten Autoren verlegte, die in den Bücherregalen des gebildeten Bürgertums keinen Platz gefunden hatten.

Unversehens fand sich der wiederentdeckte Wezel in die Reihe jener „Schreckensmänner" eingerückt, die nicht erst seit der Aufklärung, aber seit der Aufklärung vermehrt, so etwas wie die Rolle der ‚Sensenmänner' in der Geschichte des superioren Menschseins spielen. Das Entsetzen, das sie unter den menschenerhöhenden Denkern verursachen, geht davon aus, daß in ihrer Gegenwart alles Ideelle, sagen wir, alle Werte-, Gottes- und Geisteswelten, ‚dahingemäht'

---

4 Arno Schmidt: Belphegor. Nachrichten von Büchern und Menschen. Frankfurt/M: Fischer 1985

5 Sowohl die Ideologie, die die Natur als sorgende Mutter, als auch die, die den Staat als Vater und die Gesellschaft als Familie begreift, nimmt Arno Schmidt im Namen und mit den Worten Wezels gnadenlos aufs Korn. So läßt er z. B. seinen Fromal sagen: „Kann ich dafür, daß die Natur die Erhaltung des einen Wesens auf die Zerstörung des andern gebaut hat?... Kopf hoch, Belphegor: wie leichte Spähne schwimmen wir auf dem Strohme der Nothwendigkeit und des Zufalls fort; sinken wir unter: Gute Nacht! Wir haben geschwommen!" (S. 26)

werden. Das Sein der Menschen erscheint in ihren Lehren auf das der Tiere und Pflanzen reduziert. Ihre Botschaften bilden somit den genauen Gegensatz zu all den Frohbotschaften, in denen die Religionsstifter und metaphysischen Philosophen der Menschheit Würde gaben und sie am Göttlichen teilnehmen ließen. Daß diese Schrekkensmänner ein echtes kulturgeschichtliches Trauma bilden, zeigt sich in Texten wie Jean Pauls berühmter *Rede des Toten Christus vom Weltgebäude herab, daß kein Gott sei.* Aber der Horror vor dem Tode Gottes und der Statusminderung des Humanen, die mit ihm einhergeht, kennzeichnet nicht nur die Goethezeit, er läßt sich in allen Epochen nachweisen, die einen Sinn für die besondere Würde des Menschen, für das Göttliche und Ideale hatten. In kulturellen Krisenzeiten gewinnnen die „Schreckensmänner" jedoch bei denen an Attraktivität, die mit der herrschenden Kultur ins Gericht gehen. So profitierte Wezel in der ersten Phase seiner Wiederentdeckung im Westen von der Aura des Schrecklichen und Negativen, mit der Arno Schmidt ihn umgeben hatte.

Denn dessen böser Text bildete nur ein Vorspiel, die späten 70er Jahre dagegen den ersten Höhepunkt der neuen, aktualisierenden Rezeption der Werke Wezels. Wie erinnerlich hatte sich in der Nachfolge der fehlgeschlagenen oder im Terrorismus verkommenen Studentenrevolte die junge kritische Intelligenz der Bundesrepublik in den 70er Jahren in einer aufgefächerten alternativen Szene organisiert. Sie operierte am Rande der Gesellschaft und nistete sich dort als konsequente Gegenkultur ein. Das heißt, sie mißtraute neben vielem anderen auch der Hoffnung, daß das herrschende Unterdrükkungssystem in absehbarer Zeit abgelöst werden könnte.[6] Kaum zufällig avancierte Wezel zu einer Kultfigur jener Generation verspäteter Revolutionäre, die mit Vorliebe Abrechnung hielt. Wie kein anderer schien er sich ins Bild einer verweigerten Affirmation und radikalen Skepsis zu fügen. Selbst Wezels Wahnsinn war aus dieser Perspektive ein höherer Sinn abzugewinnen.[7] Was jedenfalls an diesem Autor entdeckt und geschätzt wurde, waren sein antiutopisches Denken, sein satirisches Verlachen aller großdimensionierten Fort-

---

[6] Dazu Sabine von Dirke: „All Power to the Imagination". The West German Counterculture from the Student Movement to the Greens. Lincoln-London: U of Nebraska P 1997

[7] Unter den Kritikern der Moderne besteht, wie hinreichend bekannt, ein weitgehender Konsens darüber, daß psychische Gesundheit und Vernunft bei den Wahnsinnigen und nicht bei denen ist, die sich für ‚normal' halten. Auf die

schrittshoffnungen, seine ungebrochen gesellschafts- und ideologiekritische Position, sein Infragestellen all dessen, was als humanisierende Errungenschaften der Kulturen und Religionen gepriesen wurde, seine Einsicht in die grundlegende Begrenztheit menschlichen Wissens und einverständlichen Handelns, und schließlich Wezels Aufkündigung jedes Konsenses mit seiner Zeit, die ihn zum Außenseiter machte und – darin das Schicksal Hölderlins teilend – als Wahnsinnigen isolierte. Der weltanschauliche Ort dieses literarischen Sonderlings war jenes inzwischen berühmt gewordene ‚Nirgends'. Bildungsgeschichtlich mit der Aufklärung verbunden, deren philosophische Aporien und illusionäre Selbsteinschätzungen er ebenso durchschaute wie die Undurchführbarkeit ihrer praktischen und kulturellen Zielsetzungen, erlebte Wezel zugleich die kulturrevolutionäre Aufbruchstimmung seiner sturm- und drängerischen Generationsgenossen, deren bürgerliche Hoffnungen er ebensowenig teilte wie ihn ihre ästhetischen Ideologien überzeugen konnten. Kurz: Wezel repräsentierte Alternativ- und Gegenkultur par excellence, und bewundernd sah die erste Wezelrenaissance ihren Helden, vom Rande der hegemonialen Kultur und Gesellschaft aus schreiben und denken, da, wo die Autoren dieser Bücher sich wohl zum Teil auch selbst niedergelassen hatten. Es sind, soweit ich sehe, diese kritischen Verstehensattitüden der 70er Jahre, die der wissenschaftlichen Wiederentdeckung Wezels den kräftigsten Antrieb gaben. Und es ist eben dieses Wezelverständnis, das in der Forschung lange den Ton angab, bis heute weiter lebendig ist[8] und das Wezels neues schriftstellerisches Renommee begründete.

Schon bald nahm sich auch die Germanistik in der früheren DDR dieses literarischen „Sonderlings" an. Die Leistungen der interdisziplinär besetzten Arbeitskreise, die sich um Wezel in der DDR bildeten, sind kaum ausreichend zu würdigen. Viele Werke Wezels wurden erst wieder durch die Neuausgaben der DDR-Wissenschaftler zugänglich gemacht. Auch was wir an Faktenwissen über diesen schlecht dokumentierten Autor besitzen, verdanken wir zum großen

---

umfangreiche, einschlägige Literatur zu diesem Thema kann hier nur verwiesen werden. Zu Wezels Wahnsinn und seiner Behandlung äußerte sich am dezidiertesten: Karl-Heinz Meyer: Die Lüge vom wahnsinnigen Wezel. In: Neues aus der Wezel-Forschung 1 (1980), S. 29–34.

8 Man lese nur das Vorwort in: Michael Glasmeier und Rolf Lobeck (Hg.): Johann Carl Wezel. Akten des Symposiums der Gesamthochschule/ Universität Kassel vom 15. bis 18. Oktober 1992. Kassel: Jenior & Preßler 1994/95

Teil ihrer Arbeit, die glücklicherweise durch die ‚Wende' nicht unterbrochen wurde.[9] In der Tat war Wezel im Rahmen der Erbetheorie, die die Folie für die Rezeption der progressiven, frühbürgerlichen Intelligenz durch den Arbeiter- und Bauernstaat abgab, ein glücklicher Fund. Dem sozialistischen Kulturbetrieb fiel es leicht, Wezel als frühen Märtyrer der sich etablierenden bourgeoisen Kulturhoheit für die eigene Sache zu reklamieren. Man mußte ihn nur zum „radikalen Aufklärer", engagiert-realistischen Autor und zum seltenen deutschen Repräsentanten der revolutionären sensualistisch-materialistischen Philosophie des 18. Jahrhunderts machen, und schon paßte er in die Reihe jener heroischen Vorläufer des Dialektischen Materialismus, die, wenn auch auf verlorenem Posten, die ersten ideologischen Schlachten gegen das Bürgertum schlugen. Aufgrund seiner Kritik am herrschenden Feudalismus **und** an der sich etablierenden bürgerlichen Kultur und Gesellschaft erscheint Wezel hier als tragischer, frühbürgerlicher Intelligenztyp, den die erstarkte Bourgeoisie so erfolgreich zu unterdrücken wußte, daß sein Name in Vergessenheit geriet.[10] Anneliese Klingenberg, die diese Einschätzung Wezels mit guten Argumenten vertrat, sieht ihn in dieser Rolle keineswegs als Einzelgänger, sondern als Mitglied des geistes- und literaturgeschichtlich diskriminierten Leipziger Aufklärungs- und Literatenkreises, zu dem sie u.a. Garve, Engel, Platner, Weiße, Blankenburg, Zöllikofer und Adelung zählt[11]. Diese Avantgarde des literarischen, anthropologischen, politischen und wirtschaftlichen Denkens des späten 18. Jahrhunderts wartet nach Klingenberg immer noch auf ihre intellektuelle Rehabilitierung vom vernichtenden Schmäh der bürgerlichen Klassiker und Romantiker, eine Rehabilitierung, für die vor allem die sozialistische Intelligenz das nötige Rüstzeug und die ideologische Unvoreingenommenheit zu besitzen beanspruchte. Mit den Themenbereichen ‚konsequente Gesellschaftskritik', ‚materialistisch-sensualistische Anthropologie' und ‚realistische Kunst- und Literaturtheorie' deckte die DDR-Germanistik die Aspekte der Wezelforschung ab, die diesen Autor

[9] Ein Jahr vor der Selbstauflösung der DDR fand die größte Wezelkonferenz in Weimar statt. Die Beiträge sind veröffentlicht in: Kulturbund der DDR-Bezirksleitung Erfurt (Hrsg.): Johann Karl Wezel und die Aufklärung. Beiträge der wissenschaftlichen Konferenz in Weimar am 20. September 1988. Weimar 1989

[10] Anneliese Klingenberg: Radikale Aufklärung und ihr Preis. Johann Karl Wezel (1747–1819). In: Colloquia Germanica 22/1 (1989), S. 12–20

[11] Anneliese Klingenberg: Johann Karl Wezel als Theoretiker der Leipziger Aufklärung. In: Weimarer Beiträge 36/5 (1990), S. 755–776

für ein politisch-progressives Bewußtsein auch unter westlichen Literaturwissenschaftlern attraktiv machten.[12]

Die Einsicht, daß Wezel kein Sonderling ist, sondern einer historisch wenig wirkungsreichen Gruppe deutscher Aufklärer zugehört, setzte sich durch. Annemarie Ammermann, die Autorin einer der früheren Wezelarbeiten, ordnet Wezel allerdings nicht der Leipziger Aufklärung, sondern der Spätaufklärung im allgemeinen zu[13]. Ihre glänzende, intellektuell groß dimensionierte Untersuchung geht zunächst den Transformationen des Naturbegriffs nach, in dem die dominanten Schulen der Aufklärung soviel an Göttlichem zu retten versuchte, als ihnen die Fortschritte der Naturwissenschaft erlaubten. Die Spätaufklärung dagegen ist nach Ammermann von der Tendenz geprägt, weitgehend auf alle Vermengung von Metaphysik und Natur zu verzichten. Die Aufgabe der Vorstellung einer göttlichen Naturintelligenz, die all ihr Wirken fürsorglich steuert und ausrichtet, bildet jedoch einen spürbaren Verlust, weil sich der Mensch und sein Denken nicht mehr als Agenten dieser ‚höheren' Naturintelligenz begreifen ließen. Weiterhin resultiert aus der Abnabelung vom Göttlichen die Ankunft im „gemeinen" Leben und Menschsein, was sich bis in die literarischen Konzepte hin auswirkt. Wezels Werke repräsentieren diesen Abstieg ins ‚Niedere' in Form einer satirischen Komik und eines bislang unbekannten Realismus. Ohne die Dramatik der Arno Schmidtschen Rhetorik bestätigt Ammermann eine verbreitete Auffassung, daß die Aufklärung in konsequenter Durchführung ihres wissenschaftlich-positivistischen Ansatzes den Tod des „Menschen" bedeutet, insofern ein Menschenbild ohne Metaphysik die menschliche Lebenswelt in ein ‚geistiges Tierreich' verwandelt.[14]

Zunehmend etablierten sich nun die Forschungsrichtungen, die Wezel in philosophische Schulen und literarische Richtungen der

---

[12] Dazu sind u.a. zu rechnen: Thilo Joerger: Roman und Emanzipation. Johann Carl Wezels ‚Bürgerliche Epopee'. Stuttgart: Akademischer Verlag 1981, und Phillip S. McKnight: The Novels of Johann Karl Wezel. Satire, Realism and Social Criticism in Late 18th Century Literature. Bern-Frankfurt/M-Las Vegas: P. Lang 1981

[13] Monika Ammermann: Gemeines Leben. Gewandelter Naturbegriff und literarische Spätaufklärung; Lichtenberg, Wezel, Garve. Bonn: Bouvier 1978

[14] Einen ähnlich düsteren Zusammenhang entdeckt Sybille Gössl in ihrem Buch: Materialismus und Nihilismus: Studien zum deutschen Roman der Spätaufklärung. Würzburg: Königshausen & Neumann 1987

späten deutschen, aber auch der europäischen Aufklärung zu integrieren suchten, deren Einfluß auf das deutsche Denken in der zweiten Hälfte des 18. Jahrhunderts rapide zunahm. Im Hinblick auf das europäische Denken seiner Zeit hatte Wezel selbst angegeben, wie sehr er von den antimetaphysischen Tendenzen der englischen Aufklärung[15] beeinflußt war, die freilich auch über die Propaganda Voltaires[16], also über Frankreich, in Deutschland Verbreitung fand. Die Forschung hat inzwischen die gewaltigen Resonanz bestätigt, die die außerdeutsche Aufklärungsphilosophie und -literatur in Wezels Denken gefunden hatte. Im Rahmen der deutschen Kulturszene erwiesen sich vor allem Vergleiche zwischen den literarischen Werken Wezels und denen seines frühen Mentors Wieland erhellend.[17] Besondere Beachtung verdient die Studie von Alexander Košenina, der Wezel von Ernst Platners Anthropologie[18] beeinflußt sieht, die auf dem neuen Medizinerwissen der Zeit aufbaut. Zwar wurde die erste, 1772 veröffentlichte Fassung später vom Autor selbst als „sehr fehlerhaftes Buch" kritisiert[19], und selbst wenn Wezel sich meines Wissens in seinen eigenen Schriften kaum auf Platner als Gewährsmann berufen hat, so macht Košeninas Untersuchung doch sehr deutlich, wie nah Wezels Denken zu dem seiner Zeitgenossen lag, die auf der Basis des neuen Medizinerwissens zu philosophieren begannen.

Was die Integration Wezels in die Epoche der Aufklärung betrifft, so ging bisher niemand weiter als Isabel Knautz. Ihr 1990 erschienenes Buch *Epische Schwärmerkuren. Johann Karl Wezels Romane*

---

[15] Schmitt, Albert R.: Englische Einflüsse in den Schriften Johann Carl Wezels. In: Wissenschaftliche Zeitschrift der Wilhelm-Pieck-Universität. Rostock. Gesellschaftswissenschaftliche Reihe 31/8 (1982), S. 23–29

[16] Chevalier, Pierre: Voltaire und Wezel. In: Neues aus der Wezel-Forschung 2 (1984), S. 41–47

[17] Birgel, Franz A.: Wieland and Wezel: Idealism, Realism and the Polarities of Satiric Temperaments. Diss. Philadelphia 1989; und Michael Hofmann: Agathons unglücklicher Bruder, Wielands konsequenter Nachfolger. Radikalisierende Zuspitzung aufklärerischer Literaturkonzepte in Wezels Roman „Belphegor". In: Alexander Košenina und Christoph Weiß, S. 69–92

[18] Alexander Košenina: Ernst Platners Anthropologie und Philosophie. Der „philosophische Arzt" und seine Wirkung auf Johann Karl Wezel und Jean Paul. Würzburg: Königshausen & Neumann 1989

[19] Ernst Platner: Neue Anthropologie für Ärzte und Weltweise. Mit besonderer Rücksicht auf Physiologie, Pathologie, Moralphilosophie und Ästhetik. 1. Band. Leipzig 1790 (in der Vorrede ohne Seitenzahl)

gegen die Melancholie[20] stellt einen echten Einschnitt innerhalb der Wezelforschung dar. Die Autorin wischt darin das Verständnis von Wezel als großem literarschen Außenseiter und Vor-Denker einer negativen, ideologie- wie gesellschaftskritischen Philosophie mit so guten Argumenten vom Tisch, daß man diesen gesamten Interpretationsansatz wohl als historische Phase der Wezelforschung betrachten muß. Für Knautz ist Wezel ein ‚mittlerer' Autor mit einem begrenzten schriftstellerischen Anliegen, das durchaus dem Geist der Aufklärung entsprungen war. Denn Wezel, so Knautz, vertritt nichts anderes als eine aufgeklärte, physiologisch fundierte Lebenskunstlehre, deren intellektuelle Spitze gegen die grassierenden Hauptübel seiner Epoche, nämlich das empfindsame Schwärmertum und die es begleitende Melancholie gerichtet ist.

Diese unterschiedlichen Einordnungen Wezels ins geistig-kulturelle Leben seiner Epoche haben offensichtlich auch damit zu tun, daß der Begriff ‚Aufklärung' in der heutigen Literaturgeschichtsschreibung mit so unterschiedlichen Vorstellungen verbunden ist, daß man ihn kaum mehr kommentarlos benutzen kann. Ganz grob lassen sich die Vorstellungen, die sich mit dem Begriff Aufklärung verbinden, in die folgenden Gruppen einordnen: einmal begreift man die Aufklärung als den Anfang der Moderne, insofern sie die Bewegung darstellt, die die menschliche Denk- und Erkenntnisweisen von allem Wissen abgekoppelt hat, das sich auf Offenbarung, Gewohnheit und Traditionen gründete. Gegen diese Wissensformen habe die Aufklärung Methoden der Erkenntnisgewinnung entwikkelt, die allein auf den menschlichen Denk-, Empfindungs- und Wahrnehmungsvermögen beruhten. Im Horizont dieses Verständnisses hatte die Neuordnung der Operationen des menschlichen Geistes und der menschlichen Seele einen eminent emanzipatorischen Nebeneffekt, der nach der berühmten Formulierung Kants als das geistige Mündigwerden des Menschen aufgefaßt wird. Auf der anderen Seite steht, oft gegründet auf Adornos und Horkheimers *Dialektik der Aufklärung*, die Auffassung, daß die von der Aufklärung lancierten Erkenntnisweisen den Tod des ‚Subjekts' zur Voraussetzung haben, wobei unter ‚Subjekt' die psychomentale Instanz begriffen wird, die der Agent all dessen ist, was man das Subjektive, Spontan-Kreative, Irrationale oder das Triebhaft-Unbewußte nennt.

---

[20] Würzburg: Königshausen & Neumann 1990; im selben Jahr erschien von derselben Autorin: Ein verkannter Aufklärer: Johann Karl Wezel. In: Literaturwiss. Jahrbuch der Görres-Gesellschaft N. F. 31 (1990), S. 95–131

Mit anderen Worten: im Vollzug der Aufklärung wird dieses ‚Subjekt' und mit ihm die Freiheit und Autonomie des Menschen eliminiert oder zumindest kastriert, indem die ‚denkende Sache' von ihrem Körper und damit von allem Begehren getrennt wird. Die aufs instrumentelle Wissen reduzierte Rationalität der Aufklärung bedarf nach dieser Auffassung einer elementaren Korrektur, die als Wiederherstellung des ‚ganzen' Menschen[21] oder der ‚ganzen' Vernunft begriffen wird. Ob und wie man das Andere der Vernunft[22] mit der Vernunft zu vermitteln vermag, ob die Reintegration der halbierten Vernunft und des dissozierten Menschseins gelingen kann, darin gehen die Meinungen der Aufklärungskritiker, deren Zahl inzwischen Legion ist und dank Postmoderne und Feminismus ständig anwächst[23], durchaus auseinander.

Nun hat der amerikanische Germanist Thomas P. Saine in seiner 1997 erschienenen Studie *The Problem of Being Modern or The German Pursuit of Englightenment from Leibniz to the French Revolution*[24] mit einer überwältigenden Zahl von Beweisen vorgeführt, daß die Aufklärung keineswegs ausschließlich die Entwicklung und Vervollkommnung von rationalen, mathematischen und empirisch-wissenschaftlichen Denkweisen in entsprechenden Forschungsunternehmungen vorangetrieben hat. Diese Formen des Aufklärungsdenkens liegen zwar vor, aber sie sind nach Saine eher die unwillkommenen Folgelasten der kopernikanischen Revolution und der nur schwer zu ignorierenden, neuen Explikation des Universums als eine konsequent durchgeführte Neuorientierung des Denkens. Jedenfalls stellt Saine bei praktisch allen Vertretern der Aufklärung fest, daß ihre wissenschaftlichen und philosophischen Unternehmungen beständig vom Versuch begleitet sind, vom Ptolemäischen Weltbild all jenes Metaphysische und Göttliche zu retten, das die Welt zu einem privilegierten Ort im Universum machte. Dies gilt

---

21 Diese Kritik an der Aufklärung ist im übrigen fast so alt wie die Aufklärung selbst. Dazu: Hans-Jürgen Schings (Hg.): Der ganze Mensch. Anthropologie und Literatur im 18. Jahrhundert. DFG-Symposion 1992. Stuttgart: Metzler 1994

22 Hartmut und Gernot Böhme: Das Andere der Vernunft. Zur Entwicklung von Rationalismusstrukturen am Beispiel Kants. Frankfurt 1983; dazu auch: Dieter Freundlieb und Wayne Hudson (Hg.): Reason and Its Other. Rationality in Modern German Philosophy and Culture. Providence-Oxford: Berg. 1993

23 Dazu: W. Daniel Wilson und Robert Holub (Hg.): Impure Reason. Dialectic of Enlightenment in Germany. Detroit: Wayne State U. 1991

24 Detroit: Wayne State U 1997

insbesondere für die Vorstellung, daß die Welt mit all ihren Geschöpfen und mit allem, was sich auf ihr ereignet, aus dem Willen eines Gottes hervorgegangen ist. Denn die Degradierung der Erde zu einem Planeten unter anderen vernichtete nicht nur die heimelige Metaphysik des geschlossenen Sphärenraums, sondern sie bedrohte sowohl die gesellschaftlichen und politischen Ordnungen der Zeit als auch die Würde des Menschen. Konfrontiert mit der Vorstellung eines riesigen, fast leeren Universums, dessen feste Körper der alten Theorie Epikurs zufolge aus Atomen bestanden, die instabile, auflösbare Verbindungen eingehen konnten und deshalb nicht aufhörten, zufällige und sinnlose Ereignisse zu produzieren, die aus einem undurchschaubar komplexen Zusammenspiel von indifferenten Kräften resultierten, setzten die geistigen Führer der Aufklärung alles daran, zumindest den göttlichen Planungswillen, womöglich auch den gütigen Blick Gottes für die Erde und den Menschen zu retten. Mit anderen Worten: neben der Lancierung eines Denkens, dessen Operationen sich nach logischen und wissenschaftlichen Vorgehensweisen richtete, ging es der Aufklärung ebenso sehr um die Rettung eines Subjekts, das seinem Wesen nach göttliche Substanz war, und einer Welt, die für göttliche Substanzen einen temporären Schauplatz abgeben konnte.

Im Fahrwasser der Leibnizschen Philosophie, so kann Saine zeigen, besteht die deutsche Aufklärung, aber keineswegs nur sie[25], im durchgängigen Versuch, Physik und Metaphysik, Mathematik und Theologie zu fusionieren, oder zumindest im Versuch, alle nötigen Abgrenzungen des natürlichen vom übernatürlichen Wissen beständig mit der Versicherung zu begleiten, daß die Potentiale der höheren und eigentlich relevanten Wahrheiten auf der Seite des göttlichen Wissens liegen. In allen Fällen entstehen Variationen desselben neuen Paradigmas, das moderne Wissenschaft und Philosophie mit dem christlichen Glauben vereinigt. Zwar vermag dieses neue Paradigma den höheren Status der Welt und des Menschen zu retten, aber es tut – genau besehen – sowohl der Wissenschaft als auch der Religion einen Bärendienst. Die Entscheidungen über die Akzeptanz wissenschaftlicher Theorien werden nicht mehr nach wissenschaftlichen Kriterien allein gefällt, sondern unter Berücksichtigung ihrer Ver-

---

[25] Descartes und Pascal, Newton und Locke sind nur einige der prominentesten Namen innerhalb der europäischen Aufklärung, die auf Saines Liste der aufgeklärten Denker stehen, die die Wissenschaft und die Philosophie mit Gott in Verbindung halten.

einbarkeit mit Glaubensartikeln. So hält z.B. Leibniz an der Cartesianischen Physik fest, weil die kein Vakuum kennt, und lehnt die Newtonsche Physik trotz aller wissenschaftlicher Vorzüge ab, weil Newtons Vorstellung eines Vakuums nicht in sein theologisch-wissenschaftliches Weltbild und seine Monadologie paßte. In allen konkreten Fällen zeigt sich, daß sich das neue Paradigma aus Wissen und Glauben ein unlösbares Problem aufgebürdet hat. Für Saine ist eine Synthese zwischen dem ptolemäischen und dem kopernikanischen Universum ebenso undurchführbar wie eine Synthese von menschlicher und göttlicher Rationalität. Das Problem, das die Aufklärung für Saine darstellt, besteht daher nicht in der Inthronisierung einer das Subjekt gefährdenden Vernunft. Eher nimmt die Aufklärung zuviel Rücksicht auf den illusionären Status eines höheren Subjekts. Sie vergibt sich damit die Chance, konsequent die Folgen der kopernikanischen Wende zu Ende zu denken und damit aus dem behüteten ‚Kinderzimmer' der ptolemäischen Welt hinaus in eine Welt mündiger Erwachsener zu treten. Diese hörten damit zwar auf, Gotteskinder zu sein, die den Willen des göttlichen Vaters erfüllen, aber sie verfügen über ausreichend starke Willenskräfte und Lernfähigkeiten, dank deren sie den Herausforderungen der Welt und des Lebens gewachsen sind. Mit anderen Worten: der Prozeß der Aufklärung, den die kopernikanische Wende in Gang setzte, ist nach Saine weniger ein „unbefriedigter"[26] als ein unabgeschlossener.

Saine verfolgt die deutschen Erscheinungsformen des neuen Paradigmas über die Physikotheologen, die Philosophien von Leibniz und Christian Wolff und seiner Schule hin zu den radikalen Theologen und Neologen bis zu Lessing. Was meineserachtens im Verlauf dieser Entwicklungsgeschichte sichtbar wird, ist, wie der Fortschritt der empirischen Wissenschaften und die Einsichten der sich von der Theologie zunehmend emanzipierenden Philosophie im Verlauf des 18. Jahrhunderts die theologisierenden Philosophen und die philosophierenden Theologen in immer ärgere Nöte trieb. Eine ihrer Erscheinungsformen sind die Absurditäten der neologischen Bibellektüre von aufgeklärten Theologen und christlichen Wissenschaftlern, gegen die Hamann mit einigem Recht Sturm läuft. In der Tat gehen die aufgeklärten Christen mit den heiligen Texten fast so arbiträr um wie später Goethes Faust mit dem biblischen Text in seiner berühm-

[26] Dazu: Willi Oelmüller: Die unbefriedigte Aufklärung. Beiträge zu einer Theorie der Moderne von Lessing, Kant und Hegel. Frankfurt/M:Suhrkamp 1969

ten Übersetzung des Johannesevangeliums. In Lessings Auseinandersetzung mit dem Hamburger Pastor Goeze wird das Problem schließlich auf den Punkt gebracht: Lessing kann auf Goezes Frage nach dem, was er an der christlichen Lehre für wahr hält, ebensowenig antworten wie Faust auf Gretchens berühmter Frage nach seiner Religiosität. Lessing erklärt zwar den Namen Gottes nicht einfach für „Schall und Rauch", aber er schreibt, anstatt eine klare Antwort zu geben, seinen *Nathan, der Weise*. Dieses Drama, das den liberalen, aufgeklärten Geist wohl in seiner reinsten Form repräsentiert, zeigt einmal mehr in aller Deutlichkeit, daß auch für den Christen Lessing das Potential der Wahrheit nicht bei den Wissenschaften, sondern bei den Religionen liegt; zum anderen aber zeigt sich, daß er über die verschiedenen Glaubensinhalte der Weltreligionen keine Wahrheitsaussage mehr zu machen vermag. Aus der Argumentationsnot, in die ihn Goeze brachte, rettet sich Lessing in Metaphorik und Dichtung, mithin in Formen der Rede, die alle Antworten schuldig bleiben. Die Ringparabel im *Nathan* versucht, aus der Not eine Tugend zu machen, und verweist auf einen künftigen Wahrheitsindikator für Religionen, der die Wahrheit aus den Wirkungen ihrer Praxis erkennt. Das Funktionieren dieses Wahrheitsindikators hängt jedoch davon ab, daß die Anhänger der verschiedenen Religionen aufhören, auf deren besondere Wahrheiten besonderen Wert zu legen. Man sieht leicht: Derartige Gleichnisse und erdichtete Geschichten sind denen gleich, die Schuldner erfinden, wenn sie ihre Schulden nicht zahlen können: in diesen erfundenen Geschichten wird erklärt, weshalb sie im Augenblick um die Zahlung verlegen sind; zugleich wird aber in Aussicht gestellt, daß sie in einer unbestimmten Zukunft die Schuld unter Zuhilfenahme von Mitteln begleichen würden, die ihnen im Augenblick nicht zur Verfügung stehen.

Mir scheint, als habe mit Lessing die Fusion von Philosophie und Religion die erträgliche Grenze des Diffusen erreicht. Von da zur völligen Indifferenz gegenüber den Religionen, wie sie Friedrich der Große repräsentiert, ist es nur noch ein kleiner Schritt. Um 1789 fragte denn auch der philosophisch unbedarfte Nachfolger des großen Friedrich, Friedrich Wilhelm II., der als preußischer Landesherr zugleich Oberhaupt der protestantischen Kirche Preußens war, verzweifelt, was man denn noch glauben müsse, um sich Christ nennen zu dürfen. Er erhielt vom aufgeklärten Konsistorium seiner Kirche keine schlüssige Antwort mehr. Die Diskussion um die Verbindung von Glauben und Wissen geriet damit zu einer peinlichen Farce, wie der Streit zwischen dem preußischen Hof und den renitenten Geistlichen zeigt, den das Preußische Religions-Edikt ausgelöst hatte.

Ersichtlich war die Zeit reif für die Ablösung des aufgeklärten Paradigmas, das Wissen und Glauben in Einklang brachte, durch ein neues, das Ästhetische. In ihm inszenierte die Goethezeit die Gestaltung des höheren Menschseins in idealistisch-realistischen Formen der ‚Kunst' und explizierte die neuen Fusionen von Naturwissenschaft und Naturphilosophie, von Mathematik und Märchen und vom Idealen und Realen in Dialektiken, die den Argumentationsformen der Aufklärungsphilosophie weit überlegen waren.[27] Lessings Position in *Die Erziehung des Menschengeschlechts* und in *Nathan, der Weise* markierte, wie mir scheint, den Punkt, an dem die Transformation ins neue ästhetische Paradigma stattfinden konnte. Dies erklärt wohl die herausragende Stellung, die dem späten Lessing im neuen ästhetischen Diskurs von Friedrich Schlegel bis hin zu Heine zugesprochen wurde. Ansonsten wurden die Metamorphosen des aufgeklärten Paradigmas in das ästhetische bekanntlich mit einer vehementen Kritik an der Aufklärung orchestriert. Diese Kritik, die seither nicht verstummt ist, verschleiert, daß die Nach-Aufklärung nur die Fortführung der metaphysischen Aufklärung mit anderen Mitteln ist.

Saines differenziertes Verständnis der Aufklärung als einer Bewegung, die sich auf unterschiedliche Weise mit den Folgelasten der kopernikanischen Revolution herumschlug, scheint mir nicht nur in der Sache richtig, sondern in strategischer Hinsicht der geeignetste Weg zum Verständnis der Probleme, mit denen sich Wezel auseinandersetzte. Innerhalb von Saines Typologie gehört Wezel zu dem Intellektuellentyp, der die Herausforderungen einer Explikation der Welt und des Menschen angenommen hat, die auf jeden Rekurs auf die Metaphysik verzichtet. Der Weg, den Wezel einschlug, um sich über die Welt und den Menschen in Kenntnis zu

---

[27] Seinen ersten Höhepunkt fand dieses neue Denken wohl in Friedrich Wilhelm J. Schellings Schriften *Ideen zu einer Philosophie der Natur* (1797) und *Von der Weltseele, eine Hypothese der höheren Physik zur Erklärung des allgemeinen Organismus. Nebst einer Abhandlung über das Verhältnis des Realen und Idealen in der Natur oder Entwicklung der ersten Grundsätze der Naturphilosophie an den Prinzipien der Schwere und des Lichts* (1798); die Reihe der Wissenschaftler, die den neuen Wissenschaftstypus repräsentieren, weist so prominente Namen auf wie die Röschlaubs, von Ritters, Erxlebens, Eschenmayers, der Brüder Humboldt und Okens, die z.T. wieder großen Einfluß auf die naturwissenschaftlichen Arbeiten Goethes hatten.

setzen und um zu verstehen, wie es zur Entfaltung jener ‚Kulturen' kam, in denen der menschliche Geist göttlich-idealistische Gedanken zu denken vermeinte, hat Saine in seiner Untersuchung der Aufklärungsbewegungen allerdings außer Acht gelassen. Ich meine die Explikation des Menschen auf der Grundlage des Medizinerwissens, das Wezels Epoche über den Menschen produzierte. Daß die zeitgenössischen, physiologischen Kenntnisse in Wezels Denken eine entscheidende Rolle spielen, war zwar immer schon bekannt, blieb aber in der Wezelforschung lange ohne eigentliche Relevanz. Auch hier markiert die Arbeit von Isabel Knautz einen entscheidenden Durchbruch. Die Autorin zeigt auf ebenso eindringliche wie informierte Weise die Bedeutung des physiologischen Menschenverständnisses in Wezels Werk auf. Trotzdem wäre es verwegen zu behaupten, die Literaturgeschichte des physiologischen Denkens sei bereits geschrieben[28]. Denn diese Geschichte ist ja bis heute nicht abgeschlossen, insofern immer neue medizinische Entdeckungen Schlagzeilen machen, die Bewußtseinsereignisse mit Hilfe neuer Erkenntnisse der Gehirnchemie und Psychophysik erklären.[29]

Innerhalb der Germanistik war lange eine Zurückhaltung gegenüber dem medizinischen Wissen über den Menschen auffällig. Das mag daran liegen, daß für diese vorherrschend geisteswissenschaftlich orientierte Disziplin die Geschichte der Naturwissenschaften auch dann kein Gebiet darstellt, das für Geist und Dichtung einen ergiebigen Kontext darstellt, wenn diese empirisch fundierte Theorien über Empfindungs- und Bewußtseinsprozesse entwickeln. Neues Interesse für die naturwissenschaftlichen Explikationen von Geist und Seele kam in neuerer Zeit durch eine Form der Diskursanalyse auf, deren prominentester Vertreter

---

[28] Ein zweifellos wichtiger Ansatz dazu liefert die Dissertation von Jutta Heinz: Wissen vom Menschen und Erzählen im Einzelfall. Untersuchungen zum anthropologischen Roman der Spätaufklärung. Berlin-New York 1996; wichtige einschlägige Beiträge enthält: Hans-Jürgen Schings (Hrsg.): Der ganze Mensch: Anthropologie und Literatur im 18. Jahrhundert. Stuttgart: Metzler 1994 (= Germanistische Symposien, Berichtsbände XV)

[29] Die jüngeren Theorien zur Explikation des Bewußtseins auf physiologischer Basis werden hier bewußt ausgelassen, um – wie ich meine – eine falsche Aktualisierung von Wezels physiologisch fundiertem Menschenbild zu vermeiden. In Vertretung der umfangreichen einschlägigen Literatur sei hier nur kommentarlos genannt: Popper, Karl R. und John C. Eccles: Das Ich und sein Gehirn. München. Zürich: Piper 1989

Friedrich Kittler[30] ist. Diskursanalytiker, die an Kittlers „Aufschreibesystemen“ geschult sind, faszinieren an Wezel die technomorphen Vorstellungen von Seele und Körper, wie sie im physiologischen Wissen des 18. Jahrhunderts allerdings gang und gäbe waren.[31] Und Wezels anti-pneumatische Explikation der geistigen Operationen deckt sich nicht nur von Ferne mit der postmodernen Absicht, den ‚Geist aus den Geisteswissenschaften auszutreiben‘. Die Diskursregeln, die das Denken Wezels organisieren, treten nach Kittler jedoch erst im „Aufschreibesystem 1900“ in Kraft. Deshalb dauerte es wohl eine Weile, Wezel, der zweifellos zum „Aufschreibesystem 1800“ gehört, für die Diskursanalyse zu entdecken. Dies ist inzwischen nachgeholt worden, und es steht zu erwarten, daß die Wezelforschung hier neue Impulse erhält.

Im übrigen ist die verbreitete Zurückhaltung gegenüber dem physiologischen Wissen über den Menschen nicht nur der geistesgeschichtlich orientierten Germanistik eigen. Zwar bildete um die Mitte und die zweite Hälfte des 18. Jahrhunderts die Medizin nicht nur für Wezel, sondern für einen Großteil der intellektuellen Avantgarde eine Schlüsselwissenschaft, deren Entdeckungen das herkömmliche Welt- und Menschenbild radikal in Frage stellte. Aber ebenso wahr ist auch, daß der Prozeß der Etablierung der neuen, physiologisch begründeten „Wissenschaft vom Menschen“ auf merkwürdige Weise gehemmt wurde. Symptomatisch für die schon damals höchst ambivalente Haltung gegenüber dem Physiologenwissen scheint mir eine frühe Eintragung in Lichtenbergs *Sudelbücher*, die folgendermaßen lautet:

> Es ist in der Tat ein sehr blindes und unsern aufgeklärten Zeiten sehr unanständiges Vorurteil, daß wir die Geographie und die römische Historie eher lernen, als die Physiologie und Anatomie, ja die heidnische Fabellehre eher, als diese für Menschen beinah so unentbehrliche Wissenschaft, daß sie nächst der Religion sollte getrieben werden. Ich glaube, daß einem höheren Geschöpfe, als wir Menschen sind, dieses das reizendste Schauspiel

[30] Friedrich A. Kittler: Aufschreibesysteme 1800/1900. München: Schöningh 1985

[31] Peter Bexte: Tumulte im psychischen Apparat. Wezels genialer Maschinenbau der Seele. In: Werner Künzel, Peter Bexte (Hrsg.): Maschinendenken/Denkmaschinen. An den Schaltstellen zweier Kulturen. Frankfurt/M-Leipzig: Insel 1996, S. 17–43 und ders.: Tumulte. Die Liebe unter den Bedingungen der Post in Wezels Roman „Herrmann und Ulrike“. In: Glasmeier/Lobeck. S. 167–180

> sein muß, wenn er einen großen Teil des menschlichen Geschlechts starr ein paar Jahre hinter sich gehen sähe, … [die] ihren Körper der doch ihr vornehmster Teil war nicht kannten, da ein Blick auf ihn sie, ihre Kinder, ihren Nächsten, ihre Nachkommen, hätte glücklich machen können[32]

Befremden mag zunächst, daß Lichtenberg, der im übrigen den Status des Menschen als einem „höheren Geschöpfe" durch das Medizinerwissen nicht gefährdet sieht, die Bedeutung der Physiologie und Anatomie seiner Zeit nicht im Zusammenhang mit der medizinischen Heilkunde angibt, sondern ihren Relevanzbereich in unmittelbarer Nachbarschaft der Religion und der Wissenschaften ansiedelt, die die Menschheit zum richtigen Leben anleiten. Für den informierten Leser konstatiert Lichtenberg allerdings nur ein Faktum: Tatsächlich besaßen die epochalen Entdeckungen der Physiologen nicht gleich erfolgreiche Anwendungsmöglichkeiten auf dem Feld der praktischen Medizin; die Bereiche, in denen diese Entdekkungen jedoch einschneidende Wirkungen zeitigten, waren die der Religion und Metaphysik, der Ethik, Philosophie und Anthropologie.

Daß eine empirische Wissenschaft auf gravierende Weise die Metaphysik ihrer Zeit bedroht und verändert, war schon im Zusammenhang mit der kopernikanischen Revolution konstatiert worden. Man übertreibt kaum, wenn man behauptet, daß seit der Mitte des 18. Jahrhunderts die Physiologie die größte Herausforderung an die damalige Metaphysik bildete, insofern diese auf Annahmen aufruhte, die durch die Entdeckungen der Medizin und die Theorieentwürfe, die diese Entdeckungen nahelegten, in Frage gestellt wurden. Damit gefährdete die neue „Wissenschaft vom Menschen" den Wahrheitsanspruch der christlichen Tradition, aber zugleich auch den Wahrheitswert der rationalistischen Aufklärungsphilosophie. Es ist zweifellos dem Einfluß dieser fest etablierten geistigen Großmächte zuzuschreiben, daß sich fast überall in Europa unverzüglich die ältere Generation von aufgeklärt-christlichen Philosophen und Wissenschaftlern daranmachte, die philosophischen und metaphysischen Implikate der physiologischen Theoreme zu entschärfen oder zu unterdrücken. Vor allem in Deutschland, vom Hof Friedrichs des Großen einmal abgesehen, zeigten der religiöse Mythos und seine säkularisiert-aufgeklärte Version eine geradezu tabuisierende Gewalt: Wer ungeniert in der Konsequenz des Physiologenwissens philoso-

---

[32] G. C. Lichtenberg: Sudelbücher. Hrsg. v. Franz H. Mautner. Frankfurt/M: Insel 1984, S. 19f

phierte, verletzte, was selbst der Wissenschaft als Heiliges galt. Unvermeidlich gerieten die christlichen Naturwissenschaftler in ein Dilemma, das sie bis heute heimsucht. Dies zeigt sich nirgends besser als an der Person des deutsch-schweizer Albrecht von Hallers, der wohl der bedeutendste Physiologe seiner Zeit war und den Germanisten vor allem als Dichter bekannt ist. Haller verbrachte sein erfolgreiches Forscherleben in trauriger Melancholie, wissend, daß jede seiner Entdeckungen als Argument gegen seinen aufgeklärt-christlichen Glauben benutzt werden konnte. Nichts schien ihm an seinem Lebensabend dringlicher, als die Bibel gegen Angriffe von „Freigeistern"[33] zu verteidigen, die sich mit Vorliebe auf physiologische Fakten beriefen. Andere große Forscher wie Charles Bonnet und Needham standen ihm dabei treu zur Seite.[34]

Die perhorreszierte physiologische Philosophie trug einen Namen, den des Materialismus. Seit LaMettries provokativ-militanter Abhandlung *Der Mensch als Maschine* (1749) galt der Materialismus in Deutschland als eine Schandphilosophie, die den Menschen entwürdigte, genauer zu einem Wesen reduzierte, das mechanisch nach dem Prinzip der sinnlichen Lust funktionierte. Als auch die Sensualisten zu argumentieren begannen, daß das menschliche Denken und Fühlen allein vom Prinzip des Eigeninteresses gesteuert wurden, und alle angeblich höheren Quellen, die das menschliche Denken informierten, als Priestertrug und Humbug verschrien, wurde jede Explikation des Menschen, die das Göttliche im Menschen leugnete, als Gottes- und Menschenlästerung bekämpft.

So wohl begründet und verständlich die antimaterialistische Hysterie war, so läßt sie leicht übersehen, daß der LaMettriesche oder Holbachsche Materialismus nur **eine** philosophische Applikation des Physiologenwissens war. Tatsächlich hatte das neue Medizinerwissen nur festgestellt, daß das traditionelle, dualistische Verständnis, das von einer Doppelnatur des Menschen ausging, nämlich von einer immateriellen Substanz, die über die geistigen Vermögen verfügte, und einem materiellen Körper, der nach physischen, chemischen und organischen Kräften funktionierte, daß diese Lehre von

[33] Albrecht von Haller: Briefe über die wichtigsten Wahrheiten der Offenbarung. Bern 1772

[34] Dazu: Renato G. Mazzolini and Shirley A. Roe: Science against the unbelievers: the Correspondence of Bonnet and Needham, 1760–1780 Oxford 1986, und Bonnets Abhandlung: Philaleth oder Versuch einer Methode um einige Wahrheiten der rationellen Philosophie zu bestätigen. In: ders. Werke der natürlichen Geschichte und Philosophie. S. 181–284

der doppelten Natur durch die neuesten Gehirn-, Nerven- und Muskelforschungen nicht bestätigt wurde. Das Medizinerwissen lief in seinen Haupttendenzen auf einen anthropologischen Unitarismus hinaus. Dies hatte zweifellos erhebliche wissenstheoretische Konsequenzen, die für das Verständnis von Wissenschaft und Wissenschaftlichkeit bis heute bedeutsam sind. Es resultierte daraus, was man gemeinhin die „Naturalisierung" des Menschen nennt[35]. Diese gefährdete die bisherige Sonderstellung des Menschen im Reich der Natur und stellte eine eminente Kränkung dar, insofern sie jenes Göttliche im Menschen tilgte, das all seine universalen Größen und Herrschaftsansprüche legitimierte. Für die, die weniger an menschlicher Größe und Herrschaft, sondern an Wahrheiten interessiert waren, eröffnete die physiologische Anthropologie, erweitert durch ethnologische und kulturanthropologische Untersuchungen, die Chance zu einer neuen „Wissenschaft vom Menschen", die auf empirischen Beobachtungen basierte und bei der Explikation des Menschen mit theoretischen Annahmen operierte, die keinerlei metaphysische Implikationen hatten und grundsätzlich überprüfbar waren.

Die neue „Wissenschaft vom Menschen" stellte in Aussicht, auch die geistigen Ereignisse und kulturellen Leistungen nach wissenschaftlichen Prinzipien erklärbar zu machen. Das heißt, man machte sich daran, auch die Weltbilder und Kulturen von einer Logik her zu begreifen, die keine andere Vermögen oder Intelligenzen annehmen mußte als jene, die man innerhalb organisierter Materie insgesamt in Tätigkeit sah. Im Formierungsprozeß dieses neuen wissenschaftlichen Paradigmas waren die Entdeckungen der Medizin von eminenter Bedeutung. In der Tat konnte, wer die neuesten Einsichten der Medizin nicht einfach ignorierte, kaum daran zweifeln, daß die Instanz, in der das Denken stattfindet, kein immaterielles, vom Körper verschiedenes Wesen ist, sondern daß die Denkprozesse von einem materiellen Körperorgan getätigt werden, nämlich vom Gehirn. Von Organen wußte man im allgemeinen, daß sie in der Lage waren, sich selbst zu reproduzieren und sich selbst zu steuern, weiterhin daß ihr Funktionieren dem Prinzip der Zweckmäßigkeit folgte. Von zweckmäßigem Funktionieren konnte man jedoch immer nur in Interaktionszusammenhängen sprechen. Zweckmäßig organisierte Wesen sind solche, die aus interagierenden Teilorganen bestehen und selbst in ein interagierendes Ganzes, z.B. eine Lebenswelt integriert sind.

---

[35] Dazu insgesamt: Sergio Moravia: Beobachtende Vernunft. Philosophie und Anthropologie in der Aufklärung. München: Fischer 1973

Daß Lebewesen im Rahmen ihrer Lebenswelt so miteinander und mit ihrer Umwelt umzugehen vermögen, daß sich ein überlebensfähiges Ganzes bildet, setzt Formen einer Kommunikation voraus, die nicht als Sprache zu ergehen hat. Lebende Materie kommunizierte mit ihrer Umwelt vielmehr in der Form, daß sie auf die Anforderungen und Stimulationen, denen sie ausgesetzt war, auf sinnvoll-zweckmäßige Weise ‚antwortete'. Das Angepaßtsein aller Lebewesen in ihre Lebenswelt schien zu zeigen, daß sie in bestimmten Grenzen dazu fähig sind, solche Antworten zu geben. Dies setzt eine gewisse ‚Intelligenz' voraus, oder besser: nach den Vorstellungsformen, nach denen das menschliche Denken operiert, kann es sich solche zweckmäßig-funktionalen ‚Handlungen' nur als Intelligenz denken. Deshalb mußte man nicht gleich auf einen höheren Geist der Natur schließen, der in Form einer präformierenden Intention die harmonische und zweckmäßige Angepaßtheit aller Wesen hergestellt hätte. Annehmen mußte man lediglich, daß Wesen, die mit ihrer Umwelt auf konstruktive Weise interagieren konnten, über Anlagen verfügten, die von der Umwelt stimuliert werden konnten und die die Qualität einer ‚Antwort' hatten, d.h. die sowohl die Bedürfnisse des Lebewesens als auch die seiner Umwelt befriedigten. Das menschliche Gehirn ließ sich als das Organ begreifen, das im Hinblick auf die interaktiven und kommunikativen Vermögen die avancierteste Entwicklungsstufe repräsentierte, vorausgesetzt, es funktionierte normal.

Von organisierter Materie wußte man weiterhin, daß sie sich im Hinblick auf ihre Phylo- und Ontogenese erst ‚entwickeln' muß. Im Licht der Erkenntnisse, die die Epoche besaß, konnten Entwicklungsprozesse als natürliche, gattungsspezifische Wachstumsprozesse und zugleich als Stimulationsprozesse begriffen werden, in denen ein Organismus auf die Anforderungen der Umwelt mit der Entfaltung bestimmter Anlagen und Fähigkeiten reagierte. Für die körperlichen als auch die geistig-psychischen Entwicklungs- und Bildungsprozesse war – so hatte man erkannt – neben den ererbten Anlagen die stimulierende Qualität der Außenwelt von entscheidender Bedeutung, insofern sie entweder Anlagen zur Entfaltung brachte oder aber sie verstümmelte oder beschädigte. Anlagen erklärte man als gehemmte Triebe, die eines Auslösers bedurften, um sich zu entfalten. In Bezug auf den Menschen traten dadurch die verschiedenen Phasen der Kindheit und die altersgerechte Behandlung des heranwachsenden Körpers mit seinen kognitiven und seelischen Vermögen in den Mittelpunkt. Die wissenschaftliche Menschenkenntnis des 18. Jahrhunderts bestätigte nämlich das uralte Wissen, daß den körperlichen Entwicklungsphasen sehr unterschiedliche Stadien der geistigen und seelischen Entwicklung korrelieren. Kulturen und Erzieher hatten also dafür zu sorgen, daß beim Erreichen einer neuen Entwicklungsphase der ‚alte' Geist gründlich ausgetrieben wurde, damit der ‚neue' sich entfalten und ungehindert funktionieren konnte.

Die Einsicht in die organisch-geistigen Entwicklungsprozesse und in die konstitutive Rolle, die die Umwelt im Entwicklungsprozeß lebender Wesen spielte, führte einmal zur „Entdeckung der Kindheit"[36] und eine immense Zunahme der Literatur über Kinderbehandlung und Erziehung. Zugleich lenkte dies die Aufmerksamkeit auf eine generelle Untersuchung der Außenbedingungen, die die optimale Entfaltung von natürlichen, körperlichen und geistigen Veranlagungen erklären, bzw. für deren schwundstufige oder deviante Entwicklung verantwortlich gemacht werden konnten. Damit expandierte die Applikation des organologischen Erklärungsmodells auf das Gebiet der Erforschung von Arten, Unterarten, Rassen und selbst von Kulturen. Da die organischen Besonderheiten nicht einfach beschrieben, sondern – scheinbar wissenschaftlich – als ‚Zeichen' von geistiger Inferiorität, bzw. von Überlegenheit eingeschätzt wurden, kam es auch zu jenen katastrophalen Fehlanwendungen des physiologischen Wissens in den wertenden Rassen- und Kulturtheorien, aber auch in der Physiognomik. Emanzipatorische Ziele hatten dagegen die Untersuchungen, die die körperlichen, sowie geistigen und charakterlichen Unterschiede, die man in den Ständen, Bevölkerungsschichten und Familien feststellen konnte, als Wirkungen von deren jeweils privilegierter oder unterprivilegierter Stellung innerhalb der gesellschaftlichen Lebenswelt erklärten. In diesem Zusammenhang war besonders wichtig, daß man beobachtet hatte, daß beschädigtes oder unterentwickeltes ‚Leben' zumindest solange über das Vermögen der Regeneration oder der Heilbarkeit verfügte, solange die Beschädigungen noch nicht in den genetischen Code übernommen worden waren. Das Gesamtprojekt ‚Aufklärung' hing insgesamt von der Vorstellung der Regenerationsfähigkeit und der Heilbarkeit der menschlichen Denk- und Wahrnehmungssysteme ab.

Die Erkenntnis des Wechselspiels zwischen der Umwelt und den in ihr lebenden Organismen führte dazu, daß die späte Aufklärung

---

[36] Philippe Ariès: Geschichte der Kindheit. Mit einem Vorwort von Hartmut von Hentig. München: Hanser 1978

eine schier unendliche Zahl von Initiativen ergriff, die auf die Verbesserung der Verhältnisse abzielten, in denen lebendige Wesen lebten. Dabei stellte sich heraus, daß Verbesserungsvorschläge umso erfolgreicher waren, je weniger sie auf zeitlos-globalen Prinzipien und intuitiv erkannten Theoremen basierten. Brauchbarer erschienen vielmehr die Reformmaßnahmen, die die je lokalen, aktuellen Verhältnisse berücksichtigten und die mittelfristige Verbesserungen vorschlugen, d.h. die Unternehmungen, die auf konkreten wissenschaftlichen Beobachtungen beruhten und in wissenschaftlich kontrollierbaren Vorgehensweisen durchgeführt wurden. Mit dem steigenden Prestige der Wissenschaft verfielen die großen philosophischen Theorien dem Verdacht, wolkig und praktisch unbrauchbar zu sein. Daher rührt die für die späte Aufklärung so charakteristische Abneigung gegen große Theorien, ihre Bescheidenheit im Hinblick darauf, was von Menschen gewußt werden konnte, und ihre Hinwendung zu konkreter Reformarbeit. In ihrem Willen, auf wissenschaftliche Weise dazuzulernen und das Gelernte anzuwenden, machte die späte Aufklärung vor keinem Bereich des Lebens halt. Die Gesamtheit der gesellschaftlichen Lebenswelt wurde zum Gegenstand der wissenschaftlichen Untersuchung und des Verbesserungswillens: der Ackerbau ebenso wie die Viehhaltung, die Bienenzucht und die Kindererziehung, die staatliche und private Haushaltsführung, die politischen und gesellschaftlichen Organisationsformen und die Formen der Wissensproduktion und Arbeit.[37]

Bei aller Einsicht in die Grenzen des menschlichen Wissens ging man davon aus, daß das menschliche Denkorgan die Informationen, die ihm über die Sinne aus seiner Umwelt zugespielt wurden, auf eine Weise verarbeitete, die einen kontinuierlichen Lernprozeß darstellte. Vorausgesetzt, daß sich die Organe, in denen das Denken stattfand, ungehindert entwickeln konnten und nicht von Krankheiten heimgesucht waren, lieferten sie relativ verläßliche Orientierungen, die dem Einzelnen und/oder dem Wohlergehen der Gattung zugute kamen. Man konnte als Mensch gewissermaßen Vertrauen in das menschliche Denkorgan haben, wenn man dafür Sorge trug, daß es sich in einem gutem Zustand befand. Dies war nicht gleichbedeutend damit, daß man Vertrauen darin haben konnte, daß der Denkapparat eine gedankliche Abbildung der Welt zu leisten imstande war,

[37] Henry E. Lowood: Patriotism, Profit, and the Promotion of Science in the German Enlightenment. The Economic and Scientific Societies, 1760–1805. New York-London: Garland 1991

die dem Ich einen Einblick in die Gesamtheit des Kräftespiels geben konnte, das um es im Gange war. Sowohl die Auffassungskapazität der menschlichen Sinnesorgane als auch die Verarbeitungskapazität des menschlichen Denkorgans waren zu beschränkt, um die schier unendliche Komplexität der Ereigniszusammenhänge in all ihren Ursachen und Wirkungen sinnlich und kognitiv erfassen zu können. Die damalige physiologische Philosophie wußte, was die kognitive Psychologie heute bestätigt: nämlich die Beschränktheit des menschlichen Wissens und vor allem, daß das, was wir Wissen nennen, sich kaum je auf die ‚wirklichen' Verhältnisse in der Welt bezieht, sondern in der Regel auf ein ‚Modell' der Welt. Modelle, in denen die Komplexität des Wirklichen auf die menschliche Wahrnehmungs- und Erkenntnisfähigkeit reduziert sind, sind allerdings von metaphysischen und ästhetisch-idealistischen Weltschöpfungen verschieden.

Die Auffassung, daß Denken heißt, lernend mit der Umwelt zu interagieren, schließt nicht ein, daß die Kräfte, die in der Umwelt tätig sind, auf prädeterminierte Weise auf die menschlichen Erkenntnisvermögen oder Glücksbedürfnisse eingestellt sind. Vorstellungen von einer universellen Sympathie aller Kräfte sind der Medizinerphilosophie fremd. Im Gegenteil: nach physiologischer Erkenntnis ist alles Leben, das wir kennen, so organisiert, daß es sich nur durch anderes erhalten kann. Die Zeitgenossen, die an die Möglichkeit eines harmonischen Zusammenlebens und an einen Zustand des ewigen Friedens glaubten, sahen in der Auffassung einer grundlegend agonalen Einrichtung der Welt den Ausdruck eines menschenverachtenden Amoralismus oder eines Kulturpessimismus. In der Sache lief diese Vorstellung jedoch darauf hinaus, daß alles Leben ein ‚Spiel' ist, in dem man um des eigenen Vorteils und Überlebens willen gegen ‚Gegner' oder gegen ‚gegnerische Parteien' Züge macht, die für diese von Nachteil sind. Allerdings ist den ‚Gegnern' nicht nur die Möglichkeit gegeben, Gegenzüge zu machen, sondern ersichtlich kann dieses Spiel nur fortgeführt werden, wenn die ‚Gegner' nicht völlig vernichtet werden, d.h. wenn es keine endgültigen Sieger gibt. Im Unterschied zum Sport und anderen agonalen Auseinandersetzungen kennt das Leben kein Endspiel oder Endlösungen, und zwar nicht deshalb, weil die Natur für das Leben ihrer Geschöpfe auf besonders mütterliche Weise sorgt, sondern weil das Ende des Spiels den Tod aller Spieler bedeutete. Daß natürliche Lebenswelten auf das Überleben all ihrer Mitglieder angelegt sind, schließt jedoch nicht aus, daß es in der Natur beständig zu grauenvollen und sinnlosen Dezimierungen des Lebens kam. Dies zeigte sich den Ärzten und Naturforschern in der hohen Kindersterblichkeit, in den sich großflächig ausbreitenden Epidemien, denen Millionen Menschen zum Opfer fielen, in der großen Zahl der plötzlich auftretenden, tödlichen Fieberanfällle bei Einzelpersonen und in den großen Naturkatastrophen. Wenn die Natur eine Mutter war, so kümmerte sie sich nicht allzu gut um ihre Kinder. Zwar konnte sie offensichtlich nicht aufhören, neues Leben zu produzieren, aber ebensowenig konnte sie aufhören, geschaffenes Leben zu beschädigen oder zu vernichten. Nur soviel ließ sich beobachten: wo immer Leben bestand, waren die Verhältnisse im allgemeinen so gestaltet, daß Lebewesen über genügend ‚Zugmöglichkeiten' verfügten, um zumindest als Gattung durch lange Zeiträume hindurch zu überleben.[38] Oft bestand dieser ‚Zug' allerdings bloß darin, daß eine Gattung, die die Nahrung von besonders vielen anderen Gattungen bildete und deshalb von besonders vielen Feinden verfolgt war, sich ihr Überleben durch die hohe Zahl ihrer Nachkommen sicherte. Das machte das Sterben jedes einzelnen Mitglieds der als ‚Speise' verzehrten Gattung in den Zähnen, Klauen und Schnäbeln seiner ‚Feinde' nicht angenehmer. Wie es den einzelnen Gattungen und dem einzelnen Lebewesen im ‚Spiel der Züge und Gegenzüge' erging, hing jedenfalls wesentlich davon ab, welche ‚Karten', d.h. Vermögen ihm zugeteilt worden waren und wie sie mit diesen ‚Karten' umgingen. Das Leben hatte also viel mit Glück und Zufällen, aber auch mit Intelligenz und Klugheit zu tun.

Innerhalb der menschlichen Welt lagen die Dinge nicht viel anders. Der Hauptunterschied zur Natur lag darin, daß das Denk- und Lernvermögen des Menschen ihm grundsätzlich erlaubte, die Regeln des Lebensspiels zu begreifen und sich so zu verhalten, daß die ‚Schäden', die sich die Menschen einander und ihrer natürlichen Umwelt zufügen, im Rahmen des Notwendigen blieben. Was die Zurückführung der Übel angeht, die sich die Menschen unter den real existierenden Formen der gesellschaftlichen Zusammenlebens antaten, wurde deren Behebung durch nichts mehr behindert, als durch

[38] Der Blumenbachschüler Carl Friedrich von Kielmeyer, der auf der Hohen Karlsschule zu Württemberg unterrichtete, hat zusammengefaßt, was die Physiologie der Zeit über die „Verhältnisse der organischen Kräfte untereinander" wußten. Dazu: C. F. von Kielmeyer: Über die Verhältnisse der organischen Kräfte untereinander in der Reihe der verschiedenen Organisationen, die Gesetze und Folgen dieser Verhältnisse. Mit einer Einführung von Kai Tosten. Marburg: Baslisken Presse 1993

die ideologisch-metaphysichen Konstruktionen, die im Namen fixierter, göttlicher Ordnungen die Möglichkeit alternativer Lebensgestaltungen zugunsten hochprivilegierter Gesellschaftsgruppen einengten. Gleich schädlich erwiesen sich die utopischen Glücksentwürfe, die die ‚conditio humana' souverän ignorierten. Aus beidem, dem konservativen Bestehen auf die Unveränderbarkeit der Verhältnisse wie aus den revolutionären Aktionen, die einen endgültigen Vollkommenheitszustand der Menschheit im Visier hatten, resultierten ständig neue ‚Fehler' im Lebensspiel, die auf gnadenlose Weise vom Leben bestraft wurden und langfristige Nachteile einbrachten.

Zusammenfassend könnte man auch sagen, daß das Leben nach physiologischer Einsicht ein offener Prozeß und daher ein stets riskantes Abenteuer war. Es stellte den Menschen ständig vor neue, gefährliche Aufgaben, die er allein oder in Kooperation mit anderen zu bewältigen hat. Die neue Anthropologie sieht den Menschen also als Wesen, das sich in ständiger, gedanklicher wie praktisch-tätiger Auseinandersetzung mit seiner natürlichen und gesellschaftlichen Umwelt befindet, die sich in ‚Gegenzügen' ständig verändert und auf deren Veränderung der Mensch wiederum zu reagieren hat. Die Arbeit, und zwar die konkrete Arbeit, nicht die hybriden Anstrengungen des Adels um angemessene Selbstrepräsentationen oder die Erlösungswerke der Priesterkaste oder das Weltschöpfertum der Künstler und Utopisten, ist im Licht der physiologischen Anthropologie daher das elementare Existential des menschlichen Lebens. Da der arbeitende Mensch, anders als der ‚spielende' oder in Fiktionen lebende, nie in der Lage ist, genau zu übersehen, was sich in seiner Welt zusammenbraut, und weil er ebensowenig übersieht, welche Folgeprobleme aus seinem Handeln resultieren, bedarf es immer auch eines Quentchen Glücks, daß der Einzelne sich und die Seinen am Leben zu erhalten vermag. Die Hoffnung, daß durch beständige Arbeit die Plackereien des Lebens erträglicher werden könnten und daß sich die Grade der Gefährdung des Lebens reduzieren lassen, erscheint physiologischem Denken allerdings nicht unbegründet, was nicht bedeutet, daß es die Hoffnung hegt, das Leben des Einzelnen oder der Gattung vor allen Katastrophen sichern oder gar den göttlichen Paradieszustand wiederherstellen zu können.

So sehr die philosophische Medizin den Leib-Seele-Dualismus in Frage stellt, so bestreitet sie nicht notwendigerweise die Existenz der Seele oder des Ichs. Sie betrachtet das Ich jedoch nicht als immaterielle, individuell vorgeprägte Substanz, sondern als Wirkung der hochkomplexen Prozesse, die im Gehirn zur unaufhörlichen Produktion von Gedanken führen. Sie untersucht das Ich in seinen Funktionen innerhalb dieser Prozesse, vor allem in der Funktion, einen Teil der Gehirntätigkeiten zu Bewußtsein zu bringen. Diese Fähigkeit des Ichs erlaubt ihm zugleich die Reflexion auf das Funktionieren des Denkapparats und seiner selbst, soweit dessen Operationen dem Bewußtsein einsichtig sind. Zugleich vermag das Ich, das sich über die eigenen Tätigkeitsprinzipien, sowie die operanten Verfahren des Apparats, dem es einwohnt, bewußt geworden ist, dessen Tätigkeiten bis zu einem gewissen Punkt unter die eigene Kontrolle zu bringen.

Neben der Unterscheidung zwischen dem Ich und dem Denkapparat ‚Gehirn' unterscheidet das physiologische Philosophieren in der Regel zwischen dem reinen *Denkvermögen*, das im Gehirn lokalisiert und in der Lage ist, beobachtete Regelmäßigkeiten in Form von allgemeinen kausalen Explikationen, d.h. in Gesetzen oder Normen zu erkennen, und einem *Empfindungsvermögen*, das im Körper und den Nerven lokalisiert ist. Dessen Funktionieren beschrieb man als Reizbarkeit. Erregte Reize, die zu Bewußtsein kommen, bewirken bewußte Empfindungen und zugleich den Wunsch, den Reizungen nachzugeben, um sie abzureagieren. Die Organisation der Reize, Wunschregungen und Empfindungen wurde nach Auffassung der „Wissenschaft vom Menschen" von Trieben gesteuert. Unter diesen erschienen die Triebe zur Entwicklung und Erhaltung des eigenen und des Gattungslebens als die psychisch aktivsten. Wie die Teilzentren des Gehirns so stellt auch das Ensemble der Reize einen ‚Haushalt' dar, d.h. eine zweckmäßige Einrichtung, die so funktioniert, wie es dem Menschen als Individuum und Gattungswesen zuträglich ist. Im Gefüge der Gefühle spielen auf einer sekundären, aber kaum weniger wichtigen Ebene allerdings auch die lustvollen oder traumatischen Erfahrungen eine Rolle, die der Einzelne im Verlauf seiner seelisch-geistigen Entwicklung macht. Psychisch ebenfalls aktiv, spielen diese lebensgeschichtlichen Erfahrungen in den Prozeß der ‚natürlichen' Empfindungen, Gedanken und Willenshaltungen hinein, wobei die Interventionen der psychischen Energien, die einen lebensgeschichtlichen Ursprung haben, nicht immer und nicht unbedingt ähnlich zweckmäßigen Bahnen folgen wie die Operationen des natürlichen und primären Empfindungshaushalts.

Beide Vermögen, das Denk- und das Empfindungsvermögen, begreift die Physiologie in jedem Fall als einen Synergismus. Empfinden und Denken spielen nach physiologischer Erkenntnis ständig in der Weise zusammen, daß die kognitiven Prozesse durch reizgelenkte Prozesse mitgeleitet und mitausgerichtet werden, die ihre Herkunft im Empfindungssystem haben. Das System der Reize und Empfindungen ist, da im Körper lokalisiert, im physiologischen Denken stärker als das reine Denken von der Körperkonstitution abhängig. Alter und Geschlecht spielen hier nach Auffassung der philosophierenden Mediziner eine bedeutende Rolle, allerdings auch die temporäre Befindlichkeit des Körpers, also z.B. Ermüdung, Krankheit, Ernährung, der Einfluß von Alkohol oder Drogen, die momentane Zusammensetzung der Körpersäfte, die man für die Stimmungen verantwortlich machte, u.a. m. Wezels *Versuch über die Kenntnis des Menschen*, der Fragment geblieben ist, ist im ausgeführten Teil über die Reize und Empfindungen eine der eindrucksvollsten Darstellungen des Wissensstandes, den die „Wissenschaft vom Menschen" auf diesem Gebiet erreicht hatte.

Die physiologische Einsicht, daß die menschliche Wahrnehmungs- und Erkenntnisfähigkeit organabhängig ist und Alters-, d.h. Entwicklungsstufen kennt, sowie die Einsicht in die grundsätzliche Begrenztheit und gattungsspezifische Form der menschlichen Erkenntnis, führten notwendigerweise zu einer fundamentalen Umgestaltung der Philosophie. Repräsentiert wird dieses neue Philosophieren zweifellos im Materialismus. Zu ihm gehören aber auch christliche Wissenschaftler und Philosophen wie Charles Bonnet und sein *Analytischer Versuch über die Seelenkräfte*, die oben erwähnte *Anthropologie* Platners, Wezels anthropologische Schriften, Johann Nicolaus Tetens' *Philosophische Versuche über die menschliche Natur und ihre Entwicklung* und der vorkritische Kant. Der setzte freilich ebenfalls alles daran, um nicht in den Verdacht zu geraten, den Freigeistern und den Atomisten das Wort zu reden.[39] Diese stark physiologisch bestimmte Form des Philosophierens wurde in Deutschland allerdings durch Kants Wende zur Transzendentalphilosophie abgebrochen, die aller folgenden idealistischen Philosophie die Steigbügel hielt.

Im Hinblick auf Wezel kommen Kants *Kritiken* in jedem Fall zu spät. In der vorliegenden Untersuchung der Romane Wezels wird davon ausgegangen, daß die neue „Wissenschaft vom Menschen", zu der sich Wezel wiederholt bekennt und zu der sein *Versuch über*

---

[39] Nirgendwo wird dies wohl deutlicher als in Kants früherer Abhandlung *Allgemeine Naturgeschichte und Theorie des Himmels, oder Versuch von der Verfassung und dem mechanischen Ursprunge des ganzen Weltgebäudes nach Newtonschen Grundsätzen abgehandelt.* (1755)

die Kenntnis des Menschen einen nicht unbedeutenden Beitrag leistet, tatsächlich in seinem Denken von grundlegender Bedeutung ist. Ersichtlich ist diese auf dem Medizinerwissen aufbauende Aufklärung und Anthropologie nicht mit den Thesen eines LaMettrie und eines Holbach deckungsgleich, die im ausgehenden 18. Jahrhundert nicht nur in Deutschland so vehement bekämpft wurden. In einem späteren Kapitel wird zu zeigen versucht, daß in der zweiten Hälfte des 18. Jahrhunderts auch in Deutschland ein bedeutendender Teil des Aufklärungsdenkens unter Vermeidung der Exzesse der materialistischen Philosophie auf die neue „Wissenschaft vom Menschen" und auf ein Aufklärungsprojekt zulief, das auf den rigorosen Exorzismus des unmündigen Geistes hinauslief und das Erwachsenwerden des Verstandes anvisierte. Eine sehr heikle Frage ist allerdings, ob der unpretendiösen und wissenschaftlich-pragmatischen Richtung der Aufklärung auch nur bei ihren eigenen Vertretern die intendierte Austreibung des vorerwachsenen Geistes wirklich gelungen ist. Der Fall Wezel stimmt eher skeptisch. Darüber wird später zu reden sein. Ganz unabhängig von der Beantwortung dieser Frage ist jedoch hier festzustellen, daß die neue „Wissenschaft vom Menschen" und ihr Aufklärungsprojekt ein eigenes, höchst merkwürdiges Schicksal hatte.

Dies betrifft einmal ihre historische Rezeption. Festzustellen ist hier, daß bis in die 70er Jahre dieses Jahrhunderts die deutsche Aufklärungsforschung die medizinische Philosophie so gut wie ignorierte. Ernst Cassirer, dessen Untersuchungen zur Aufklärung die Schemata lieferte, an denen sich die übrige Forschung lange orientierte, läßt sie geradezu außer Betracht.[40] Selbst ein Autor wie Ernst Bloch nimmt in seiner umfassenden Studie *Das Materialismusproblem, seine Geschichte und Substanz*[41] von den Entdeckungen der Medizin des 18. Jahrhunderts und vom medizinischen Philosophieren kaum Notiz. Erst in den letzten beiden Jahrzehnten hat die wissenschaftsgeschichtliche Forschung auf die Bedeutung der damaligen „Wissenschaft vom Menschen" aufmerksam gemacht und mit der Rehabilitierung der Spätaufklärung begonnen. Diese Neubewertung fand allerdings eher in Frankreich statt, wo die Gruppe der sog. „Ideologues" vermehrtes

[40] Ernst Cassirer: Philosophie der Aufklärung. Mit einer Einleitung von Gerold Hartung und einer Bibliographie der Rezensionen von Arno Schubbach. Hamburg: Meiner 1998. Die überaus einflußreiche Arbeit, die zuerst 1932 bei Mohr in Tübingen erschien, wurde mehrfach wiederaufgelegt und übersetzt.

[41] Frankfurt/M: Suhrkamp 1985. (= Suhrkamp-Taschenbuch Wissenschaft; 556)

wissenschaftliches Interesse gefunden hat. Während im Verlauf dieser historischen Reevaluierungen die Geschichte der französischen Aufklärung in ganzen Teilen neu geschrieben wurde, ist dies in Bezug auf die Spätaufklärung in Deutschland kaum der Fall gewesen. Das läßt sich u.a. auch an der Wezelforschung ablesen. Daß die Medizin eine Schlüsselwissenschaft im 18. Jahrhundert war, wird seit geraumer Zeit allerdings ebensowenig bestritten wie der epistemologische Rang der medizinischen Anthropologie in Frage gestellt. Aber wie wissenschaftlich ihre Unternehmungen auch immer waren und wohl auch noch sind, es scheint so, als bilde die Tür, die sie zur Erkenntnis des Menschen geöffnet hat, nur eine Seitentür, während die Haupttür und der Königsweg zum Verständnis der modernen Kultur und des modernen Menschen von jenen Wissenschaften gebildet werden, die sich in der Goethezeit und danach als ‚Geisteswissenschaften‘ und ‚Tiefenpsychologien‘ gebildet haben.

Tatsächlich erlebte schon Wezel zu seinen Lebzeiten, daß oft seine brillantesten Generationsgenossen auf insistente Weise behaupten, über ein ‚höheres‘ Wissen zu verfügen. Dieses Wissen stand nicht nur im Gegensatz zu dem Wissen, das die „Wissenschaft vom Menschen“ zutage gefördert hatte, sondern aufgrund ihrer empiristischen Ausrichtung schien die Wissenschaft auch keinerlei Chance zu haben, je einen Zugang zu diesem höheren Wissen finden zu können. Diese Unzugänglichkeit wurde nicht damit begründet, daß es als göttliches und geoffenbartes nur glaubbar, aber nicht wißbar war. Vielmehr war es deshalb kein ‚Fall‘ für die Wissenschaft, weil die Gehalte dieses Wissens aus präkognitiven Ursprungsformen des Denkens stammten, die den Denkoperationen vorauslagen, die das Fundament des wissenschaftlichen Denkens bildeten. Damit schien eine grundlegende Feindschaft zwischen den beiden Wissensformen gesetzt, die eine konfliktfreie Koexistenz zwischen dem höheren und dem wissenschaftlichen Denken nahezu ausschloß. Das ursprungsnahe ‚höhere‘ Wissen zeigte sich in einiger Reinheit nur da, wo das wissenschaftliche Denken noch nicht Fuß gefaßt hat, nämlich in vormodernen Kulturen und im Denken von Bevölkerungsschichten, deren Lebensformen von der modernen Rationalität kaum tangiert waren, d.h. beim einfachen Landvolk, in der Antike, in primitiven Kulturen, bei Kindern, bei Frauen und bei den Genies.

Was das ‚höhere‘ Wissen für das wissenschaftliche Wissen unerreichbar machte, war also eine versetzte Zeitlichkeit: immer wenn das eine an der Zeit war, war dies die Unzeit für das andere. Dem ‚wissenschaftlichen‘ Wissen gehörte nur die Gegenwart und die gegenwärtigen Lebensverhältnisse, dem ungleichzeitigen, höheren Wissen dagegen zunächst nur die Vergangenheit. Unverzüglich machte man sich allerdings daran, auch die Zukunft für das ‚höhere‘ Wissen zu vindizieren. Im Gegensatz zur Wissenschaft hatte es das ‚höhere‘ Wissen also nicht mit Seiendem zu tun, sondern mit Erinnertem oder Geahntem, mithin mit Virtuellem, in jedem Fall mit rein Geistigem. Tatsächlich eröffnete das ‚höhere‘ Wissen keinen Zugang zur Wirklichkeit, sondern den zu einem Reich von Ideen und Idealen. In deren Licht erschienen die bestehenden Lebensformen als Trug, als Mangel, als falsches Leben oder als die Zerstörung und Substitution eines idealen Ursprungs. Dem wissenschaftlich-positivistischen Denken eignete also, und zwar ungeachtet der wissenschaftlichen Erträge, die es vorzeigen konnte, vor allem das: es verkannte auf systematische Weise, welch defizienter Seinsweise es seine Existenz und sein Funktionieren verdankte. Dieses naive Selbstverkennen machte die Wissenschaft vom Standpunkt des ‚höheren‘ Wissens aus dem schlechten Mythos gleich, den die wissenschaftliche Arroganz gerade meinte exorziert zu haben. Zwar konnte nicht bestritten werden, daß die Wissenschaft in der Lage war, in den Niederungen des ‚gemeinen‘ und realen Lebens alle möglichen Sachverhalte zu explizieren, ihre Relevanz für alle ‚höheren‘ Lebensfragen wurde ihr jedoch vehement abgesprochen. Alle praktischen Initiativen zur Verbesserung der Lebensverhältnisse, die die „Wissenschaft des Menschen“ hervorgebracht hatte, verfielen dem Verdikt des Trivialen oder Instrumentellen.

Auf die Frage, wo und wie sich jenes ‚höhere‘ Wissen zeigte, das sich allen Bemühungen der beobachtenden Vernunft zu entziehen schien, wurde die Antwort gegeben: in den frühen Kulturformen wie der Antike, in der Kunst, genauer in der alten Volkspoesie und in jüngster Zeit eben in jenen neuen Dichtungen und Kunstwerken, die die Goethezeit produzierte. Was diese Kunst vor allen früheren Erscheinungsweisen der Kunst auszeichnete, war, daß das ‚höhere‘ Wissen in symbolischer Form, d.h. in abwesender Anwesenheit darin gegenwärtig war. Als Kunst qualifizierte sich, was einen Verweisungscharakter auf einen Sinn hatte, der sich in ihr verhüllt offenbarte. Alles, was im Kunstwerk zur Darstellung oder zur Rede kam, appellierte an ein undargestelltes und verschwiegenes Sein und Wissen. Dieser Appell war nur höheren Wahrnehmungsvermögen vernehmbar, die als transauditive und transvisuelle eben die Wahrnehmungsweisen transzendierten, die wissenschaftlicher Erkenntnis zugrundelagen. Da dieses nur im ästhetischen Schein sich zeigende

Wissen zum kulturellen Leitwissen avancierte, traten die Kunst und die Ästhetik in die Funktion ein, die die „Wissenschaft vom Menschen“ gerade dabei war zu besetzen. D. h., eine neue Kaste von Kulturträgern und -produzenten, die in der Sphäre des höheren Geistes und der Kunst zuhause waren, übernahmen auf sehr unvorhergesehene Weise das Management der kulturellen Repräsentationen.

Im Augenblick, in dem die „Wissenschaft vom Menschen“ ihre Arbeit antrat, sah sie sich also in der Kunst mit einem Konkurrenten konfrontiert, der wie Siegfried, der Held des Nibelungenlieds, eine hörnerne Haut hatte und eine Tarnkappe trug und der deshalb von der Wissenschaft nicht erfolgreich bekämpft werden konnte. Nicht genug damit: die gerade erst gebildete „Wissenschaft“ sah sich faszinierend kühnen, philosophisch-wissenstheoretischen Unternehmungen gegenüber, die darauf hinausliefen, die ersichtlich inkompatiblen Formen des ‚höheren‘ und des ‚wissenschaftlichen‘ Wissens in einer neuen großen ‚unifying theory‘ zu integrieren, die gemeinhin Dialektik heißt. Aus derart dialektischen Konstruktionen entstand unter anderem, was man die ‚Wissenschaft der Goethezeit‘ nennt. Darunter subsumiert man bekanntlich eine Vielzahl von Wissenschaftsprojekten, deren Ziel war, dem Absoluten, der Weltseele oder dem Weltgeist in Natur und Geschichte auf die Spur zu kommen. Es ist dieser goethezeitliche Geist, dem sich auch die Reform der deutschen Universität durch Wilhelm von Humboldt verdankt.

Die Verbindung von Wissenschaft, Philosophie und Kunst, die die Goethezeit und Romantik noch ernsthaft in Erwägung ziehen konnten, erwies sich jedoch als unfruchtbare Mesalliance und die intuitive Methode der „intellektuellen Anschauung“, die die neue integrierte Wissenschaft ins Zentrum ihrer Verfahren stellte, erwies sich als wissenschaftlich nicht sehr ergiebig. Die Naturwissenschaftler kehrten daher alsbald zu ihrer alten ‚Wissenschaft‘ zurück und ignorierten, zumindest innerhalb ihrer fachwissenschaftlichen Arbeit, zum großen Teil alles höhere Wissen und damit die ‚Kultur‘. Diese Kulturlosigkeit, von den Studenten der 60er Jahre auch als Fachidiotismus verschrien, belastete die Wissenschaften schwer. Die Versuche, die irdischen und die überirdischen Dinge unter einen Hut zu bringen, wurden deshalb nie ganz *ad acta* gelegt.

Die Immunität des ‚höheren Wissens‘ und die unangefochtene Kulturhoheit, die es seit über 200 Jahren besitzt, ist in der Tat eines der erstaunlichsten Phänomene der Neuzeit. Denn spätestens seit dem ausgehenden 19. Jahrhunderts tun bedeutende Vertreter der Kunst und des höheren Philosophierens öffentlich kund, daß ihr Tun und Treiben eine große Buffonerie sei und aus nichts anderem bestehe als aus Tricks. Aber dieses Eingeständnis brachte die ästhetische Periode keineswegs an ihr Ende. Auch die Feststellung vom Tode der Literatur und dem Ende der Kunst ist inzwischen so häufig getroffen worden, daß jeder weiß, es handelt sich nur um die Ankündigung einer Neugeburt. Es scheint, als hielten sich die geistigen und ästhetischen Zauberkünstler deshalb so lange an den Hebeln der kulturellen Macht, weil die Wissenschaft nicht in der Lage ist, ihre Tricks so zu eskamotieren, daß sich mit ihrer Explikation auch ihre Aura verflüchtigte. Auch die jüngsten Dekonstruktionen konnten dem ästhetischen Paradigma nichts anhaben, wohl deshalb, weil der Geist der Postmoderne aus dem der Avantgardekunst hervorgegangen ist. Bis heute scheint dem kulturkritischen Denken, schon gar nicht dem wissenschaftlichen, eine effektive Heilung vom herrschenden kulturellen Diskurs nicht gelungen zu sein.

Lange vor Freud weiß Wezel, daß es eines ist, die Ursachen und Formen des falschen Bewußtseins genau zu diagnostizieren, und ein anderes, das falsche Bewußtsein tatsächlich auszutreiben. Zu einfach macht es sich jener alte Mythos, demzufolge eine Kultur solange im Banne der Macht einer bestimmten Bewußtseinsformation steht, solange deren Rätsel nicht gelöst sind. Das falsche Bewußtsein überlebt – nach Wezels Erfahrung sogar in einem selbst – alle gelösten Rätsel. Wezel fehlt es nämlich gewiß nicht an einem klaren Verständnis der kulturellen Situation seiner Zeit. Die „Wissenschaft vom Menschen" gibt ihm alle nötigen diagnostischen Instrumente, um die neuen Formen des falschen Bewußtseins zu analysieren und ihre Herkunft festzustellen. Seinen Beobachtungen entging nicht, wie die neuen bürgerlichen Familien gemäß der Rousseauschen Pädagogik Kindheiten in gesellschaftsfernen, idealen Kinderwelten so gestalten, daß unter dem neutralen Begriff Mensch ‚Erwählte' produziert werden. In deren kindliches Wissen schreibt sich die erhebende Erfahrung ein: „Auch ich bin in Arkadien geboren" oder „Im Arme der Götter wuchs ich groß"[42]. Das Wissen, eigentlich kein Erdenbürger zu sein, sondern einem höheren Reich und einer göttlichen Ordnung zuzugehören, hatten traditionell die religiöse Unter-

---

[42] Das erste Zitat ist der bekannte Anfangsvers aus Schillers Gedicht *Resignation. Eine Phantasie*, das zweite der Schlußvers von Hölderlins berühmtem Gedicht *Da ich ein Knabe war.* Die Zahl der einschlägigen Zitate, in denen die Kindheit als goldenes und göttliches Zeitalter erscheint, ließ sich schier beliebig vermehren.

richtung und die Rituale bewirkt, die den Christen ins Reich Gottes initiieren. Beim Adel kam das konsequente Arroganztraining dazu, dem jedes Mitglied dieser Kaste von Kindesbeinen an unterzogen wurde. Wezel erkannte, daß trotz Adels- und Religionskritik auch das aufgeklärte Bürgertum auf verhängnisvolle Weise das Denken seines Nachwuchses derealisierte und dafür Sorge trug, daß ähnlich wie beim Adel die kindlich-höheren Wissensformen nie wirklich exorziert und durch realistische ersetzt wurden. In alle Operationen des bürgerlichen Denkens fließen jene Träume einer idealen Welt und Wirklichkeit ein, die in der Kindheit eine scheinbar reale war. Wezel muß weiterhin erkennen, daß nichts schwieriger ist, als diese Kindheits- und Göttlichkeitsträume auszurotten, weil jede Ankunft im Menschlichen und in der Wirklichkeit mit unerträglichen Scham- und Schuldgefühlen begleitet sein würde. Er selbst hatte, wenn ich dies recht sehe, kaum den Mut, aus den göttlichen Träumen anders als in seinen Romanen ‚aufzuwachen'. Er züchtigt das Ideale, indem er an seinen Romanfiguren aufzeigt, was es bedeutet, der Gefangene idealistischer Fiktionen zu sein. Dank Autorschaft vermag Wezel jedoch selbst im gezüchtigten „Geisterreich" der Fiktionen zu bleiben und die konkrete Rückkehr ins Wirkliche zu vermeiden. Beim Autor Wezel bleibt, muß man vermuten, wie beim Autor Jean Paul das Erwachen aus den geträumten Idealwelten ein „Traum im Traum"[43], d. h. eine Schreiberfahrung.

In jedem Fall erkennt Wezel, daß in seiner Zeit die Entscheidung für eine Kultur gefallen ist, die die Hegemonie der Fantasie und Einbildungskraft in allen Bewußtseinsoperationen installiert und damit *de facto* das ‚Weiterträumen' anbefiehlt. Ihrer Wirkung nach laufen die neuen diskursiven Regelungen aufs Verbot hinaus, erwachsen zu werden. Damit ist das Projekt Aufklärung erneut abgebrochen worden, bevor es sich kulturell durchsetzen konnte. Die neue Diskurswelt konstituiert wiederum ein ‚höheres' Denken, diesmal nicht in Gestalt der Religion und Metaphysik, sondern primär in Gestalt der Kunst. Die rapide, in vorher unvorstellbare Dimensionen wachsende Produktionen von ‚fictions', d. h. belletristischer Literatur, garantiert dem derealisierten Bewußtsein den fast ununterbrochenen Aufenthalt in idealen Welten oder billigeren Größenfantasien. Verblendung, Schönheit, Schein und Wahn werden zu neuen Heilsprinzipien, von denen man dieselbe Erlösung von den Übeln erwartete, die

[43] So der Titel des zweiten „Blumenstücks" in Jean Pauls *Siebenkäs*, das der *Rede vom Toten Christus* folgt.

der Christ von seinem Glauben erhoffte. Ganz konnte der neue ästhetische Diskurs freilich der Wissenschaft nicht entraten. Wie vormals die Theologie degradierte er sie zur Magd.

Der Versuch, nach Inkrafttreten der neuen Diskursregeln klar zu machen, daß sie ein Bewußtsein an der Macht hielten, das dysfunktional und in hohem Maße gefährlich war, erschien dem selbst vom Diskurs angekränkelten Wezel so hoffnungslos, daß er vor der neuen Kulturformation kapitulierte. Deren Früchte zeigten sich zunächst auch nur im magischen Glanz der Kunst und in Form von faszinierenden politischen Visionen und Revolutionsentwürfen, die von den Zeitgenossen enthusiastisch gefeiert wurden. Im Unterschied zu den Reforminitiativen der späten Aufklärung visierte das neue politische Denken gleich die „Verwirklichung des Himmelreiches"[44] an. Über die erwartete Gottwerdung des Menschen wurde Wezel, der wahnsinnige Schriftsteller, und seine Werke vergessen, weil die nicht aufhörten, das Elend des höheren Bewußtseins und seine infantile Natur aufzuzeigen.

---

[44] Im 222. Athenäumsfragment schreibt Friedrich Schlegel: „Der revolutionäre Wunsch, das Reich Gottes zu realisieren, ist der elastische Punkt der progressiven Bildung, und der Anfang der modernen Geschichte. Was in gar keiner Beziehung aufs Reich Gottes steht, ist in ihr nur Nebensache." (Ders. Kritische Ausgabe. Hrsg. Hans Eichner. München, Paderborn, Wien: Schönigh 1967, Bd. 2, S. 201) Deutlicher lassen sich kaum die Unterschiede herausheben, die zwischen der geistigen Welt der Klassik und Romantik bestehen, die die ‚moderne Bildung und Geschichte' generierten, und derjenigen Wezels, die dem Wahnsinn und der Vergessenheit anheimfiel.

Ein schwerwiegendes Handicap der Wezelforschung ist, daß bisher nur wenig Gesichertes und Ergiebiges aus der Lebensgeschichte und intellektuellen Biographie dieses Autors bekannt ist. Der Kunsthistoriker und intime Kenner der Sonderhauser Stadt- und Architekturgeschichte, Hendrik Bärnighausen, hat in seiner 1997 veröffentlichten Wezelmonographie[45] geflissentlich zusammengetragen, was die inzwischen bekannt gewordenen Dokumente über Wezel berichten. Besonderer Dank gebührt ihm für die Mitteilung der wenigen Informationen, die wir über Wezels Kindheit und Schulzeit besitzen. Wezel wurde 1747 in Sonderhausen, der Residenzstadt des kleinen Fürstentums Schwarzburg-Sonderhausen, geboren. Das bescheidene Städtchen wurde von der imposanten Barockresidenz der Fürsten überragt, die seit Jahrzehnten mit großem Aufwand vergrößert oder verschönert wurde. Im Oben und Unten von Schloß und Stadt repräsentierte sich sinnfällig das Gefälle, das zwischen den Menschen im 18. Jahrhundert bestand. Seiner Herkunft nach gehörte Wezel nicht zur oberen, sondern zur unteren Welt. Deren Bewohner waren allerdings seit einigen Jahrzehnten dabei, sich eine eigne höhere Welt aus Bildung und sittlicher Schönheit zu schaffen.

Zieht man die Zeitverhältnisse in Betracht, so hatte es der erstgeborene Sohn des Mundkochs Johann Christoph Wezel und seiner Frau Juliane, geb. Blättermann, mit seinen Eltern nicht schlecht getroffen. Ideal waren die familiären Verhältnisse freilich nicht. Der Vater hatte den Fürsten Heinrich I. von Schwarzburg-Sonderhausen auf seinen häufigen Reisen zu begleiten und war oft abwesend. Das junge Ehepaar Wezel gründete wohl auch wegen der ständigen Abwesenheiten des Ehemanns erst gar keinen eigenen Hausstand; man zog ins Elternhaus der Mutter, also bei den alten Blättermanns ein. Dort wuchs der kleine Junge auf. Da auch der Großvater ein Hofamt hatte und zur Apanage des Fürsten gehörte, bestand die ‚Familie', in

[45] Hendrik Bärnighausen: „Einer der vorzüglichsten Schriftsteller Deutschlands". Johann Karl Wezels Jahre in Sonderhausen. Rudolstadt: Hain 1997. Alle ‚Fakten' über Wezels Kindheit, Schulzeit und Studium beziehe ich aus diesem Buch, die Interpretation der ‚Fakten' ist meine eigene. Im Unterschied zu mir betrachtet Bärnighausen Wezel einfach als „Genie" und die dokumentierten Konflikte im Leben des Jungen als Folge der Reibungen, die zwischen geistigem Mittelmaß und Genies unvermeidlich zu sein scheinen.

der der Junge aufwuchs, in der Regel aus Mutter und Großmutter. Man kann daher mit Fug behaupten, Wezel war ein Mutter-, bzw. ein Mütterkind. Daß er das Ein und Alles der beiden Frauen war, geht aus der Sorgfalt hervor, mit der sie sich um die Ausbildung des Jungen kümmerten. Zweifellos hatte man hochfliegende Pläne mit dem kleinen Mann, der schon früh zuhause in allen elementaren Kulturtechniken unterrichtet wurde. Da das Kind über eine außergewöhnlich hohe Intelligenz verfügte, die sich wegen der Fülle an Förderung schnell entwickelte, erfüllte es die Erwartungen der Mutter und Großmutter über alle Maßen. Man darf annehmen, daß die mütterlichen Erzieherinnen ihr Glück und ihren Stolz dem Jungen durch ein Übermaß an Liebe und Hochschätzung entgalten. Zweifellos erfuhr der aufgeweckte, kleine Junge, daß er besonderer Pflege und Achtung wert war. Er war zudem von eher kleiner Gestalt, was die besonderen Schutz- und Sorgeinstinkte von Müttern weckt, und er war lange Einzelkind. Erst 1753 kam eine Schwester zur Welt, die, wie es scheint, keine ernsthafte Konkurrentin um die Liebe der Eltern und Großeltern wurde. Das kindliche Bedürfnis, geliebt und behütet zu werden, wurde in Wezels Fall wohl mehr als erfüllt. Der vergötterte kleine Mann durfte sich nicht nur im beglückenden Wissen wiegen, daß man sich freute, daß es ihn gab, sondern er erfuhr wohl ständig, daß er der Größte, Klügste, Beste und Liebenswerteste war.

Es darf bezweifelt werden, ob sich unter diesen Bedingungen die sozialen Vermögen des Jungen normal entwickeln konnten, z.B. seine Fähigkeiten, mit Gleichaltrigen umzugehen, die ihn zweifellos mit anderen Augen sahen als die Mutter und Großmutter, sowie die Intelligenz und das Durchsetzungsvermögen, die der Umgang und das Spielen mit Altersgenossen einem Jungen abverlangen. Angesichts der hochfliegenden Ziele, die Wezels Mütter mit dem Jungen verfolgten, geht man kaum fehl in der Annahme, daß sie den Jungen nicht nur vor den gleichaltrigen Kameraden, sondern vor aller außerfamiliären ‚Wirklichkeit' so weit wie möglich abschirmten. Denn das Ziel ihrer Erziehung war ja nicht, den Jungen darauf vorzubereiten, in die gesellschaftliche Welt einzutreten, in die er geboren und die durch die soziale und berufliche Stellung des Vaters bestimmt war. Innerhalb der feudalen Gesellschaftsordnung war der Platz, der die Wirklichkeit vor allem der erstgeborenen Söhne ausmachte, ja durch die Stellung der Väter vorgegeben. In jedem Fall bilden Väter und das, was sie beruflich tun, für Söhne die ersten Identitätsofferten, und die väterliche Arbeitswelt stellt für heranwachsende Knaben oft die erste und entscheidende Kontaktstelle zur außerfamiliären Wirklichkeit dar. Diese elementaren Vaterfunktionen im Leben von heranwachsenden Söhnen scheinen bei Wezel weitgehend ausgefallen zu sein, der als 12jähriger zudem endgültig den Vater verlor. Nach dessen Tode lebte der Junge ausschließlich in einer Welt von Müttern und Bildung.

Ob allerdings der Mundkoch unter den gegebenen familiären Bedingungen je eine Chance gehabt hatte, seinen Jungen in die ‚wirkliche' Welt zu plazieren, darf mit Fug bezweifelt werden. Ich meine, von Anfang an führte die müttergelenkte Sozialisation gezielt den Jungen am Vater vorbei und auf eine höhere Bildungswelt zu. Ob dies mit oder gegen den Willen des Vaters geschah, ist nicht dokumentiert. Das läßt darauf schließen, daß die mütterlichen Pläne in Form eines geheimen, nie ausgesprochenen Einverständnisses zwischen Mutter und Sohn ausgeführt wurden, über das sie sich selbst ebenso wie den sonst durchaus geliebten und akzeptierten Vater zu täuschen suchten, indem sie es ungesagt ließen. Derartige Geheimpläne bleiben jedoch selten unbemerkt, da sie ausgeführt werden müssen. Der alte Wezel mußte gespürt haben, daß ihm der Sohn entglitt. Man kann vermuten, daß der junge Wezel zumindest indirekte Mitteilungen einer väterlichen Kränkung und Resistenz gegen die Sozialisationsziele und -strategien der Mutter mitbekommen hat. Dies könnte zumindest erklären, weshalb der Junge aus einer, wenn auch ambivalenten Solidarität mit dem Vater ein latent ambivalentes Verhältnis zu den Größenverplanungen der Mutter und damit zur Mutter selbst entwickelte. In seinen Romanen bekundet Wezel jedenfalls kein besonderes Vertrauen zu Frauen; sie kommen dort häufig in der Rolle von Verführerinnen und Betrügerinnen vor. Im wirklichen Leben des Jungen kann allerdings kein Zweifel daran bestehen, daß der Einfluß der Mutter der dominierende war und daß der früh hoch valorisierte und ambitionierte Knabe auf der Seite der Mutter stand.

In *Herrmann und Ulrike* stellt der Autor Wezel einen wahrhaften Familienkrieg zwischen Mutter und Vater um die Sozialisation des jungen Herrmans dar, in dem, wie ich meine, alle Dimensionen der Auseinandersetzungen im Hause Wezel auf verschobene Weise repräsentiert sind. Man darf annehmen, daß Wezel hier eigene Erfahrungen bis zur Unkenntlichkeit dramatisiert und aufgeschrieben hat. Interessant ist in diesem Zusammenhang, daß der kämpferische Einsatz der Mutter und ihr Sieg im Roman weder vom Protagonisten noch vom Romanautor besonders honoriert werden. Der naive Glaube der Mutter an die höhere Bestimmung ihres Sohnes entpuppt sich als nicht mehr als eben ein naiver Glaube. Im Klartext: Herrmanns

Mutter ist nichts anderes als eine dumme, in ihren Sohn verliebte Frau, die keinerlei Ahnung davon hat, welche Konsequenzen die Umsetzung ihrer Größenfantasien für diesen haben. Der Romanautor Wezel bestraft ihre Torheit denn auch aufs Schlimmste: er läßt ihre Ehe scheitern und sie den Rest ihres Lebens als Frau eines religiösen Fanatikers zubringen. Der immer realitätsnähere Vater Herrmanns wird dagegen ‚belohnt': zwar übersieht auch der Alte keineswegs, in welche Geschichte er seinen Sohn entläßt, als er vor seiner Frau kapituliert, aber er darf nach der Trennung von seiner bigotten Frau immerhin eine sinnliche Adelsdame heiraten und mit der ein lustiges Leben führen. Die Auffassung, daß bei Wezel ein positives, wenn auch ambivalentes Verhältnis zu seinem Vater vorlag, impliziert natürlich nicht, Wezel habe während seines Lebens darunter gelitten, daß er nicht Mundkoch habe werden können. Daß die Mutter gut daran tat, daß sie Wezel nicht zu einem Mundkoch hat werden lassen, heißt jedoch nicht gleich, daß ihre Absichten vernünftig waren.

In jedem Fall verweisen derartige Elternkriegsfantasien romaneschreibender Söhne auf ein ambivalentes Verhältnis zu den Eltern, insbesondere zur Mutter. Wenn diese Überlegungen einigen Wert haben, dann muß man aus dem Beobachteten schließen, daß Wezels Schreibintentionen mit dem Begriff ‚realistisch' kaum ausreichend erfaßt sind. Das Organisationsprinzip, das Wezels literarisches Schaffen steuert, läßt ihn auch das aufschreiben, was der phantasmatischen Erfüllung unterdrückter Urteile und Wünsche gleichkommt. In seinen manifesten Willenshaltungen, Überzeugungen und Wünschen stand der Junge gewiß auf der Seite der Mutter, die im Leben wie im Roman die Siegerin über den Vater bleibt. Im übrigen werden solch mütterliche Siege, will man den Bildungsromanen der Goethezeit glauben, nicht nur zur Regel, sondern sie bilden geradezu die Voraussetzung zur Ausformung eines Ichs, das sich nicht damit begnügt, die Kopie des Vaters oder der Agent des väterlichen Willens zu sein. Worte wie: „mich selbst, ganz wie ich da bin, auszubilden, das war dunkel von Jugend auf mein Wunsch und meine Absicht"[46] sind allemal auf die Siegesfahnen der Mütter geschrieben, die – in-

[46] Diese Stelle aus Wilhelm Meisters Brief an Werner, der im dritten Kapitel des fünften Buchs von Goethes Roman *Wilhelm Meisters Lehrjahre* steht, gilt wohl mit Recht als das Manifest der postpatriarchalischen Sozialisation, deren Effekt die nachaufklärerische Moderne ist. Vgl. Dazu Kittlers Wilhelm-Meister-Aufsatz in: Gerhard Kaiser und Friedrich Kittler: Dichtung als Sozialisationsspiel: Studien zu Goethe und Keller. Göttingen: Vandenhoeck & Ruprecht 1978

spiriert von göttlichem Mutterwissen – für die Söhne die Freiheitskämpfe führen, wie Schillers *Jungfrau von Orleans* dies im Auftrag der Gottesmutter für ihren König tut.

Die Welt, in der sich die Freiheit vom Vater und von den inferiorisierenden Effekten des väterlichen Willens und Status realisiert, ist ersichtlich nicht die soziale Wirklichkeit, in der der Junge lebte, sondern eine höhere Bildungswelt. Sie war sowohl in den Größenträumen als auch im Unterricht der liebenden Mütter anvisiert, in dem der Junge auf sein höheres und ‚freies' Leben vorbereitet wurde. Konkret strebten die ehrgeizigen Mütter für ihren Zögling wohl ein Universitätsstudium und eine Karriere an, die ein Universitätsstudium zur Voraussetzung hatte. Mit anderen Worten: Wezels Sozialisation, die ihn am Vater und an seiner Herkunftswelt vorbeiführte, hatte just jene Qualität, die durch die pädagogischen Theorien Rousseaus noch in seiner Generation zur standardisierten Sozialisationsform wurde: Sie kennt in Gestalt der neuen mütterlichen Pädagogik eine „Liebe als Dressur"[47], die auf alle direkten erzieherischen Eingriffe verzichten kann, die weitgehende Isolation von den anderen und der real existierenden Gesellschaft und die diskrete Gestaltung eines neuen ebenso gebildeten wie derealisierten Menschentyps. Denn dessen Bildungsgeschichte entfaltet sich im Namen einer neuen und besseren Welt im Jenseits aller Interaktionen und Kommunikationen mit der wirklichen Welt. Der Mangel an ‚Realem' wird in diesen Kindheiten wettgemacht durch die ständigen Verklärungen, die das kindliche Ich durch das Übermaß an mütterlicher Liebe und Fürsorge tagtäglich erlebt. Die symbiotische Beziehung, die zwischen Mutter und Kleinkind in Form einer präverbalen Symmetrie des gemeinsamen Wünschens und Begehrens herrscht, besteht dadurch noch in den nachinfantilen Phasen der Kindheit weiter. Die familiäre Beziehungsstruktur, die sich dabei ausbildet, erhält von Freud später den Namen eines Helden und Königssohnes aus der griechischen Mythologie: Ödipus.

Das glückliche Leben im Familienkreis endete, als man den Siebenjährigen 1755 auf die Stadtschule schickte. Seiner fortgeschrittenen Kenntnisse wegen wurde der Junge gleich in die Quinta eingeschult, wo er unter 36 Schülern der jüngste, aber strebsamste war. Schnell avancierte er zum Klassenbesten und zum Liebling der Lehrer, die ihn in superlativischen Wendungen beurteilten. Alles sah wie eine Fortsetzung der vorangegangenen Größen- und Glückserfah-

---

[47] Dazu Helga Glantschnig. Liebe als Dressur. Kindererziehung in der Aufklärung. Frankfurt. New York: Campus 1987

rungen aus. Mit einem Unterschied allerdings: so leicht es dem intelligenten und motivierten Jungen fiel, das geforderte Schulpensum zu absolvieren und die Hochschätzung der Lehrer zu gewinnen, so schwer fiel dem kleingewachsenen Klassenjüngsten der Kontakt zu seinen Klassenkameraden. Man kann nur spekulieren, wie er, der Primus und Lehrerliebling, von den älteren und physisch stärkeren behandelt wurde, die er durch seine Leistungen ständig demütigte. Wie immer im einzelnen die Leiden des jungen Wezel aussahen, in ihrer psychischen Bedeutung kommen die Nicht-Anerkennung des Jungen durch seine Schulkameraden und seine Unfähigkeit, sich unter ihnen behaupten zu können, einer tödlichen Bedrohung seines hoch valorisierten Ichs gleich. Dieses Größen-Ich erlebt im Umgang mit den Klassenkameraden beständig den Sturz in einen Abgrund aus Schmach und Verachtung, den es kaum zu überleben vermag. Um sein majestätisches Selbst zu schützen, bildet Wezels psychischer Apparat eine Art Schale aus, in der als ihr Kern Wezels schutzbedürftiges Ich ruht wie ein Kind in der Wiege.

Im Verhalten des Jungen äußert sich diese seelische Schutzbildung in der Weise, daß sich Wezel bald zu einem ebenso glänzenden, wie introvertierten Schulkind entwickelt. Er hat alle positiven Gefühle von den anderen und der Außenwelt abgezogen und auf sich und jene geistige Bildungswelt zentriert, in die er im Unterricht eingeführt wurde. Der Knabe Wezel liebt nur sich und den ‚Geist', den er als seinesgleichen erkennt. Soweit wir wissen, gab es in Wezels gesamter Kindheit und Jugend keine einzige Freundschaft. Selbst zu Heinrich Christoph Streun, mit dem Wezel nicht nur die gesamte Schulzeit verbrachte, sondern mit dem er während der vier Studienjahre im Hause Gellerts das Zimmer teilte, hatte der emotional verkrüppelte Wezel keinerlei freundschaftliche Beziehung. Unter den Mitschülern galt Wezel zunehmend als arrogant und unfähig, mit seinen Gefühlen umzugehen. Bekannt und gefürchtet war er wegen seiner Zornausbrüche und seiner Körperkrämpfe, die ihn befielen, wenn er gedemütigt worden war oder meinte, gedemütigt worden zu sein.

Zieht man hier eine kurze Zwischenbilanz, so ist festzuhalten: Im Übergang von früher Kindheit ins Schulalter fand bei Wezel keine Aufweichung des ‚normalen' kindlichen Narzißmus statt. Dieser dürfte bei dem hochbegabten, von Müttern umgebenen Kind eh über das Normalmaß hinaus entwickelt gewesen sein. In jedem Fall zieht sich der Junge, statt in eine größere, außerfamiliäre Welt einzutreten und zu lernen, sich in ihr zurechtzufinden, aus der Welt zurück. Diese psychische Regression hat Folgen: da der Schüler Wezel sein geliebtes, kindliches Größen-Ich nur intakt zu halten vermag, wenn er übersieht, welch schlechte Figur er unter den Klassenkameraden macht, und wenn er ignoriert, wie er sich in ihren Augen darstellt, muß er seine Wahrnehmung der Außenwelt radikal einschränken. Die kognitive Entwicklung, die uns erlaubt, Gegenstände und uns selbst nicht nur aus der eigenen Perspektive, sondern aus der der anderen zu sehen, fällt bei Wezel weitgehend aus. Der junge Wezel schafft sich eine imaginäre eigene Welt, die er so wenig mit jemandem anderen zu teilen vermag wie etwa die Komikfigur Kalvin sein Leben mit Stofftiger Hobbes. Unbewußt baut sich in sein Wahrnehmungssystem eine Zensurinstanz ein, die in sein Bewußtsein nur einläßt, was in seine imaginäre Welt paßt und sein Größen-Ich bestätigt und festigt. Dies bedeutet, daß sein Wahrnehmungssystem über die ‚anderen' und ‚ihre Wirklichkeit' nur solche Informationen zuläßt, in denen deren totale Inferiorität und Verwerflichkeit sichtbar wird. Diese Wahrnehmungsmuster gelten übrigens in Kriegszeiten als normal. Kulturgeschichtlich ist dieser Zustand psychischer Deformation auch unter den Begriffen der Weltverachtung und des Weltekels bekannt. Auch das, was satirische Weltsicht heißt, funktioniert häufig nach den Operationsformen dieses Wahrnehmungssystems.

Von der Ausblendung und Deformation ist jedoch auch Wezels reales Ich betroffen. Der Junge unterdrückt seine eigene, physische und objektiv klägliche Realexistenz und damit seine konkrete Körperlichkeit. Er insistiert auf die Anwesenheit eines bewundernswerten Ichs, das es nur als eingebildetes oder als geistiges gibt. Das gelingt ihm nur, wenn er die Identität seines realen körperlichen Ichs mit seinem geistigen Ich leugnet und auf der alleinigen Relevanz und Präsenz seines imaginären Größen-Ichs besteht. Wezel lebt daher schon früh in Fiktionen, vor allem in der Fiktion, sein Körper ginge ihn nichts an. Man könnte auch sagen: Wezels Größen-Ich ist in seinem Körper genau so anwesend wie der Geist in den Buchstaben oder wie Autoren in ihren Texten. Tatsächlich ist schon der junge Wezel in dem, was er zu sein behauptet, nur in den virtuellen Formen präsent, in denen eine geistige Intention in Geschriebenem anwesend ist. Dies könnte die frühe Vorliebe des Jungen für Literatur und Autorschaften erklären. Selbst wenn er spricht, sind in seinen Reden Spuren jener Schriftlichkeit ausfindig zu machen, die das Thema von Derridas *Grammatologie*[48] ist. Das heißt aber: mit seinen

[48] Titel der Orginalausgabe: Jacques Derrida. De la grammatologie. Paris: Editions de Minuit 1967

psychischen Deformationen lädt sich der Junge ein unsägliches Kommunikationsproblem auf, weil den Ausganspunkt all seiner Verständigungsabsichten und Sprechakte sein eingebildetes höheres Ich bildet, das in den Wörtern und Sätzen ebensowenig zu erscheinen vermag, wie etwa Gespenster sich in Spiegeln ansichtig werden können. Alle direkten Äußerungsabsichten des Jungen scheitern deshalb, weil sie von einem Unsagbaren ausgehen. Erst in der Dichtung findet er Formen der Rede, in denen das Unsagbare wenigstens ‚zum Ereignis' werden kann.

Ersichtlich sind die Zensuren, die bewirken, daß dem Schüler Wezel nur zu Bewußtsein kommt, was die Qualität einer Wunscherfüllung hat, von denen verschieden, die dem Bewußtsein von Kleinkindern immer schon eignen, insofern das kindliche Bewußtsein seiner natürlichen Anlage nach alles eliminiert, was es geistig nicht verarbeiten kann. Daher dominiert im kindlichen Bewußtsein die Einbildungskraft, daher operiert es weitgehend im Imaginären: es spielt. Im Schuljungen Wezel, der den Herausforderungen seiner Mitschüler auf der Ebene des Wirklichen nicht gewachsen ist, vollzieht sich jedoch unter der Regie seiner Zensuren eine verhängnisvolle Weichenstellung in Bezug auf die Intelligenz, die sich in ihm entwickelt. Statt wie im Verlauf der normalen kognitiven Entwicklungen zunehmend realitätstauglicher zu werden, bleibt die Intelligenz, die er ausbildet, in ihrer völligen Abgewandtheit von der Wirklichkeit der kindlichen Intelligenz gleich. Im *Tobias Knaut* hat Wezels diesen Intelligenztyp in Selmann geschildert. Was eine kindliche Intelligenz unter den Bedingungen des Erwachsenseins auszeichnet, ist eine enorme Idealisierungs- und Kritikfähigkeit. Was allerdings den Wahrheitswert ihrer idealistischen und kritischen Äußerungen angeht, vermag sie sich nicht auf die ‚positive' Wirklichkeit als ihren Referenzbereich zu beziehen, sondern nur auf eine in die eigene Innerlichkeit inkorporierte, ideale und damit zugleich immer auch negierte Wirklichkeit. Äußere Ereignisse haben daher vor allem die Funktion eines Anregers oder Auslösers. Der Status der Wirklichkeit ist für diese Intelligenz also in Analogie zu dem zu sehen, den das „Rezente" oder die „Tagesreste"[49] nach Freud beim Träumen haben. Sie setzen die Produktion von Gedanken in Gang, deren Generierungsprozeß jedoch von verfestigten, abgespeicherten Erfahrungen gesteuert wird, deren Lust es ist, in Analogem oder Ähnlichem wie-

[49] Sigmund Freud. Die Traumdeutung. In: ders. Gesammelte Werke. Hrsg. von Anna Freud et al. London: Imago 1948, Bd 2, S. 566ff

derholt und durch Wiederholungen bestätigt zu werden. Derartige Gedankenproduktionen ergehen als Konfirmations-, nicht als Lernprozesse. In wirklichen Lernprozessen würde sich der Modus der Erfahrungsverarbeitung ja ständig verändern und weiterentwickeln. Im Gegensatz dazu operiert das Bewußtsein, das nach dem Prinzip einer eingebildeten Konfirmation seines Wissens operiert, im Modus der wiederholenden Bestätigung. Diese Bestätigungen können entweder die Gestalt einer finalen Theorie, die alles über einen Leisten schlägt, oder einer versteinerten Weltanschauung oder die einer intuitiven Selbstgewißheit haben oder sie stellen sich beim Lesen von Texten ein, mit denen sich das Ich zu identifizieren vermag. Die Vollzugsform des Beweisens ist beim konfirmierenden Wunschdenken deshalb oft das Zitieren. Das ist heute noch in den Geisteswissenschaften der Regelfall.

Im Vokabular der Psychoanalyse werden Operationsformen des Bewußtseins, die dergestalt außerhalb der Realität funktionieren, als „Primärvorgang“[50] beschrieben. Dieser liegt – im Unterschied zum „Sekundärvorgang“, in dem sich Lern- und Denkprozesse ereignen – im Träumen und den Operationsformen des kindlichen Bewußtseins vor. Die Reden, in denen sich die Gedanken äußern, die nach den Modalitäten des „Primärvorgangs“ hergestellt wurden, sind grundsätzlich metaphorischer Natur. Wie Träume bedürfen sie einer Deutung und Interpretation. Diese Tätigkeitsform des Bewußtseins zeichnet weiterhin aus, daß sich in ihr die Produktion von Gedanken ohne Rücksicht auf deren Umsetzbarkeit in praktisches Handeln vollzieht. D.h., die Praxis, die aus der Applikation von Gedanken entsteht, die in Primärvorgängen erzeugt werden, nimmt keine Rücksicht auf die Realisierbarkeit ihrer Ziele, bzw. sie hat im Hinblick auf deren Realisierbarkeit völlig illusionäre Vorstellungen. Zum Feld der wirklichen Handlungen und Taten hat ein solches Ich keinen Zugang, seine Taten gleichen denen, die Träumende im Schlafwandeln tun. In den Heldentaten des Don Quichote hat dieser Handlungstypus jene klassische Darstellung erhalten, auf die sich alle Späteren immer wieder beziehen: Wezel ebenso wie die Romantiker.

Um mein Verständnis der psycho-mentalen Entwicklung des jungen Wezel nochmals deutlich zu machen: ich gehe davon aus, daß seine geistige und psychische Entwicklung zunächst in solchen Operationsweisen steckengeblieben ist, die ich in Anlehnung an Freud

[50] Sigmund Freud. Die Traumdeutung, S. 593–614

„Primärvorgang“ nenne. Alle Modifikationen des psychischen Apparats, die die psychischen und mentalen Vorgänge in Wezel auf die beschriebenen Verfahrensweisen reduzieren, begreife ich als die Folgen einer derealisierenden Sozialisation, für die seine Mutter im Namen einer höheren Bildung ohne Wissen um die konkreten psycho-mentalen Konsequenzen optiert hatte. E. T. A. Hoffmann hat ähnliche Umbauten der psychischen und physischen Anlage des Menschen in *Der Sandmann* beschrieben und den unerträglichen Stress geschildert, der aus solchen Manipulationen resultiert. Denn das Unternehmen, die Wirklichkeit zu ignorieren und sich ihr zu verweigern, kostet enorme psychische Energien und gelingt nie ganz. Immer wieder wird ein derealisiertes Bewußtsein mit Informationen überflutet, die seine Operationsweisen überfordern. Früher als Freud hat Wezel erkannt, daß aus solchen Bewußtseinskrisen ein „Todestrieb“ entstehen kann. Unter den Bedingungen des psycho-physischen Operationssystems „Todestrieb“ beginnen nach Wezel die seelischen und organischen Steuerungssysteme gegen das eigene Ich und den eigenen Organismus vorzugehen und zehren beide dadurch auf. Selman stirbt im *Tobias Knaut* an einer solchen Selbstzerstörung. Wilhelmine Arendt, die Heldin des nach ihr benannten Roman Wezels, ist ein weiteres Opfer einer kulturinduzierten Selbstzersetzung des psycho-physischen Apparats. Eine andere Wirkung der Operationsweisen eines derealisierten Bewußtseins und seiner Devise, im Wirklichen nur symbolisch dazusein, ist, daß der Körper zum Botschafter psychischer Ereignisse degradiert wird. Er ist nur noch in jener Funktion relevant, die man im psychologischen Vokabular ‚Somatisierung‘ nennt. Die Anstrengungen, die eine Existenz im Reiche der höheren Bildung ständig erfordert, nehmen die Mitschüler Wezels denn auch in psychischen und körperlichen Symptomen wahr: in extremer Introvertiertheit und Verschlossenheit, in Kontaktunfähigkeit zu Gleichaltrigen, in arroganter Selbstüberschätzung und Selbstinszenierung, in hysterischer Emotionalität und in konvulsiven Körperreaktionen.

Unter den Bedingungen, unter denen der hochbegabte Schüler Wezel seine bedrohte seelische Existenz zu stabilisieren suchte, war es wohl ein ausgesprochenes Glück für den Jungen, daß der Theologe und Dichter Nikolas Dietrich Giseke als Superintendent des fürstlichen Schulwesens an die Sonderhauser Stadtschule berufen wurde und daß zugleich der Pädagoge und Schriftsteller Gottfried Konrad Böttger als Lehrer und Konrektor zu Wezels Zeiten an der Stadtschule tätig war. Beide hervorragenden Männer gehörten zur Bildungselite ihrer Zeit. Giseke korrespondierte mit den zeitgenössischen Koryphäen, hatte sich als Lyriker einen Namen gemacht und war Mitarbeiter an und Mitherausgeber von bekannten literarischen Zeitschriften. Ihm verdankt Sonderhausen auch den Besuch Klopstocks, der der Gemeinschaft der Gelehrten und Gebildeten den glücklichen Namen „Gelehrtenrepublik" gegeben hatte. Diesem besonderen Staatswesen eignete, daß es wie der Gottesstaat des heiligen Augustinus rein geistiger Natur war. Der Gelehrtenrepublik durfte sich zugehörig fühlen, wer sich souverän in der Welt des Geistes bewegen konnte und im Reich der hohen Ideen zuhause war.

Introvertierte und neurotische Junggenies, wie Wezel eines war, fanden bei den unterrichtenden Gelehrten und Schriftstellern Giseke und Böttger allergrößtes Interesse. Zum bürgerlichen Gebildetsein gehörte, über den Code zu verfügen, der introvertiertes und desintegriertes Verhalten bei intelligenten Jugendlichen als Symptome eines zu höherer Bildung fähigen Geistes erkannte. Dieser psychomentale Typus dürfte in der Tat wohl die Norm bei den Jugendlichen gewesen sein, aus denen sich die deutsche Intelligenz im 18. Jahrhundert weitgehend rekrutierte: den Söhnen aus protestantischen Pfarrhäusern. Wegen der besonderen Stellung der Väter hatten es diese Knaben immer schon schwer, ein normales Verhältnis zu sich, den anderen und zur Welt zu finden. Mit dem Aufkommen der neuen mutterzentrierten, bürgerlichen Kleinfamilie, die in vielem das protestantische Pfarrhaus kopiert, wurde der bildungsfähige Typus des jungen Neurotikers dank der Rousseauschen Erziehungstechniken und -ziele vermehrt produziert. Bekanntlich ging es in Rousseaus Pädagogik dezidiertermaßen nicht um die Herstellung von wirklichkeitstauglichen „Bürgern", sondern von „Menschen", deren Würde und geistiger Organisation erst eine zu schaffende, d.h. zunächst noch virtuelle Wirklichkeit angemessen war.

Daß der hochbegabte Knabe nicht in der Welt zuhause war, zeigte sich allenthalben in seinem Interesse für das Geistige, d.h. für alle klassischen Bildungsstoffe. Der junge Wezel wurde bald zum besonderen Protégé der beiden berühmten Schulmänner. Die Lehren, die er von ihnen erhielt, sind im Einzelnen nicht dokumentiert. Man darf jedoch annehmen, daß die Klopstock- und Gellertfreunde ihrem Eleven die weltanschaulichen ‚essentials' jener Aufklärungsrichtung lehrten, die die streng philosophische Rationalität durch göttliche Begeisterung und das Gefühl des Erhabenen bereichert hatte. Zum Kern ihrer Lehren gehörte die Auffassung von der unendlichen Weisheit Gottes, die sich dem gebildeten Auge in all seinen Schöpfungen offenbart. Daß den Wahrnehmungsweisen des gemeinen Geistes die göttliche Harmonie der Welt verborgen blieb, lag daran, daß deren Vollkommenheiten nur als Anlage existierten. Die Verwirklichung der auf Vollkommenheit angelegten Welt oblag dem gebildeten Menschen. Diesen transformierte die Entdeckung der göttlichen Intentionen gleich zum begeisterten Idealisten, für den Klopstock und der dem englischen Hochadel angehörige Fürst Shaftesbury wohl die Idealtypen bildeten. Sich selbst zu vervollkommnen und die vollende Schönheit und Harmonie der Welt in lebendige Gestalt zu bringen, galt daher als die höchste Bestimmung des Menschen. Im begeisterten Anschauen der Wahrheit und Schönheit dachte der Mensch die göttlichen Gedanken nach und übersetzte sie in menschliche Sprache und Werke. Als vorbildliche Kultur, die die göttlichen Gedanken verwirklichte und damit zugleich die Gottwerdung des Menschen geleistet hatte, wurde zu Wezels Zeit durch Winckelmann das klassische Griechenland entdeckt. Zu solchen genuin ästhetischen Auffassungen und Wahrnehmungsweisen wieder fähig zu sein, erschien vielen als Indikator für die anstehende Wiederkehr eines neuen goldenen Zeitalters, für dessen konkrete Verwirklichung man jedoch noch keine klare Devise hatte. Immerhin hoffte man, in kleinen Freundschaftszirkeln, in der Natur und im Bereich des Familienlebens eines Vor-Scheins jener Vollkommenheiten und Glückseligkeiten teilhaftig zu werden, deren Verwirklichung im Bereich des gesellschaftlichen Lebens wohl noch eine Weile anstehen würde.

Innerhalb der Hierarchie der geistigen Leistungen des Menschen trat in jedem Fall die Kunst zunehmend an die Spitze, weil von ihren Leistungen der Fortgang der göttlichen Bildungs- und Vervollkommnungsgeschichte des Menschen mehr abhing als von den Entdeckungen der Wissenschaften. Den niederen Geistern waren die ästhetischen Transformationen, die sich in der Spiritualität und der Lebensgestaltung der Gebildeten einstellten, freilich unverständlich. Dieses Unverständnis zeitigte jene banausischen Ressentiments und boshafte Häme, unter denen der junge Wezel arg zu leiden hatte. Alles Leiden an seinen Mitschülern wurde dem Jungen durch die Auszeichnungen wettgemacht, die er durch die beiden herausragenden Gestalten des kleinstädtischen Kulturlebens erfuhr.

In den beiden letzten Klassen besuchte Wezel kaum mehr den regulären Unterricht, dafür täglich ein privates Tutorium Böttgers, der ihn Fremdsprachen lehrte und ihn in die Texte jener Weltliteratur einführte, die den literarischen Kanon der Zeit bildete. Aufgrund dieser privilegierenden Umgangsformen mit seinen Lehrern durfte sich der junge Wezel als deren Lehrling betrachten, der nach abgeschlossener Lehrzeit von den verehrten Meistern in die Zunft der Geistesführer aufgenommen werden würde. Beide Mentoren machten in ihrem begabtesten Schüler gleich ein Talent zur Dichtung und Schriftstellerei aus und ermunterten den Jungen zum Gedichteschreiben und Übersetzen. Damit waren alle Voraussetzungen erfüllt, um hoffen zu dürfen, daß der Schüler einmal in den erlauchtesten Kreisen der Gelehrtenrepublik Aufnahme finden würde. Auf welches Niveau der junge Wezel eingestuft wurde, läßt sich daran ermessen, daß er über viele Jahre bei seinen Versuchen, eine kongeniale Übersetzung Homers zu schreiben, von seinen Mentoren Unterstützung erhielt.

Bis zu diesem Punkt gleicht die Geschichte des jungen Wezel der Geschichte vom Verlorenen Sohn, der die Hybris besaß, am Vater vorbeizugehen, und der bei Schweinen gelandet war. Die Sehnsucht, die diese Erfahrung in ihm weckte, hat ihn wieder zu ‚Vätern' zurückgeführt, die ihn nicht nur willkommen heißen, sondern vor allen anderen ‚Söhnen' privilegieren. Die Lehre, die der Junge daraus zieht, ist, daß es kein Heil jenseits der väterlichen Ordnungen gibt, die er nun begehrt, denen er sich freiwillig unterwirft und die ihm deshalb als Ordnungen der Freiheit erscheinen, obwohl sie ihn von der Welt abschließen und isolieren. Die Bedeutung, die die Freundschaft der väterlichen Lehrer für Wezel hatte, geht aus einer der frühen Dichtungen hervor, die Wezel ganz im pathetischen Stil eines Klopstock auf den Tod Böttgers geschrieben und 1772 veröffentlicht hat. Daß Wezel von allen ‚Krankheiten' des grassierenden Idealismus und der Empfindsamkeit, die er später so vehement bekämpfte, in seiner Jugend sehr heftig befallen war, zeigt dieses Werkchen in reichlichem Maße. Es trägt den Titel *Filibert und Theodosia*, gehört zur Gattung der dramatischen Gedichte und nennt im Widmungsgedicht, das der Freundschaft huldigt, die Namen Gisekes und Gellerts im wichtigen Schlußvers.

Was in diesem Gedicht geschildert wird, ist die glückliche Zusammenführung der Titelfiguren. Der reiche und mächtige Vater Theodosias hatte ihren Geliebten Filibert zu töten versucht, als er von dessen Beziehung zu seiner Tochter gehört hat. Diese Beziehung hatte offensichtlich so lange bestanden, daß Theodosia Filibert unentdeckt einen Sohn hatte gebären können. Filibert und der gerade geborene Sohn entgehen dank des wunderbaren Eingreifens von „Mutter Liebe" dem Anschlag des wütenden Vaters. Zwanzig Jahre sind die Liebenden getrennt. Filibert hatte sich in eine Einsiedelei zurückgezogen und in einer Geistigkeit seinen Frieden gefunden, in der er sich von allem Zeitlich-Irdischen ab und Gott, dem Ewigen und Idealen zugewandt hat. Theodosia war auf wunderbare Weise der Vermählung mit einem Mann entgangen, den der Vater für sie bestimmt und der mehr Sinn für Macht und Reichtum als für die Liebe und das Höhere hatte. Auf der Suche nach dem verlorenen Geliebten kommt Theodosia in die Waldeinsamkeit, in der Filibert mit seinem Sohn lebt. Dieser, Isidor geheißen, weiß allerdings nicht, daß der Einsiedler sein Vater ist. Unerkannt, da in Männerkleidern reisend, betritt Theodosia die Hütte des Einsiedlers, der sie freundlich bewillkommnet. Als Theodosia ihre Geschichte erzählt, erkennt sie Filibert, und Theodosia erkennt ihn und in dem Jüngling ihren Sohn. Gleich wird auch Isidor offenbart, daß der Einsiedler sein Vater und Theodosia seine Mutter ist. Alles Verkennen löst sich in eine beglükkende Erkenntnis auf, denn mit dem Wiederkennen lodern sogleich die alte Liebe und eine triumphale Begeisterung in allen auf. Diese hohen Gefühle werden von der gesamten elysischen Schöpfung und der schönen Natur geteilt und verleihen ihnen die Kraft, allem Haß der Welt und der Hölle zu trotzen:

> Erseufze nicht, empfinde sie, wie ich!
> Nur Freude, nur Triumph begeistert mich.
> Gefunden hab ich Dich! Auf ewig wieder!
> Dich, Filibert! Dich meine Seligkeit!
> ....
> Aufrührisch kämpfe Welt mit Welt! Die Hölle
> Erhebe sich mit Sturm! Mit Lächeln will ich
> In deinem Arm den Sturm anschauen. – Höre!
>
> Engeln feiern mit Gefallen
> Unsrer Liebe Jubelfest.
> Sieh, in dem Gewand des Frühlings,
> Eingehüllt in Balsamduft,
> Steigen sie zu uns hernieder,
> Schütten Blumen und Geruch
> Aus den rosenfarbnen Wolken,
> Setzen Kränz' auf unser Haupt,
> Singen laute Hochzeitslieder
> In der Freude Jubelton![51]

---

[51] Johann K. Wezel. Filibert und Theodosia. Ein dramatisches Gedicht. Leipzig 1772, S. 29

So und noch schlimmer geht es in diesem Gesang der Freude weiter. Man erkennt in ihm leicht die phantasmatische Gestaltung von Wezels eigenem Seelenschicksal: die ‚Trennung' von Mutter, Vater und Sohn, von einem ‚bösen Vater' verursacht, wird in dem Augenblick aufgehoben, in dem die Mutter, nach der Flucht vor dem falschen Ehemann ihren wahren ‚Gatten' findet und der Sohn seinen ‚wahren' Vater erkennt. Bei dem hatte er eigentlich immer schon gelebt, der hatte ihn vor Zeiten aus einer bösen und deshalb gemiedenen Welt gerettet und mit einer außerweltlichen Geistigkeit ausgestattet, die sein Denken auf Gott, Tugend, Natur und Ideale fixierte. Die neue Einheit von Vater, Mutter und Sohn wird als ‚absolute Familie' und universelle Versöhnung gefeiert. Vergeben wird am Ende auch der „verhaßten Welt", aus der alle ‚auferstanden' sind.

Das Motiv, daß solches Glück in weltabgewandter Freundschaft und Liebe mit dem Leben erkauft ist, bzw. daß man durch einen ‚Tod' hindurchgegangen sein muß, um in solch himmlische Freude aufzuerstehen, verweist diskret auf die Tücke derartig geistiger Rettungen. Man könnte mit guten Gründen behaupten, daß die „freudevolleren Töne", die die wiedervereinte Familie anstimmt, nur die Funktion haben, die Klage übers verlorene Leben zu übertönen. Wie dem auch sei: für den von den anderen verachteten Schüler Wezel gab es keine Alternative zur weltabgewandten Existenz, die Mütter, geistige Väter, Bücher und Bildung, d.h. Kommunikation und Interaktion vor allem mit ‚Autoren' oder in eigenen Dichtungen kannte.

Im Fortgang der Jahre auf der Stadtschule hat Wezel sich nicht nur fest als Spitzenschüler etabliert, sondern er durfte davon überzeugt sein, daß ihm ein Platz im Staat der Geistesgrößen sicher war. Er verfügt über ein umfangreiches Bildungswissen, das mehrere Fremdsprachen, sowie die Werke zeitgenössischer und antiker Autoren umfaßt. Zieht man sein Alter in Betracht, so befindet sich der junge Wezel zweifellos auf der Höhe der Bildung seiner Zeit. Er beschäftigt sich übersetzend oder selbst schreibend vor allem mit Dichtung. Er zeigt weiterhin Züge starker Weltabgewandtheit und einen auffälligen Stolz. Beides erscheint ihm jetzt kaum mehr als Fehler, sondern als Stigmen seiner Erwähltheit und göttlichen Geistigkeit.

Wegen seiner Abgesondertheit von der Welt und den andern, wegen der Ausbildung eines Ideal-Ichs, in dem Wezel sich offensichtlich so sehr liebte und bewunderte, daß er keinerlei emotionale Energien für die Außenwelt freihatte, und wegen der Substitution der realen Welt durch eine geistig und seelisch inkorporierte Bildungswelt würde man seine Person heute als in hohem Grade narzißtisch beschreiben. In seiner Zeit entsprach sein geistiger Zustand ziemlich exakt dem, was in der Philosophenschule, in der der deutsche Geist gebildet worden war, Monade genannt wurde. Monaden sind, wie Leibniz lehrt, der sie entdeckt und beschrieben hat, immaterielle, rein geistige Substanzen, ihrer Herkunft nach göttlicher Natur und daher nur von göttlichem Wissen informiert. Das dürfte genau dem Selbstverständnis Wezels entsprochen haben, in den als Kleinkind eine göttliche Mutter jenes vergöttlichende Wissen eingeschrieben hatte, das ihn zum Liebling aller höher gebildeten Menschen machte. Diese brachten das göttliche Kindheitswissen, das in ihm angelegt war, zu hellem Bewußtsein und voller Entfaltung. Willkommen waren der fensterlosen Monade Wezel allerdings nicht nur, was von göttlichem Wissen inspiriert war, sondern auch andere Geschichten, die seinen Sonderstatus bestätigten. Da gab es nämlich ein sich hartnäckig haltendes Gerücht, daß Wezel ein uneheliches Kind des Fürsten Heinrich I. sei. Nichts scheint den Jungen mehr fasziniert zu haben, als die – wenn auch unwahrscheinliche – Aussicht, fürstlichen Geblüts zu sein. Man muß wohl annehmen, daß das bildungsbürgerliche Ideal-Ich psychisch nicht stark genug war, um sich allein zu behaupten, so daß es sich an ein aristokratisches anlehnen mußte. Derart wahlverwandtschaftliche Affinitäten zum Adel stellt zumindest auch der Bürgersohn Goethe in seinem *Wilhelm Meister* fest. Jedenfalls zog es die gebildeten Jungbürger an die Adelshöfe. Nicht nur bewunderte man das – wie man meinte – absolute Sein der Aristokraten, von der Gunst des Adels hing auch das materielle Überleben der gebildeten Jungbürger ab.

Der junge Wezel, der weiß, daß er besser ist als die andern, dürfte sich in der Tat dem Adel ‚verwandter' vorgekommen sein als dem Kleinbürgertum, dem er entstammte. Wezel und seinesgleichen waren in der Tat insofern dem Adel gleich, als sie wie dieser in einer Welt von erwählten Übermenschen lebten. Der Adel verwirklichte seinen besonderen ontologischen Status freilich nicht in Dichtungen oder Gelehrtenrepubliken allein, sondern insbesonders in Gestalt von immer prächtigeren Schloßanlagen und immer luxuriöseren Lebensweisen. Die Repräsentation des Höheren, die den Adel zum Adel machte, lief auf jene extravaganten Überbietungen in der Lebensgestaltung hinaus, die im 18. Jahrhundert in der Regel die Erträge der gesamten Volkswirtschaft verschlangen. Alles, was ans gemeine Leben und Arbeit erinnerte, mußte aus dem Leben am Hofe eliminiert werden. Dagegen waren die exorbitantesten Inszenierungen der eigenen Größe gerade gut genug fürs adlige Repräsentationsbedürfnis. Dadurch entstand die einerseits künstlich reduzierte, andererseits künstlerisch überladenene höfische Lebensform. Zu den Aufführungen des gottähnlichen Menschseins brauchte man in jedem Fall nicht nur kaltschnäuzige Arroganz und Gesundheit, sondern vor allem sehr viel Geld. Das wußte keiner besser als der ‚göttliche' Heine, dem nach der 48er Revolution alle drei, Arroganz, Gesundheit und Geld, abhanden gekommen waren.[52]

Schon Wezels Zeitgenossen war einsichtig geworden, daß zwischen der Monade ‚Adelswelt' und der ausgesonderten Welt der anderen nur scheinbar das Verhältnis einer ‚prästabilierten Harmonie' bestand. Das vermeintlich exakte und reibungslose Zusammenspiel zwischen dem Hof und der außerhöfischen Gesellschaft war vielmehr der Effekt machtkontrollierter Ausbeutungsverhältnisse. Auch ihr sexuelles Begehren konnten die adligen Monaden nicht allein an sich selbst befriedigen, sondern sie öffneten oft hemmungslos ihre verleugneten Fenster und Türen, um sich Sexualobjekten zu bedienen, die außerhalb ihrer abgeschlossenen Welt lebten. Ob schon dem jungen Wezel diese Einsichten in die Differenz zwischen den ideologischen Konstruktionen, in denen der Adel sein höheres Menschsein legitimierte, und den ebenso tristen wie mörderisch-inhumanen Wirklichkeiten der feudalen Gesellschaft bewußt waren, darf bezweifelt werden. Wahrscheinlicher ist, daß er als Schüler zwar ein latent ambivalentes Verhältnis zum bewunderten Adel hatte, aber in ihm eine der bürgerlichen Gelehrtenwelt ähnliche, höhere Sonderwelt sah. In *Herrmann und Ulrike* läßt Wezel seinen Protagonisten denn auch in und durch die Adelswelt aufsteigen, und zwar auf den Wegen der Liebe. Wenn es weiterhin angeht, aus den Einstellungen von Romanhelden auf die Einstellungen des Autors zu schließen, so darf angenommen werden, daß Wezels frühe Liebe zum Adel sein aufkeimendes sexuelles Begehren so okkupierte, daß andere als die zuerst unerreichbaren und später scharf verurteilten Adelsdamen nicht würdig waren, Objekt seines Begehrens zu werden. Von einem Vollzug der Liebe zum Adel kann außerhalb der Romane Wezels jedoch keine Rede sein. Eine unter vielen Merkwürdigkeiten in Wezels Leben bildet seine völlig neutralisierte Sexualität.

Immerhin wurde dem Jungen die Gnade zuteil, auf Empfehlung seiner Lehrer und Mentoren ein fürstliches Stipendium gewährt zu bekommen. Dessen Höhe war allerdings keineswegs fürstlich, zu-

---

[52] Heinrich Heine. Geständnisse. Ders. Sämtliche Werke. Düsseldorfer Ausgabe Bd 15. Hamburg: Hoffmann & Campe 1982, S. 36

dem wurde es im ersten Studienjahr Wezel nicht ausgezahlt. Zweifellos war der Erhalt des Stipendiums jedoch eine hohe Auszeichnung. Sie bestätigte die hohe Meinung, die der 17jährige von sich hatte, und das damit verbundene Geld erlaubte dem Sohn des verstorbenen Mundkochs, mindestens drei Jahre in Leipzig zu studieren, ohne zu hungern.

Wezels Förderer Giseke starb 1765, im Jahr, in dem Wezel die Schule abschloß. Er konnte den angehenden Studenten also nicht mehr selbst weiterempfehlen. Dies war Böttger vorbehalten. Die sehr engen Beziehungen, die Giseke zu Gellert hatte, wirkten auch nach dem Tode Gisekes nach. Sensiblen Menschen fällt es oft am schwersten, Toten einen Wunsch abzuschlagen. Böttger gelang es jedenfalls ohne Mühe, die beiden Sonderhausener Wezel und Streun bei Gellert in Leipzig unterzubringen. Dabei spielten die Qualifikationen der beiden Schüler wohl kaum die ausschlaggebende Rolle. Trotzdem kam das Wohnen in Gellerts Mansarden schon deshalb einer Auszeichnung gleich, weil Gellert eine der Kultfiguren des deutschen Bürgertums war, das im damaligen Leipzig eine Hochburg hatte. Gellerts Haus war nachgerade ein Wallfahrtsort für das vernünftig-empfindsame Bürgertum. Diese Aura des Hauses teilte sich allen mit, die in ihm wohnten. Daß Wezel während seines gesamten Studienaufenthalts, also von 1765 bis 69, bei Gellert wohnen durfte, konnte sein Größenbewußtsein nur bestätigen. Er scheint sich der Würde, die ihm diese Situation verlieh, auch bewußt gewesen zu sein und sich entsprechend verhalten zu haben. Zufällig begann auch der junge Goethe, mit dem Wezel im übrigen weitläufig verwandt ist, im selben Jahr wie Wezel sein Studium in Leipzig. Bärnighausen hält es für wahrscheinlich, daß die beiden ungleichen Kommilitonen sich in Gellerts Hause begegnet sind, ohne daß diese Begegnung Folgen gehabt hätte. Von Goethe ist jedenfalls eine Notiz über einen Besuch im Hause Gellerts überliefert, die lautet:

> Seine beiden Famuli schienen Priester, die ein Heiligtum bewahren, wozu nicht jedem, noch zu jeder Zeit, der Zutritt erlaubt ist; und eine solche Vorsicht war wohl nothwendig, denn er würde seinen ganzen Tag aufgeopfert haben, wenn er alle die Menschen, die sich ihm vertraulich zu nähern gedachten, hätte aufnehmen und befriedigen wollen.[53]

Geht man davon aus, daß die beiden Famuli wirklich Wezel und Streun waren, so läßt das priesterliche Auftreten vermuten, daß We-

---

[53] Zitiert nach Bärnighausen, S. 36

zel auch als Student seine monadische Abgeschlossenheit in die Größen- und Geisteswelt und das damit einhergehende abweisend-arrogante Verhalten beibehalten hatte. Trotzdem muß es im jungen Wezel aber auch ein lange latentes Verlangen gegeben haben, aus dieser vernagelten Welt des geistigen Scheins in die wirkliche Welt hinauszukommen, in die Welt der Dinge und der anderen, in die Welt seines realen, körperlichen, vom Ideal-Ich verschiedenen Ichs.

Gründe dafür gibt es reichlich. Der Bildungsraum, in dem Wezel lebte, wird oft euphemistisch ‚Elfenbeinturm' genannt. Geht man auf die metaphorische Sprechweise ein, so kann man sagen, daß die Wohnlichkeit und die gediegen kunstvolle Ausstattung dieses Raumes davon abhängt, daß eine intakte und attraktive Metaphysik diesen Raum verkleidet und möbliert. In Zeiten eines beschleunigten Austrocknens der traditionellen Metaphysikressourcen, wie es in der zweiten Hälfte des 18. Jahrhunderts stattfand, wurden derart transzendente Behausungen, die das Ich von sich selbst, seinem Körper, den anderen, der Wirklichkeit und dem praktischen Tätigwerden isolierte, wohl eher als luft- und lichtlose, alles Leben vernichtende Gefängnisse erlebt. Tritt man aus der metaphorischen Redeweise heraus, so beschreibt man just die Situation jenes von Wezel und der gebildeten Jugend seiner Epoche verkörperten psychomentalen Typus im Zustand der „transzendentalen Obdachlosigkeit", der nach Lukács bahnbrechender Romantheorie das ‚Subjekt' der Moderne ausmacht.

In der Tat verkörpert Wezel nicht nur diesen hoch gefährdeten Typus, sondern er lebt just in der Epoche, die eben diesen Typus unter der Bezeichnung „Mensch" zum neuen, verbindlichen Kulturtypus kürt. Man geht kaum fehl, wenn man behauptet, daß die Bewegung des Sturm und Drangs, zu der Wezel altersmäßig gehört, die Geburtstraumata des neuen Kulturtypus aufschreibt: nämlich die grauenhafte Erfahrung, in ein disloziertes, nahezu autistisches Bewußtsein verbannt zu sein, allen Kontakt zum eigenen Körper und zu den anderen verloren zu haben, vom Feld des Wirklichen und des tätigen Lebens ausgeschlossen und zugleich aller traditionellen Gnadenmittel und metaphysischen Kompensationen verlustig gegangen zu sein. Seit des Boethius' *Consolatio Philosophiae* wissen wir, daß die metaphysischen Weisheiten in der Tat phantasmatische Gefängnis-tröstungen sind.

Unter den literarischen Helden in der zeitgenössischen Belletristik, die am Syndrom einer totalen psychischen Desintegration und Isolation leiden, ist wohl an erster Stelle Goethes *Werther* zu nennen, dessen Lektüre bekanntlich zugleich eine Mode und eine Selbstmordserie auslöste. Aber schon vorher hatte Heinrich Wilhelm von Gerstenberg in seinem Drama *Ugolino*, das 1769 in Berlin uraufgeführt wurde und das in vielen Teilen das Drama des Sturm und Drang vorwegnahm, das grauenvolle Sterben eines Vaters mit seinen Söhnen in einem Turm dargestellt. Ugolino, den Dante ins *Inferno* verdammte, hatte erfolglos versucht, gegen die Herrschaft der Kirche zu rebellieren. Das Sterben im ‚Turm' ist die unmittelbare Wirkung des gescheiterten Aufbegehrens gegen die Herrschaft des Religiösen. Man sieht: eine Revolte gegen die Metaphysik hat dann einen tödlichen Ausgang, wenn man sich von der Angewiesenheit auf das Höhere nicht frei machen kann. Ein ähnliches Aufbegehren mit einem ähnlich tödlichen Ausgang schildert auch der verspätete Stürmer und Dränger Friedrich Schiller in seinem Dramenerstling *Die Räuber* auf: Karl Moor, Liebling der Natur und des Vaters und seines Zeichens Studiosus, entdeckt sich in einer Welt, in der er von allen anderen, insbesondere von den ‚Taten', mit Ausnahme des ‚Tintenklecksens', d. h. des Schreibens, auf unaufhebbare Weise entfremdet ist. Auch seine Revolte führt nicht zu erfolgreichen Taten, sondern lediglich zu ‚Untaten', zum Verlust aller Lieben und zum eigenen Tod. Die Liste der Verzweiflungen jener jugendlichen ‚Halbgötter', denen im Verlauf ihrer Revolten das Göttliche abhanden gekommen war, auf das sie doch angewiesen waren, und die sich nun in der realen Gesellschaft und in ihrem Körper nicht zurechtfanden, läßt sich beliebig verlängern. Die berühmteste Revolte gegen die Religion, das Buchwissen und das lebens-, realitäts- und körperferne Studieren schrieb wiederum der junge Goethe in seinem *Faust*, den Mephisto – allerdings wiederum nur mittels der Fantasie – aus der Studierstube hinaus, zur Frau und zu Schein-Taten führt.

Zu den bedeutendsten Errungenschaften der klassischen Goethezeit wird gerechnet, den neuen Kulturtypus „Mensch" einigermaßen in die Gänge gebracht und als Nachfolgemodell des Kulturtypus „Christ" durchgesetzt zu haben. Die Fragen, ob der neue Kulturtypus seinem Vorgängermodell wirklich überlegen war und einen Fortschritt darstellt, weil er die Kultur mit der Natur „ohne Opfer" versöhnte oder ob er – etwa in Gestalt des sozialistischen Menschen – einiger Nachbesserungen bedarf oder ob er insgesamt eine Fehlkonstruktion bildet, diese Fragen beschäftigen die Kulturtheoretiker und -kritiker bis heute. Unbestritten ist inzwischen jedoch wohl, daß der Kulturtypus, der sich schlicht „Mensch" nennt, nicht die menschliche Natur verkörpert und in ihre Rechte eingesetzt hat, sondern ein Kulturkonstrukt ist, dessen psychomentale und somatische Organisation von kulturellen Einschreibungen und Programmierungen, mithin von Diskursregeln, bestimmt ist. Mit anderen Worten: Die Geschichte des „Menschen der Goethezeit“ bildet heute ein nicht unproblematisches Kapitel in der Phänomenologie des ‚höheren Menschseins‘, das seit der Erfindung der Weltreligionen, also seit Jaspers berühmter „Achsenzeit“, die menschliche Kultur und das menschliche Leben gestaltet und organisert.

Was Wezel zum Sonderfall macht, scheint mir daran zu liegen, daß er einerseits, was seine psychomentale Konstitution angeht, exakt den Typus verkörpert, den die Goethezeit zum „Menschen“ erklärt, daß sich bei ihm jedoch ein anderes, wesentlich kritischeres Verständnis des „Menschen“ einstellte als bei den Vertretern der Klassik und Romantik. Daher geht Wezel andere Wege, um mit dem hoch gefährdeten Unding „Mensch“ umzugehen. Es soll hier keineswegs behauptet werden, daß Wezel bei der Neuerfindung des Menschen eine glücklichere Hand gehabt hätte als die Goethezeit. Ganz grob kann man die Unterschiede zwischen den kulturkreativen Unternehmungen der Goethezeit und denen Wezels so skizzieren, daß die Goetheaner und später die Romantiker den ‚Elfenbeinturm‘ neu auskleideten, indem sie die religiösen Motive durch ästhetische ersetzen, Wezel versucht dagegen aus dem Elfenbeinturm regelrecht herauszukommen, was ihm offensichtlich mißglückte.

Wissenschaftsgeschichtliche und philosophische Hintergründe

Die bisherigen Ergebnisse meines Versuchs, die psychische und geistige Bildungsgeschichte des jungen Wezel zu rekonstruieren, lassen sich am inzwischen erreichten Zeitpunkt folgendermaßen zusammenfassen: Wezel tritt sein Studium unter den Bedingungen eines ebenso hoch valorisierten wie derealisierten Bewußtseins an. Den Bedürfnissen und eingespielten Verhaltensweisen dieses Bewußtseins tragen sowohl die Aura der Institution Universität sowie die Verortung des akademischen Betriebs als einer außerhalb des normalen Alltagslebens operierenden Anstalt für die Produktion eines höheren Wissens im allgemeinen, als auch Wezels Sonderstatus als fürstlicher Stipendiat und Student im Hause Gellerts im besonderen Rechnung. Ich rechne jedoch damit, daß es in Wezels Bewußtsein zumindest eine latente Ahnung davon gab, daß jene Räume, in denen das Bewußtsein seine Superioritätsorgien und Fantasien über die höheren Wissensformen austoben konnte, in Wahrheit den Status eines Gefängnisses, einer Selbst-Entfremdung und einer Entfremdung von den anderen und der Welt haben. Diese Ahnung war vom latenten Wunsch und Willen begleitet, die Mauern dieses Gefängnisses einzureißen, um aus dem falschen, eingebildeten Glück in ein wirklich glückliches Leben eintreten zu können.

Die manifeste Bewußtwerdung eines solchen Wunsches und Willens mit all ihren praktischen Folgen bilden bei vielen Interpreten die einzelnen Kapitel der sogenannten Geistesgeschichte. Der deutsche Geist ist stolz darauf, einige wichtige Kapitel zu dieser Geschichte beigesteuert zu haben. Das historisch jüngste Einreißen von ‚deutschen' Mauern, hinter denen schlechte Vollkommenheitsträume geträumt wurden, offenbarte freilich auch, daß der ‚Einsturz' von solchen ‚Mauern' oft nicht von denen intendiert wurde, deren Ideen, Willenshaltungen und Taten dazu beigetrugen, daß die Mauer zum Einsturz kam. Des weiteren zeigte sich, daß die Freisetzung des Willens, eine Mauer einzureißen, oft durch Ereignisse stimuliert wird, die nicht im eigenen Land und schon gar nicht im eigenen Bewußtsein stattfinden. Zum dritten zeigte sich, daß der Fall von Mauern, die das Träumen von Größen und Glücksträumen ermöglichte, oft sofort den Anstoß zur Errichtung neuer ‚Mauern im Kopf' gibt, die die gleiche psychische Funktion mit anderen, oft nur wenig modifizierten Mitteln erfüllen. Denn es erwies sich, daß das Heraustreten aus den eingemauerten Glückswelten nicht die Gestalt einer Transformation von Wünschen in ihre Verwirklichung hat. Die Wirklichkeit, die nach dem ‚Fall' von ‚Mauern' in die geschützten Operationsweisen eines derealisierten Bewußtseins und in jene künstliche Welt einbricht, in der es sich erfolgreich bewegt hat, hat in der Regel Qualitäten, denen die Verhältnisse, die in den geschützten Räumen herrschten, nicht gewachsen sind.

Was im folgenden gezeigt werden soll, ist der langsame Erosionsprozeß der psychomentalen ‚Festungen', hinter denen das infantile Bewußtsein Wezels seinen Erwähltenstatus schützte. Ich meine, es waren die Studieninhalte, mit denen ein Student in der zweiten Hälfte des 18. Jahrhunderts konfrontiert wurde, die kaum geeignet waren, den monadisch-abgeschirmten, in der zeitgenössischen Metaphysik verankerten Größenfantasien des jungen Wezel Nahrung zu geben. Vielmehr wurden Studenten des ausgehenden Jahrhunderts an Universitäten wie der Leipziger vermehrt mit neuen empirischen Erkenntnissen und philosophischen Theoremen konfrontiert, die es schwieriger machten, das bislang als evident erachtete metaphysische Wissen ohne erhebliche intellektuelle Opfer weiter zu vertreten. Die Einbrüche, die die Metaphysik erlebte, und die Bloßstellungen ihrer ideologischen Funktionen waren durchaus geeignet, die latente Ahnung von der völligen Entfremdung, Enteignung und Inhaftierung des Denkens und Lebens unter den Bedingungen der hegemonialen Kultur und Gesellschaftsordnung zu bestärken. In der geistigen Arbeit, die dabei, zunächst wohl durch viele Ambivalenzen gehemmt, in Gang gesetzt wurde, vollzog sich langsam der Exorzismus, in dem das alte Wissen durch ein neues ausgetrieben wurde.

Der Verlauf von geistigen und seelischen Ereignissen, die zu derartigen Revolutionierungen von Bewußtseinssystemen führen, ist hoch komplex und findet lange unterhalb der Schwelle des Bewußtseins und der bewußten Willenshaltungen statt. Was wir wissen, ist, **daß** eine „Hauptrevolution" in Wezel stattfand, aber über die Ereignisse, die zu ihr führten, sind wir kaum informiert. In einem lakonisch kurzen Rückblick aus dem Jahre 1782 berichtet Wezel nämlich von einer „Hauptrevolution"[54], die nach anfänglichem Studienfrust in seinem „Denken" vorgegangen sei. Nach Wezels Angaben stand der philosophisch interessierte Student in Leipzig vor der „Wahl, ein

---

[54] Knautz, Isabel: Epische Schwärmerkuren. S. 18

Crusianer oder Wolfianer (sic) zu werden"[55], eine Option, die seinem intellektuellen „Appetite" überhaupt nicht entsprach. Nach Wezels Darstellung war es ein Zufall, der ihn vor dem philosophischen Scheitern rettete, nämlich die Lektüre der – wohl noch während seiner Studienzeit – zufällig für 16 Groschen erstandenen, französischen Übersetzung der Lockeschen Abhandlung *On Human Understanding* und später eine Rezension von Unzers Abhandlung *Erste Gründe einer Physiologie der eigentlichen thierischen Natur thierischer Körper,* die 1771 – also zu einer Zeit, in der Wezel bereits Hofmeister war – bei Weidmanns Erben und Reich in Leipzig verlegt worden war. Isabel Knautz meint feststellen zu können: „Die beschriebene, von Locke und Unzer ausgehende ‚Hauptrevolution" hat Wezels geistiger Entwicklung die empirische, naturwissenschaftlich-physiologisch fundierte Richtung gewiesen; Wezels gesamtes literaturkritisches, pädagogisches, poetisches und anthropologisches Schaffen trägt die Signatur jener empirischen Wendung des neunzehnjährigen, zuvor um den eigenen geistigen Standort verlegenen Studenten."[56]

Diese Feststellung ist zu vorsichtig formuliert, um falsch sein zu können, andererseits ist sie zu allgemein, um das intellektuelle Feld präzis abzustecken, in dem sich Wezels Denken bewegt. Es liegt mir fern zu bestreiten, daß Locke und Unzer eine bedeutsame Rolle in der geistigen Entwicklung Wezels gespielt haben. Aber ihr geistiger ‚Samen' fiel auf einen wohl zubereiteten Boden und ging in Richtungen auf, die die Positionen der beiden Autoren durchaus hinter sich ließen. Der englische Philosoph ist bekanntlich in der zweiten Hälfte des 18. Jahrhunderts innerhalb der kontinentalen Philosophie längst kein Unbekannter mehr, auch nicht in Deutschland, wo der Empirismus, wenn auch verspätet, philosophisch ernst genommen wurde. Die Bedeutung Unzers ist mit der Lockes nicht zu vergleichen. Unzer ist im Hauptberuf Arzt und wissenschaftlicher Publizist, kein bedeutender Forscher und Denker. Seine physiologische Abhandlung ist in ihren philosophischen Teilen alles andere als radikal und insgesamt denkbar unorginell. Daß Unzer beständig von Körpern als „mechanischen Maschinen" spricht, ist nicht mehr als ein Gemeinplatz der philosophischen Literatur seit Descartes, auf den die technomorphe Vorstellung des Körpers zurückgeht. Unzers populärwissenschaftliches Werk besteht in seinen naturwissen-

[55] Knautz, S. 17
[56] Knautz, S. 18

schaftlichen Teilen meist aus Zitaten aus Hallers sog. großer und kleiner Physiologie, und, was den philosophischen Teil angeht, aus Zitaten aus der von Georg Friedrich Meier besorgten Übersetzung von Baumgartens Metaphysik (nicht der Ästhetik), und Baumgarten ist bekanntlich kein Empirist, sondern der bedeutendste Schüler Christian Wolffs.

In Abweichung von der klassischen rationalistischen Lehre nimmt Unzer zwar an, daß bestimmte Vorgänge, die die sog. „thierischen Seelenkräfte" im Gehirn bewirken, auch Modifikationen in der Seele veranlassen, die diese in Form von Gedanken wahrnimmt. Damit vertritt er in gemäßigter Form die These des ‚influxus physicus'. Aber da er die Frage, wie der wechselseitige Verkehr zwischen Körper und Seele vonstatten geht, für empirisch unlösbar hält, hält er sich bei diesem Problem nicht lange auf.[57] Im übrigen vertritt er ebenfalls einen gemäßigten Innatismus, d.h. er ist davon überzeugt, daß die Seele über genuine Vermögen verfügt und aufgrund dieser eingeborenen Vermögen im Verfolg höherer Erkenntnisse willkürlich tätig sein kann.

Wezels „Hauptrevolution" ist, wenn man die vom Autor selbst gelegten Spuren verfolgt, also eine kuriose Angelegenheit, die einen äußerst kreativen Aneigungsprozeß der gelesenen Werke und Rezensionen anzunehmen nötigt. Fraglich erscheint mir, ob die Rekonstruktion eines solchen Aneignungsprozesses ergiebig wäre. Ich meine, daß Wezel mit den Namen Lockes und Unzers lediglich zwei ‚populäre' Markierungen setzte, die in der Tat die beiden fundamentalen Richtungen seines neuen Denkens angeben. Wie die Lektüre von Wezels erstem Roman *Lebensgeschichte Tobias Knauts, des Weisen, sonst der Stammler genannt* zeigt, war Wezel jedoch mit dem weitgefächerten Feld der empiristischen und physiologischen Philosophie seiner Zeit bereits früh und bestens vertraut. Ich bin daher geneigt, die Locke-Unzersche „Hauptrevolution" für eine Art Kurzformel anzusehen, die auf ein langes Studium verweist. Die Tatsache, daß Wezel die erst 1771 erschienene Physiologie Unzers als entscheidenden Anstoß zu seiner „Hauptrevolution" angibt, und die Tatsache, daß 1772 sein empfindsames, dramatisches Gedicht *Filibert und Theodosia* veröffentlicht wurde, scheint mir die These zu rechtfertigen, daß der geistige Durchbruch Wezels nicht in der eigentlichen Studienzeit, sondern Jahre danach, wohl erst nach dem

[57] Dazu: Johann August Unzer: Gedancken vom Einfluß der Seele in ihren Körper. Halle 1756

Tode seines Mentors Böttger, stattgefunden hat. Bei der Abfassung des *Tobias Knaut* 1774 war er jedoch zweifellos weitgehend vollzogen.

Was der Student Wezel in der intellektuellen Atmosphäre der Leipziger Universität und Gesellschaft wohl schon gespürt hat, war die immer stärker werdende Bereitschaft, sich von der Metaphysik weg- und der Empirie und jenem Wissen zuzuwenden, das den Wert von praktisch anwendbaren Lernprozessen hatte. Die Hochkonjunktur, die das höhere Wissen hatte, war jedenfalls im Abklingen. Es ist nicht auszuschließen, daß der junge Wezel erkannte, mit seinen eigenen, noch dunklen intellektuellen Interessen in einem Trend zu liegen, der seinem bisherigen geistigen Habitus zwar diametral entgegengesetzt war, aber alle Reize eines emanzipatorischen Abenteuers hatte. Das Studienangebot an der Leipziger Universität war in seiner philosophischen Gesamtausrichtung noch stark vom allgegenwärtigen Rationalismus der späten Wolffschule bestimmt. Aber es gab da auch intellektuell potente Vertreter der Thomasianischen Aufklärungsphilosophie. Läßt man die tiefgreifenden Differenzen zwischen den beiden Schulen beiseite, so repräsentierten sie in ihrer Ausrichtung jene Mischung aus Wissenschaftlichkeit und Theologie, die für die frühere deutsche Aufklärung insgesamt typisch ist. Von ihrem Anspruch auf Wahrheit konnten sie den jungen Studenten schon nicht mehr überzeugen, sondern stellten ihn vor eine unattraktive Wahl. Die ersten Studienerfahrungen dürften für den jungen Wezel daher eher unbefriedigend gewesen sein.

Darin glichen sie bis zu einem gewissen Punkt denen des jungen Goethe, der, wie bereits gesagt, ein kurzzeitiges Jurastudium in der sächsischen Universitätsstadt aufgenommen hat. Obwohl die Leipziger Universität und das kulturelle Leben der Stadt zum Besten gehörte, was in Deutschland geboten wurde – Lessings *Minna von Barnhelm* wurde am 18. Oktober 1766 in Leipzig erstaufgeführt –, vermochte die genialisch-schöne Seele des Frankfurters sich ins intellektuelle Milieu der Handelsmetropole nie richtig zu integrieren. Die Kollisionen zwischen dem empfindsamen Deutschen und der mondänen, stärker zur Empirie und Wissenschaftlichkeit neigenden Atmosphäre der Leipziger Gesellschaft dürften nicht zuletzt jenen körperlich-seelischen Kollaps verursacht haben, der Goethe zur Aufgabe der Leipziger Studien zwang. Wezel dagegen hat sich aus dem anfänglichen Studienfrust offensichtlich herausgearbeitet. Das heißt nicht, daß er an der Leipziger Hochschule je eine geistige Heimstatt gefunden hätte. Vielmehr wechselte er mehrfach das Studienfach und ging nach vier Jahren ohne Abschluß von der Hochschule ab, um eine von Gellert vermittelte Hauslehrerstelle in Bautzen anzutreten.

Dafür, daß Wezel in Leipzig blieb, gibt es natürlich sehr praktische und materielle Gründe. Im Unterschied zu Goethe, dem Sohn aus begütertem Hause, hatte Wezel keinerlei Alternative zum Studienort Leipzig. Dessenungeachtet darf jedoch auch angenommen werden, daß die kognitiven Dissonanzen, die zwischen den Inhalten der universitären Lehrstoffe und dem Wissen bestanden, das beide jungen Studenten in sich trugen, von sehr unterschiedlicher Art gewesen sind. Ärgerte sich Goethe am ‚toten' Wissen, das den lebendigen Geist und das höhere Streben bedrohte, so ahnte Wezel zunehmend die Chancen, die bei den empirischen Wissenschaften lagen, die untersuchten, was es mit dem wirklichen Leben auf sich hatte. Wezel sah sich jedenfalls von theologischen Schulen und metaphysischen Aufklärungsphilosophien umgeben, die sich in erbitterten Rückzugsgefechten gegeneinander und gegen die Wissenschaft befanden. Die Querelen, die im Krieg der Philosophen und Theologen ausgefochten wurden, drehten sich dabei oft um so esoterische Sachverhalte, daß ihr Sinn nur noch Insidern einsichtig war. Für Wezel zeigte sich im Kampf der vielen Ismen vor allem, daß sie abgewirtschaftet hatten. Es scheint, als hätten schon früh die philosophischen Positionen die größte Anziehungskraft auf den Studierenden ausgeübt, die ohne einen emphatischen Wahrheitsbegriff auskamen. Der Begriff der Wahrheit, um den sich die philosophischen Diskussionen drehten, scheint Wezel eine der fatalsten und irreführendsten Erfindungen gewesen zu sein, die von Philosophen je gemacht wurde. Denn die unmittelbare Wirkung dieser Erfindung war, daß das Philosophieren zu einem militanten Dispositiv mutierte, das in seinen Verfahrensweisen nach strategischen Gesichtspunkten vorging. Man formte endgültige Vokabulare, an denen kein Jota zu ändern war. Im *Belphegor*[58] behauptet Wezel, der „Krieg der Philosophen" (B, 166) resultiere aus der Substitution des Sprechakts: Ich nehme an, daß … durch den Sprechakt: „ich behaupte (…) das, was mir Wahrheit scheint, ist Wahrheit, und das Glück der Waffen soll entscheiden, wer im Punkte der Wahrheit herrschen und dem Glauben und dem Beifalle der übrigen Gesetze vorschreiben soll." (B, 167)

[58] Johann Carl Wezel: Belphegor oder die wahrscheinlichste Geschichte unter der Sonne. Mit einem Nachwort von Lutz Prütting. Frankfurt/M: Zweitausendeins 1978. Zitate daraus im Text; Sigle B

Daß es Wezel zu dämmern begann, man könne den Krieg der Philosophen nur dadurch beenden, daß man das Philosophieren in seiner akademischen, fachwissenschaftlichen Form insgesamt aufgab, muß keineswegs als seine eigene Leistung angesehen werden. Versuche, das akademische Philosophieren durch neue lebensnähere Formen des Denkens zu ersetzen, waren in dieser Zeit durchaus an der Tagesordnung. Ich meine, das Faktum, daß in Leipzig neben den Wolffianern auch Christian August Crusius (1715–1775) lehrte, ist in diesem Zusammenhang bemerkenswert, denn in Crusius, der die Thomasianische Philosophie vertrat, hatte die an den meisten norddeutschen Hochschulen dominierende Wolffsche Schulphilosophie eine gleichwertige Konkurrenz erhalten. Die Philosophie von Christian Thomasius[59], der bis zu seiner Vertreibung an die Ritterakademie in Halle von 1682 bis 1690 selbst in Leipzig lehrte, bildet bekanntlich die zweite, allerdings über Jahrzehnte eher unterlegene Säule der deutschen Aufklärung. Kaum jemand hat in den frühen Phasen der aufklärerischen Bewegungen mehr dazu beigetragen, das Wissen aus der Enge und Esoterik der Studierzimmer und akademischen Institutionen hinaus in die Wirklichkeit zu bringen als Thomasius. Im Adelskolleg in Halle war er auf einen Schlag dadurch berühmt geworden, daß er quasi im Alleingang eine Studienreform durchführte, indem er die deutsche Sprache als Unterrichtssprache benutzte. Mit der Abschaffung des Latein riß er eines der massivsten Bollwerke ein, durch das sich das Reich der Gelehrten vor dem normalen Leben und den normalen Menschen schützte. Zum andern ignorierte der resolute Reformer entschieden alle traditionellen Felder der Philosophie, die diese zu einer Disziplin von Fachgelehrten gemacht hatten. Der künftige Hofleute lehrende Akademiker sah sich und seine Schüler als Männer von Welt, die eines praktischen Wissens bedurften, das ihrer eigenen Glückseligkeit und der Glückseligkeit der anderen nützlich war. Die Philosophie hatte sich nach Thomasius daher auf den Menschen, seine Natur und seine Bedürfnisse zu konzentrieren, d.h. sie hatte im wesentlichen eine praktische, erzieherische Aufgabe, die sich an den gegebenen Verhältnissen orientierte und diese konkret zu verbessern suchte. Da für Tho-

---

[59] Dazu: Gerhard Sauder: Christian Thomasius. In: Rolf Grimminger (Hrsg.): Deutsche Aufklärung bis zur Französischen Revolution 1680–1789, S. 239–250, sowie Werner Schneiders: Naturrecht und Liebesethik. Zur Geschichte der praktischen Philosophie im Hinblick auf Christian Thomasius. Hildesheim-New York: Olms 1971

masius bei der Begrenztheit der menschlichen Vernunft alle metaphysischen Fragen unlösbar waren, plädierte er für einen philosophischen Pluralismus, sogar Ekklektizismus und für Toleranz in allen Dingen, die das Göttliche und die absoluten Wahrheiten betreffen. Thomasius wagte nicht, die Metaphysik und das höhere Wissen einfach zu ignorieren, aber er reduzierte die traditionellen Spannungen, die zwischen den transzendenten und innerweltlichen Ordnungsvorstellungen herrschten, indem er das Göttliche für die Alltagspraxis als irrelevant erklärte.

Als Psychologe und Beobachter des Lebens am Hofe entwickelt Thomasius eine Affektenlehre, in der Ehrgeiz, Gier und Wollust als Hauptaffekte figurieren. Dieser Affekthaushalt enthält die primär im menschlichen Denken und Verhalten wirkenden Kräfte. Solange deren Operationen von diesen ich-zentrierten Kräften gesteuert sind, sind sie nach Thomasius allerdings nur bedingt vernünftig. Ihm reichte auch die rein äußerliche Affektkontrolle nicht aus, die das höfischen Verhalten forderte, insofern es vom Hofmann verlangte, sein Begehren zu maskieren. Solche Verstellungen waren in der Tat nur strategisch motiviert und zielten auf die Täuschung der anderen, nicht auf die Transformation der egoistischen Primäraffekte in soziale Sekundäraffekte ab. Thomasius' Erziehungsziel war es, die Menschen anzuleiten, die Schwelle der nur bedingt vernünftigen Affekte zu überschreiten, um die vernünftigen freizusetzen. Im sich entwickelnden Ich entfaltete sich nach Thomasius nämlich auch die Fähigkeit, sich selbst auf andere hin zu transzendieren, ihren Standpunkt und ihre Interessen anzuerkennen und mit der eigenen Sicht und Interessenlage abzustimmen. Daraus resultierte ein Leben in Beziehungen mit anderen, in dem der Bestand der Beziehungen dem Ich psychisch ebenso wichtig ist wie der eigene Vorteil. Thomasius setzte ein derart soziales Verhalten und die Fähigkeit, über die Verhältnisse der Welt und deren Wirkungen auf die Glückseligkeit aller mit anderen zu reden, mit der eigentlichen Vernunft gleich. Denn als vernünftig kann für ihn nur gelten, was aus einem Gespräch mit andern als gemeinsam Akzeptiertes hervorgeht. Thomasius zweifelte allerdings daran, daß ein solches Gespräch mit der gesellschaftlichen Öffentlichkeit insgesamt führbar ist. Wenig Aussicht auf Verwirklichung hatte für ihn daher die Idee eines vollkommenen Staates, denn die Ebene des staatlichen Handelns wird nach Thomasius' Einschätzung immer von den Gesetzen der Macht bestimmt. Woran er jedoch festhielt und glaubte, war die Möglichkeit einer funktionierenden Form von „Privatklugheit" und gewaltfreier Geselligkeit im kleineren Kreis, in Freundschaften und in Familien.

Bekannt ist, daß der bis dahin so dezidiert diesseitsorientierte Thomasius 1694 in eine tiefe philosophische und religiöse Krise geriet, aus der er in den Pietismus flüchtete, der seinem antidogmatischen, empiristischen und psychologisierenden Philosophieren zweifellos nahestand. Der große Aufbruch ins praktisch relevante Wissen verlor durch diese Konversion an Dynamik. Aus dem Gemisch aus aufgeklärtem und pietistischem Denken entwickelte sich in Deutschland die Tradition des thomasianisch-pietistischen Denkens, das bis zur Mitte des 18. Jahrhunderts zurecht als philosophisch eher unbedarft galt. Erst der in Leipzig lehrende Mathematiker und Philosoph Ad. Friedrich Hoffmann und dessen Schüler, der Philosoph und Theologe Christian August Crusius, bei dem Wezel hörte, brachten den Thomasianismus auf ein philosophisches Niveau, das einer „soliden[n] doktrinale[n] Auseinandersetzung“[60] mit dem Wolffschen System und dessen spekulativen Subtilitäten gewachsen war.

Ersichtlich konnte einer, dessen Ziel war, aus introvertierter Geistigkeit in die Welt zurückzukehren, vom Denken der Thomasianer einiges lernen. Als Person und Hochschullehrer stieß Crusius den Studenten Wezel ab, weil der von den Teilnehmern seiner Lehrveranstaltungen gleich eine Konversion zu seinen Lehren erwartete. Er folgte ihm auch nicht in der fatalistischen Annahme, daß nicht alles, was der beschränkten Vernunft des Menschen als unvernünftig erscheint, am Ende nicht doch einen guten Zweck haben kann. An derart ‚unsichtbare Hände‘, die alles Schlimme, das in der Welt geschieht, selbst gegen die Absichten der Täter in ein Gutes und Sinnvolles verwandeln, mag Wezel nicht glauben. In seinem zweiten Roman *Belphegor* läßt Wezel diese Position Crusius' von Fromal vertreten, der intellektuell der optimistischen Geisteskindlichkeit Belphegors überlegen ist. Aber zugleich zeigt Wezel an ihm, daß der Fatalismus nicht nur hilft, sich auf unvorhergesehenes Unheil einzustellen, sondern daß der Fatalist sich nur allzu gern beschwichtigen läßt, wenn es darum geht, zum eigenen Vorteil den anderen ein

[60] Christian August Crusius. Die philosophischen Hauptwerke. Hrsg. von G. Tonelli. Reprografischer Nachdruck der Ausgabe Leipzig 1747. Hildesheim: Olms, 1965 Bd. 3. Weg zur Gewißheit und Zuverlässigkeit der menschlichen Erkenntnis, S. XIX

Schlimmes zuzufügen, weil man ja nie weiß, wozu es am Ende doch noch gut ist.

Ernst muß Wezel jedoch den Nachweis des Thomasianers genommen haben, daß die Zusammenhänge und Ereignisabfolgen der Welt philosophisch und wissenschaftlich nicht alle aus Zweckmäßigkeitserwägungen und Ursache-Wirkungsketten erklärt werden können. Der Thomasianismus entdeckt vor allem in den Aktionsweisen lebender Materie Phänomene, in denen man nur Effekte feststellen, aber keine Ursachen erkennen kann. Damit wurde die universelle Gültigkeit des Kausalitätsprinzip ebenso in Frage gestellt wie das Prinzip einer universellen Teleologie. Dadurch verloren die explizierenden Methoden der Wissenschaften zwar nicht prinzipiell an Wert, nur wird das Feld des Erforsch- und Wißbaren eingeschränkt. Im Aufweis der Grenzen dessen, was vom menschlichen Geist auf überprüfbare oder logisch zwingende Weise erkannt werden kann, entwickelte sich des Thomasius' Lehre zur Vorläuferin der Kantschen Kritiken und zu einer der effektivsten Angriffssäulen gegen die vorherrschende Schulphilosophie, die sich in der 2. Hälfte des 18. Jahrhunderts fortschreitend selbst überlebte.

Zweifellos hat Wezels Denken sehr starke Impulse von den philosophischen Grundsätzen des Leipziger Thomasianismus erhalten. Das Thema der beschränkten Erkenntnisfähigkeit des Menschen, die Dominanz der Lebenspraxis in Wezels Philosophieverständnis, seine Polemik gegen die Monadologie, seine Bekämpfung des Optimismus, sowie seine Kritik der rationalistischen Kausalität und Teleologie haben – wie ich meine – allesamt ihre Vorläufer in Attacken der Thomasianer. Ebenso bedeutsam war für Wezel die empiristische und psychologisierende, stark von Locke beeinflußte Erkenntnistheorie und Affektenlehre der Thomasianischen Aufklärung. Dies gilt auch für die Lehre vom ‚influxus physicus'[61], die Crusius gegen den Rationalismus auf entschiedene Weise vertrat, indem er behauptete, daß Tätigkeiten des Geistes durch Ereignisse im Nervensystem und Gehirn initiiert werden können. Ebenso wichtig ist allerdings, daß die Thomasianische Philosophie in der zweiten Hälfte des 18. Jahrhunderts das Einfallstor für die empiristischen, sensualistischen und materialistischen Philosophien und politischen Theorien aus England und Frankreich bildeten. Ich nehme daher an, daß der Leipziger Thomasianismus Wezel nicht nur wichtige Grund-

61 Rainer Specht: Commercium mentis et corporis. Über Kausalvorstellungen im Cartesianismus. Stuttgart-Bad Cannstatt: Frommann-Holzboog 1966.

theoreme vorgab, sondern ihm zugleich den Weg freimachte, den er einschlug, als er sich verstärkt mit den Forschungen der Physiologen und einer physiologisch bestimmten Anthropologie beschäftigte. Am wichtigsten könnte bei Wezels Begegnung mit dem Thomasianischen Denken jedoch gewesen sein, daß es trotz aller pietistischen Einflüsse einen lebenszugewandten geistigen Habitus verkörperte, der sich von der schulphilosophischen Haltung unterschied, deren Anliegen und Interesse sich um die Operationsweise und Leistungen der Vernunft und um die Herstellung eines möglichst mathematisch formulierbaren Gesetzeswissen zentrierten.

Wie groß und bedeutsam der Einfluß der thomasianischen Philosophie auf Wezel auch gewesen sein mag, so kam der Student Wezel zweifellos nicht an der rationalistischen Schulphilosophie seiner Zeit vorbei, die mit den großen Namen eines Gottfried Wilhelm Leibniz und Christian Wolff verbunden war. Dieser Rationalismus bildete so etwas wie den überall vorfindlichen Humus für das philosophische Denken insgesamt. Selbst das Philosophieren der Thomasianer gewann erst Seriosität durch die Auseinandersetzung mit dem Rationalismus. Viele der Theoreme, die sozusagen das Selbstverständliche des Aufklärungsdenkens ausmachen, gehen auf den Rationalismus zurück. Zu diesen Selbstverständlichkeiten gehörte auch die von Leibniz vertretene These eines genuinen Körperwissens.[62] Dieses Körperwissen bildete den Gegenstand der Theorien über die sinnliche Erkenntnis. Daran sollte öfter erinnert werden. In jedem Fall gestaltete sich im Verlauf des 18. Jahrhunderts nicht nur das Verhältnis der Philosophie zur Lebenspraxis auf grundlegende Weise um, sondern über Leibniz' Theorie des Körperwissens auch das Verhältnis der Seele, sonst auch die ‚denkende Sache' genannt, zu ihrem Körper. Weil dies für Wezels intellektuelle Entwicklung relevant gewesen sein dürfte, ist hier kurz auf diesen Prozeß einzugehen.

Bekanntlich fand die rationalistische Ontologie des Ichs ihren prägnantesten Ausdruck in Leibniz' Monadenlehre. Die Lehre, die Wezel nach seiner „Hauptrevolution" darin zum Ärgernis wurde, ist die, daß die unstoffliche Seelenmonade, die der Sitz der bewußten Denkkräfte ist, nicht mit dem stofflichen Körper verkehrt. Was Wezel an

[62] Dazu immer noch lesenswert: Ernst Cassirer: Leibniz' System in seinen wissenschaftlichen Grundlagen. Hildesheim: Olms 1961, neuerdings: Donald Rutherford: Leibniz and the Rational Order of Nature. Cambridge-New York: Cambridge U 1995

dieser Theorie haßt, ist weniger, daß sie den Zustand seines Geistes und den Geisteszustand seiner Epoche nicht akkurat beschreibt, sondern daß sie den menschlichen Geist auf eine monadische Existenz fixiert. Von besonderem Interesse ist freilich, daß Leibniz nicht nur Geistmonaden, sondern auch Körpermonaden kennt und daß er diese keineswegs vom Feld des Wissens ausschließt. Vielmehr verfügt auch der Leibnizsche Körper über eine eigene, unbewußte Weise, die Welt vorzustellen, die gewöhnlich *sinnliche Erkenntnis* genannt wird. Was für Leibniz die Erkenntnisweisen der Körper von denen der Seelen unterscheidet, sind unendliche Abstufungen der perzeptiven Erhellung des Ganzen der Welt. Dabei geht Leibniz von einem Kontinuum aus, das von den einfachsten Wissensformen der schlichten, belebten Materie bis zum absoluten Wissen Gottes führt. Die graduelle Aufwärtsentwicklung zu höherer Erkenntnis stellt sich Leibniz als einen Evolutionsprozeß vor, der von einfachsten Lebewesen über Pflanzen und Tier bis zum Menschen voranschritt. Die Entdeckung pflanzenähnlicher Meerestiere, der Zoophyten, bestätigte Leibniz in seiner Überzeugung, daß alle Übergänge zwischen Arten und Gattungen in zusammenhängenden Stufen stattfinden. Zumindest der Theorie nach war damit die Idee der Phylogenie schon von Leibniz entwickelt worden. Trotz dieser Kontinuität in der ‚Kette' der Geschöpfe bleibt die Sonderstellung des Menschen und seiner Seele bei Leibniz erhalten. Dies ergibt sich eben daraus, daß für Leibniz zwischen der Erkenntnis des menschlichen Geistes und dem Körperwissen kein Dialog stattfindet. Leibniz beschreibt deren koordiniertes Un-Verhältnis bekanntlich als das einer prästabilierten Harmonie.

Was die sinnliche Erkenntnis oder die niederen Erkenntnisvermögen angeht, so hat Alexander Gottlieb Baumgarten in seiner *Aesthetica*[63], die zwischen 1750 und 1758 in Bruchstücken erschien, den Versuch einer philosophischen Aufhellung vorgelegt. Ausgangspunkt der Baumgartenschen Überlegungen ist das Leibnizsche Theorem, daß Ereignisse, die den Wert von Erkenntnissen haben, auch in Körpern und zwar in Form von Empfindungen stattfinden. Die Vorstellung der Welt, die in solch körperlichen Erkenntnisoperationen entsteht, findet außerhalb der immateriellen Seele, unab-

---

[63] Dazu: Hans Rudolf Schweizer: Ästhetik als Philosophie der sinnlichen Erkenntnis. Eine Interpretation der „Aesthetica" A. G. Baumgartens mit teilweiser Wiedergabe des lateinischen Textes und deutscher Übersetzung. Basel-Stuttgart: Schwabe 1973

hängig von Worten und Begriffen und unterhalb der Schwelle bewußter Gedanken statt. Die sinnlichen Ideen und Vorstellungen sind nach Baumgarten das Ergebnis von intuitiven Verarbeitungen der durch die Sinne vermittelten Information der Außenwelt. Die operativen Verfahren, die die sinnlichen Erkenntnisse herstellen, produzieren nicht die Einsicht in allgemeine Gesetzeszusammenhänge, aber sie leisten das intuitive und spontane Erfassen des Besonderen und Individuellen sowohl an Situationen als auch an Menschen.

Die These, daß das Wissen über das Konkret-Situative und Individuelle seinen Sitz im Körper hat und sich in Ereignissen wie spontanen Reaktionen, Vorlieben, Abneigungen, Empfindungen, Gefühlen und intuitiven Gewißheiten äußert, war ungeheuer folgenreich. Kannte der traditionelle Rationalismus eine Reihe von Pflichten gegenüber dem Körper, die insbesondere die Ernährung, die Körperhygiene und die Stärkung des Körpers betrafen, wird der Körper, seine Gestalt und Gesundheit in der zweiten Hälfte des 18. Jahrhunderts zur Obsession. Im Hinblick auf die Vollkommenheit des Menschen stand nun nicht mehr allein zur Debatte, wer den vortrefflichsten Geist, sondern in eben demselben Maße, wer den vortrefflichsten Körper und mit ihm das vortrefflichste Körperwissen hatte. Die Sorge um das Selbst schloß nun den Körper mit ein, weil der dem Ich die überlegenen, situationsangemessenen Empfindungen, sittlichen Intuitionen und die richtigen Geschmacksurteile zuspielte.

Wie aller Erkenntnis schrieb man auch der körperlichen unterschiedliche Grade der Vollkommenheit zu. In ihrer vollkommensten Form läuft die „cognitio sensitiva" nach Baumgarten auf die Wahrnehmung des Schönen hinaus. Insofern sie sich zur Wahrnehmung und Gestaltung von Schönheit vervollkommnet, ist sinnliche Erkenntnis nach rationalistischer Auffassungen der abstrakten, wissenschaftlich-philosophischen Erkenntnis der Wahrheit ähnlich. Das Kunstwerk, in dem sich die ästhetische Form der Erkenntnis manifestiert, präsentiert den vernünftig-sinnvollen Zusammenhang der Welt durch die Integration seiner Teile in harmonische Ganzheit und macht damit in seiner Gestalt den vollkommenen Zusammenhang der Welt sichtbar, den der Philosoph und Wissenschaftler begrifflich darlegt. Während der logisch-wissenschaftliche Diskurs den Gesamtplan der Welt klar und deutlich beweisen muß, hat ihn der Künstler in seinem Werk nur glaubhaft darzustellen.

Baumgartens Ästhetik bestätigt die Leibnizsche Theorie, daß es im Menschen eine Kohabitation von zwei gänzlich unterschiedlichen Wissensformen gibt, die nicht eigentlich miteinander kommunizieren, aber in den Ergebnissen ihrer Informationsverarbeitungen sich gleichwohl ähnlich sind. Ihre Kompatibilität zeigt sich insbesondere in ihren jeweiligen Höchstleistungen, im Wahren und dem Schönen. Der Odem Gottes, der nach rationalistischer Auffassung alle Denkgeschäfte des menschlichen Geistes heiligt, weht demnach auch durch die Intuitionen des Körperwissens. Die Ästhetisierung und Vergöttlichung des Körperwissens bedeuten zweifellos eine eminente Rehabilitierung des Körpers, aber derartige Beförderungen ins Höhere haben auch gravierende Schattenseiten: die Verklärung der Körpermonade geht nämlich damit einher, daß dem Körper untersagt wird, sich um seine ureigensten Angelegenheiten zu kümmern: sich durch Arbeit und Sex zu erhalten.

Tatsächlich funktionierte die prästabilierte Harmonie zwischen Geist und Körper nur wirklich im Künstler. In unübertroffener Klarheit hat dies Lessing in seiner *Emilia Galotti* im Unterschied deutlich gemacht, der zwischen den Wahrnehmungs- und Bewußtseinssystemen des Prinzen Hettore Gonzage und seines Malers Conti besteht. Während die Reize, die von der Schönheit Emilias ausgehen, beim Prinzen Erektionen verursachen, bewirken sie im Maler in ästhetischer Sublimation eine besonders inspirierte Pinselführung. Der Effekt der unterschiedlichen Reizverarbeitung ist in einem Fall das Begehren, in den Genuß von Emilias Körper zu kommen, im anderen dessen idealisierte Darstellung auf der Leinwand. Wie Lessings Stück insgesamt zeigt, findet die schöne Harmonie zwischen sinnlicher und geistiger Erkenntnisweise nur in Ausnahmefällen statt. Bei allen nichtkünstlerischen Menschen befinden sich Körper und Geist in einem heiligen Krieg, den nur die bedingungslose Kapitulation des einen vor dem anderen oder der Tod wirklich endet. Emilias Bereitschaft, nach dem Erwachen ihrer Sinnlichkeit sich vom Vater töten zu lassen, beweist, daß der Epoche nichts entsetzlicher war als die Vorstellung, daß der Körper über den Geist, die Sinnlichkeit über die Sittlichkeit den Sieg davontrüge. Mehr als sich für den Geist zum Opfer zu bringen oder sich im Namen der Sittlichkeit weltflüchtig aufs Land zurückzuziehen, ist den gewöhnlich Sterblichen also auch nach der Entdeckung des Körperwissens nicht gegeben.

Mir ist keine Stelle in Wezels Werk bekannt, in der er sich mit Baumgartens Ästhetik auseinandergesetzt hätte. In der Tat waren dessen Überlegungen nur dem engeren Kreis seiner Schüler und Studenten vertraut. Und sein schwer zu lesendes lateinisches Opus fand kaum Beachtung, als es in Teilen zwischen 1750 und 1758 erschien. Ein Riesenerfolg war jedoch zuvor der popularisierten Form von

Baumgartens Überlegungen beschieden gewesen, die der Baumgartenschüler Gottfried Friedrich Meier in seinen dreibändigen *Anfangsgründen aller schönen Künste und Wissenschaften* schon 1748 veröffentlichte und die eine ganze Serie von Buchpublikationen und Zeitschriften zum Thema der schönen Künste und Wissenschaften nach sich zog. In ihrer Anwendung wurden diese Auffassungen zu einem Kriterienkatalog der Kunst- und Literaturkritik und zugleich zum avanciertesten Bildungsprogramm in der Mitte des 18. Jahrhunderts.

Denn die Menschenkenner der damaligen Epoche begriffen bald, daß der Körper, in dem die sinnliche Erkenntnis stattfindet, in sehr direktem Kontakt mit der Willenskraft stand, und schlossen daraus, daß sinnliche Erkenntnis spontaner und wirkungsvoller das Handeln der Menschen zu bestimmen vermochte als die umständlichen Ableitungen, die sich aus den rationalen Maximen ergaben. Es ging also darum, die kognitiven und sensitiven Einsichten in Gestalt einer ästhetischen Erziehung zu koordinieren, damit sie sich wechselseitig verstärken würden. Nicht mehr die Vermögen des abstrakten Denkens allein sollten im Erziehungsprozeß entwickelt werden, sondern auch die intuitiv-sinnlichen Erkenntnisweisen. Deren Vervollkommnung betraf insbesondere den Bereich der Geschmacksbildung, des Gefühls für das Schickliche sowie für das praktisch-sittliche Verhalten. Der Sache nach lief die Bildungsaufgabe der schönen Künste und freien Wissenschaften darauf hinaus, eine Vorherrschaft des Geistes über die inferioren Interessen des Körpers zu errichten. Da die höheren Interessen der sinnlichen Kognitionen sich auf angenehme Weise im Schönen und in der Kunst manifestierten und da die Kunst die erzieherischen Intentionen unterhalb der Schwelle bewußter Gedanken zur Wirkung brachte, lag nichts näher als der Gedanke, die unbewußten Effekte der Kunst in den Dienst der Pädagogik zu stellen. Die schönen Künste erhielten alsbald den Auftrag, die Tätigkeiten der Körperkräfte auf das abzurichten, was dem Geist oder dem herrschenden Sittengesetz genehm war. Euphemistisch nannte man die wirkungsästhetischen Ziele der aufgeklärten Kunstpädagogik „Reinigung der Gefühle“. Diese Reinigung überstand nur, was sich als altruistisch-soziales Gefühl ausweisen konnte. Lessings gesamte Tragödientheorie baut auf diesem Programm und den oben geschilderten Erkenntnissen auf.

Faktisch wird, was Aristoteles Katharsis nannte, zur tückischen Bemächtigung der sexuellen Energien. Was in der Philosophie die methodischen Fehler sind, wird im Körperwissen die sinnliche Lust. Foucault hat in seiner mehrbändigen Untersuchung über *Sexualität und*

Wahrheit[64] die diskursive Explosion beschrieben, die sich um den Sex im 18. Jahrhundert vollzog. Jenseits der ehelichen Zeugungsgeschäfte wurde der Sex vorrangig zum Gegenstand medizinischer und pädagogischer Untersuchungen. Ging es den Ärzten vor allem um den organischen Ursprung des Sex und um die organisch-psychischen Folgen sexueller Aktivitäten, suchten die Pädagogen vor allem den Sex der Jugendlichen unter Kontrolle zu halten, bzw. im Kontext der Vervollkommnung sinnlicher Erkenntnis pädagogisch fruchtbar zu machen. Dabei ging es – wie Foucault nachwies – keineswegs nur um Unterdrückung, sondern vor allem um die Unterscheidung zwischen chaotisch-destruktivem, ‚falschem' Sex und jenem konstruktiv-wahren, den man zum Nutzen des Staates, der Vernunft und Moral, d.h. zum Nutzen der bestehenden Gesellschaft einsetzen konnte. Die Dringlichkeit, mit der man alle Manifestationen des Sexes zu erfassen und klassifizieren suchte, entstammt nicht zuletzt der Einsicht, daß die Erkenntnisse der Vernunft psychisch erst dann bedeutungsvoll werden, wenn sie von Energien besetzt sind, die ihren Ursprung nicht in der Vernunft, sondern im Körper haben.

Die Theorien der sinnlichen Erkenntnis und das unscharf definierte Verhältnis von Körper und Geist schufen im 18. Jahrhundert einen Grauzonenbereich, in dem vieles zusammengedacht werden konnte. Zwanglos ließen sich die Auffassung eines von Körperintuitionen geleiteten Wissens z.B. mit Shaftesburys neuplatonischer Theorie des moralischen und philosophischen Enthusiasmus in Beziehung setzen. Ebenso ließen sich von der Beobachtung, was Empfindungen und Gefühle ‚sagen' und ‚wissen', Brücken schlagen zum psychologischen Interesse der Pietisten, ja zum vernunftunabhängigen Glauben selbst, denn ‚glauben' heißt ja oft nichts anderes als etwas in intuitiver Empfindung zu wissen. Weitere, und die in ihren Effekten wohl verheerendsten Blüten der von der Spätaufklärung entdeckten Korrespondenzen zwischen Geist und Körper bilden Lavaters epidemisch populär gewordene Physiognomik und die Rassentheorien, die sich im Anschluß oder parallel zur Physiognomik am Ausgang des 18. Jahrhunderts entwickelten.[65] Sie erlaubten be-

---

[64] Michel Foucault: Sexualität und Wahrheit. 3 Bde. Frankfurt/M: Suhrkamp 1988–89 (= suhrkamp taschenbuch wissenschaft 716–718)

[65] Als eine der ersten rassenkundlichen Schriften gilt: Johann Friedrich Blumenbach: Über die natürlichen Verschiedenheiten im Menschengeschlechte. Nach der 3. Ausgabe und den Erinnerungen des Verfassers übersetzt und mit einigen Zusätzen und erläuternden Anmerkungen herausgegeben von Johann Gottfried Gruber. Leipzig: Breitkopf und Härtel 1798

kanntlich die Dekodierung der Qualitäten einer Intelligenz oder eines Charakters durch willkürlich festgelegte Züge an Kopf, Gesicht und Hand, sowie an der Größe der Gemächte. Viele seriöse Wissenschaftler der Zeit wie etwa Albrecht von Haller lehnten Lavaters physiognomische Thesen ab. Trotzdem bedienten sich nicht nur die Schriftsteller der Goethezeit und Romantik dieser diskriminierenden Körpersemiotik.

Trotz aller Leib-Seele-Differenz gab es also in jedem Fall seit der Mitte des 18. Jahrhunderts auch im Rationalismus neben der Cartesischen ‚res cogitans' auch eine ‚res extensa', die denken konnte oder zumindest eminent wichtiger, wenn auch unbewußter Einsichten fähig war. Das ist deshalb festzuhalten, weil diese Vorstellung den traditionellen Dualismus auf sanfte Weise unterminierte. Zugleich zeigt sich jedoch, daß der Prozeß, in dem der Geist seinen Körper als seinesgleichen entdeckte, die alten Inferiorisierungs- bzw. Superiorisierungskonzepte nicht außer Kraft setzte. Gewiß ist in jedem Fall, daß Wezel mit allen Phänomenen und Epiphänomen vertraut war, die mit der Aufwertung der sinnlichen Erkenntnis und den Programmen der schönen Künste und Wissenschaften in Zusammenhang standen. Schon seine Förderer in Sonderhausen gehörten der Richtung der Aufklärung an, die ein komplementäres Verhältnis von Vernunft und Gefühl vertrat. Aus dem *Leben der schwedischen Gräfin von G**** geht hervor, daß auch Gellert, Wezels Hausvater in Leipzig, die Körperenergien, besonders die Sexualität sehr ernstnimmt und ganz erstaunlich liberale Ansichten darüber hat, wie mit dem pubertären Sex umzugehen ist. Später fristet Wezel seine Existenz als freier Schriftsteller und Gelehrter zum Teil durch seine Mitarbeit an der von Christian Friedrich Weisse herausgegebenen *Neuen Bibliothek der schönen Wissenschaften und freyen Künste*.

Bekanntlich basiert Leibniz' Theorem der Körpermonade auf seiner Explikation organischer Materie, bzw. der Operationsweisen der spezifisch organischen Kräfte, die in ihnen tätig sind. Es ist im wesentlichen das Schicksal dieser Theorie, das in der zweiten Hälfte des 18. Jahrhunderts auf eminente Weise die Hypothesen über das Leib-Seele-Verhältnis bestimmte. Leibniz' Organismustheorie, die Descartes' rein physischer Erklärung der belebten Körper ebenso widersprach wie Georg Stahls Animismus, hatte sich im 18. Jahrhundert in der deutschen Physiologie und Medizin weitgehend durchgesetzt. Zum Erfolg dieser Theorie trug insbesondere bei, daß sie um die Mitte des Jahrhunderts durch empirische Untersuchungen bestätigt zu werden schien. Dieselben Forschungsergebnisse erfuhren im Ausland jedoch eine Reihe philosophischer Adaptionen, die den rein rationalistischen wie auch den ästhetisch synchronisierten Leib-Seele-Dualismus in Bedrängnis brachten und in Deutschland unterschiedliche Reaktionen hervorriefen. In diese Bereiche der Wissenschafts- und Theorieentwicklung ist Wezels Position zu lokalisieren. Deshalb will ich im folgenden extensiver auf sie eingehen.

Die Modernität von Leibniz' Theorie des Organischen hatte ursprünglich darin bestanden, daß dieser zur Erklärung lebender Körper alle animistischen und vitalistischen Erklärungen ablehnte und wie Descartes keine anderen Explikationsprinzipien zuließ als die mechanischen. Leibniz wies jedoch eine grundlegende Differenz zwischen den künstlichen und den natürlichen ‚Maschinen' auf. In künstlichen Maschinen übertragen deren Räder und Hebel die Kräfte, die sich ihnen mitteilen, nach den einfachen, meßbaren Gesetzen von Druck und Stoß. In natürlichen Maschinen, also Körpern und Organismen, können Bewegungen, die in ihnen veranlaßt werden, nicht allein durch die mechanische Übertragung einer äußeren Kraft erklärt werden: in Organismen hat die Mitteilung einer von außen kommenden Kraft die Form eines Reizes, auf den der Organismus seine eigene Antwort gibt. In den Reaktionen organisierter Körper spielen daher nicht so sehr die von außen wirkenden Kräfte eine Rolle, sondern die in den Organismen selbst einwohnenden Kräfte, die sich gegen alle Modifikationen von außen in ihrer eigenen Qualität erhalten. Dabei ist Organismen eigentümlich, daß sie auf Außenreize so reagieren, wie es für den Erhalt des Gesamtorganismus zweckmäßig ist. Eine Untersuchung organischer Abläufe kann sich daher nicht auf Teilmomente beschränken, sondern muß vorweg von einem Verständnis des Gesamtorganismus ausgehen. Deshalb reicht kausale Ursachenforschung nach Leibniz bei der Erklärung der Bildung und Tätigkeit von Organismen nicht aus, vielmehr muß bei ihrer Explikation ein Dispositiv von Zwecken mitveranschlagt werden, das als Entelechie oder teleologisches Prinzip in organisierter Materie wirkt. Äußere Einflüsse vermögen zwar die Bildungen und die Tätigkeiten von Organismen auszulösen, aber deren Form und Gehalt resultiert aus den Anlagen, die ihnen auf präformierte Weise einwohnen.

Damit setzt Leibniz eine Auffassung durch, die neben der Existenz von physischen und chemischen Kräften von der Existenz genuin organischer Kräfte ausgeht. Diese steuern als vorgeprägte Anlagen die organisierte Materie in ihren Tätigkeiten und zwar ohne die Zwischenkunft der immateriellen Seele. Die absolute Trennung von Körper und Seele, die ein Kernpunkt der rationalistischen Philosophie bildet, ist eben darin begründet, daß Leibniz Körper als natürliche Maschinen begreift, die von Gott so angelegt sind, daß sie sich auf zweckmäßige, d.h. auf vernünftige Weise selbst zu regulieren vermögen. Deshalb agieren Körpermonaden immer im Einklang mit ihrer vernunftbegabten Seele. Die organischen Kräfte, in der Regel Lebensprinzipien, Lebenskräfte oder Lebensgeister genannt, wirken im übrigen auch nicht gegen oder unabhängig von chemischen und physischen Kräften, vielmehr koordinieren sie deren Spiel in einer Weise, die präformiertes, individuelles Leben entstehen läßt und erhält. Bei Leibniz ist Gott der große Präformator, der jede einzelne Gattung und jedes individuelle Lebewesen in zweckmäßiger Weise angelegt und der ihnen im Gesamtplan der Welt eine Funktion und einen Platz zugewiesen hat.

So erfolgreich war diese Organismustheorie des Rationalismus, daß sie die konkurrierenden Explikationen der organisierten Materie in Deutschland zumindest bis in die zweite Hälfte des 18. Jahrhunderts aus dem Feld schlug. Zwar hatte die Theorie der Präformation, die besagte, daß alles Leben von Gott in den Schöpfungstagen geschaffen wurde, in der Epigenesistheorie schon früh eine ernst zu nehmende Rivalin. Deren Vertreter behaupteten, daß die Natur über eine genuine Zeugungskraft verfüge, und stellten damit die Auffassung der göttlichen Ur-Schöpfung in Frage. Aber in Deutschland vermochte die Autorität Hallers die Präformationstheorie durchzusetzen. Wenn man sich stritt, dann darüber, ob in den von Leeuwenhoek entdeckten männlichen Samentierchen oder in der weiblichen Eimasse die präformierte Substanz enthalten war. In dieser Frage behielten im übrigen zunächst die Ovulisten über die Animalkulisten die Oberhand, nachdem wiederum Haller in dem Häutchen, das in Hühnereiern Dotter und Eiweiß trennt, jene die Bildung des Fötus bestimmende präformierte Materie unterm Mikroskop entdeckt hatte.

Wenn hier in einer germanistischen Arbeit so häufig von Albrecht von Haller die Rede ist und noch sein wird, so nicht deshalb, weil dieser Naturforscher zugleich auch einer der bedeutendsten Dichter des 18. Jahrhunderts war. Tatsache ist vielmehr, daß Haller in seiner Zeit die hervorragendste Autorität auf dem Gebiet der physiologischen Forschung war, als der ‚Newton' der organischen Materie und manchen sogar als achtes Weltwunder galt. Haller, seiner Herkunft nach Schweizer – der Adelstitel wurde ihm 1749 verliehen –, forschte und lehrte von 1736 bis 1753 an der gerade neugegründeten, kurhannoverschen Universität in Göttingen, die nicht zuletzt dank seiner Leistungen den Ruf einer der besten wissenschaftlichen Institute in Deutschland erhielt. Die Göttinger Universität hatte im übrigen beste Kontakte zu englischen Universitäten und Akademien, da die Hannoverschen Kurfürsten im 18. Jahrhundert zu englischen Königen avanciert waren. Auch zu den großen französischen Akademien bestanden direkte personelle Beziehungen.

Der junge Haller war vom Leidener Mediziner Hermann Boerhaave, der als Cartesianer ein mechanistisches Modell des Körpers vertrat, in die quantitativ-empirischen Forschungsmethoden eingeführt worden. Diese führten im Verlauf des 18. Jahrhunderts durch die Verfeinerung der Mikroskopie und der angewandten Sezierverfahren, sowie durch Galvanis und Voltas Entdeckungen im Bereich der Elektrizität und des Magnetismus, sowie Lavoisiers revolutionärer Explikation der Verbrennungsvorgänge zu einer rapiden Eroberung des Körpers durch die neue Physik und Chemie.[66] Haller brachte früh die quantitativ-empirische Methode in seinen Göttinger Labors nicht nur auf einen qualitativen Höchststand, sondern in der Masse, Differenziertheit und Systematik ihrer Untersuchungen überbot Hallers Göttinger Forschungsgruppe alles, was ansonsten in Europa an physiologischen Untersuchungen geleistet wurde.

Hallers epochale Leistung besteht jedoch in einer Entdeckung und Theorie, die als empirischer Beweis organischer Kräfte galt[67]: Haller war nämlich der Nachweis gelungen, daß Muskeln auch dann, wenn sie vom restlichen Körper abgetrennt sind, kontrahieren, wenn sie durch den Nerv, mit dem sie verbunden sind, künstlich gereizt werden. Haller wertete diesen Befund als Widerlegung des vitalistischen Animismus Stahls, der behauptet hatte, daß die Bewegungen von Körpern durch die bewußte Seele verursacht werden. In Hallers Ex-

---

[66] Einen guten, fast zeitgenössischen Überblick über die Entwicklung der physiologischen Entdeckungen im 18. Jahrhundert geben: J. D. Brandis:Versuch über die Lebenskraft. Hannover: Hahn 1795; sowie E. Osann: Ideen zur Bearbeitung einer Geschichte der Physiologie. Berlin: Dämmler 1815. Im wissenschaftlichen Diskurs gilt im ausgehenden 18. Jahrhundert als gesichertes Wissen, daß elektrische, magnetische und chemische Kräfte bei der Steuerung aller Lebensprozesse entscheidend beteiligt sind. Dem von Lavoisier entdeckten Sauerstoff und damit dem Atmen und den Qualitäten der eingeatmeten Luft auf die psycho-physischen Apparat wurde zeitweilig besondere Beachtung geschenkt.

[67] Albrecht von Haller: Von den empfindlichen und reizbaren Teilen des menschlichen Körpers. Deutsch herausgegeben und eingeleitet von Karl Sudhoff. Leipzig: Barth 1922

perimenten an amputierten Froschschenkeln, deren Nerv u.a. chemisch und elektrisch gereizt wurde, konnte ausgeschlossen werden, daß die Muskeln durch Intervention der Seele kontrahierten. Gleichzeitig handelte es sich bei den Kräften der Irritabilität der Nerven und der Kontraktibilität der Muskeln offensichtlich nicht um mechanische, sondern um spezifisch organische Kräfte, insofern sie in ihren Wirkungen nur durch die spezifische Organisation von Nerven und Muskeln erklärt werden konnten.

Berühmt wurde Haller ebenfalls durch seine mehrfach aufgelegten und ständig verbesserten physiologischen Elementarbücher, die in ganz Europa zu Standardwerken des Medizinstudiums wurden. Sie enthielten detaillierte Beschreibungen und Abbildungen des menschlichen Körpers und seiner Organe. Was in diesem Kontext besonders interessiert, sind Hallers exakte Darstellungen der Nervenbahnen und der Gehirnzentren. In seinen sorgfältig durchgeführten Vivisektionen hatte Haller beobachtet, daß alle sensiblen und beweglichen Teile des Körpers von Nervenbahnen durchzogen werden, die im Gehirn ihren Ausgang haben. Das Gehirn in seinen verschiedenen Teilen begriff Haller als das Organ, in dem alle Informationen, die über die Nervenkanäle von den Sinnes- und körperinneren Organen ins Gehirn gelangten, verarbeitet und abgespeichert wurden. Zugleich galt das Gehirn als die Steuerungsinstanz, die wiederum über die Nerven das Spiel der Muskeln zur Ausführung bestimmter Tätigkeiten anleitete. Die einzelnen Hirnzentren erwiesen sich dabei als spezialisierte Teileinheiten, die bestimmte Steuerungsleistungen erbrachten. Als Speicherungseinheiten waren die grauen Gehirnzellen entdeckt worden, die, untereinander vernetzt, in fast unendlicher Zahl die Innenhaut des Gehirns bedeckten.

Als ausgemacht galt, daß die Einrichtung des Gehirns auf eine solche Weise präformiert war, daß seine Tätigkeiten in einem komplizenhaften Verhältnis zum eigenen Körper standen, d.h. es war so eingerichtet, daß es jeweils zum Wohle des eigenen Körpers handelte. Diese Einrichtung teilte sich im System der Gefühle mit, die jede eingehende Information in Form von Lust oder Unlustempfindungen begleiteten. Der Haushalt der Gefühle und die Einrichtung des Gehirns schienen jedenfalls so aufeinander abgestimmt, daß das Gehirn spontan so reagierte, daß durch die veranlaßten Tätigkeiten Unlust vermieden und Lust gewonnen wurde. Die Bewältigung der Aufgaben, die das Gehirn leistete, konnte kaum vorgestellt werden, ohne daß man diesem Organ so etwas wie eine Intelligenz zuerkannte. Die Ereignisse, in denen sich die Operationen dieser organischen

Intelligenz vollzogen, schienen in jedem Fall kognitiven Ereignissen ähnlich zu sein. Man bezeichnete sie im 18. Jahrhundert daher als „materielle Ideen". Der Ort, an dem sich diese materiellen Ideen ereigneten, lag nach Haller im „sensorium commune", jenem Gehirnteil, das Groß- und Kleinhirn verband. Weiterhin galt das Gehirn als Sitz der immateriellen Seele, die über das „sensorium commune" mit dem Gehirn in Verbindung stand. Haller wies jedoch alle Auffassungen zurück, daß die Gehirntätigkeiten und materiellen Ideen die Entstehung der Vorstellungen in der Seele bewirkten. In strikter Ablehnung des philosophischen Determinismus argumentiert Haller, daß die Modifikationen, die sich im Gehirn ereignen, nur die Voraussetzungen und Entsprechungen zu den Ereignissen bilden, die als eigentliche geistige Vorstellungen oder Ideen von der Seele eigenmächtig produziert werden. Haller hält also an der Leibnizschen Lehre fest, daß die Gehirnprozesse weder die mentalen Operationen auslösen noch mit ihnen identisch sind. Er schreibt:

> Die Bewegung, die ein Gegenstand den Sinnen mittheilet, wird zwar im Gehirne fortgepflanzet, allein die Seele stellet sich diese Bewegung nicht vor, noch das Zittern des Schalles, noch die Schläge der Lichtstrahlen, sondern etwas von der Bewegung gänzlich Verschiedenes. Es ist ein Gesetz vom Schöpfer selbst gegeben, daß durch gewisse Veränderungen, die zuerst in den Nerven, hernach in dem gemeinschaftlichen Empfindungsorte entstehen, beständig bestimmte und neue Vorstellungen in der Seele erzeuget werden, so daß dasjenige, was wir von der Welt uns vorstellen, willkürlich ist: daß es aber nicht falsch sey, erhellt aus der beständigen Uebereinstimmung ähnlicher Vorstellungen, die bey allen Menschen zugleich und zu verschiedenen Zeiten aus ähnlichen Veränderungen der empfindenen Nerven entspringen.[68]

Damit betrachtet Haller ein gesundes Nervensystem und ein intaktes und wohl ausgebildetes Gehirn als ‚conditio' aller geistigen Leistungen der Seele, tastet aber deren Autonomie nicht an. Die Modifikationen, denen das Gehirn ständig unterworfen ist, bilden daher weniger die Ursachen, eher die Gelegenheiten, bei denen die Seele ihre Erkenntnisse der Welt entwickelt.

Im übrigen vertrat Haller, der gewiß zu den professionellsten Wissenschaftlern seines Jahrhunderts gehört, die rationalistische Auffassung, daß die Erkenntnisleistung der Wissenschaft grundsätzlich beschränkt war und einer spekulativ-theologischen Ergänzung be-

---

[68] Albrecht von Haller: Erster Umriß der Geschäfte des körperlichen Lebens. Berlin 1770. Zit. Aus Johann August Unzer: Erste Gründe einer Physiologie der eigentlichen thierischen Natur thierischer Körper. Leipzig 1771, S. 58f.

durfte. Die Wissenschaft kann nämlich nur über Seiendes und dessen Funktionieren Auskunft geben. Es ist keine Frage, daß Haller die Probleme faszinierten, die wissenschaftlich gelöst werden können. Noch mehr faszinierte ihn allerdings das Problem, daß die Welt existiert und weshalb die Dinge auf die Weise geschehen, wie sie beobachtbar sind. Der Blick in die Natur und ins Universum überzeugen den Rationalisten Haller davon, daß beide von einem Wesen geschaffen sein mußten, von dessen Majestät und Vollkommenheit die christliche Religion den besten Begriff hat. Der Wissenschaftler Haller wurde deshalb zum einflußreichsten Verteidiger des Christentums, zum größten Dichter des ‚Erhabenen' in der Mitte des 18. Jahrhunderts und zu einem konservativen Politiker.[69]

Die Erkenntnisintentionen der Seele streben nach Haller in jedem Fall nicht deshalb nach der Erkenntnis der Natur, um sich in ihr auf möglichst angenehme Weise einzurichten, sondern um durch die Verfeinerung des Wissens die Größe jener göttlichen Vernunft in ihr zu erkennen, die das Maß der menschlichen Vollkommenheit bildet. Haller leugnet keineswegs die körperlichen Wünsche und Begierden, bekennt sich jedoch zum Glauben, daß der Mensch kein Sklave seines Körpers ist, sondern sich aufgrund seiner göttlich-geistigen Anlagen über die Sinneslust erheben kann, die für den Zivilisationskritiker Haller besonders in der dekadenten modernen Gesellschaft seiner Zeit ins Gemeine und Unnatürliche pervertiert war.

Dem Universalgelehrten und Dichter Haller gelang es damit auf eine bewundernswerte Weise nochmals, Kunst, Wissenschaft, rationalistische Metaphysik und christliche Religion in einem harmonischen Gedankengebäude zu vereinen. Freilich wurde dieses wohlproportionierte Gebäude schon zu Hallers Zeiten in einer Weise bestürmt, daß es dem Wissenschaftler, Philosophen und Theologen Haller geboten schien, alles zu seinem Schutz aufzubieten. Und zwar kamen die gefährlichsten und zugleich infamsten Angriffe von einem früheren Kommilitonen, dem französischen Arzt und Philosophen Julien Offrey de La Mettrie. Das 1749 erschienene Buch La Mettries *L'Homme Machine*, das zum Skandalbuch des 18. Jahrhunderts wurde, hatte der Autor mit boshafter Ironie seinem Kollegen Albrecht von Haller gewidmet.

---

[69] Dazu Richard Toellner: Albrecht von Haller: Über die Einheit im Denken des letzten Universalgelehrten. Wiesbaden 1971 (Sudhoff Archiv, Beiheft 10); ders.: Anima et Irritabilitas. Hallers Abwehr von Animismus und Materialismus. In: Sudhoff Archiv 51 (1967), S. 130–144

Daß La Mettries *L'Homme Machine* nur ein Schandbuch und ohne jedes seriöse, philosophische Anliegen sei, kann kaum behauptet werden. La Mettrie hatte wie Haller bei dem Cartesianer Boerhaave in Leiden Medizin studiert und Körper als biomechanische Einheiten zu verstehen gelernt. Innerhalb der französischen Medizin, vor allem an der berühmten Medizinerschule in Montpellier, hatte sich allerdings nicht das oben beschriebene Organismusverständnis Leibniz', sondern Stahls vitalistische Animismustheorie durchgesetzt[70]. Aus der bewußten Seele Stahls, die ihren Körper steuert und am Leben erhält, war in Frankreich bald eine Art von Intelligenz der Natur geworden, die nach Prinzipien der Zweckmäßigkeit, der Moral und der Lust operierte. Ebenso hatte die Präformationstheorie in Frankreich weniger Anhänger gefunden; hier dominierte die Annahme einer genuinen natürlichen Schöpfungskraft, wie sie in der Epigenesistheorie formuliert war.[71] Zusammengenommen ergab dies die Vorstellung einer Natur, die sich selbst schuf und sich auf vernünftige, anständige, aber vor allem auch lustvolle Weise zu organisieren wußte.

Damit geht die französische Medizin – wie der Animist Stahl – ganz selbstverständlich von der Annahme eines interaktiven Zusammenspiels von psychischen und physisch-chemischen Kräften aus. Die strikte Separierung von geistigen und körperlichen Ereignissen, wie sie der Rationalismus praktizierte, hatte zwar den Vorzug, dem allgemeinen Standpunkt der Physik zu folgen, daß körperliche En-

---

[70] Zum Verständnis der national unterschiedlichen Entwicklungen der Physiologie war für mich wichtig: Karl E. Rothschuh: History of physiology. Translated and edited, with a new English bibliography by Günter B. Risse. Huntington, N. Y.: R. E. Krieger Pub. Co., 1973, sowie vom selben Autor: Physiologie: der Wandel ihrer Konzepte. Probleme und Methoden vom 16. bis 19. Jahrhundert. Freiburg, München: Alber 1968 (= Orbis Academicus. Problemgeschichten der Wissenschaft in Dokumenten und Darstellungen); einen guten Überblick gibt ebenfalls: Theodor Ballauf: Die Wissenschaft vom Leben. Eine Geschichte der Biologie. Bd. 1 Vom Altertum bis zur Romantik. Freiburg. München: Alber 1954 (= Orbis Academicus. Problemgeschichten der Wissenschaft in Dokumenten und Darstellungen)

[71] Den Einfluß der französischen Naturlehren, insbesondere der Auffassungen Buffons in Deutschland behandeln: Frank W. P. Dougherty: Buffons Bedeutung für die Entwicklung des anthropologischen Denkens im Deutschland der zweiten Hälfte des 18. Jahrhunderts. In: Gunter Mann und Franz Dumont (Hrsg.): Die Natur des Menschen. Probleme der Physischen Anthropologie und Rassenkunde (1750–1850) Stuttgart, New York: G. Fischer 1988, S. 221–279

ergien nicht auf geistige zu wirken vermögen und umgekehrt, aber eine Reihe von Beobachtungen machte es schwer, diese Trennung im Hinblick auf die Produktion und den Ablauf von Gedanken aufrechtzuerhalten. Einmal war klar, daß die geistigen Vermögen in Kindern nach dem Maße ihrer körperlichen Entwicklung wachsen und daß geistige Behinderungen in fast allen Fällen körperliche Ursachen hatten. Bekannt war auch, daß die Gedächtnisleistungen, häufig damit auch die Denkleistungen, bei alternden Menschen nachlassen. Weiterhin war beobachtet und im Detail untersucht worden, wie Verletzungen des Gehirns, bzw. von Gehirnteilzentren den Ausfall sogenannter geistiger Vermögen verursachten. Überhaupt schien der Körperbau dem Denken ein eigentümliches Gepräge zu geben: französische Ärzte gingen davon aus, daß die Unterschiede des weiblichen und männlichen Körpers und der Ablauf von Körpervorgängen wie Monatsblutungen und Schwangerschaften auf entscheidende Weise die unterschiedlichen Gesinnungs- und Denkweisen von Mann und Frau bestimmen.[72] Innerhalb dieser physiologischen Geschlechterphilosophien galten Frauen übrigens wegen der starken, vom Uterus ausgehenden Veränderungen in ihren Körpervorgängen als besonders anfällig für extreme, d.h. hysterische Reaktionsweisen und für launisch-instabiles Denken. Wo ganz offensichtlich das Geistige so sehr vom Körper bestimmt wurde, was lag da näher als anzunehmen, daß das, was man Geist nannnte, nur ein Effekt der Körperorganisation war. Ganz allgemein gilt, daß spätestens seit der Publikation von Voltaires *Lettres Philosophiques* im Jahre 1734 die französische Intelligenz von den antimetaphysischen Erkenntnisprinzipien eines Newton und Locke so eingenommen war, daß es geradezu *fashionable* wurde, die Metaphysik des deutschen Rationalismus lächerlich zu machen. Die bekannteste Satire

[72] Zur physiologisch-medizinischen Begründung der Geschlechterphilosophie im 18. Jahrhundert gibt es inzwischen eine Vielzahl von Untersuchungen. Mir sind die folgenden bekannt: Esther Fischer-Homberger: Krankheit Frau. Zur Geschichte der Einbildungen. Darmstadt-Neuwied: Luchterhand 1984; Claudia Honnegger: Die Ordnung der Geschlechter. Die Wissenschaft vom Menschen und das Weib, 1750–1850. Frankfurt: Campus 1991; Thomas Laqueur: Making Sex. Body and Gender From the Greeks to Freud. Cambridge-London: Harvard U. 1992; Lesley Sharpe. Über den Zusammenhang der tierischen Natur der Frau mit ihrer geistigen. Zur Anthropologie der Frau um 1800. In: Jürgen Barkhoff und Eda Sagarra (Hrsg.): Anthropologie und Literatur um 1800, S. 213–225; Lieselotte Steinbrügge: Das moralische Geschlecht. Theorien und literarische Entwürfe über die Natur der Frau in der französischen Aufklärung. Weinheim-Basel: Belz 1987

auf den tiefsinnigen Unsinn der deutschen Philosophie lieferte Voltaire in seinem *Candide* selbst.

Das getrübte Verhältnis zwischen der deutschen und französischen Kultur wurde noch dadurch belastet, daß das Zentrum der deutschen Aufklärung, der Hof Friedrichs II., mitsamt der Preußischen Akademie fest in der Hand der Franzosen war und daß der Preußenkönig weder den deutschen Geist noch die deutsche Sprache im mindesten attraktiv fand. Neben Voltaire und vielen anderen hatte auch La Mettrie in Berlin Zuflucht vor den Verfolgungen gefunden, die sein materialistisches Manifest ihm eingebracht hatte. Sein provokantes Auftreten in der preußischen Hauptstadt trug nicht dazu bei, die Animosität zwischen deutschen und französischen Intellektuellen zu schlichten. Daß auch Wezel wenig Liebe zu den Franzosen hat und den französischen Kulturdünkel lächerlich findet, läßt sich in jedem seiner Romane aufzeigen.

Der Konflikt zwischen den beiden Nationalkulturen kommt im *L'Homme Machine* in La Mettries subtil-perfidem Widmungsschreiben an Haller zum Ausdruck, in dem der Autor sich bei dem großen deutschen Kollegen dafür erkenntlich zeigt, daß er ihm die empirischen Kenntnisse zu seinem philosophischen Werk geliefert hat. Zugleich fordert er Haller auf, dieselben quantitativ-empirischen Prinzipien seiner wissenschaftlichen Tätigkeit auf sein Weltbild anzuwenden. Dabei äußert er die Zuversicht, daß Haller, wenn er dazu bereit ist, der in dem Buche vorgelegten Philosophie beipflichten müsse. Haller, wie die informierten deutschen Leser, konnten diese Widmung nur als Unverschämtheit betrachten. Insgesamt erschienen den deutschen Zeitgenossen, da sie über eine andere, in jedem Fall erhebendere Theorie der sinnlichen Erkenntnis verfügten, die materialistischen Thesen La Mettries so verachtenswert, daß erst die Materialisten des 19. Jahrhunderts es wagen, dessen philosophische Leistung zu rehabilitieren. Dieser Prozeß ist bis heute kaum abgeschlossen.

Das Traktat über den ‚Maschinenmenschen'[73] ist in vielem nichts anderes als die philosophische Applikation der Hallerschen Physiologie im Licht der medizinischen Philosophie Frankreichs. Berühmt und berüchtigt wurde La Mettries Traktat jedoch wegen seiner hedonistischen Ethik, die alle „Freuden des Geistes" (LaM, 8) nur als

[73] Ich benutze die von Bernd Laska besorgte deutsche Ausgabe: Julien Offray de La Mettrie. Der Mensch als Maschine. Nürnberg: Karl Dietsch 1985. Die Zitate daraus werden im Text unter der Sigle LaM ausgewiesen

sublimierte Formen der „Lust der Sinne“ (LaM, 8) erklärte. La Mettries Ausgangspunkt ist die These, daß die uralte vitalistische „Vermutung, der Materie könne durchaus Denkvermögen innewohnen“ (LaM, 17), durch das neueste Medizinerwissen bestätigt wurde. Damit erklärt La Mettrie das gesamte, altehrwürdige dualistische Denken für obsolet, das zwischen Geist und Materie unterscheidet. Dies wiederum führt dazu, daß La Mettrie in einem Rundumschlag die gesamte Geschichte der Religionen und modernen Philosophien seiner Epoche von Descartes über Locke zu Leibniz beiseitezuschieben vermag: sie seien, argumentiert La Mettrie, von einem falschen Begriff der Materie ausgegangen und deshalb veranlaßt worden, an das Phantasma einer Seele zu glauben und dieser Seele eigene geistige Fähigkeiten zuzusprechen. In einem zweiten Handstreich reklamiert er die Philosophie als ein Teilgebiet der Medizin, weil nur die Ärzte über die nötige Kompetenz im Bereich der organisierten Materie verfügten. Der allein als wissenschaftlich qualifizierte Weg zur Erkenntnis der sog. geistigen Ereignisse führt nach La Mettrie „über die Organe des Körpers“ (LaM, 21). An einer Fülle von Beispielen, die sowohl individuelle wie kollektive Mentalitäten betreffen, zeigt La Mettrie auf, daß sie durch die jeweilige Befindlichkeit der Körper determiniert sind. Die Differenzen in der Beschaffenheit der Körper erklärt er durch den Einfluß des Klimas, äußerer Lebensverhältnisse und Eßgewohnheiten.

Den Unterschied zwischen Mensch und Tier sieht La Mettrie einzig durch die Unterschiede in der Größe des Gehirns bedingt. Der Mensch ist bei dem französischen Philosophen keine originäre Schöpfung Gottes, sondern das Endprodukt einer langen Evolution, in deren Verlauf sich die Gehirnmasse der entwickelteren Arten im Verhältnis zu ihrem Körper vermehrte. Die Physiologenerkenntnis, daß zwischen dem relativen Umfang des Gehirnvolumens und dem Grad der Instinktsteuerung ein umgekehrt proportionales Verhältnis besteht, führt La Mettrie zu dem Schlusse, daß das Mehr an Gehirn und die entsprechenden Instinktdefizite beim Menschen zur „Erfindung von Wort und Sprache“ (LaM, 38) und diese zum „symbolische(n) Wissen“ (LaM, 39) führten, eine Auffassung, die man in modifizierter Form in Herders Sprachursprungstheorie wiederfindet. Diese Kompensationsleistung führt nach La Mettrie zwar zu elaborierteren Erkenntnisformen, aber keineswegs dazu, daß die menschliche Intelligenz die Intelligenz der organisierten Materie auf qualitative Weise transzendiert. Alle begrifflichen Operationen des Geistes und all die sogenannten geistigen Vermögen sind nach La

Mettrie zurückzuführen auf den elementaren Akt des „Imaginierens“ (LaM, 43), den das Gehirn aufgrund der ihm zugeleiteten Sinnesempfindungen vollzieht. Was man Denken nennt, geschieht in hoch sensiblen und modifizierbaren Teilen des Gehirns, an denen sich die Sinnesdaten, wie von einer „Laterna magica projiziert“ (LaM, 43), abbilden und an denen das Abgebildete bewußt vorgestellt und bezeichnet wird.

Zum Wahrheitswert dieser gedanklichen Vorstellungen hat La Mettrie ein lockeres Verhältnis: es kümmert ihn nicht, ob die Menschen von ihren Gedanken betrogen werden, solange er die Gewißheit hat, daß die Produktion der Gedanken in den Denkorganen nach dem Prinzip der komplizenhaften Erfüllung von Wünschen stattfindet. Solange uns unsre Erkenntnisformen darüber informieren, wie wir Leiden vermeiden und glücklich sein können, hat die Vernunft nach La Mettrie genug geleistet. Die Ansicht, daß die Gedankentätigkeiten von einer immateriellen Instanz im Menschen geleistet werden und auf göttliche Wahrheiten abzielen, beruht im Lichte des La Mettrieschen Materialismus auf einem unbedachten „Mißbrauch der Sprache“ (LaM, 43):

> Da nun aber einmal alle Funktionen der Seele dermaßen von der entsprechenden Organisation des Gehirns und des gesamten Körpers abhängen, daß sie offensichtlich nichts anderes sind als diese Organisation selbst, haben wir es ganz klar mit einer Maschine zu tun. (LaM, 67)
> „Seele“ ist also nur ein leeres Wort, von dem man keinerlei inhaltliche Vorstellung hat. (LaM, 68)

Da das Denken für La Mettrie ein Effekt der natürlichen Einrichtung des menschlichen Gehirns ist, kritisiert er scharf alle moralischen Lehren, deren Tugendkanon gegen die Natur und vor allem gegen die Lustempfindungen und Begierden des Körpers gerichtet ist. Was die Themen der Moral und des sittlichen Verhaltens angeht, so gab La Mettrie den Bescheid, daß der menschliche Trieb- und Gefühlshaushalt und das menschliche Gehirn von der Natur so eingerichtet wurden, wie es dem Einzelnen und der Gattung am zuträglichsten ist. Er widersprach vor allem der Lehre, daß ein sittliches Wissen, das die natürlichen Begehrungen mißbilligt, in Form eines Gewissens dem Menschen angeboren ist. „Die Natur hat uns alle einzig dazu geschaffen, um glücklich zu sein, ja, uns alle, vom kriechenden Wurm bis zum Adler hoch in den Lüften.“ (LaM, 59)

Für das Zerwürfnis zwischen Körper und Geist machte La Mettrie die jüdisch-christliche Tradition verantwortlich, für seine Zeit hauptsächlich das Christentum. Seine Polemik richtete sich daher gegen Theologie und Theologen, grundsätzlicher aber auch gegen jede Gottesvorstellung, da sie ein die Körper transzendierendes Prinzip annimmt. Einen französischen Pyrrhonisten zitierend, stellte La Mettrie fest, „daß die Welt niemals glücklich sein wird, wenn sie nicht atheistisch ist.“ (LaM, 66) La Mettrie zufolge bedarf die menschliche Natur keiner geistigen Steuerung und Kontrolle, um gut zu sein, denn die Natur hat selbst in jedes Lebewesen nicht nur einen Trieb nach Glück eingepflanzt, sondern die Triebfedern des menschlichen Handelns und Denkens so disponiert, daß wir auf natürliche Weise fühlen, was „wir anderen nicht tun sollen, weil wir nicht wollen, daß man es uns tut“. (LaM, 59) La Mettrie fährt fort:

> Ich darf zu diesem weithin bekannten Satz vielleicht noch anmerken, daß dieses Gefühl, wie mir scheint, nur eine Art Furcht oder Angst ist, für die Gattung ebenso nutzbringend wie für den Einzelnen. (LaM, 59)

Dieses im Menschen wirksame „Natürliche Gesetz“ (LaM, 59), macht jede präskriptive Ethik überflüssig. Die natürliche Sozialität, die der Mensch nach La Mettrie mit allen Lebewesen teilt und ihre Koexistenz ermöglicht, steht dem eingeborenen Streben nach Glück nicht entgegen, denn die Erfüllung aller Begehren, auch der Neigung, anderen nicht zu schaden, wird als Glück empfunden. Allerdings empfindet der gute Mensch sein Gutsein nur so lange als Glück, solange er nicht gezwungen ist, für andere auf die eigene Sinnenlust verzichten zu müssen. Denn die empfindsame Maschine Mensch hat nach La Mettrie ihrer natürlichen Einrichtung und Bestimmung nach keinen anderen Lebenszweck als die Tiere: nämlich den, sinnlich empfundenes Glück zu suchen. La Mettrie resümiert pathetisch:

> Wer so (wie La Mettrie, der Verf.) denkt, wird weise, gerecht, schicksalsversöhnt und folglich glücklich sein. Er wird dem Tod entgegengehen, ohne ihn zu fürchten oder zu ersehnen. Weil er das Leben liebt, und weil er kaum versteht, daß in einer Welt voller Wonnen Lebensüberdruß ein Herz vergiften kann; weil er voller Achtung der Natur gegenüber ist; weil er je nach den von ihr empfangenen Empfindungsfähigkeiten und Talenten voller Dankbarkeit, Sympathie und Zuneigung ihr gegenüber ist; weil er kurz gesagt, einfach glücklich ist, sie zu empfinden und an dem bezaubernden Schauspiel dieser Welt teilzunehmen; deshalb wird er mit Sicherheit niemals die Natur unterdrücken, weder in sich selbst noch in anderen! (LaM, 94)

Der Entrüstungssturm, der sich in ganz Europa um das philosophische Werk La Mettries erhob, ist heute nur schwer nachzuvollziehen. In Deutschland wurde es fast nur geschmäht. Auch Wezel nennt La Mettrie nur mit Abscheu, was nicht heißt, daß er – wie wohl sehr viele andere – ihn genau gelesen hat. Was Wezel an La Mettrie stört, ist leicht aus dem obigen Zitat zu erkennen: es zeigt nämlich, daß der Materialismus nicht nur dogmatisch ist, sondern sich mit seiner Vorstellung einer „Welt voller Wonnen" in einem imaginären, von aller Arbeit und allen konkreten Lebensbedingungen abgesonderten Raum bewegt, aus dem herauszukommen das geistige Anliegen Wezels ist. Daß sich der Materialismus tatsächlich nicht vom alten Phantasma eines ‚himmlischen Lebens' gelöst hat, zeigt sich bei fast allen seinen späteren Vertretern, Heine und Marx einbegriffen. Eben dies macht den Materialismus – wie von Wieland im *Agathon* vorgeführt – angreifbar und mindestens so realitätsfremd wie den Idealismus, den die Materialisten überwunden zu haben glauben. Die intellektuelle Geschichte des 19. und 20. Jahrhunderts bietet eine Fülle von Beispielen, die belegen, daß nichts leichter ist, als vom religiösen und ästhetischen Idealismus zum Materialismus zu konvertieren.

Um jedoch auf La Mettrie zurückzukommen: sein Angriff auf den Rationalismus erhielt eine indirekte Unterstützung durch die sensualistische Philosophie. 1754, fünf Jahre nach der Veröffentlichung des *L'Homme Machine* veröffentlichte Etienne Bonnot de Condillac (1715–1780) seinen *Traité des Sensations*, in dem er – in Weiterführung Lockescher Theoreme – den Nachweis führte, daß alle Operationen des Denkens wie Aufmerken, Erinnern, Verstehen, Urteilen, Abstrahieren, ja selbst das Begehren sich auf Modifikationen zurückführen lassen, die die über die Sinnesorgane vermittelten Empfindungen im Geist oder in der Seele verursachen. Wenn Condillac nachweist, daß alle Tätigkeiten der Seele, die die Rationalisten als eingeborene Denkkräfte verstehen, als Extensionen der Wirkungen von Empfindungen erklärt werden können, leugnet er keineswegs die Seele selbst, nur den rationalistischen Innatismus. Zugleich behauptet er, daß die Seele mit den Sinnesorganen kommuniziert und daß es keine andere Quelle der menschlichen Erkenntnis gibt als die über den Körper der Seele zugeführten Daten. Der Vorwurf, der Sensualismus sei die Philosophie einer rein virtuellen Welt, weil er keine Wirklichkeit, sondern nur Sinneseindrücke kenne, wurde von Condillac zurückgewiesen. Er stellte in Form eines Gedankenexperiments am Beispiel einer sich nach und nach belebenden Marmorstatue dar, wie sich durch die einfache Wahrnehmung von Gerüchen alle vernünftigen und affektiven Operationen in der Seele entfalten. Zugleich führte Condillac den Nachweis, wie sich durch den Tastsinn in der Seele die absolute Gewißheit einer außerhalb ihrer befindlichen Wirklichkeit einstellt.

Wenn häufig der Sensualismus mit dem Materialismus und Atheismus ineins gesetzt wird, trifft dies zumindest für seinen Begründer nicht zu. Condillac, der schon zu Lebzeiten den Ruf eines großen *métaphysicien* erhielt, zog sich am Ende seines Lebens aus dem intellektuellen Leben von Paris in ein Kloster zurück, weil ihn der grassierende Materialismus und Atheismus zutiefst irritierte. Für die kritische Intelligenz der Zeit bot es sich freilich an, den Sensualismus Condillacs mit dem Wissen zu verbinden, das man über das Funktionieren organisierter Materie hatte. Der Condillac-Schüler Helvetius legte eine Spielart des Sensualismus vor, in der die sinnliche Erkenntnis von den komplizenhaften Prinzipien der Selbstliebe und des Sinnengenusses gesteuert wird.

Haller – so will mir scheinen – haben diese Angriffe auf Rationalismus und Christentum veranlaßt, sich zu verschanzen und alles zu unterdrücken, was die antirationalistischen Positionen stärken konnte und nicht mit den biblischen Berichten vereinbar war. Dies läßt sich am leichtesten an einer wissenschaftlichen Kontroverse aufzeigen, die zwischen Haller und dem jungen Hallensischen Mediziner Caspar Friedrich Wolff [74] zum Austrag kam. Wolff hatte beobachtet, wie an Bohnengewächsen klare Flüssigkeiten austraten, die gerannen und dabei ein festes Zellgewebe bildeten, aus dem neue Pflanzen entstanden. Da selbst unterm Mikroskop in den austretenden Flüssigkeiten keine präformierte Materie zu sehen war, meinte Wolff annehmen zu können, daß eine genuine Gerinnungs- und Zeugungskraft das Entstehen und die Organisation der neuen Pflanze bewirkt. In seiner Dissertation, die er 1759 unterm Titel *Theoria Generationis*[75] veröffentlichte, trug er seine Beobachtungen vor und behauptete, den Nachweis einer ursprünglichen Zeugungskraft der Natur erbracht zu haben, die er die *vis essentialis* nannte.

Im Rahmen seiner Explikation der „wesentlichen Kraft“ entwickelte Wolff eine durchaus bemerkenswerte Theorie der Sexualität. Er geht nämlich davon aus, daß die organisierenden Energien der Zeugungskraft ihren Sitz im weiblichen Ei haben. Um diese Energi-

---

[74] Shirley A. Roe: Matter, Life, and Generation: Eighteenth-Century Embryology and the Haller-Wolff Debate. Cambridge, New York: Cambridge U. 1981

[75] Caspar Friedrich Wolff: Theorie von der Generation. In zwei Abhandlungen erklärt und bewiesen. Theoria generationis. Mit einer Einführung von Robert Herrlinger. Hildesheim: Olms 1966

en zur Entfaltung zu bringen, bedarf das Ei besonderer, hochkonzentrierter Nährstoffe. Die männlichen Samen nun sind nach Wolff nichts anderes als konzentrierter Nährstoff, der, wenn zu lange im männlichen Hoden gelagert, übersäuert und zu ätzen beginnt. Der Mann spürt dies als Verlangen, die Hoden zu leeren, während die Frau den ‚Hunger' des im Uterus eingenisteten Ei als Verlangen empfindet, vom Mann befruchtet zu werden. Diese rein chemische Explikation der Sexualität erklärt, weshalb liberale Vertreter der Aufklärung den Geschlechtsakt als reine Körperhygiene betrachteten, die nichts mit seelischen oder moralischen Empfindungen zu tun hatte. Mir ist nicht bekannt, ob diese Explikation der Sexualität zu jener Doppelmoral führte, die einerseits von Liebenden Keuschheit verlangte, Nicht-Liebenden andererseits den Geschlechtsverkehr als körperhygienische Maßnahme gestattete und Etablissements duldete, die speziell für Männer und deren Hodenentleerungsbedürfnis eingerichtet waren. Immerhin könnte dies eine Erklärung für jene liberale Einstellung zum Sexuellen sein, die in Gellerts *Schwedischer Gräfin* zutage tritt. Von besonderem Interesse bei dieser Explikation des Sex ist, daß er den Reizregungen zugeordnet wird, die wie der Hunger nach Erfüllung des Reizwunsches abklingen. Daß der Sex zu den eigentlichen Trieben gehört, die wie etwa der Wachstumstrieb nicht nach dem Muster von Reizerregung und Reizabfuhr funktionieren, sondern Schicksale haben, ist eine Entdeckung der nachaufklärerischen Epoche. Es liegt nahe, anzunehmen, daß die Art, wie die Nachaufklärung mit den sexuellen Reizungen umging, dazu führte, daß die Geschichten des Sex nicht einfach mit dem Vollzug des Geschlechtaktes zu Ende kamen[76].

Wie dem auch sei, mit seiner *vis essentialis* rehabilitierte Wolff indirekt vitalistische Theoreme, direkt jedoch die Epigenesistheorie, die eine solche Generationskraft der Natur gegen die Präformationstheorie behauptete. Die Präformationstheorie, die bislang als empirisch bewiesen galt, bildete jedoch ein wichtiges Bollwerk in der Verteidigung der göttlichen Schöpfung und der Autonomie und Substanzialität des menschlichen Geistes. Haller lehnte die Theorie der Zeugungskraft zunächst mit wissenschaftlichen Argumenten ab. Wolff war jedoch nicht nur ein guter Beobachter, sondern auch ein philosophisch glänzend geschulter Verteidiger seiner Position und durchaus in der Lage, die christlich-mechanistische Präformations-

---

[76] Dazu: Sigmund Freud: Trieb und Triebschicksale. Ders.: Gesammelte Werke. (Hrsg. von Anna Freud, et al.) London 1946. Bd 10. S. 210–232

theorie mit sowohl wissenschaftlichen als auch philosophischen Gründen zu kritisieren. Trotz der stichhaltigen Argumente des jungen Wissenschaftlers, trotz der überprüfbaren empirischen Befunde, auf denen seine Theorie beruhte, und obwohl die Präformationstheorie in der sog. Einschachtelungstheorie zu Vorstellungen nötigte, die nachgerade abenteuerlich waren[77], überging Haller die Arbeiten Wolffs in den Neuauflagen seiner physiologischen Elementarbücher. Als Wolff sich nicht zum Schweigen bringen lassen wollte, machte Haller dem erschrockenen jungen Mann die theologischen Implikate seiner Theorien klar. Wolff verließ darauf Deutschland und arbeitete als Hofmedicus am russischen Hof und an metaphysisch unverfänglicheren Projekten weiter, z.B. an Erklärungen der Verdauungsvorgänge. Bis zu Hallers Tod waren alle vitalistischen Theorien von „Lebenskräften“ in Deutschland tabu.

Hallers heroische Verteidigung der Präformation bildete jedoch auch in Deutschland ein letztes Rückzugsgefecht. Die Epigenesistheorie lag im Trend und mit ihr die Vorstellung einer Natur, die über die Vermögen der Selbstzeugung, Regeneration, und der zweckmäßigen Selbststeuerung verfügte. Derartige Vermögen ließen sich nur als die einer Intelligenz oder eines Geistes vorstellen. Damit brach der rationalistische Widerstand gegen die Theorie einer intelligenten Natur zusammen. Typisch für die deutsche Mentalität war, daß man sich unverzüglich daran machte, diese Intelligenz zu vergöttlichen. Die Spinozistische Gleichsetzung von Gott und Natur fand in der späten Aufklärung eine verbreitete Anhängerschaft. Eine der philosophischen Auswirkungen dieser Vergöttlichung der Natur ist die von Kant so vehement bekämpfte Physiko-Theologie.

Unterhalb der metaphysischen Spekulationen über die Identität des Geistes, der als Gott gedacht wurde und in der Natur wirksam war, fanden die Erkenntnisse über das Vermögen der Natur, nach Absichten und Zweckmäßigkeitserwägungen zu operieren, in Friedrich Blumenbachs *Theorie des Bildungstriebes*[78] ihren prägnantesten wissenschaftlichen Ausdruck. Der Göttinger Mediziner und Hallerschüler, der früher, wie im übrigen auch Kant, *Über die natür-*

---

[77] Nach dieser Theorie war alles Leben von Gott am Schöpfungstage geschaffen und so eingeschachtelt worden, daß sich ein Keim oder Ei erst entfalten konnte, wenn die ‚Schachtel‘, in der sie sich befanden, geöffnet worden war. Haller fand es angemessen, sich vorzustellen, daß ungefähr 200 Milliarden menschliche Eier in den Eierstöcken der Ur-Mutter Eva eingeschachtelt waren.

[78] Johann Friedrich Blumenbach: Über den Bildungstrieb und das Zeugungsgeschäfte. Göttingen. Dieterich 1781

lichen Verschiedenheiten im Menschengeschlechte geforscht hatte, hatte Entstehungs-, Wachstums- und Regenerationsprozesse an Pflanzen und Tieren untersucht und war dabei zu Beobachtungen gekommen, die von der alten Präformationstheorie nicht mehr erklärt werden konnten. Seine Theorie des *nisus formativus* gab dem Bildungsbegriff seine naturwissenschaftliche Fundierung. Blumenbach definierte seinen Bildungstrieb als eine genuin organische Kraft, die die Formierung und Regeneration von Lebewesen steuert, und zwar in einem umweltangepaßten Bildungsprozess. Der natürliche Bildungstrieb besteht also in dem wundersamen organischen Vermögen, Leben zu schaffen und nach der Zeugung und Geburt dieses Leben über eine Reihe von Entwicklungsstufen, die z.B. bei Schmetterlingen sehr unterschiedliche Phasen kennen, zu seiner finalen Gestalt auszubilden. Das ausgewachsene Lebewesen ist in seiner Gestalt als Gattungswesen wesentlich durch die jeweilige Erbmasse determiniert, die die Informationen über den Verlauf des Bildungsprozesses enthält. Seine individuelle Gestalt erhält es jedoch durch die Anpassung an die besonderen Verhältnisse, unter denen das Lebewesen sich bildet. Organische Bildungsverläufe lassen sich so als interaktive Prozesse begreifen, in denen sich im Zusammenspiel von gattungsspezifischen Binnenenergien und Umwelteinflüssen Individualität entfaltet.

Die Bildungstriebtheorie Blumenbachs wurde nicht nur in den Naturwissenschaften akzeptiert, sondern hatte eine bedeutende Rezeptionsgeschichte in der Philosophie und der Anthropologie. Kant nahm ihn in seine *Kritik der Urteilskraft* auf, führte jedoch den Nachweis, daß die Notwendigkeit, bei der Explikation von Lebensprozessen Zweckmäßigkeitserwägungen miteinzubeziehen, nicht gleich auch bedeutete, die Operationsweisen der Kraft erklären zu können, die die Lebensprozesse zweckmäßig organisierte. Für Kant bleibt der Bildunsgtrieb eine ‚qualitas occulta'. Seine Warnungen vor jedem Versuch, den ‚Geist' der Natur in seinen Absichten und Verfahrensweisen erklären zu können, fruchteten allerdings wenig. In großzügig gedachten Analogien wurden die Einsichten in die Entwicklungsprozesse der organischen Materie auf die Entwicklungen der Kulturen und damit des Geistes übertragen. Bald galt als gesichert, daß eine vergleichbare Kraft dafür Sorge trage, daß nicht nur die körperlichen Entwicklungsstufen durchlaufen wurden, sondern auch die geistigen. Beim Progress der geistig-kulturellen Entwicklungsphasen wurde besonders auf die Metamorphosen des göttlichhöheren Wissens geachtet. Für Kulturforscher und Erzieher hörte die spezifische Kraft, die die Transformationen und Erscheinungsweisen des Geistes steuert, bald auf den Namen „geistiger Bildungstrieb“. Blumenbach, der sich anfangs Kants philosophischer Adaption seines Bildungstriebs angeschlossen hatte, widmete die dritte Ausgabe seiner schon genannten Rassentheorien *Über die natürlichen Verschiedenheiten im Menschengeschlechte* „Seiner Hochwürdigen Magnifizienz, dem Herrn Vize=Präsidenten Herder in Weimar“. Herder ist bekanntlich der wirkungsmächtigste Vertreter der Theorie natürlich-göttlicher Bildungskräfte und entsprechender Kulturgeschichten. Darüber wird noch zu sprechen sein.

Die Vorstellung, daß Fortschritte in körperlichen Entwicklungsprozessen von Fortschritten in der Lern- und Denkfähigkeit des Menschen begleitet werden, d.h. die Vorstellung, daß sich die operanten Verfahren in den Wahrnehmungs- und Denksystemen mit dem körperlichen Wachstum verändern, sind Wezel geläufig. Die Vorstellung, daß ein „geistiger Bildungstrieb“ den Exorzismus der jeweils überwundenen psychomentalen Operationssysteme betreibt und damit für die natürliche Installierung einer alters- und kulturgeschichtsgemäßen Geistigkeit sorgt, hat Wezel allerdings nicht geteilt. Seine Beobachtungen an den Denkformen von erwachsenen Zeitgenossen festigten bei ihm die Auffassung, daß die Natur allein unter den herrschenden kulturellen Bedingungen die installierten geistigen Operationssysteme nicht oder nur unvollkommen zu löschen und durch neue zu ersetzen vermag. Für ihn bleibt es eine der Hauptaufgaben der Kultur, dafür Sorge zu tragen, daß ihre Mitglieder die geistige Maturität erreichen, die ihnen dank der körperlichen Entwicklung zu erreichen möglich war.

Von erheblicher Bedeutung für Wezels Verständnis der Fähigkeiten der Seele und des Geistes sind die Theorien des Schweizer Physiologen Charles Bonnet, der zwischen der deutschen und französischen Wissenschaft vom Menschen einen Kompromiß zu finden suchte. Charles Bonnet, ein französischsprachiger Landsmann Hallers, verehrte seinen großen Kollegen geradezu glühend und verteidigte in seinen physiologischen Arbeiten dessen Präformationsthese gegen alle Epigenetiker. Gegen diese hatten Bonnets Untersuchungen über die Parthogenese der Blattläuse eine Reihe triftiger Argumente geliefert. Zur internationalen wissenschaftlichen Reputation Bonnets hat ebenfalls seine Theorie der organisierten Körper beigetragen. Durch ein Augenleiden an der Weiterführung seiner empirischen Untersuchungen gehindert, wandte sich Bonnet der Psychologie und Philosophie zu. Hier zeigte sich allerdings, daß Bonnet keineswegs nur unter dem Einfluß der deutschen Wissenschaft und Philosophie stand, sondern ebenso unter dem der französischen Schulen. Der *Essay sur les facultés de l'âme,* den Bonnet 1760 veröffentlichte, machte den berühmten Naturwissenschaftler auch als Philosophen in ganz Europa bekannt. Bonnet inspirierte nicht nur Wezel, auch in Karl Philipp Moritz' *Magazin für Erfahrungsseelenkunde* ist Bonnet der meist zitierte Autor. Man kann wohl ohne Übertreibung sagen, daß Bonnets *Essay* die empirische, auf dem physiologischen Kenntnisstand aufbauende Psychologie in Deutschland eingeführt und hoffähig gemacht hat.

Ich lese den *Essay* als klugen Gegenangriff gegen den Materialismus und atheistischen Sensualismus, insofern Bonnet, mit der intellektuellen Lage in Frankreich vertraut, in allen Punkten Konzessionen machte, die nach Lage des wissenschaftlichen Kenntnisstandes gegenüber der französischen Medizin und Philosophie unhaltbar waren. Zugleich blieb Bonnet jedoch absolut unnachgiebig, wo es sich um *essentials* des christlichen Rationalismus handelte. Im *Analytischen Versuch über die Seelenvermögen*[79], wie der Essay in deutscher Übersetzung heißt, nimmt Bonnet Condillacs Statuengleichnis wieder auf und fügte ihm die physiologische Dimension bei, die er bei dem sensualistischen Metaphysiker vermißte. Als müßte er sich bei seinen Lesern dafür entschuldigen, daß er die Existenz einer immateriellen Seele annahm, schreibt Bonnet in der Vorrede:

> Wenn ich dem Menschen eine Seele beylege, so geschieht es nicht deswegen, weil ich glaube, daß die Seele ein vortrefflicheres Wesen sey als die Materie, sondern bloß aus dem Grunde, weil ich nicht alle Phänomene des Menschen der Materie zuschreiben kann. (Bo, XXVII)

Um genauer zu werden: Zur Annahme einer Seele im Menschen sieht sich Bonnet deshalb genötigt, weil die reine Physiologie das Phänomen der Selbstreferentialität und Identität nicht erklären kann, d.h. die Tatsache, daß das Ich sich der Modifikationen, die es erleidet, bewußt zu werden vermag und in diesem Bewußtsein seine Selbigkeit bewahrt. Modifizierte Maschinen sind nicht mehr dieselben

[79] Karl Bonnet: Analytischer Versuch über die Seelenkräfte. Aus dem Französischen übersetzt und mit einigen Zusätzen vermehrt von M. Ch. Schulz. 4 Bde. Leipzig 1770–71. Die Zitate daraus werden im Text unter der Sigl Bo nachgewiesen. Mein Verständnis der Bonnetschen Anthropogie, Philosophie und Psychologie folgt im wesentlichen Lorin Anderson: Charles Bonnet and the Order of the Known. Dortrecht/Holland-Boston/USA-London/England: Reidel 1982

und sie ‚erleben' die Eingriffe nicht, denen sie ausgesetzt sind. Daß die Veränderungen, die sich in Menschen ereignen, als Modifikationen derselben Substanz erlebt werden, ist für Bonnet daher nur durch die Existenz einer Seele oder eines Ichs erklärbar.

Bonnets Seelenstoff hat seinen Sitz im Gehirn und durchläuft die folgenden elementaren Bildungsstufen: Er ‚erwacht' zu bewußter und tätiger Existenz dadurch, daß er durch Ereignisse affiziert wird, die durch Sinnesorgane und Gehirn auf ihn einwirken. Dabei wird die junge Seele auf einen Schlag ihrer selbst und einer ersten Vorstellung der Welt bewußt, die sich in ihr eingestellt hat. Im Augenblick ihrer Erweckung identifiziert sie sich mit sich und den Affektionen, die sie zu ihrem besonderen Leben brachten. Einmal durch Außenstimulationen zu Selbstbewußtsein gebracht und zu Tätigkeit angeregt, versucht die Seele tätig zu bleiben. Ihre ersten Tätigkeiten bestehen aus fantasierten ‚Nachahmungen' der Erfahrungen und Zustände, die sie als angenehm erlebt hat. So wird Mimesis qua erinnernder Einbildungkraft und spielerischer Nachahmung die erste Denk-, Wollens- und Handlungsweise der Seele. Erst wenn die Lernfähigkeit des Menschen den Entwicklungsstand erreicht hat, den wir als Erwachsensein bezeichnen, erreicht der Mensch die Fähigkeit, die Gesetze zu erkennen, die die natürliche und soziale Außenwelt regieren, und durch kreatives, eingreifendes Handeln die Außenwelt so einzurichten, wie es seinen Wünschen und Vorstellungen entspricht.

Bonnets Grundhypothese ist also, daß die Seele und der Körper ebenso, wie der Mensch und seine Welt interaktive Systeme bilden. Die Wahrnehmungs- und Denkorgane durchlaufen im Wachstumsprozeß erhebliche Modifikationen, die mit bestimmten Stadien der geistigen Entwicklung korrelieren. Beide, die körperliche und die geistige Entwicklung determinieren wiederum, wie der Mensch mit seiner Welt verkehrt und kommuniziert. Bonnet konnte diese Hypothese nicht in physiologischen Experimenten beweisen, wie etwa Haller die Irritabilität und Kontraktibilität von Nerven und Muskeln bewiesen hat, aber sie schien ihm die größte Wahrscheinlichkeit zu besitzen, weil sie ökonomischer als die anderen Annahmen war, weil sie einen eminent hohen Erklärungswert hatte und weil sie Voraussagen zuließ, die von der Erfahrung bestätigt werden konnten. Aufgrund des nur wahrscheinlichen Charakters seiner Auffassungen gab Bonnet seinem Buch den Status eines „philosophischen Roman(s)" (Bo,12). Diese Bezeichnung gibt seinem *Essay* freilich keinerlei ästhetische Qualität. Er ist eine rein wissenschaftliche Abhandlung, mit der Besonderheit freilich, daß der Autor bekennt, daß hier eine ‚wissenschaftliche' Theorie vorliegt, die nur ein Modell, aber ein Modell mit hohem Erkenntniswert darstellt.

Bonnet stellt an seiner Version des Condillacschen Statuenmodells dar, wie die von den Sinnen über die Nerven weitergeleiteten Empfindungen zunächst das Gehirn affizieren. Das Gehirn begriff Bonnet als eine „kleine Maschine, deren Spiel ganz genau die Art, die Reihe und die Combination der Ideen der Seele vorstellt." (Bo, XXV) Bonnets Gehirn ist also ein veritables Denkorgan: es ist der Ort, an dem die materiellen Ideen entstehen, die die Seele modifizieren. Interessant sind in diesem Zusammenhang besonders Bonnets Theorie des Erinnerungsvermögens, der Ideenassoziation und der Persönlichkeit. Als erwiesen gilt für Bonnet zunächst die Körperabhängigkeit des Gedächtnisses, das im kindlichen Körper nicht zuverlässig funktioniert und im alternden Körper bekanntlich schwächer wird. Bonnet schloß daraus, daß die Empfindungen, die die Nerven dem Gehirn zuführen, sich in Gehirnfibern einschreiben. Diese Einschreibungen sind von Dauer, wenn die „jungfräulichen" Fibern eine gewisse Festigkeit erreicht haben, und der Seele nur so lange zugänglich, wie die Fibern über eine gewisse Elastizität verfügen. Das erklärt das schlechte Gedächtnis von kleinen Kindern und Greisen.

Weiterhin wußte Bonnet, daß die Gehirnfibern ein hoch differenziertes, mehrschichtiges Erinnerungssystem bilden, in dem die abgespeicherten Erinnerungsspuren in verzweigten Verbindungen stehen. Dabei weiß Bonnet, daß die Klassifikationskriterien, nach denen das Gedächtnis seine Abspeicherungen vornimmt, mit den Kategorien der Vernunft nicht identisch sind. Vielmehr stellt sich das Gewebe der abgespeicherten Ideen her, indem diese auf Weisen miteinander kombiniert werden, die der Vernunft als pure Willkür erscheinen. Zur Erklärung des Zustandekommens dieses Ideennetzwerks rekurrierte Bonnet auf die Theorie der Ideenassoziationen des Lockeianers und englischen Arztes David Hartley[80]. Hartley hat in seiner Theorie, deren Bedeutung innerhalb der europäischen Geistesgeschichte kaum überschätzt werden kann, angenommen, daß Ideen, die im Gehirn ankommen, wie Schwingungen wirken, d.h. daß sie abgespeicherte Ideen resonieren lassen, die den ankommen-

[80] David Hartley: Hartley's theory of the human mind, on the principle of the association of ideas; with essays relating to the subject of it. By Joseph Priestley. London: J. Johnson, 1775.

den auf irgendeine Weise ähnlich sind. Dabei werden die resonierenden Ideen miteinander assoziiert. Solche Similaritäten können in rein äußerlichen, oft akzidentellen Ähnlichkeiten bestehen, in Isomorphien, in Farbgleicheit oder gleichen Festigkeiten, in situativen oder funktionalen Ähnlichkeiten, aber auch in der Ähnlichkeit von Gefühlswerten u. a. m. In jedem Fall stellt sich durch die Assoziation der Ideen eine riesiges Netz von Ideenverknüpfungen her, das kein Ich übersehen und kontrollieren kann. Diese Verkettung der materiellen Ideen erklärt den eigentümlich-mäandernden Fluß der unwillkürlichen, durch keine Intention gesteuerten Gedanken, den jeder in Augenblicken der Entspannung und in Tagträumen bei sich beobachten kann.

Zugleich sind diese hochkomplexen und daher einzigartigen Verknüpfungen von Ideen und Empfindungen aber auch der Grund dessen, was man Individualität und Persönlichkeit nennt. Denn das *principium individuationis* liegt nach Bonnet nicht in der besonderen, von Gott vorgenommenen Präformiertheit der Einzelseele. Für Bonnet enthält die Annahme einer in ihrem Ursprung schon individualisierten Seelensubstanz keinerlei Erklärungswert. Nützlicher erscheint ihm, sich den Seelenstoff als eine uniforme Lebenskraft vorzustellen. Daß aus diesem uniformen Stoff eine Menschenseele wird, hat nach Bonnet ausschließlich damit zu tun, daß er einem Menschengehirn einwohnt. Derselbe Stoff in einem Hundehirn würde sich zu einer Hundeseele entwickeln. Daß aus diesem immer gleichen Lebensprinzip nicht nur eine Menschenseele, sondern auch eine individuierte Menschenseele wird, verdankt sie der Wirkung der hochkomplexen und daher einzigartigen Ideenvernetzungen, die sich im Gehirn aufgrund einer Fülle von Lebens- und Sozialisationserfahrungen ausbildeten.

Annehmen muß Bonnet also nur, daß der Seelenstoff ursprünglich so disponiert ist, daß er sich mit seinem Zugerichtetwerden identifiziert. Das Identifizieren ist nach Bonnet denn auch einer der Grundakte der Seele und findet unabhängig von der Qualität dessen statt, was die Seele affiziert hat. Vor allem im frühesten Stadium identifiziert sich die junge Seele mit allem, was sie erweckt und zu bewußtem Leben gebracht hat. Deshalb sind die primären Erfahrungen für die Ausbildung der Persönlichkeit und des Ichs die entscheidenden. Mit dieser Theorie der Individuation expliziert Bonnet die Seele als ein immaterielles Wesen, das durch Stimulationen von und Reaktionen auf Impulse von Außen und Anderen sich in seiner individuellen Gestalt selbst erzeugt.

Zunächst identifiziert sich die Seele also spontan mit den Zurichtungen, die ihr widerfahren, ja sie ist im Prozeß ihrer Autopoiesis auf diese angewiesen. Nach der fortgeschrittenen Entwicklung von Denkvermögen vermag die Seele auf der Grundlage der abgespeicherten, angenehmen und unangenehmen Erfahrungen eine Wahl zu treffen und später sogar auf die Außeneinwirkungen kreativ zu reagieren und die Außenbedingungen so zu verändern, wie es ihren Bedürfnissen und ihrem Glücksbegehren entspricht. Damit die Autopoiesis des Ichs gelingt und sich in ‚gesunden' Bildungs- und Wachstumsschritten vollzieht, müssen jedoch Außenbedingungen herrschen, die nicht immer gegeben sind. Bonnets Psychologie schließt Deformationen des Ichs nicht aus und kann deshalb die Grundlage einer „Erfahrungsseelenkunde" werden, wie sie früh von Wezel, 10 Jahre später auch von Moritz betrieben wurde.

Für die Pädagogen wurde die Erkenntnis wichtig, daß sich die kognitiven und emotionalen Vermögen des Menschen im Verlauf der körperlichen Entwicklung vom Kleinkind zum Erwachsenen erst allmählich ausbilden und daß diese Ausbildung auf geeignete Stimulationen angewiesen ist. Klar wurde ebenfalls, daß die Fähigkeit bestimmter Vermögen, sich durch Stimulationen zu entfalten, auf bestimmte Wachstumsphasen beschränkt war. In pädagogischer Hinsicht wurde die Frage der rechten geistigen Entwicklung vor allem auch eine Frage des richtigen Timings von Anregungen. Wenn der Augenblick versäumt war, in dem sich kognitive Vermögen entfalten konnten, war deren spätere Ausbildung durch kompensatorische Erziehungstechniken schwierig oder kaum mehr zu leisten. Die Annahme einer interaktiven Selbstgeneration von Körper und Seele nach den allgemeinen Prinzipien des Organischen und der Selbstreferenz erlaubt Bonnet vom Menschen als etwas zu reden, das einer Maschine gleich ist. Da aber nicht nur gattungsmäßige Anlagen, sondern familienspezifische Erbmassen und einmalige Außenbedingungen ganz wesentlich den menschlichen Konstitutionsprozeß bestimmen, entstehen hochindividualisierte Formen dieser lebendigen Maschinen und Apparaturen. Die Ereignisabläufe, die in ihnen in Form von Gedanken, Empfindungen und Willenshaltungen stattfinden, sind daher determiniert, aber sie folgen nicht nur allgemeinen, sondern zugleich individuellen Gesetzen.

Bonnets Seele ist, wie gesehen, eine *tabula rasa*. Dagegen verfügt Bonnets Gehirn als Denkorgan über elementare, angeborene Informationsverarbeitungsverfahren, die sich bei günstiger Gehirnentwicklung in immer höhere Vermögen ausdifferenzieren. Zu den elementaren Operationen des entwickelten Gehirns gehören das Registrieren von Ähnlichkeiten und Differenzen zwischen Sinnesdaten, sowie von deren zeitlichen und kausalen Abfolgen. Damit führt das Gehirn alle die Grundprozesse des Denkens durch, auf denen unsere ersten Kenntnisse der Welt beruhen. Ihre Orientierungen erhalten die Gedankenproduktionen von dem aller organischen Materie einwohnenden Prinzip der komplizenhaften Zweckmäßigkeit. Dieser organische Lebensgeist reguliert die Ereignisse, die im Gehirn stattfinden, ohne Interventionen der Seele. Vor allem in den frühen Entwicklungsstadien des Ichs ist die Seele ganz auf die Tätigkeiten des Gehirns angewiesen.

Zur Erklärung der Kommunikation zwischen Gehirn und Seele schlägt Bonnet vor, sich die Einrichtung des Gehirnteils, mit dem die Seele in Verbindung steht, als einen Schreibautomaten vorzustellen, dessen Schriftzeichen die Seele zu lesen vermag. D. h. die elementare Fähigkeit der Seele ist ein Lesevermögen, das eine Naturschrift zu entziffern vermag. Damit einher geht das Vermögen, das in den ‚materiellen Ideen' Mitgeteilte in die Gestalt von Gedanken und bewußten Vorstellungen zu transformieren. In diesem Vorgang übersetzt die Seele die Schrift der Natur in die lebende Sprache, die sie im Prozeß des Spracherwerbs gelernt hat. Dadurch erhalten die materiellen Ideen des Gehirns den begrifflichen Wert, mit dem die Seele allein umzugehen und zu denken vermag. All diese Tätigkeiten sind nach Bonnet authentische Aktivitäten der Seele, aber zugleich macht die Leseanalogie deutlich, daß es wesentlich sekundäre Aktivitäten sind. Der Autor des Textes, den die Seele liest, ist nicht sie selbst, sie ist eher sein Herausgeber.

Im Entziffern und Edieren der materiellen Ideen bringt die Seele oder das Ich auch sich zu distinktem Selbstbewußtsein. Dabei entwickelt die bewußte Seele auch Willenshaltungen. Aber was sie will, folgt weitgehend dem, was man sie zu wollen gelehrt hat, oder den Direktiven von Lebensenergien, die die Gehirntätigkeiten steuern. Dieser Handlungsweise der Seele entspricht Bonnets erster Freiheitsbegriff. Er besagt, daß die Seele oder das Ich dann frei sind, wenn den Willenshaltungen, die sich in ihnen einstellen, kein äußeres Hindernis entgegensteht. Über diese Form der Freiheit verfügen auch die Tiere. Frei ist also, wer Hunger verspürt und über Nahrungsmittel verfügt, um seinen Hunger zu stillen. Bonnet geht davon aus, daß nicht nur Kinder, sondern auch der größte Teil der Menschheit in diesem Zustand der Freiheit existieren.

In all diesen Vorstellungen bewegte sich Bonnet noch auf dem Feld materialistisch-sensualistischer Philosophie. Den geistigen Eliten erkannte Bonnet jedoch einen höheren Grad an Freiheit und ein Mehr an geistigen Vermögen zu. Dieses geistige Mehr und Höhere verdankt das hochintelligente Ich der Sprache. Denn, so Bonnet, in der Sprache besitzt die Seele ein Bezeichnungssystem, mit dem sie die materiellen Ideen des Gehirns benennt. Unabhängig von ihrem Bezug zu den materiellen Ideen konstituiert eine Sprache jedoch in Gestalt ihrer Syntax ein eigenes, Zusammenhänge bildendes System, mit dem die Seele umzugehen vermag. Zwar muß das Ich bei all seinen Denk- und Äußerungsabsichten die Regeln der Grammatik respektieren, aber die lassen Spielräume für originäre Sinninitiativen. Unter der Voraussetzung, daß eine Seele einem Gehirn einwohnt, dessen entwicklungsfähige Anlagen beständig auf anspruchsvolle Weise stimuliert wurden, entfaltet sich ein besonders feines und ‚intelligentes' Geflecht von Gehirnfibern, das als kreatives Denkzentrum funktioniert. Es erlaubt der Seele auf selbstständige Weise mit der Sprache zu operieren und in neuen Syntagmen zu eigener, vertiefter Erkenntnis der Zusammenhänge der Welt und des Lebens zu gelangen, die über die Kenntnisfähigkeit der sinnlichen Ideenassoziationen hinausgehen. Die Operationen der Philosophie und Wissenschaft basieren auf diesem höheren Erkenntnisvermögen. Einmal entwickelt, präsentiert sich dem erkennenden Ich die Welt zumindest ahnungsweise in Gestalt einer universellen Harmonie. Diese gottähnliche Einsicht revolutioniert das Wollen der Seele nach Bonnet dergestalt, daß sie nicht mehr allein das subjektive und egoistische, von sinnlichen Begierden hervorgerufene Verlangen spürt. Dieses wird vielmehr überlagert von einem Verlangen nach Vollkommenheit, d.h. von dem Verlangen, gemäß der göttlich-vernünftigen Einrichtung der Welt zu handeln. Bei aller physiologischen Explikation kommt auch Bonnets Mensch auf der Stufe seiner höchsten Entwicklung beim Denken der Gedanken Gottes an. Dies gelingt deshalb, weil trotz aller wissenschaftlichen Einstellung die Natur und das Leben bei Bonnet einen göttlichen Ursprung haben und also auch ein göttliches Ziel. Bonnet sieht die Menschheit insgesamt auf dem Weg zu immer größerer Freiheit und göttlicherer Vollkommenheit.

Während Autoren wie Lessing sich bei der Beschreibung der göttlicheren Stadien des Menschseins aus guten Gründen zurückhielten und höchstens andeuteten, daß durch die Wiedergeburt der Seele ihre Höherentwicklung stattfinden würde, blamierte sich Bonnet gründlich mit seinem 1770 erschienen Werk *Palingénesie philosophique, ou Idées sur l'état passé et sur l'état future des êtres vivants*. Darin entwickelte er neben vielen anderen Theorien auch eine über den Fortgang der Schöpfung in kosmischen Katastrophen, in denen sich die Menschheit zu höherem Dasein entwickeln würde, und zwar dergestalt, daß sie – den Engeln gleich – ohne Unterleib existierte. Diese unterleibslose Seinsweise erschien Bonnet deshalb als ein Zustand höherer Vollkommenheit, weil für ihn im unteren Körperteil all die Organe ihren Ort hatten, die die niederen Begierden des Menschen generierten: der Sex, der Hunger und das Begehren nach Macht. Bonnets Reputation als ernstzunehmender Denker wurde durch diese Spekulation erheblich in Mitleidenschaft gezogen. Deutlich wurde, daß selbst der wissenschaftlichste Kopf auf die allerpeinlichste Weise die Kontrolle über seine Gedankenproduktion verlor, wenn er beim Stand des erreichten Wissens auf den Pfaden der traditionellen Aufklärungsmetaphysik weiterwandelte, die die Vorstellung einer Annäherung des Menschen ans Göttliche nicht aufzugeben bereit war. Was der Absicht nach ein Versuch zur Rettung der Sonderstellung des Menschen war, hatte zur Wirkung, daß der höhere Mensch zur unterleibslosen Karikatur seiner selbst wurde. Haller scheint geahnt zu haben, daß Bonnet schon in seinem *Essay* die wissenschaftliche Explikation des Menschen bis zu einem hoch riskanten Punkt vorangetrieben hatte. Obwohl ihn Bonnet mehrfach brieflich um eine Stellungnahme bat, hat sich sein verehrter väterlicher Freund nur ausweichend zum *Essay* geäußert.[81]

Die siebziger Jahre des 18. Jahrhunderts erleben in jedem Fall eine Explosion des organizistischen Denkens, die das alte Statuenmodell mitsamt der göttlichen Weltharmonie vergessen macht. Konsequent und ohne Rücksicht auf ihren Status werden der Mensch und die Kulturen unter Anwendung der wissenschaftlichen Vorgehensweisen untersucht, die man an lebender Materie entwickelt hatte, und nach organizistischen Explikationsmustern erklärt. Mit allen Lebewesen teilte der Mensch nun die Fähigkeit, im Prozeß seiner Selbstherstellung sich an Außenverhältnisse anzupassen und sich in sie einzurichten, wie dies auf optimale Weise seiner Natur, seinen Bedürfnissen und seinem Begehren nach Sicherheit, Bequemlichkeit, Genuß und Glück entsprach. Von den weniger hoch entwickelten Lebewesen unterschied sich der

[81] Charles Bonnet: The correspondance between Albrecht von Haller and Charles Bonnet. Bern: Huber 1983

Mensch lediglich durch einen Mangel von ‚eingeborenem' Wissen, auch Instinktwissen genannt, was die Natur durch ein Mehr an Lernfähigkeit kompensierte.

Mit der Erweiterung der Einsichten über die Funktionsweise des menschlichen Denkorgans einerseits und mit der Zunahme des Wissens über die Verschiedenheit der menschlichen Kulturen andererseits wurde ebenfalls klar, daß man es hier mit so hochkomplexen Prozessen zu tun hatte, daß es unmöglich war, nach den Verfahren der klassischen Mechanik an sie heranzugehen, um sie als Ganzes in all ihren Ursachen und Wirkungszusammenhängen zu explizieren. Die klassische Mechanik wurde deshalb nicht gleich durch ein anderes Wissenschaftsparadigma abgelöst, ihre Anwendbarkeit erschien jedoch nun auf solche Fälle beschränkt, in denen die Konstellation der Kräfte so konstant und überschaubar war wie etwa bei Planetenbahnen oder Maschinen. Die Welt und das Bewußtsein blieben zwar weiterhin Gegenstände der Erkenntnis, aber es war klar, daß das menschliche Erkenntnisvermögen nur dann mit ihnen zu Rande kam, wenn sie in ihrer Komplexität reduziert und als isolierte ‚Fälle' untersucht wurden. Die Einsicht, daß der Mensch und die Welt nur unter Bedingungen reduzierter Komplexität, also nie unter realen Bedingungen und als Ganzes erkannt werden konnten, brachte sowohl die rationalistische Philosophie als auch die Ästhetik der Aufklärung insofern in Bedrängnis, als das Wahre wie das Schöne mit der Vorstellung einer Erkenntnis und Darstellung des Ganzen verbunden waren[82]. Andererseits ging mit der Aufgabe einer wissenschaftlich oder ästhetisch zu leistenden Totalerkenntnis der Welt eine zunehmende Tendenz zur Spezialisierung einher. Das im Umfang bescheidene, aber immer anwendungsbezogene Wissen der neuen Spezialisten machte allerdings vor keinem Lebensbereich halt und erwies sich als höchst effizient, was das Aufdecken von Mißständen und die Entwicklung von Reformprojekten anging. Wohin man schaute, fand man Formen von beschädigtem Leben. Die Reformüberlegungen zielten daher auf die Schaffung von Verhältnissen ab, unter denen sich das beschädigte Leben regenerieren konnte. Die Initiatoren der Reformen waren einmal die aufgeklärten Fürsten, unter denen Friedrich der Große und Joseph II., der Sohn Maria Theresias, die bedeutendsten, bei weitem aber nicht die einzigen waren.

[82] Dazu Jutta Heinz: Wissen vom Menschen und Erzählen vom Einzelfall. Untersuchungen zum anthropologischen Roman der Spätaufklärung. Berlin-New York: de Gruyter 1996

Die Reformbemühungen der Fürsten wurden sekundiert von einer Vielzahl von Initiativen, die sich in der sog. Gesellschaftsbewegung organisierte. In seiner Untersuchung *Patriotism, Profit, and the Promotion of Science in the German Enlightenment* berichtet Henry Lowood, daß in Deutschland zwischen 1760 und 1810 um die 200 lokale Gesellschaften mit Tausenden von Mitgliedern gegründet wurden, die sich um die Verbesserung und Modernisierung der Landwirtschaft, die Förderung der Industrie und die Effektivierung und Rationalisierung der Lebensführung insgesamt kümmerten. Die Spezialisierung dieser Gesellschaften führte zur Ausbildung der sogenannten Kameralwissenschaften, aber auch zur Gründung von berufsbezogenen Forschungs- und Ausbildungsstätten im Bereich des Bergbaus und der Forst- und Agrarwirtschaft. Ein weiterer, eminent wichtiger Reformbereich bildete das Erziehungswesen. Die Pädagogen der späten Aufklärung, die Philanthropen und Pestalozzi etwa, strebten vor allem eine berufsbezogene Erziehung an, in der nicht nur praktische Fertigkeiten, sondern auch die rechte Einstellung zur Arbeit im Vordergrund standen. Der Modernisierungsschub, den Deutschland damals erlebte, bereitete das zurückgebliebene Reich auf die Industrielle Revolution vor, die in anderen europäischen Ländern seit 1770 bereits in Gang gekommen war.

Wezel nimmt diesen Reform- und Modernisierungsprozeß nicht nur wahr, sondern an ihm teil. Sein besonderes Interesse gilt den Erziehungsreformen. Jahre hindurch bemüht er sich auch um eine Anstellung am Hofe des von ihm verehrten Joseph II. Dieser hatte das Habsburger Reich einem so akzelerierten Modernisierungsprozeß unterzogen, daß selbst den Untertanen, die am meisten von den Reformen profitierten, schwindelig geworden war. Am übereilten Vorgehen des Österreichers zeigte sich, daß die Fähigkeiten des Menschen, sich auch auf positive Veränderungen einzustellen, begrenzt waren.

Zur Resistenz gegen das Reformdenken der Spätaufklärung mag auch beigetragen haben, daß es nirgendwo ein Leben ohne Plackerei und Arbeit in Aussicht zu stellen vermochte. Vielmehr wurde den Menschen die Vorstellung zugemutet, daß es außerhalb der Arbeit und den Geschäften, die die Reproduktion der Gattung nötig machte, keinen ‚Lebenssinn' gab. Statt nach neuen illusionären Sinnquellen zu suchen, komme es darauf an, einerseits die unnötigen Härten zu eliminieren, die die gesellschaftlichen Produktionsverhältnisse den arbeitenden Menschen auferlegten, andererseits aber auch das Ich wieder dafür zu sensibilisieren, sich bei der Ausführung der elementaren

Lebensgeschäfte trotz all ihrer Tücken sich in voller Lebendigkeit erleben zu können. Die Wiederentdeckung der praktischen Tätigkeit, in der sogar der alternde Faust seinen „erfüllten Augenblick" findet, war freilich eine Botschaft, die nicht allen schmeckte. Die privilegiertesten Schichten des Bürgertums und des Adels leisteten sich lieber Theorien, die die repressionsbefreiten Lebensformen mit einem mühe- und arbeitsbefreiten Genuß gleichsetzten. Von den Reformern wurden derart libertinistische Philosophien als unseriös und frivol abgetan. Auch Wezel nimmt sie nicht ernst. Bezeichnenderweise werden ihre Autoren in Wezels Romanen vor allem in den Boudoirs intellektuell kapriziöser Damen gelesen[83], die so reich sind, daß sie nie in die Situation kamen, aus dem Kelch der Arbeit trinken zu müssen.

In Zeiten, in denen Erlösungshoffnungen und fantastische Vorstellungen von Vervollkommungsprozessen immer noch gängige Münze waren, konnte der Mangel an Utopie, der das spätaufklärerische Denken auszeichnete, zu einem gravierenden Manko werden. Der Rat des Voltaireschen Weisen im *Candide*, man solle die Suche nach der besten aller möglichen Welten lieber einstellen und sich um den eignen Garten kümmern, erschien vor allem jener Intelligenz, die in weltabgewandten Räumen großdimensionierte Glückseligkeitspläne entwarf, als wenig attraktiv. Zumindest erlebten Reformvorschläge eine enorm positive Resonanz, die in ihren Absichten weit über die konkreten Ziele hinausgingen, die das spätaufklärerische Reformdenken anvisieren konnte. Der prominenteste Vertreter der Reformbewegung, die eine fundamentale Neuorganisation des menschlichen Lebens auf individueller wie gesellschaftlicher Ebene in Aussicht stellte, ist in der zweiten Hälfte des 18. Jahrhunderts Jean-Jacques Rousseau. Epoche machte der radikale Philosoph durch seinen *Discours sur l'Origine de l'Inégalité de l'Homme*. In ihm vertritt der Autor auf der Basis von Prinzipien, die er intuitiven Einsichten verdankte, und auf der Grundlage von einigen, wenig überzeugenden historischen Belegen die These, daß die Geschichte der Menschheit in einem ursprünglichen Naturzustand ihren Anfang hatte, in dem alle Menschen gleich und gleich glücklich waren, weil sie ihrer Natur gemäß lebten. Dieser Ursprungszustand ging in dem katastrophalen Augenblick verloren, in dem die natürlichen Opera-

---

[83] Dazu mein Aufsatz: „Der Leser denkt, was er kann, und niemals, was er soll". Leserkritik und -typologie im Romanwerk Johann Karl Wezels. In: Hans-Peter Ecker (Hrsg.): Methodisch-reflektiertes Interpretieren. Festschrift für Hartmut Laufhütte zum 60. Geburtstag. Passau: Rothe 1997, S. 253–266

tionsformen des menschlichen Bewußtseins durch avancierte Erkenntnisformen und zivilisatorischen Fortschritt, vor allem aber durch die Einführung des Privateigentums auf systematische Weise verhunzt wurden. Geschützt vor aller Einsicht in die eigene Denaturiertheit funktioniere der auf die Logik des Privateigentums umprogrammierte, psycho-mentale Apparat seither so, daß gesellschaftliche Ungleichheit, die Herrschaft von Menschen über Menschen und alle Perversionen des modernen Lebens daraus resultierten. Diese verheerenden Adaptionen des Bewußtseins an die neuen Gegebenheiten vollzogen sich vor allem im Denken und Empfinden von erwachsenen Männern, die die Herren der neuen gesellschaftlichen Ordnungen waren. Wilde, Kinder, aber auch Frauen, sofern sie Mütter waren und ihr Lebenskreis durch Kinder und Küche begrenzt war, lebten nach Rousseau noch im Natürlichen.

Ersichtlich benutzt Rousseau die berechtigte, daher durchaus überzeugende Kritik an der in der Tat skandalösen Distribution der Reichtümer und des Eigentums in der feudalen Gesellschaft dazu, um unter der Hand eine grundlegende Rehabilitation jenes Intelligenztyps zu betreiben, der die Wirklichkeit noch nicht ‚in Besitz' genommen hat, d.h. außerhalb der Bedingungen des Wirklichen operiert. Diese Art von ‚Aufklärung', die die Aufklärung zu ergänzen vorgibt, konterkariert damit genau das Anliegen der von Wezel vertretenen Aufklärung. Der geht es eben darum, der Intelligenz den entzogenen ‚Besitz' oder zumindest den Zugang zum Wirklichen zurückzuerobern. Daß es im Rousseauschen Denken nicht um die Re-Naturalisierung der psycho-mentalen Operationsweisen, sondern um die Substitution des Natürlichen durch Phantasmen geht, die von Größenwünschen generiert werden, zeigt sich nirgends deutlicher als am folgenden Tatbestand: Bekanntlich zeugte Rousseau zwei Kinder, die er alsbald in ein Waisenhaus gab. Statt die natürliche Rolle eines Vaters zu übernehmen, fantasierte sich Rousseau in die Rolle eines Erziehers und in dieser Rolle fantasierte er ein paternales Erzieherleben mit einem Fantasiezögling und innerhalb dieser Fiktion eine pädagogische Theorie, in der er die Ansicht vertrat, daß das Ziel der Erziehung nicht die Herstellung eines gesellschaftstauglichen „Bürgers", sondern die Herstellung des natürlichen „Menschen" ist. Das Reich dieses Menschen sei zwar noch nicht von dieser Welt, aber man dürfe wunderbare Leistungen von ihm erwarten. Unter anderem sollten die neuen Menschen ein Staatsvolk abgeben, das eigentumslos, in symbiotisch-brüderlicher Willensgleichheit und sozial-verantwortlicher Glückseligkeit lebte. Der Versuch des

„Menschen", sich als Staatsvolk zu etablieren, endete – wie man weiß – in der Französischen Revolution auf höchst blamable Weise. In deren Verlauf erwies sich, daß der „Mensch" vor allem dazu in der Lage war, physisch und seriell Köpfe von ihrem Körper zu trennen, also jenen Zustand herzustellen, in dessen Produktion das enteignete Bewußtsein schon immer Weltmeister war.

Für Wezel sind diese Ideen schlicht hirnrissig. Rousseau repräsentiert für ihn jenen eminent gefährlichen Intelligenztyp, dem er selbst ursprünglich zugehörte und von dem er sich in seiner „Hauptrevolution" distanziert hatte. Wezel mußte freilich erkennnen, daß seine bemühte Austreibung des infantil-derealisierten Bewußtseins bei seinen Generationsgenossen kaum Nachahmung fand. Vielmehr war zu beobachten, daß Rousseaus Schriften unter der jungen Generation und unter den weiblichen Lesern begeistert rezipiert wurden. Die antiaufklärerische Einstellung, die sich damit verbreitete, bewirkte binnen kurzem die völlige Subversion der aufklärerischen Reformbemühungen ins Irreal-Utopische, die Verdrängung der ‚Wissenschaft vom Menschen' durch eine neue Ursprungsmetaphysik und die fatale Wiederauferstehung des alten Gottmenschen in neuer pseudo-natürlicher Gestalt.

Was es mit diesem neuen Menschen auf sich hat, geht am deutlichsten aus einer Abhandlung hervor, die der Rousseauadept Herder 1774, also im selben Jahr, in dem der *Tobias Knaut* erschien, unter dem Titel *Auch eine Philosophie der Geschichte zur Bildung der Menschheit* veröffentlichte. Diese Schrift ist insofern bemerkenswert, als sie wissenschaftliches, religiöses und intuitives Wissen nach den Verfahren der Analogie zusammenmixt. Die Aufgabe des Analogisierens ist dabei nicht, vergleichbar-ähnliche Zusammenhänge aufzudecken, sondern die Differenzen zu überbrücken bzw. kompatibel zu machen, die zwischen den *modi operandi* herrschen, wenn ein und dasselbe Bewußtsein zugleich nach den Verfahren des Freudschen „Primärvorgangs" und „Sekundärvorgangs" mit einem Sachverhalt erklärend umzugehen sucht. Die Kompatibilität der unterschiedlichen Wissensformen wird von Herder nicht expliziert. Die sachlichen Ingredienzien in Herders philosophischem Traktat bilden einige wenige historische und kulturgeschichtliche Fakten. Einen solchen Umgang mit dem wissenschaftlichen Wissen der Zeit hat Herder wohl von seinem Lehrer Hamann[84] gelernt, unter dessen

[84] Mein Verständnis von Hamann verdankt viel der Arbeit von James C. O'Flaherty: Johann Georg Hamann. Einführung in sein Leben und Werk. Aus dem Englischen von Wenzel Peters. Frankfurt / M-Bern-New York-Paris: Lang 1989

Einfluß er in Königsberg geriet, nachdem er das angefangene Medizinstudium aufgeben mußte, weil ihm im *theatrum anatomicum* übel wurde. 1759, ein Jahr vor Bonnets Essay, erschienen die *Sokratischen Denkwürdigkeiten* von Johann Georg Hamann, dem Wegbereiter des Sturm und Drangs. Der junge Hamann war in seinen Königsberger Studienjahren ein Anhänger der Theorie vom ‚influxus physicus' geworden und beklagte am aufgeklärten Rationalismus, er habe das Denken kastriert, indem er Körper und Seele trennte. Konsequent forderte Hamann die Wiederherstellung des „ganzen Menschen" in Form einer Re-Sexualisierung des Denkens.

Diese Forderung lief allerdings auf ein ganz anderes Ziel hinaus als das der materialistischen Philosophie. Der junge, etwas orientierungslose Gelehrte, der zunächst für aufklärerisch bürgerliche Ideen eingetreten war und sich für moderne Volkswirtschaft interessiert hatte, hatte 1758 in London, wo er über Monate in ausschweifender Gesellschaft verkehrt war, ein religiöses Bekehrungserlebnis. Seit dieser religiösen Wiedergeburt ist der ganze Mensch Hamanns der Mensch, der in Gott lebt und der, weil er in Gott lebt, auch seine von Gott geschaffene Körper- und Sinnlichkeit, ja die gesamte Natur als Göttliche weiß. Hamanns theologisch-philosophische Position ist insofern häretisch, als er die uralte Lehre von der korrupten oder zumindest inferioren Natur zurückweist, bzw. auf ein Zerwürfnis mit dem Göttlichen zurückführt, das der menschliche Geist selbst wiederversöhnen kann. Die Rehabilitierung der Körper und die Explikation der Sinnlichkeit laufen bei Hamann – wie bei seinem Lieblingsphilosophen Sokrates – auf jenen Eros hinaus, den man den platonischen nennt und der sich weniger nach sinnlichem Genuß, sondern nach einem verlorenen, göttlichen Ursprung sehnt.

Gegen die organizistischen Erklärungsweisen der Wissenschaft vom Menschen appelliert Hamann an die Re-Aktivierung einer Spiritualität, die in Mensch und Natur deren Göttlichkeit wiederzuentdecken vermag. Notwendigerweise gerät damit die „Wissenschaft vom Menschen" unters Verdikt der Verdinglichung. Denn insofern sie nur die beobachtende Vernunft gelten läßt, etabliert sie das Primat der zerebralen Aktivitäten, die das Beobachtbare in Form von Regelwissen und Zweckmäßigkeitserwägungen verarbeiten. Damit aber reduziert sich der Mensch für Hamann zum Ding und Instrument. Deshalb muß die Hegemonie der Logik, der methodisch kontrollierten Verfahren und der praktischen Funktionalität gebrochen werden. Gegen die Ideale der Klarheit, empirischen Überprüfbarkeit und Widerspruchsfreiheit, an denen die Aufklärung die Akzeptanz von Aussagen bemißt, vertritt Hamann die Auffassung, daß ein Reden und Denken, die über das bloße Dasein und Funktionieren der Dinge hinaus auf deren Sinn und wesentliche Wahrheit abzielen, sich einer kraftvollen Bildersprache und den Verfahrensweisen der Analogie bedienen müssen. Diese uneigentliche, de facto ästhetische Sprech- und offene Denkweise ist weder Priesterbetrug noch ein Zugeständnis ans dumme Volk, sondern die einzige Form der Rede, die auszudrücken vermag, was rationale und sinnliche Erkenntnis transzendiert.

Eine solche Rede kann allerdings nur von einem Geist verstanden werden, dem das verborgene Göttliche, das in der Sprache das Unsagbare ist, die Wahrheit des Sicht- und Sagbaren ist. Da der Referenzbereich dieser Erkenntnis- und Sprechweisen nicht der Aufweis der Existenz und die Verwendungsmöglichkeiten der Dinge ist, sondern deren absoluter Wert und Zweck, ist es für Hamann ein hoffnungslos banausisches Unterfangen, die prosaischen Formen des wissenschaftlichen Denkens gegen sie auszuspielen. Wie sich Hamann besonders an den arroganten Korrekturen der aufgeklärten Bibelkritik zeigt, ist ein derartig geistiges Banausentum die Signatur der Zeit und Symptom für die Schwundstufigkeit, auf die der moderne Intellekt herabgesunken ist. Zur Wiederherstellung des ursprünglichen und göttlichen Zustands des Lebens braucht es nach Hamann einen von den herrschenden Verhältnissen unberührten, schöpferisch-intuitiven Geist, wie er ihn bei den Dichtern und Künstlern findet, die den sublimen Ruf verspüren, den Spuren des verlorenen Göttlichen nachzuspüren und sie wieder sichtbar zu machen.

Diese Gottesaufgabe hat sich Herder zu eigen gemacht. Zumindest geht in seinem kulturgeschichtlichen Entwurf darum, den Gang des Göttlichen durch die Menschheitsgeschichte darzustellen. Dafür erfindet Herder das folgende ingeniöse Schema: Die erste Großphase der menschheitlichen Kulturentwicklung wird in Analogie zur geistigen Entwicklung des Menschen beschrieben. Sie durchläuft die mentalen Stadien des Infantilen, des Kindlichen, des Heranwachsenden, der Adoleszens und des Erwachsenseins. Mit einem Unterschied allerdings: hat der einzelne Mensch natürliche Eltern, beginnt die Menschheit als Geschöpf Gottes. Hier bringt Herder den biblischen Bericht ins Spiel, allerdings nur solange es ihm paßt. Daß Gott, wie das Alte Testament berichtet, bei der Erschaffung der Menschheit seine Hand im Spiel hatte, zeigt sich Herder daran, daß sich die Geburt der Menschheit nicht als ein bloßes In-die-Welt-

Kommen ereignete. Vielmehr war erstens dafür Sorge getragen worden, daß der Mensch beim Eintritt in die Welt so organisiert war, daß er nichts wahrnahm und empfand als das, was mit dem Lieben und dem Geliebtwerden in Zusammenhang stand. Was zur materiellen Erhaltung des Lebens benötigt war, lieferte die Natur frei Haus, so daß Arbeit im Paradiese unbekannt war. Damit war dafür gesorgt, daß nichts zum Abbruch des beseligenden Vollzugs der beglückenden Liebe führte. Im hilflosen Menschheits-Infans, dessen einzige Eigenschaft und Leistung darin bestand, lebendig zu sein, bildete sich daher in einer noch präkognitiven Denkform die Gewißheit aus, allein aufgrund seines Seins ein eminent liebenswertes Geschöpf, mithin ein göttliches Wesen zu sein, das von Göttern abstammen muß. Grundsätzlich läßt sich nach Herder diese Gotteserfahrung von jedem Menschen wiederholen, sofern er in seiner ersten Lebensphase durch seine Eltern die Fürsorge und Zuwendungen erfährt, die sein frühkindliches Leben zu einem göttlichen und paradiesischen machen. Mit anderen Worten: ins Vorbewußte des sprach- und gedankenlosen Infans schreiben sich die Glückserfahrungen, die das Wissen vom wahren Sein, von Gott als der Liebe und vom göttlichem Menschsein bilden.

Gott hat bei Herder allerdings die Menschheit nicht als Infans zur Welt gebracht, sondern gleich die patriarchische Ur-Familie geschaffen. Aber das Bewußtsein des Ur-Patriarchen unterscheidet sich in nichts vom präkognitiven Glücksbewußtsein des geliebten Kindes, denn er lebt selbst in der beglückenden Gegenwart des fürsorgenden, göttlichen Vaters, so daß kein Anlaß besteht, daß im paradiesischen Patriarchenalter Lernprozesse stattfinden und sich in den Menschen jene kognitiven Denkweisen ausbilden, die man zur Arbeit braucht. Vielmehr lebt man in den Seligkeiten der Liebe und in gedanken- und tatenlosem Dauerglück und weiß von nichts als von diesem paradiesischen Sein. Die Wahrung dieses Ursprungswissens macht für Herder den Wert der Kulturen aus. Nur solche Kulturen, die in ihrer Steuerung der Gedankenproduktion dafür Sorge tragen, daß die Denkprozesse auch vom frühkindlichen Gotteswissen informiert sind, sind Kulturen im emphatischen Sinne.

Daß der göttlich-paradiesische Zustand zu Ende kommt, ist nach Herder allerdings notwendig und das Werk der Natur, die so organisiert ist, daß sich alle providentiell-göttlichen Pläne als natürliche Prozesse erfüllen. Konkret: es ist die Entfaltung der Erkenntniskräfte im heranwachsenden Kinde, die das kindliche Gott-Menschentum einfach dadurch beendet, daß sich mit der Entfaltung von Lernfähigkeit im Gehirn das kindliche Wahrnehmungssytem umbildet. Im lernenden Bewußtsein entsteht notwendig eine neue Einstellung zur umgebenden Welt: Lernen findet nur da statt, wo das lernende Ich sich den Gegenstand seiner Erkenntnis als außer ihm liegendes Objekt vorstellt und ihn so beobachtet, daß es die Gesetze, nach denen sich der Gegenstand verhält, erkennt. Zum Ur-Ich, das im Kleinkind nur sich und reinen Selbstgenuß kannte, gesellt sich nun eine zweite Ich-Instanz, die denkt, lernt und handelt und dabei sowohl sich an die Welt anpaßt als auch die Welt für seine Zwecke umgestaltet. Ersichtlich folgt Herder hier den Erkenntnissen der „Wissenschaft vom Menschen" darin, daß er hervorhebt, daß das Erkenntnisvermögen und damit die Lernfähigkeit als organisches Vermögen im Menschen angelegt sind, und zwar so, daß sie sich nach Maßgabe von konkreten Stimulationen der Außenwelt entfalten. Aber er geht über alle wissenschaftlichen Kenntnisse hinaus, wenn er behauptet, die göttliche Vorsehung habe dafür gesorgt, daß ein kleiner Teil der Menschheit in der nachparadiesischen Bildungsgeschichte auserwählt wurde und eine vorsehungsgesteuerte Bewußtseinsentwicklung durchgemacht hat. Ägypten ist der glückliche Ort, an dem die zum Knaben fortentwickelte Menschheit alles findet, was die knabenhaften Lernfähigkeiten optimal stimuliert. Die ägyptische Kultur repräsentiert für Herder menschliches Leben unter den Bedingungen knabenhafter Erkenntniskräfte. Leicht ist zu erkennen, daß Herder sowohl das neue Wissen der zeitgenössischen Physiologie ins Spiel bringt als auch die kurrikularen Entwürfe der Schulpädagogen ausnützt. Ägypten ist Grundschule, Phönizien dagegen bildet das Äquivalent zur älteren Knabenzeit.

Das Eingeständnis, daß die Erkenntniskräfte in direkter Beziehung zum Entwicklungsstand von Körperorganen beruhen, hat allerdings Folgen. Denn zum erwiesenen Wissen der Zeit gehörte die Auffassung, daß alle organischen Tätigkeiten nach den Prinzipien praktischer Zweckmäßigkeiten operieren, die je auf die Bedürfnisse der einzelnen Gattungen zugeschnitten sind. Kein Organ, selbst das menschliche Gehirn, kann sich zu göttlichem Wissen aufschwingen. Das In-Kraft-Treten der organgesteuerten Lernfähigkeit barg also die Gefahr, die Metaphysik der Kindheit zu einem Ende zu bringen. Aber nach Herder vollzieht sich der Übergang vom Kleinkind zum Knaben nicht in Gestalt eines Exorzismus des Kindheitswissens, vielmehr in Form von dessen Metamorphose: bildete das Kleinkind und seine paradiesische Welt noch eine reale Inkarnation des Göttlichen, erscheint dieses Göttliche in der Knabenkultur als Religion.

Hier zeigt sich vor allem, daß Herders Gott nicht mehr der Gott des Schöpfungsberichts ist, sondern der des Neuen Bundes und des Neuen Testaments. Denn während der Genesis-Gott die heranwachsenden Menschenkinder, sobald sich das Denken, die Erkenntnisvermögen und die Scham in ihnen einstellen, gnadenlos und auf immer aus dem Paradies vertreibt, verlangt zwar auch der Gott Abrahams das ‚Opfer' des heranwachsenden Isaak, aber nur als symbolisches. Bekanntlich braucht der Vater die Tötung des ‚Kindes' Isaak nicht vorzunehmen, an seiner Stelle wird ein Tier geschlachtet. Kindheiten werden im Neuen Bund, und damit in allen modernen Weltreligionen, die sich aus dem Neuen Bund ableiten, nicht mehr wirklich exorziert. Die Söhne durchlaufen einen Tod, aber nur, um in ewiger Jugendlichkeit wieder aufzuerstehen. Gottvater und Gottsohn koexistieren in beseligter Harmonie vermittels einer dritten Gottesinstanz, die keine andere Aufgabe hat, als die Kompatibilität des erwachsenen und des jugendlichen Gottesgeistes zu gewährleisten.

Ähnlich ändern sich auch die Regeln in den so populären griechischen Mythen. Während Kronos noch seine Kinder ‚frißt', und der Kindergott Dionysos zerstückelt und vertrieben wird, betreibt das überlebende ‚Kind' Zeus, das mit Hilfe der Mutter den kindheitendenden Vater tötete, eine neue ästhetische Götterpolitik, in der Athene und Apoll die Hauptagenten sind. Die um 1800 in die Antike verliebte deutsche Intelligenz hat dies nicht übersehen und ihre radikalsten messianischen Hoffungen sogar auf die Rückkehr des Kindgottes Dionysos gesetzt. In jedem Fall sind Vätergottheiten, die Kinderopfer verlangen, obsolet geworden und damit Väterlichkeit und Vaterfunktionen schlechthin.

Herder geht jedenfalls ganz selbstverständlich vom Überleben der göttlichen Geisteskindlichkeit in den späteren Bewußtseinsphasen aus. Er nimmt ein zweites, unbewußt wirkendes, geistiges Vermögen an, das in Analogie zum Bildungstrieb, der die körperlichen Entwicklungen steuert, die Metamorphosen des Gotteswissen in umwelt- und bewußtseinsadäquate Vorstellungen betätigt. Gottmensch ist der Mensch nur, solange dieser heilige Geist die Transformationen des göttlichen Ursprungswissen in seinem Bewußtsein stattfinden läßt. Insgesamt lassen sich bei Herder drei Stadien festmachen, in denen die Idee des Göttlichen erscheint: einmal in unmittelbarer Gegenwart, zum anderen in Gestalt des Religiösen und zum dritten in der Gestalt des Schönen. Diese Stadien korrelieren mit den Lebensaltern frühe Kindheit, Knabenzeit und Jugendzeit. Dabei gilt bei

Herder die griechische Antike als die Jugendzeit der Menschheit und zugleich als ihre höchste menschheitsgeschichtliche Entfaltungsstufe. Denn in der nachpubertären Jugendzeit haben sich alle elementaren körperlichen, psychischen und kognitiven Kräfte voll entfaltet, die idealisierende Kraft des Geistes ist jedoch weiterhin die dominante, so daß die Griechen ihre Welt der Schönheit zu weihen vermochten. D.h. soviel: sie degradierten sie nicht zum Gegenstand jenes Erkenntnisvermögens, das sich für die Welt, die Menschen und die Dinge nur nach Maßgabe von Zweckmäßigkeitserwägungen interessiert.

Aus Gründen, die im Text nicht eigens expliziert werden, versiegt bei Herder die Transformationsmächtigkeit des geistigen Bildungstriebs im Übergang von der Adoleszens zum Erwachsenwerden. Für den erwachsenen Geist gilt nur noch das Wirkliche, und zwar unterm Aspekt seiner Beherrschung. Herder demonstriert dies an der römischen Kultur, und er braucht als ultimativen Beweis nur den Virgil zu zitieren, der als Dichter mit Einblick in die göttliche Vorsehung Rom die Devise gab, nach der es seine Epoche gestaltete: „Tu regere imperio populos, Romane, memento“. Alle Tugenden, die die Römer hervorbrachten, waren daher militärische. Vor allem in den Anfängen des römischen Zeitalters will Herder den Römertugenden nicht alle Größe absprechen, aber die Erfolge, die sie bewirkten, bargen alle Keime der moralischen Perversion und damit ihres Verfalls. Vom idealischen Geist der vorausgegangenen Kulturen, deren Erbe Rom antrat, ließ sich Rom nicht mehr befruchten: Von der Religion und der Kunst, deren Geist die früheren Kulturen belebte, übernahm Rom nur die Hülle. Im Umgang mit dem Idealen und Göttlichen glich Rom nach Herder der Aufklärung, der zweiten und späteren Erwachsenenkultur: Der aufgeklärte Deismus, an dem sich Herder besonders reibt, leugnete – wie die Römer – nicht die Existenz Gottes, nur daß Gott heute noch in der Welt anders wirksam ist als in Gesetzen, deren Kenntnis und Anwendung den Menschen die Herrschaft über die Welt sichern. So machten die Römer wie die Aufklärer aus der Götterwelt eine Ideologie, die erlaubte, ihren Wille zur Macht als göttlichen Auftrag zu vertuschen.

Kurz: was früher gottbeseelte Kultur war, mutiert unterm Primat der Macht – das ist: unter der Wirkung des unheiligen, erwachsenen Geistes – zur seelenlosen „Maschine“. Nichts macht die qualitative Differenz zwischen den frühen Kulturstufen und den Erwachsenenkulturen deutlicher als Herders Wechsel vom organizistischen Paradigma zum perhorreszierten mechanistischen. Organische Materie lebt und stirbt, um neues Leben zu zeugen. Maschinen verfallen und hinterlassen Schrott und Trümmer, in denen sich neues, von Außen kommendes Leben bestenfalls einrichten kann. Indem der Machtapparat Roms sich über große Teile der Welt ausgedehnt hatte, erfüllte er zumindest eine providentielle Funktion: er garantierte dem neuen kulturellen Leben, das sich in seinen Ruinen etablierte, Verbreitung.

Die zweite kulturelle Großphase, die weltgeschichtlich von Rang ist, nährt sich nach Herder aus zwei gänzlich neuen Quellen: einmal tragen die barbarisch-jungen Germanenstämme, die das römische Reich zerstören, formbaren ‚Stoff' bei, während die christliche Religion, die aus dem politisch und kulturell damals ganz unbedeutenden Judäa hervorgegangen war, den neuen göttlichen ‚Geist' hinzufügt, der von der Menschwerdung Gottes und vom göttlichen Sein des Menschen weiß. In der Begegnung von Christentum und Germanentum auf den Trümmern des römischen Reiches kam es nach Herder zu einer eminent fruchtbaren Konstellation von Kräften, deren historische Konfiguration so unwahrscheinlich ist, daß sie die Annahme des Wirkens providentieller Kräfte für Herder fast notwendig nahelegt. Die neue Kulturformation, die im christlichen Mittelalter ihre gärende Inkubationsphase hat, kommt nach Herder in der Reformation zu sich selbst und zu hellem Bewußtsein, nur um im Zuge der Aufklärung in eine neue Ära einer Erwachsenenkultur einzutreten. In dieser herrscht wiederum das Primat der empirischen Erkenntnis, des Wirklichen und der Macht, also das Maschinenhafte. Wegen ihrer ‚materiellen Erfolge' lebt die Aufklärung, insbesondere die verhaßte französische, im falschen Bewußtsein, die allen überlegene Kulturformation zu sein.

Herder vermeint, das zeitgenössische falsche Bewußtsein der Aufklärung durchschaut zu haben. Er begreift als seine providentielle Aufgabe, die Herrschaft dieser – französischen – Erwachsenenkultur zu beenden. Anders als im Falle Roms braucht der Geschichtsphilosoph Herder nicht damit rechnen, daß das neue Dispositiv aus Macht und Wissen durch eine zweite Wiederkunft Gottes und vagabundierende, primitive Stämme vernichtet wird. Vielmehr appelliert er an die jungen, einsichtigen Menschen seines ‚Landes' und seiner Generation, ihren heiligen Erziehungsauftrag wahrzunehmen: denn der neue Gottmensch erfährt seine Gottmenschlichkeit in den neuen deutschen Bürgerfamilien, die eine kindzentrierte Liebesgemeinschaft sind und – wie vormals Gott – dafür sorgen, daß Kinder von allem verschont bleiben, was am Leben das Schwere und Mühevolle ist.

Da für Herder nur im Überleben des kindlich-jugendlichen Geistes göttliches Wissen gesichert ist, läuft sein Bildungungsprogramm auf den merkwürdigen kategorischen Imperativ hinaus: Vermeide, erwachsen zu werden. Das ist die genaue Umkehrung der Devise, unter die die Aufklärung ihre Intentionen bündelte. Im Kulturkampf, der aus diesen Programmkonflikten entstand, scheint es keine eindeutigen Sieger zu geben. Zwar findet im Bereich des Kulturellen die feierliche Inthronisation des kindlichen Bewußtseins statt, das sich triumphierend das ästhetische nennt, aber die nachaufklärerische bürgerliche Kultur zeichnet sich auch dadurch aus, daß sie eine hegemoniale Väterkultur kennt. Deren Positionen werden zwar zunehmend unattraktiver und nur noch mit Widerwillen besetzt, weil sie unter dem Dauerbeschuß von mehreren jugendlichen Gegenkulturen stehen. Aber es scheint so, als seien die Jugendkulturen auf die verhaßten Erwachsenenkultur angewiesen. In der Tat ist an die Stelle der christlichen Versöhnung zwischen dem göttlichen Vater und den Menschen, die durch den Tod und die Auferstehung des göttlichen Sohnes bewerkstelligt worden war, ein unversöhntes Nebeneinander von göttlichen Söhnen und / oder Töchtern einerseits und entgötterten Vätern andererseits getreten, wobei die ersteren auf die letzteren nicht scheinen verzichten zu können.

Für Wezel läuft die Diskreditierung des Erwachsensein auf die widersinnige Kultivierung einer psychisch-mentalen Regression hinaus, von der nicht vorherzusagen ist, wo sie halt macht. Sein letzter Roman *Kakerlak* läßt ahnen, daß er das Schlimmste befürchtete. In jedem Fall weigert sich Wezel, die Nöte, Tragödien und die vermeintlichen Errungenschaften des neuen Ichs ernst zu nehmen. Gleichzeitig verkennt Wezel nicht, daß der Intelligenztypus, den er bekämpft, nur das Resultat der bürgerlichen Sozialisationsformen ist, die systematisch verhindern, daß aus Jugendlichen wirklich Erwachsene werden. Da er selbst das Produkt der bürgerlichen Sozialisation ist, weiß Wezel, daß der Geist, den er auszutreiben sucht, auch in ihm sein Unwesen treibt. Man verkennt also die Einsichten Wezels in die fatalen Fehlleistungen des modernen Bewußtseins, wenn man seine satirisch-kritische Absichten auf die Schwärmereien schöner Seelen und die Gefahren der religiösen und philosophischen Empfindsamkeit reduziert. Vielmehr analysiert er auch die intelligentesten und intellektuellsten Spielarten der kollektiven, mentalen Deformationen, die er selbst mitrepräsentiert: den Typus der ästhetischen Intelligenz. Gegen deren idealistisches Philosophieren, gegen ihre Vorliebe für eine Kunst, in der Menschen gefeiert werden, die in der Welt nichts taugen, gegen ihre Begeisterung für ein Gutes, das nicht funktioniert, gegen die Mischung von interessanten kritischen Einsichten und und praktischem Unsinn, die ihr Denken repräsentiert, gegen ihre fantastischen Reformideen schreibt er in seinen Romanen an, wohl verkennend, daß das Schreiben von Romanen wohl das ungeeignetste Exerzitium ist, um das falsche ästhetische Bewußtsein zu exorzieren.

Chaos, Wissenschaft und Ästhetik

Lebensgeschichte Tobias Knauts, des Weisen, sonst der Stammler genannt

Wezels Romanerstling, *Lebensgeschichte Tobias Knauts, des Weisen, sonst der Stammler genannt*, erschien zwischen 1774 und 75 in vier Bänden und brachte dem jungen Schriftsteller mehr als nur einen Achtungserfolg. Der *Tobias Knaut* bildet den Auftakt zu einer erfolgreichen Schriftstellerkarriere, die Wezel nicht nur geistige Lorbeern, sondern über viele Jahre auch ein gutes Einkommen sicherte. Allerdings zeichnet sich schon in den ersten Rezensionen des Romans ab, daß Wezels Reputation im Literaturbetrieb der Zeit umstritten war. Immerhin meinte der bekannte Literat und Dichter Christian Friedrich Daniel Schubart den renommierten Christoph Martin Wieland als Verfasser des anonym erschienenen ersten Bandes des *Tobias Knaut* erkennen zu können. Wiederholt wurden Ähnlichkeiten mit anerkannten englischen Romanciers wie Fielding und Sterne festgestellt. Wieland lobte im ‚Teutschen Merkur' in seiner Rezension des ersten Bandes „Genie, Witz und Menschenkenntniß"[85] (TK, 4,81*) und tadelte den Roman als Tristram Shandy-Kopie und wegen der im Vorwort geäußerten schlechten „Meynung" von den Lesern. Schärfer nahm Johann Heinrich Merck, der Jugendfreund Goethes, den Roman ins Gericht. Merck hatte als Herausgeber des *Frankfurter Gelehrten Anzeigers* dem neuen anti-aufklärerischen Geist der Epoche Möglichkeiten eröffnet, sich ungeniert kritisch gegen die alte Intelligenz zu äußern. Entsprechend dem Kunstverständnis der neuen Generation rügte Merck Wezels Darstellung von Charakteren und Gesellschaft als unrealistisch und den Handlungsverlauf als unzusammenhängend. Albrecht von Haller dagegen beklagte an den ersten beiden Teilen des Romans einen Mangel an geistiger und moralischer Substanz. Der Stürmer und Dränger Merck und der alte christliche Rationalist Haller vermissen in Wezel Roman ersichtlich jene Gesinnung zu geistiger und ethischer Totalität,

[85] Ich benutze den Neudruck des Romans, der mit einem Nachwort von Victor Lange 1971 erschienen ist. Im Anhang sind ebenfalls die ersten Rezensionen mitveröffentlicht. Alle Zitate aus dieser Ausgabe werden im Text nachgewiesen: Sigle TK. Die erste Zahl gibt den Band, die zweite die Seite an. Mit einem * sind die Seiten des Nachworts und des Anhangs versehen.

die sie von einer künstlerischen Gestaltung des Menschen und der Gesellschaft erwarteten.

Wieland kann, wie aus dem obigen Zitat hervorgeht, zwar Wezel Menschenkenntnis nicht absprechen, muß sich aber von dessen pauschaler Leserkritik[86] distanzieren. Wezel hatte im Vorwort des ersten Bandes festgestellt, der *Tobias Knaut* könne mit keinen besseren Lesern rechnen als „prädestinirte(n) Thoren" und „prädestinirte(n) Dummköpfe(n)" (TK, 1, IX), weil dies die besten Leser seien, mit denen ein Autor überhaupt rechnen kann. Der Autor des *Agathon*, der seinen Helden in einem Götterbezirk aufwachsen ließ, weiß sich dagegen als Repräsentant einer neuen Autor- und Leserschaft, die die Beschäftigung mit Kunst als eine Tätigkeit betrachten, die der geistigen und moralischen Veredelung dient. Hinter Wielands Büchern steckten Köpfe, die nicht nur klug sein wollten, sondern von höherer Bildung und Geistigkeit. Es ist dies die Zeit, in der sich um Dichter Gemeinden und Kulte bilden. Lotte und Werther führen in Goethes ebenfalls 1774 erschienenem Jugendroman vor, wie sich die Vertreter der neuen gehobenen Geistigkeit gegenseitig zu erkennen geben: Lotte muß bei passender Gelegenheit nur „Klopstock" sagen, und die Tatsache, daß Werther den Code kennt, der der Nennung des Namens Bedeutung gibt, indiziert beiden die tiefste Harmonie ihrer Seelen. Der verwirrende Effekt dieses geistigen Einsseins ist jedoch, daß es Liebe just in der Form evoziert, in der sie zur ‚Krankheit zum Tode' wird. Wo Dichter und Leser sich zu geistigen Höhen aufschwingen, die das menschliche Leben so übersteigen, daß Kultbücher wie *Die Leiden des jungen Werthers* Selbstmordserien und esoterische Moden auslösen, muß Wieland auf Wezels Äußerung, daß Leser offensichtlich in der Regel „Thoren" und „Dummköpfe" sind, empfindlich reagieren. Wer zu genau darauf achtet, was sich beim Lesen ereignet und welchen Intelligenztypus das Lesen von Literatur voraussetzt, verletzt den guten Geschmack und das Schickliche und muß deshalb gerügt werden. Der Fürstenerzieher Wieland bekennt sich zum Lesen und den Lesern und beweist seine eigene, intime Vertrautheit mit der europäischen Literatur, indem er auf Ähnlichkeiten zwischen Wezels und Sternes Roman aufmerksam macht.

Wezel ging in den Vorworten der später veröffentlichten Bände auf diese Kritiken ein. So wies er den Vorwurf einer Sterne-Imitation zurück und bestand darauf, daß Ähnlichkeiten mit den narrativen

---

[86] Dazu mein Aufsatz: Leser als „prädestinirte Thoren". Leseridiotismus bei Wezel. In: Alexander Košenina und Christoph Weiß, S. 49–68

Verfahren des englischen Autors zufällig sind, insofern seine schriftstellerischen Verfahren auf eigenen, orginären Schreibintentionen beruhen. Zugleich milderte Wezel seine provokante Leserkritik durch eine versöhnliche Deutung dieser ‚Beleidigungen'. Die Umständlichkeit von Wezels Erläuterungen hat etwas von der Peinlichkeit, die entsteht, wenn man einen Witz erklären muß. Man weiß, die Pointe geht hoffnungslos dabei verloren. Ähnlich hoffnungslos schrieb Wezel auch gegen andere Einwände seiner Kritiker an, weil er offensichtlich beobachtet hatte, daß sich die Textumgangsformen der zeitgenössischen Leser auf einen Typ von Dichtung eingestellt hatten, der in direktem Gegensatz zu Wezels schriftstellerischen Intentionen stand. Wezel gab in dieser Situation zunächst nach und übte brav Selbstkritik. So bezichtigte er sich im Vorwort des vierten Bandes eines Mangels an philosophischem Ernst und „spekulativer" Durchdringung seines Gegenstandes und fügte hinzu: „und ich wünsche mir Muse, Kräfte und philosophischen Geist genug, um es dereinst thun zu können" (TK, 4,3).

Diese Selbstkritik, das geht aus dem launigen Duktus der gesamten Vorrede hervor, ist offensichtlich so ernst nicht gemeint. Wezel mußte wissen, daß in seinem Roman mehr Philosophie und Wissenschaft steckte als in den meisten Romanen seiner Zeitgenossen. Aber er ergreift nicht die Offensive, wohl wissend, daß man als *new comer* gegen die intellektuellen Großmächte der Zeit keine Chance hat. Gewiß hoffte Wezel zu Beginn seiner Schriftstellerkarriere noch, sich unter der Protektion von Autoren und Zeitschriftenherausgebern vom Schlage eines Wieland selbst in die ersten Reihen der literarischen Intelligenz vorschreiben zu können. Die Absicht, ins gehobene Management der Kultur aufzusteigen, war bei Wezel zweifellos mit der Absicht verbunden, jene wissenschaftliche Form des Denkens durchzusetzen, die sich in der „Wissenschaft vom Menschen" und in den praktischen Reforminitiativen objektiviert hatte. In der Literatur war dieses neue Denken noch kaum zum Tragen gekommen. Dichtungen, selbst die aufgeklärten, versprachen, ihre Leser zwar mit der Vernunft, aber damit immer auch gleich mit den Gedanken Gottes vertraut zu machen. Wezel muß dieses Selbstverständnis der Dichter zuwider gewesen sein. Im *Tobias Knaut* spricht er verächtlich von der „Autormarktschreyerey" (TK, 4, 246). Für Wezel führen diese unrealistischen Literatur und die Zivilisationsprogramme, in denen sie eingebettet sind, zu einer systematischen Selbstüberhebung des Menschen, gegen die er nicht aus christlicher Demut, wohl aber aus wissenschaftlicher und philosophischer Einsicht anschrieb. Wichtiger erschien es ihm allemal, auf die vielen Gemeinsamkeiten aufmerksam zu machen, die den Menschen mit den sogenannten niederen Lebewesen verbinden. Daß dies weniger Lesersympathien einbrachte, dessen war sich Wezel bewußt. In dem Ennius entliehenen Motto des ersten Romanbandes ist bereits die Kritik antizipiert und zurückgewiesen, die Wezel gegenüber seinem Roman erwartete. Das Motto besagt, daß der Affe für die Menschen deshalb das schändlichste Tier ist, weil er dem Menschen am ähnlichsten ist. Dies impliziert, daß der Autor die meiste Kritik zu erwarten hat, der den Menschen so expliziert, daß die Differenz zum Affen sich auf ein Minimum reduziert.

Daß es im *Tobias Knaut* an philosophischer Reflexion fehlt, kann in der Tat im Ernst nicht behauptet werden. Daß die Philosophie bei Wezel nicht gravitätisch einherkommt, entspricht der minderen Würde, die Wezel der professionellen Wahrheitsliebe seiner Zeit beimißt. Auch der Vorwurf Mercks, Wezels Figuren seien „bloß aus der Luft gegriffene(.) Carrikaturen“ (TK, 4,86*), zeigt nur, wie wenig das Anliegen und Problem des Autors begriffen wurde. Hier hat die neuere Forschung zweifellos Boden gut gemacht. Aber selbst Victor Lange, der die „kausalen physiologischen Bedingungen“ in Wezels Menschenverständnis erkannt hat, charakterisiert im Nachwort zum Reprint des *Tobias Knaut* die Romanpersonen in Worten, die den kritischen Bemerkungen Mercks nicht ganz unähnlich sind:

> Die Gestalten des Romans sind offensichtlich nicht realistisch gemeint; sie sind vielmehr Schemen mit radikal vereinfachten und reduzierten, aber überraschenden und erschreckenden Kennzeichen. Sie werden vom Erzähler bewußt flächenhaft aus ihren negativen Zügen konstruiert und bilden eine nahezu endlose Folge von absurd verzerrten Emblemen, an denen sich alles Verkehrte, Verdrehte, Verkümmerte, Verwundete und Verbildete der dargestellten Gesellschaft ablesen läßt. (TK, 4, 33*)

Ich kann Lange in seiner Auffassung folgen, daß Wezels Romanfiguren nicht „realistisch gemeint“ sind, nicht aber seine These akzeptieren, daß der Wezelsche Roman ein Gruselkabinett menschlicher Monstren darstellt.

Die Frage ist also, zu welchem anderen Zweck dieser Autor seine Romangestalten so zurichtete, wie sie im *Tobias Knaut* erscheinen. Wezel ist seinem eigenem Geständnis zufolge ein „Schriftsteller, der Selbsterkenntnis für das wichtigste unter Sonne und Mond hält“ (TK, 3, 112). Zugleich ist er überzeugt, daß die Fähigkeit zur Selbsterkenntnis nicht einfach eine Fähigkeit des Verstandes, sondern ein besonderes Vermögen ist, das die Menschen nicht im gleichen Umfang besitzen. Wezel schreibt:

> Selbsterkenntnis ist (...) eine Wissenschaft, eine Kunst, zu welcher die Natur eben so wohl, als zur Dichtkunst, eine eigene Kraft der Seele schenken, eine eigene Stimmung der Organe veranstalten muß, die man erweitert, sich geläufiger macht, indem man durch Uebung und Fleiß dieses Talent stärkt; die verschiedene Menschen in verschiedenen Graden erlangen, weil die Grade ihres Talents und ihrer Uebung verschieden sind." (TK, 3, 116f)

Die Entfaltung dieses Vermögens wird durch die Auswirkungen, die die herrschende Kultur auf die „Organe" der Selbsterkenntnis hat, nicht gefördert. Der Regelfall ist, daß die „Schärfe (des) inneren Gesichts" (TK, 3,115) durch kulturbedingte Verstellungen der inneren Optik getrübt ist: durch die grassierende Depressivität der Melancholiker ebenso wie durch die verbreitete Selbstüberschätzung der menschlichen Erkenntnisfähigkeit, durch religiösen Fanatismus[87] oder durch einseitige wissenschaftliche Theorien. Ein Nebeneffekt der verzerrten Sicht des Ichs auf sich selbst kann – wie Wezel weiß – ein vehementer Widerstand gegenüber der rechten Selbsterkenntnis sein. Diesen Widerstand zu brechen, dient eine Großzahl der satirisch-komischen Strategien, die Wezel in seinen Romanen einsetzt. Das Talent zur Selbsterkenntnis besteht für Wezel zunächst in der natürlichen Fähigkeit, Ereignisse, die im Innern des Menschen stattfinden, wahrnehmen zu können. Die Sonden, die die inneren Ereignisse registrieren, können durch permanentes Training, vor allem auch durch den Erwerb der ständig sich erweiternden, wissenschaftlichen Kenntnissen über die menschliche Natur verfeinert werden. Wezel ist überzeugt, sein natürliches Vermögen der Selbstbeobachtung und Selbsterkenntnis optimiert zu haben. Vom *Tobias Knaut*, wo Wezel „die Rolle eines stillen, gleichgültigen Beobachters" (TK 1, IX) spielt, bis zu seiner letzten wissenschaftlichen Arbeit *Versuch über die Kenntnis des Menschen*, an dem er zur glei-

---

[87] Die Selbstbeobachtung ist bekanntermaßen auch eine Spezialität der Pietisten, die freilich von einem sehr anderen Verständnis der Seele ausgingen. Nach der Erfahrung des 18. Jahrhunderts barg die Selbstbeobachtung, die von einem inkorrekten Verständnis der seelischen Ereignisse ausging, nicht nur die Gefahr, auf systematische Weise zu verkennen, was sich in den seelischen Vorgängen ereignete, sondern das Mißverstehen der psychischen Ereignisse wurde als Ursache für Hypochondrismus und Melancholie angegeben. Dazu: Hans-Jürgen Schings: Melancholie und Aufklärung. Melancholie und ihre Kritiker in Erfahrungsseelenkunde und Literatur des 18. Jahrhunderts. Stuttgart 1977, S. 37

chen Zeit wie Moritz an seinem *Magazin für Erfahrungsseelenkunde* schreibt, sind seine Schriften nichts anderem als diesem ‚Erkenne-dich-selbst' gewidmet. Das heißt aber auch: die Geschichten, die der auf Selbsterkenntnis versessene Wezel in seinen Romanen erzählt, sind Geschichten von den eigenen Gesinnungen und Handlungsweisen, die in die Romanpersonen eingestaltet und zugleich unkenntlich gemacht werden, oder Geschichten von den Denk- und Handlungsweisen von Personen, die Wezel sehr genau zu kennen glaubt.

Voraussetzung für den Erfolg des Unternehmens menschlicher Selbsterkenntnis ist dem Autor zufolge das rechte Verständnis des psycho-physischen Apparats, jener operanten Einrichtung, die die Tätigkeiten des Körpers als auch die Produktion von Gedanken, Empfindungen und Begehren steuert. Nichts hat nach Wezel dem Verkennen des Menschen mehr Vorschub geleistet als die schmeichelhafte Aufspaltung in ein höheres Geist- und ein niederes Körperwesen. Durch diesen Dualismus wurde die Philosophie für das Höher-Geistige und die Medizin für einen Körper zuständig erklärt, der infolge der Trennung vom Geist auf rein mechanische und chemische Funktionen reduziert wurde. Nicht erst für den Autor des *Versuchs über die Kenntnis des Menschen*, der sich explizit zum anthropologischen Unitarismus bekennt[88], sondern schon für den Autor des *Tobias Knaut* gilt als bewiesen, daß der Mensch als Lebewesen eine untrennbare geistig-körperliche Einheit bildet, die sich in einem komplizierten autopoietischen Prozeß herstellt. Das Wissen und die Theorien der physiologischen Anthropologie

[88] Ich benutze den 1971 erschienen Faksimiledruck dieser unvollendet gebliebenen Schrift Wezels. Im Vorwort beschreibt Wezel seine Auffassung vom Menschen und von der Absicht dieses Werks wie folgt: „Es ist unstreitig für den Unterricht sehr bequem, wenn man jeden von den Hauptgegenständen der menschlichen Erkenntniß in so viele Theile zerscheidet als möglich ist, und jedem dieser Theile den Namen einer besonderen Wissenschaft giebt … Unsere Einsichten haben viel dadurch erlangt, daß man den Menschen in zwey große Hälften zerschnitt, den körperlichen Theil den Anatomiker und Physiologen überließ, und den geistigen dem Philosophen zu seinem Antheile gab: allein man schien zuletzt ganz zu vergessen, daß beides Theile Eines Ganzen sind und folglich in der genauesten Verbindung miteinander stehen müssen. Der Philosoph verlor sich so sehr in seinen Abstraktionen, daß er die Geistigkeit der Seele bis zu einem Grade erhöhte, der die Möglichkeit einer physischen Gemeinschaft zwischen ihr und dem Körper ganz aufhob; auf der anderen Seite ging der Physiolog in den Folgerungen, die er aus den anatomischen, chymischen und physikalischen Entdeckungen zog, und mit

sind für Wezel zu dieser Zeit schon die notwendige Voraussetzung jeder Selbsterkenntnis. Dabei trägt Wezel insbesondere der Erkenntnis Rechnung, daß die Organisation der Wahrnehmungs-, Empfindungs- und Denksysteme des Menschen eine so hohen Grad an Komplexität erreicht, daß die Abläufe, die im Ergebnis Gedanken, Emotionen, Stimmungen und Willenshaltungen produzieren, kaum im Einzelnen verfolgt werden können. In vielen Beobachtungen hatte sich gezeigt, daß Veränderungen in den Körperorganen und in der Körperchemie, sowie Vorgänge, die sich über die Sinne aus der äußeren Lebenswelt mitteilten, den Fluß und die Richtung der Ideen, Begehren und Empfindungen änderten. Es schien, als habe man es mit einem Instrument zu tun, das, wenn es seine letzte Ausbaustufe erreicht hat, über eine Vielzahl von Registern verfügte. Zwar schien das ‚Spiel' des Instruments ähnlichen Restriktionen zu unterliegen, wie sie etwa in den Tonskalen in der Musik gegeben sind, aber die momentanen Dispositionen ließen doch eine so große Vielfalt an improvisierten ‚Gedankenkompositionen' zu, daß es zwar zu leitmotivischen Wiederholungen kam, man aber kaum vorhersagen konnte, welchen Verlauf die ‚Melodie' nehmen würde, die das Instrument intonierte.

Anders als die frühen Materialisten, die die Tätigkeit des Bewußtseins gern mit den Abbildungen einer ‚laterna magica' verglichen, gleicht Wezels Denkmaschine in der Tat eher einem Instru-

---

den Analogien, die er daher entlehnte, so weit über seine Gränzen hinaus, daß er uns ein geistiges Wesen fast unnöthig machte, wenn er auch das Herz nicht hatte, es uns abzusprechen; er betrachtete den Philosophen als einen Fremden, und nicht als seinen Mitarbeiter, der ihm, und dem er helfen sollte. Es wurde endlich bey manchen Philosophen zum Verbrechen, wenn Jemand den mechanischen Veränderungen einigen Einfluß auf Denken und Wollen zuschrieb: sie schrien gleich über Materialisterey und glaubten, daß die Seele schlechterdings zu einem Stück Materie, wie Hände und Füße, werden müßte, wenn man zugäbe, daß materielle Dinge durch Mittelursachen etwas über geistige Wirkungen vermögen…
Dieses Band zwischen den beiden getrennten Theilen des Menschen wieder anzuknüpfen, war die Absicht einer Wissenschaft, die man **Anthropologie** nennte… Das gegenwärtige Werk hat ebendenselben Hauptzweck, allein man thäte ihm Unrecht, wenn man es für eine eigentliche Anthropologie hielt: es betrachtet den **ganzen** Menschen, als ein Wesen, das zur Wahrnehmung der Wirkungen, die in ihm geschehen, und zum willkürlichen Gebrauche einiger von seinen Organen und Kräften fähig ist." (S. 9–11; Hervorhebungen im Text)

ment, das die Welt ‚komponiert'. Das Musikstück, das bei den jeweiligen Weltkompositionen herauskommt, ist in Tonlage, Tempo, Stimmung und Orchestrierung nicht nur durch die Qualität der Außenimpulse determiniert, sondern ebenso durch die besondere Qualität, die das Instrument im Prozeß seiner Selbstherstellung erreichte. Im Bemühen um Selbsterkenntnis geht es Wezel darum, herauszufinden, welche Eigenschaften das zu analysierende Instrument besitzt, nach welchen allgemeinen und besonderen Kompositionsprinzipien der psycho-physische Apparat operiert und wie das Repertoire an ‚Stücken' zustandekam, das sich in individuellen, aber auch kollektiven Systemen im Verlauf eines Lebens oder einer Geschichte ausgebildet hat und – oft in Variationen – ‚wiederaufgeführt' wird.

Das Interesse am Funktionieren der eigenen psycho-mentalen Einrichtung ist bei Wezel immer mit der Frage verbunden, ob ihre Funktionsweise eine wirklich zweckmäßige ist, oder ob sie als gestörte entweder dem Wohl der eigenen Person und dem der anderen schadet oder zumindest nicht alle Chancen erkennt, die potentiell in einer Situation für die eigene Person und die anderen gegeben sind. Solche Störungen sind deshalb anzunehmen, weil die Konfiguration der komplizierten Systeme, aus denen der psycho-mentale Apparat besteht, ebenso wie ihre Feinabstimmung nicht durch eine prästabilierte Weise festgelegt sind, sondern sich in Prozessen der Selbstherstellung einstellen und zudem durch kulturelle Regelungen in ihren Kooperationsweisen beeinträchtigt werden.

Das „Anatomieren" des Ichs setzt sich daher bei Wezel übergangslos in das „Anatomieren" von Kultursystemen fort. Dabei macht er sich die technomorphe Sprechweise seiner Zeit zu eigen, die für ihn zweifellos den Vorzug hatte, daß sie von vornherein signalisierte, von welchen theoretischen Voraussetzungen man ausging. Festzuhalten ist jedoch, daß Wezel, wenn er von interaktiven Systemen spricht, die er konventionellerweise Seele, Herz und Körper nennt, wenn er ferner von Kräften spricht, die durch Außeneinwirkungen oder wechselseitige Binnentransmissionen freigesetzt werden, wenn er von der Anspannung und Erschlaffung dieser Energien spricht, wenn er weiterhin Vergleiche aus der Mechanik, Kinematik und Hydraulik, vorzüglich aber aus der Schwingungslehre heranzieht, nicht meint, daß die psycho-physischen Ereignisse in dieser Form wirklich stattfinden. Vielmehr betrachtet er sein Beschreibungs- wie Explikationssystem als ein Modell, das in technisch-physikalischen Analogien präziser als bisher anschaulich macht, was in Formen stattfindet, die selbst unter Zuhilfenahme leistungsstarker Mikroskope nicht sichtbar sind.[89]

In der Tat gingen die Ansichten darüber, was z.B. die Agenzien der Lebenskraft seien, in der zweiten Hälfte des 18. Jahrhunderts noch weit auseinander. Gemeinhin wurde der Verlegenheitsbegriff „Lebensgeist" benutzt, mit dem auch Wezel meist operiert. Descartes hatte bekanntlich das Verhalten der Lebensgeister nach den Gesetzen der Hydraulik beschrieben. Weiterhin hatte die uralte Humorallehre zu Wezels Zeiten noch Gültigkeit, die den chemischen Zustand der Körpersäfte für das Funktionieren der Körperkräfte und Geistestätigkeiten verantwortlich machte. Verbreitet war ebenfalls die These, daß die Lebenskraft in Form von akustischen Schwingungen wirke, die sich durch die Nervenkanäle bewegen. Herder favorisierte die uralte Äthertheorie. Nach Voltas Entdeckung der tierischen Elektrizität wurden elektrische und magnetische Kräfte als die Träger der Lebenskräfte angenommen. In Deutschland hatten die Magnetismustheorien, verbreitet vor allem durch Mesmer, am Ende des 18. und am Anfang des 19. Jahrhundert unter den Romantikern Hochkonjunktur. Der junge Johann Wilhelm Ritter, der romantische Physiker *par excellence,* hat an sich bekanntlich eine Fülle von elektrischen Körperexperimenten mit erstaunlichen Ergebnissen durchgeführt. Lavoisiers Entdeckung des Sauerstoffs als Grundstoff aller Verbrennungs- und Lebensprozesse führte zu einer neuen chemischen Explikation der Lebenskraft. Angesichts so vieler konkurrierender Theorien ist für Wezel – wie im übrigen auch für Haller und alle weiteren Gewährsleute Wezels – die Frage noch offen, welches die Agenzien der Lebenskraft sind. Ihrem Wesen nach bleibt die Lebenskraft für Wezel eh eine *qualitas occulta*, die in ihren Wirkungen, nicht aber in ihrer Substanz erforschbar ist.

Als wolle er sicher gehen, daß der Leser sich aus den Gleichnissen und parabolischen Sprechweisen, in denen er über die Ereignisse in

---

[89] Besonders Phänomene, die nur an einem einzelnen Fall beobachtet wurden und die mehr als eine Erklärung zulassen, zwingen zum Eingeständnis: „Mir ist es unbegreiflich" (TK, 1, 18). Wezel führt auf höchst ironische Weise an der Unbeantwortbarkeit der Frage, weshalb Tobias sein Leben lang nie das Wort „Mutter" über seine Lippen brachte, die Klasse der Frage vor, auf die es keine bündige Antwort gibt. Zur selben Klasse rechnet Wezel übrigens die Fragen, ob der Mensch „das verdorbenste Thier unter der Sonne" oder ob „der Mensch … das vollkommenste Thier auf seinem Planete" (TH, 1, 21) sei. Interpreten, die Wezel zu den philosophischen „Schreckensmännern" rechnen, haben diesen Passus wohl überlesen.

Seele, Gehirn, Nervenbahnen, Herz, Magen, Eingeweiden, Geschlechtsteilen, usw. berichtet, kein festes Bild macht, wechselt Wezel ständig das Paradigma, an dem er die seelischen und organischen Vorgänge erklärt. Mal ist die Seele eine Musikinstrument, mal eine Maschine, mal erhält sie einen Schlag, mal steht sie unter Spannung. Modelle erheben eben keinen Anspruch darauf, Wirklichkeit realistisch abzubilden, sondern Erklärungen anschaulich zu machen. Wezel macht dies geradezu überdeutlich in einem „Das allegorische Seeleninstrument" (TB 4, 74*-76*) überschriebenen Text, den die von Victor Lange besorgte Reprintausgabe des *Tobias Knaut* in der Anlage abdruckt. In unüberlesbarer Ironie gibt Wezel die folgende, hier in Auszügen zitierte Beschreibung der Seele:

> Ein Frauenzimmer von der blühendsten Farbe, mit einem engländischen Gesichte und griechischer Kleidung, deren ganze Mine durch ein im Kopf angebrachtes Uhrwerk in einer beständig abwechselnden Grimasse erhalten wird, ... Zwischen den Knien hält sie sich ein musikalisches Instrument, unter welchem ein jeder nach Belieben seiner Fantasie ein Violon, Violoncell, eine Viola di Gamba, oder was ihm sonst ähnliches in der Geschwindigkeit beyfällt, vorstellen kann. Die Zahl der Saiten, womit es bespannt ist, verliert sich ins Unendliche ... Die meisten darunter sind so fein, daß ich sagen würde, sie wären von der Luft oder gar aus Lichtstrahlen zusammengesetzt, ... Ihre Töne sind durch so unmerkliche Grade unterschieden, daß der Raum zwischen zween Tönen aus der bisherigen diatonischen Tonleiter gewiß in tausend und mehr Töne zertheilt ist.... Jeder ... hört bey allen jenen feinen Unterschieden nur Einen Ton, und empfindet überhaupt keine weiter, ... Man verspricht, dieses Kunstwerk so klein, wie des Praxiteles Wagen, zu liefern, den eine Fliege mit ihren Flügeln decken konnte, kurz, in einer so kleinen Form, daß es völlig im Gehirnmarke Platz hat, .. (TB 4, 74*-76*)

Ersichtlich gibt Wezel in dieser Beschreibung der Seele gleich deren moderne, von ihm selbst repräsentierte Gestalt, denn wie anders ließe sich die Fusion von Englischem und Griechischem, also von Empirismus und ästhetischem Idealismus im Erscheinungsbild seines Seeleninstruments begreifen. Der Zweck dieser allegorischen Beschreibung ist offensichtlich, darzustellen, daß alle Vorstellungen von der Seele bloß behelfsmäßige Vorstellungen einer noch unerforschlichen Einrichtung des Lebens sind. Denn ersichtlich werden die wahrnehmbaren Tätigkeiten der Seele durch Seelenteile und Energien ausgeführt, die ihrerseits so unendlich fein sind, daß sie sich jeder Beobachtung entziehen. Wahrnehmbar ist nur der Effekt ihres Zusammenwirkens. Aufgrund des Zusammenwirkens der nicht wahrnehmbaren Teilenergien wird die Genese der beobachtbaren Gedanken, Willenshaltungen und Handlungen auf Ursachen zurückgeführt, die nicht dem realen Zusammenwirken der Teilenergien entsprechen müssen. Kleinste, nicht wahrnehmbare Verschiebungen innerhalb der Konstellation und der Kraft von Teilenergien können gänzlich unterschiedliche Gedanken, Empfindungen, Willenshaltungen und Verhaltensweisen hervorbringen, die auf der Ebene des Beobachtbaren zu einer Revision der bisher angenommen Triebkräfte und Handlungsmotive zwingt. Was wir erkennen können, sind in jedem Fall lediglich Grobstrukturen, die sich aus dem Zusammenspiel von unendlich komplexen und bislang unerkennbaren Feinstrukturen ergeben. Die Beobachtungen der wahrnehmbaren Tätigkeiten der Seele und deren organizistischen Explikationen leiden deshalb an einem unbehebbaren Unschärfeeffekt. Was wir durch Introspektion beobachten, gleicht der Beobachtung eines Holzstückchens, das einen Wildbach hinunterschwimmt. Man kann seine Bewegungen verfolgen und sieht wohl auch die Hauptströmung des Wassers und die größeren Gegenstände, die die Strömung des Wassers behindern, aber die unendlich vielen, meist unbeständigen, kleinen Teilströmungen und Wasserwirbel, die auf das Holztückchen einwirken, lassen sich nicht deutlich erkennen. Daher weiß man, daß das nächste Holzstückchen, das man an derselben Stelle ins Wasser wirft, mit allergrößter Wahrscheinlichkeit einen anderen Weg den Wildbach hinunter nehmen und an einer ganz anderen Stelle anlanden wird. Ebenso unerkennbar wie die unendlich vielen Strömungen im Wildbach bleibt das unendliche feine und hochkomplexe Zusammenspiel der Kräfte, die die beobachtbaren Ereignisse in der Seele und im Körper hervorbringen. Alle menschliche Selbsterkenntnis kommt hier an die Grenze, an der ein Erkennen sich nicht mehr von einem Verkennen unterscheiden läßt.

Die Vorstellung, ein Ich könne sich alle inneren Ereignisse in ihren kausalen Zusammenhängen völlig transparent machen und dadurch ein Wissen von den Bewußtseinsprozessen erlangen, das ihm erlaubt, diese nach Belieben und vor allem nach untrüglichen Vernunftprinzipien zu steuern und zu kontrollieren, ist nach Wezel eine verführerische Illusion. Es ist die hohe Komplexität der Vorgänge, die in unseren Seelentätigkeiten zusammenspielen, die den Menschen zu einem Wesen macht, das zugleich Gegenstand einer Wissenschaft werden kann und das zugleich unerforschbar ist. Darauf hat im übrigen bereits Holbach aufmerksam gemacht, der eine rein mechanistische Explikation der gesamten Natur vertrat und den Menschen zugleich zum inexplikablen Wesen erklärte. Er schreibt:

Die große Kompliziertheit unserer Bewegungen, die Verschiedenartigkeit unserer Handlungen, die Vielfalt der Ursachen, die uns entweder zugleich oder nacheinander ohne Unterbrechung bewegen, verleiten uns zu der Annahme, daß wir frei sind. Wenn alle Bewegungen des Menschen einfach wären; wenn die Ursachen, die uns bewegen, sich nicht miteinander vermischten, sondern voneinander verschieden wären; wenn unsere Maschine weniger kompliziert wäre: dann würden wir sehen, daß alle unsere Handlungen notwendig sind, weil wir sofort auf die Ursache stoßen würden, die uns handeln läßt.... Man muß indessen zugegeben, daß die Vielfalt und die Mannigfaltigkeit der Ursachen, die oft ohne unser Wissen auf uns wirken, es uns unmöglich oder zumindest sehr schwer machen, auf die wahren Grundursachen unserer eigenen Handlungen und gar derjenigen anderer zurückzugehen: sie hängen oft von sehr flüchtigen und mit ihren Wirkungen lose zusammenhängenden Ursachen ab, für die es eines besonderen Scharfsinns bedarf, um sie entdecken zu können.[90]

Nicht einmal die großen Ereignisse der Geschichte sind für Holbach durch große und einsichtige Motive verursacht, wie dies die Geschichtsschreiber glauben machen wollen. Oft sind es die Mischungen von Körpersäften oder Spleens, die unablässig dieselben Verrücktheiten produzieren. Auch verhunzte Kindheiten können die größten historischen Katastrophen verursachen. Nochmals Holbach:

Zuviel Schärfe in der Galle eines Fanatikers, zu heißes Blut im Herzen eines Eroberers, die schlechte Verdauung im Magen eines Monarchen, eine Grille im Kopfe einer Frau sind ausreichende Gründe, um Kriege zu veranlassen, um Millionen von Menschen zur Schlachtbank zu führen, um Bauwerke niederzureißen, um Städte in Schutt und Asche zu legen, um Völker in Trauer und Elend zu stürzen, um Hunger und Pest hervorzurufen, um Trostlosigkeit und Not für eine lange Reihe von Jahrhunderten auf unserem Erdball zu verbreiten ...
Etwas Diät, ein Glas Wasser oder ein Aderlaß hätten manchesmal genügt, um Königreiche zu retten.[91]

Die entsprechende Passage im *Tobias Knaut* lautet:

Wenn in der Atmosphäre unsers Kopfs durch die beständige Gährung und wechselseitige Wirkung der Ideen, die darinnen herumschwimmen, ein Entschluß, wie ein Meteor, auffliegt, muß es dann nicht eben so unmöglich seyn, die besonderen Ideen anzugeben, durch deren Stoß und Gegenstoß er entstund, als die Theilchen herzuzählen, die sich aneinander reiben, wenn eine Sternschnuppe oder ein Bliz (sic) durch die Luft fährt? (TK, 2, 145)

Die Anerkennung der Grenzen der Berechenbarkeit von hochkomplexen Ereignissen führt bei Wezel zur Rehabilierung des unphilo-

[90] Paul Thiery d'Holbach: System der Natur oder von den Gesetzen der physischen und der moralischen Welt. Frankfurt/M: Suhrkamp 1978, S. 173f.
[91] Paul Thiery d'Holbach. System der Natur. S. 206f.

sophischen Prinzips ‚Zufall'[92], das alle Planbarkeit des Lebens auf kurz und mittelfristige Zeiträume begrenzt und unser Wissen im Großen und Allgemeinen auf den Status des Wahrscheinlichen herabstimmt.[93] Dies hat für Wezel jedoch nicht nur mißliche und einschränkende Konsequenzen. Der Mangel an letzter Selbsttransparenz hat vielmehr auch ein Gutes: so wenig wir uns selbst bis in die letzten Winkel unsrer Körper und Seelenorgane durchschauen und unser Verhalten berechnend in unsre Gewalt bringen können, so wenig können dies die anderen tun. Der positive Effekt der chaotischen Komplexität ist also, daß der Mensch nur bis zu einem gewissen Grade beherrschbar ist und nicht völlig manipuliert werden kann. Wezels Ich ist nur sehr begrenzt Herr im eigenen Hause, ebenso begrenzt aber auch im Hause der anderen. Eben deshalb kann man Materialist sein und von der menschlichen Maschine, zugleich aber auch sinnvoll von der Freiheit des Menschen sprechen. Da sich unter den Bedingungen hoher Komplexität die Situationen, in denen der Mensch zu handeln hat, nur selten identisch wiederholen, findet sich der Mensch ständig vor neue Probleme gestellt, die kreative Lösungen verlangen. Da die gelernten Verhaltensweisen an die zumindest partiell neuartigen Situationen adaptiert werden müssen, wird die Unterscheidung zwischen antrainierten, fremdbestimmten Handlungen und freien, auf eigenen Überlegungen beruhende Entscheidun-

[92] Dazu Ernst Nef: Der Zufall in der Erzählkunst. Bern. München: 1970. Nefs wissenschaftsgeschichtlicher Ansatz hat jedoch kaum Berührungspunkte mit dem hier vorgeschlagenen.

[93] Wezel ist sich offensichtlich der Begrenztheit seines physiologischen Paradigmas ebenso bewußt wie Holbach der seines mechanischen. Wezel verteidigt sein Verfahren der physiologsichen Explikation als das relativ Beste, das seiner Zeit zur Verfügung steht, das freilich auch die Gefahr birgt, mißbraucht zu werden. Im *Tobias Knaut* schreibt er: „Vielleicht ist dieses medicinische Gewand, in welche ich meine Moral gehüllt habe, in unseren Tagen das schicklichste, wo unsre Weltweisen zum Theil in ihren Erklärungen von den unerklärbaren Wirkungen der Seele so medicinisch, so anatomisch geworden sind, daß wohl nur noch die übrigen Jahre dieses erleuchteten Jahrhunderts verfließen müssen, um anatomische Theater für die Seelen errichtet, und in den philosophischen Hörsälen Geisterskelette vorgezeigt und zergliedert zu sehn. – Möchte das gütige Schicksal mich so lange noch sehen und hören lassen, bis meine Mitbrüder zu dieser Stufe der menschlichen Weisheit hinaufgeklettert sind! Und sollte ich auch nur kraftlos unten stehen, und über diese erhabnen Köpfe vor Freude klatschen, oder vor Verwunderung den Kopf schütteln müssen. – Meine Leser werden es also nicht wider die Klugheit finden, wenn ich meine Moral ins künftige öfters dieses Modekleid tragen lasse." (TK, 1, 24)

gen in der Praxis meist unendlich schwierig oder nachgerade hinfällig. Ersichtlich nimmt der Grad der Freiheit jedoch mit dem Grad der Komplexität von Strukturen zu oder ab, die sich im Denkorgan und in der Lebenswelt, mit der es interagiert, ausgebildet haben.

Als müsse er seine Vorstellung von der „Maschine Mensch“ vor mechanistischen Vereinfachungen bewahren, versucht Wezel immer wieder, dem Leser zumindest einen Geschmack davon zu geben, wie unübersehbar und zufällig die Ursachenabläufe sein können, die die Durchführung einer individuellen Handlung determinieren. Was bei Wezel zum Ereignis wird, erscheint kaum je als die Folge durchkalkulierter Planungen, sondern als Effekt des völlig unvorhergesehenen Zusammentreffens von Kräften. Mit anderen Worten: was bei Wezel geschieht, sind oft Unwahrscheinlichkeiten. Chaostheoretiker behaupten, daß der Flügelschlag eines Schmetterlings bei gegebenen Kräftekonstellationen nach Jahren in Tausenden von Meilen Entfernung einen Taifun auslösen kann. Ähnlich unübersichtlich ist die Kette der Wirkungen, die in voll entwickelten Organismen zu Gedankenbildungen und Handlungen führen.

Eine der in diesem Zusammenhang erwähnenswerten Passagen im *Tobias Knaut*, die der Rüge der Sterne-Imitation gewiß mitzugrundelag, ist Wezels umständliche Beschreibung der Geschichte eines Backenstreiches, den Vater Knaut nach durchzechter Nacht seiner zänkischen Frau „ohne Zutun der Seele“ (TK, 1,115) verabreicht. Selbst hier, bei dieser relativ einfachen psycho-physischen Ablaufreihe kommt es Wezel darauf an, zu betonen, daß es nicht der verkaterte Magen allein, noch die aktuelle kränkende Bemerkung von Frau Knaut war, die zur häßlichen Energieexplosion der Ohrfeige führte, sondern längst vergessene und als belanglos verdrängte Ereignisse aus der früheren Beziehungsgeschichte der beiden Eheleute.

Wesentlich komplizierter und zugleich illustrativer ist die anschließende Beschreibung der Ereignisse, die zum Plan der Entführung und Tötung eines neugeborenen Kindes führen. Die Motive der Tat sind denkbar einfach: es sind Neid und aus Neid entstandene Wut, die in einem hoch verschuldeten Landedelmann entstehen, der das erwartete Erbe seiner Frau dadurch gefährdet sieht, daß ihre Schwester schwanger wird. Neid und Wut sind für Wezel natürliche Empfindungen, die zum Haushalt der menschlichen Gefühle gehören und sich spontan einstellen, wenn anderen etwas Vorteilhaftes zuteil wird. Der positive Effekt des Neides kann sein, daß das benachteiligte Ich das Entgangene durch ein Mehr an eigener Leistung zu kompensieren sucht. Fatal ist freilich, wenn der Nachteil nur dadurch wettgemacht werden kann, daß der Benachteiligte dem Bevorteilten Schaden zufügt. Handlungen, die derartige Situationen schaffen, sind für Wezel unverzeihliche Fehler, weil sie in den meisten Fällen die Lebensenergien ins Destruktive verkehren. Die aggressiven Kräfte, die der Neid dann spontan freisetzt, können nur von den Menschen kontrolliert werden, die aufgrund ihrer Erziehung genügend psychische Gegenenergien mobilisieren können. Dies ist weder bei dem Landedelmann im *Tobias Knaut* der Fall, der durchs Arroganztraining der Adelserziehung egoistisch und hartherzig geworden war, noch bei seiner Frau, deren Intelligenz durch die Erziehung landadliger Mädchen zu unterwickelt war, um nach Prinzipien denken zu können. Auch die schwangere Schwägerin besitzt nicht die Klugheit, sich ein genaues Bild der Situation zu machen, die sich durch ihre Schwangerschaft gebildet hat, um sich präventiv zu verhalten. Unter ironischer Benutzung der Modewörter, die im kulturrevolutionären Diskurs der Zeit durch Herder und Winckelmann in Zirkulation gebracht worden waren, schreibt Wezel über diese Frau, sie sei eine „dieser wenigen auserwählten **guten Seelen,** die aus dem kindischen Alter der Welt noch übrig geblieben sind, die für eine Welt, wie die unsrige, zu viel **stille** Größe, zu viel **naive** Schönheit haben, und denen ich gerne mit meinen Händen eine eigene Welt bauen wollte, wenn ich Welten schaffen könnte" (TK, 1, 132 – Hervorhebungen im Text). Soviel zu den Unzulänglichkeiten der Bewußtseinsformen der in den Fall involvierten Personen. Für den konkreten Mordplan macht Wezel jedoch, das ist kein Witz, den römischen Historiker Cornelius Tacitus ‚verantwortlich'.

Die Ursachenkette, die zugleich eine Kette von Zufällen ist, ist die folgende: Ein Bediensteter wirft beim Aufräumen der Bibliothek des Landadeligen verärgert ein eingeklemmtes Buch auf den Boden, eben den Tacitusband, der aufgeschlagen liegenbleibt. Ein Stubenmädchen, das nicht weiß, daß ihr Herr Bücher verachtet, hebt den Band auf und legt ihn auf den Schreibtisch. Aufgeschlagen ist der Band just an der Stelle, in der Tacitus, bekanntlich ein hoch moralischer Kritiker der dekadenten römischen Kaiserzeit, Neros zuerst mißlungenen, dann erfolgreich durchgeführten Giftmord an seinem Stiefbruder schildert. Der Landadlige, dessen Versuch, durch einen Kutschenunfall eine Fehlgeburt seiner Schwägerin auszulösen, gerade mißlungen ist, geht verzweifelt über die unausweichliche Niederkunft seiner Schwägerin in sein Arbeitszimmer und liest, um sich abzulenken, ganz mechanisch und gegen alle Gewohnheit den aufgeschlagenen Text. Der Mord des Nero liefert ihm Idee und Plan für die Durchführung der Entführung und Tötung des verhaßten Neugeborenen, denn zufällig paßt das ihm zur Verfügung stehende Personal noch exakt auf die Personengruppe, die Nero Assistenz leistete.

Nirgendwo hat Wezel klarer gezeigt, wie für ihn der Prozeß der Konstitution von Ideen und Bedeutungen abläuft. Damit sie entstehen kann, müssen zusammenkommen a) die Intention einer Person und b) ein Strukturiertes, das zwar keineswegs nach der Intention der Person organisiert ist, aber der Intention die Möglichkeit bietet, sich duch Einfügung und Substitutionen zu verwirklichen. Nichts anderes findet bei sprachlich geäußerten Sinninitiativen statt. Die Ordnungen der Sprache bestehen bekanntlich unabhänig von allen Sprechintentionen; Sätze werden nicht vom ‚Subjekt' regiert, sondern von der ‚Rektion des Verbs', d.h. von der verbdominierten Syntax. Deren Gesetze muß sich der Sprecher bei Gefahr, nicht verstehbar zu sein, unterwerfen. Trotzdem ereignet sich nicht selten das Unwahrscheinliche, daß sich die Sinninitiative eines Sprechers in einer verbregierten, sprachlichen Äußerung mitzuteilen vermag. Freilich läßt sich nie mehr entscheiden, ob im geäußerten Satz die Sprache ‚spricht' oder das Ich. Dasselbe gilt *mutatis mutandis* auch für die ‚Autorschaft' des Mordplans des Landedelmanns.

Von diesem wurde gesagt, daß er nie las, weil ihm das Lesen sinnlos erschien. Durch eine Verkettung von Umständen geriet er jedoch in eine Situation, in der sich sein Lesen ganz unerwarteterweise als sinnvoll und ideenproduktiv erwies. Ersichtlich waren die Ideen, die sich im Landedelmann einstellten, nicht die vom Autor Tacitus intendierten, noch ein vom Landedelmann mit Absicht in den Text hineingelesener Sinn, sondern ein durch die zufällige Konstellation von Situation und Text entstandener kognitiver Effekt. Sinn entsteht also als Wirkung von Konstellationen, in denen Elemente zusammentreffen, die sich vermittels geeigneter Substitution ineinander fügen lassen und dadurch aus Sinnmangel Sinnfülle schaffen. Ähnliches geschieht beständig beim identifizierenden Lesen, in dem der Leser die Stelle der Romanprotagonisten einnimmt. Diese Einsicht in Identifikationsprozesse hat wiederum Auswirkung auf Wezels Schreiben. Darüber wird noch zu reden sein.

Die Applikation der Tacituslektüre durch den Landadligen zeigt weiterhin, daß in mentalen Prozessen nicht sinnvoll mehr zwischen nicht zu verantwortender Fremdbestimmung und autonomem, eigenverantwortlichem Handeln unterschieden werden kann. Zweifellos war die Tat des Landadligen nicht vom gelesenen Text ‚intendiert', sondern sie ist ein überlegter Akt, der eine bewußte Entscheidung enthielt. Andererseits zeigt Wezel, daß die Lektüre des Textes auf eine Konfiguration von Gefühlen, Problemen und Situationen traf, in der sich das Zustandekommen des Mordplanes so automatisch vollzog wie das Schließen des Augenlides bei zu grellem Licht, zumal der Landadlige die grundsätzliche Entscheidung zum Mord schon früher gefällt hatte. Wezels Mensch ist, und dies kein Widerspruch, als denkendes, fühlendes und handelndes Wesen **zugleich** frei und determiniert, bzw. der Mensch ist für ihn ein Wesen, bei dem es keinen Sinn hat, zwischen Determiniertheit und Autonomie zu unterscheiden. Wezelinterpreten, die dessen literarisches Werk, besonders den *Tobias Knaut,* als Paradebeispiele einer materialistisch-deterministischen Literatur betrachten, in der Menschen nur als „Automaten, Maschinen" erscheinen, „die von Außen Anstoß oder aber eine groteske Beweglichkeit kriegen"[94], haben dies oft übersehen. Im Lichte der modernen Chaos- und Komplexitätsmathematik hören Standpunkte, wie sie Wezel vertritt, auf, das Skandalon zu sein, das sie im Rahmen der klassischen Physik und Mathematik des 18. Jahrhunderts und innerhalb der Germanistik noch bis ins 20. Jahrhundert waren.

Die Geschichte von der Entführung und Ermordung des Säuglings ist im übrigen nicht zu Ende berichtet. Ihr Fortgang demonstriert, daß selbst die best geplanten und genau abgesprochenen Handlungen nicht immer zur Durchführung kommen, auch wenn sie zwischen nur wenigen Beteiligten vereinbart waren. Die Frau, die den entführten Säugling gegen Geld beseitigen soll – es ist im übrigen Vater Knauts Schwester –, gibt das Kleinkind an Menschen ab, die mit ihm auf unauffindbare Weise verschwinden. Kurz darauf erweist sich Komplizenschaft als eine fragile Form der Kooperation, weil die am Verbrechen Beteiligten über ein Wissen verfügen, das zu wechselseitiger Erpressung geeignet ist. Ein Komplize des Landadligen überwirft sich nach dem vermeintlichen Mord mit diesem und

[94] Wolfgang Promies: Der Bürger und sein Narr oder das Risiko der Phantasie. München: Hanser 1966. S. 318; entsprechend schreibt Promies weiter: „Wezels kaltschnäuzige Theatermetaphorik und Mensch-Maschinisierung sind Chiffren einer Weltanschauung, die Gott aus dem Blick verloren hat und an den Menschen nicht mehr zu glauben vermag." (S. 318) Nach der hier vertretenen Auffassung trifft weder das eine noch das andere zu.

zeigt ihn wegen Kindesraub und -tötung an. Der bedrängte Landadlige bestreitet die eigentliche Mordtat und gibt dem Gericht den Namen der Frau an, der das entführte Kind übergeben worden war. Da das Kind bis zum vierten Band des Romans unauffindbar bleibt, wird diese als Täterin überführt, zum Tode verurteilt und hingerichtet. Der Justizmord, dessen Opfer sie wird, ist jedoch – wie im Roman weiterhin berichtet – nur ein Werk der Gerechtigkeit, weil eben dieselbe Frau in früheren Jahren einen nie aufgeklärten Kindesmord begangen hat. Damit zeigt sich, daß selbst die Justizbehörden und die Polizei trotz aller Auflagen an die Beweisführung, die bei der Überführung eines Angeklagten zu erfüllen sind, und trotz des umfangreichen Apparates, über den sie zur Aufklärung eines Sachverhalts verfügen, dessen Wahrheit oft nicht häufiger finden als das sprichwörtliche blinde Huhn ein Korn.

In jedem Fall gehen die Gedanken und die Wirklichkeit bei Wezel Wege, die dem Menschen meist im Verborgenen bleiben. Der Verlauf der Geschichte um das neugeborene Kind zeigt jedoch auch, daß alle Beteiligten zwar moralisch überfordert waren, trotzdem aber zu Recht für ihre moralischen Versäumnisse bestraft wurden, weil menschliches Leben und Zusammenleben Ansprüche und Anforderungen an den Einzelnen stellt, deren Nicht-Erfüllung zwar nicht immer verschuldet ist, aber trotzdem wenn nicht von der Justiz, so doch vom Leben bestraft wird.

Die Einsicht in die hohe Komplexität der Ereignisse, die in der Natur oder der Menschheitsgeschichte, aber auch bei seelischen und körperlichen Geschehnissen im Spiel sind, hat nicht nur Konsequenzen für die Berechenbarkeit von Ereignissen mit den Mitteln der klassischen Mechanik und für das Projekt Selbsterkenntnis, sondern ebenso für die literarische und künstlerische Darstellung der Welt und des Menschen. Vor allem der Gestus der ‚großen' Erzählungen und Werke, die die Welt und den Menschen als ein intelligibles Ganzes darstellen, war für Wezel kaum wiederholbar,[95] was nicht heißt, daß dieser Gestus zu seiner Zeit nicht ständig wiederholt und von der Literaturkritik nachgerade erwartet wurde. Christian Friedrich von

[95] Die Reduktion des Erzählstoffs auf den „Einzelfall" bildet nach Jutta Heinz eines der wesentlichen Kennzeichen des anthropologischen Romans des 18. Jahrhunderts, zu dem sie auch Wezels Romanwerk rechnet. Vgl. Jutta Heinz: Wissen vom Menschen und Erzählen vom Einzelfall. Untersuchungen zum anthropologischen Roman der Spätaufklärung. Berlin-New York: de Gruyter 1996

Blanckenburg veröffentlichte im selben Jahr, in dem die ersten Bände des *Tobias Knaut* erschienen, seinen berühmten *Versuch über den Roman,* der bis zu den Romantheorien der Romantik wegweisend war. Das Prestige, das Blanckenburgs Romantheorie bis heute besitzt, rührt daher, daß er den traditionellen Streit zwischen den Alten und Neuen durch eine zu seiner Zeit sehr moderne, geschichtsphilosophische Konstruktion schlichtete, indem er die Rousseausche Unterscheidung von ‚Bürger' und ‚Mensch' in adaptierter Form auf die Antike und die Moderne anwendete und erklärte, das antike Epos habe den „Helden" und seine Taten, der moderne Roman den „Menschen", seine Gesinnungen und seine Innerlichkeit zum Gegenstand. Indirekt teilt Blanckenburg damit mit, daß das „Mensch" genannte Wesen, das die Moderne repräsentiert, nicht mehr beim Seienden, den Dingen, den Anderen und den Taten, sondern bei deren höheren Bedeutungen, bei sich und bei den Un-Taten ist. Entsprechend wird das Lesen zu einem rein kontemplativen Akt, in dem sich der Leser mit den Gesinnungen der Protagonisten identifiziert, um von ihnen zu lernen, daß alles Tun, das Lesen und Dichten ausgenommen, vergeblich ist.

Für sein Vorhaben nahm Blanckenburg die erste Ausgabe von Wielands *Agathon* zum Modell und behauptete kurzerhand, daß die „Denkungsart und Sitten", die der Roman darstellt, das „ganze jetzige moralische Seyn"[96] repräsentieren. Die Wahl des Wielandschen Romans zur prototypischen Darstellung des „Menschen" hat Folgen. Agathon verbringt seine Kindheit physisch in Tempelbezirken und in der Gemeinschaft von Priestern und Priesterinnen, geistig in der Gemeinschaft von Helden und Göttern. Durch die Ersteren und an den Letzteren bildet sich sein Größen-Ich mit seinem höheren Wissen aus. Die Folgen dieses göttlichen Wissens sind, daß Agathon ein Idealist wird, als Politiker und Staatsreformer kläglich scheitert und nie zu unterscheiden vermag, was ‚gespielt' und was wirklich ist. Derlei Schwächen fechten Blanckenburg ebensowenig an wie den Autor des Romans, denn entweder sind es die bösen Absichten der ‚anderen', die die Verantwortung dafür tragen, daß sich Agathon blamiert, oder Agathons blamables Scheitern zeigt die Wirkung des Todes Christi: gerade weil ihn die anderen ‚kreuzigen', erweist er

[96] Christian Friedrich von Blanckenburg: Versuch über den Roman. Faksimiledruck der Orginalausgabe von 1774. Mit einem Nachwort von Eberhard Lämmert. Stuttgart: 1965, S. 10. Die folgenden Zitate werden im Text unter der Sigle VR nachgewiesen.

sich ihnen überlegen und wird dadurch besonders für Frauen unwiderstehlich attraktiv.

Dem in der rationalistischen Philosophie und Metaphysik geschulten Blanckenburg erlauben der Held und die Handlungsfolge des Wielandschen Romans in jedem Fall, mit den ästhetischen Vorstellungen der idealistischen Aufklärung zwanglos zu operieren. Überall findet sich die Forderung, daß der Roman „ein vollkommen dichterisches Ganzes“(VR, 10) sein müsse, daß alle Ereignisse, auch die Gedanken und Empfindungen der Helden, in ihren Ursache-Wirkungszusammenhängen einsichtig sein müssen, ja daß das Prädikat ‚wirklich‘ in der Welt wie in der Literatur nur dem zukommt, was eine ursächliche Begründung hat. So radikal ist diese Forderung allerdings nicht gemeint. Als hinreichend begründet gilt oft, was nur in seinen Wirkungen greifbar wird. D. h. dem Leser geht es oft wie Kleists Marquise von O: sie weiß, daß sie schwanger ist, aber nichts Genaues darüber, wie sie schwanger wurde. Der Mangel an Begründung wird dem Dichter jedoch nachgesehen, wenn er aufzeigt, daß die manifesten Wirkungen einem guten oder einem verwerflichen Zweck dienen. Ein guter Zweck ist bei Blanckenburg wie in der gesamten klassischen Aufklärung immer ein sozialer. Der *Agathon* liefert freilich ein weiteres Exempel dafür, daß gerade die sozialsten Menschen beim gegenwärtigen Zustand der Menschheit und Welt ihre sozialen Ziele nicht in Form von politischen Handlungen, sondern eher in Gestalt einer Weltflucht verfolgen können. Anders als Hölderlins Hyperion muß Agathon allerdings der Welt nicht ganz entsagen, denn der Autor findet für ihn eine Heimstatt in einem ‚mittleren‘ Staat, in dem die Komplexität der gesellschaftlichen und wirtschaftlichen Vorgänge auf ein Maß reduziert sind, daß die Verhältnisse bescheiden und kontrollierbar sind. Im Schutz eines moderaten, aber durchaus gewieften Herrschers können sich Idealisten in einem solchen Staatswesen sicher aufhalten. Da die kleinen Verhältnisse in einem umgekehrten Verhältnis zu ihren großen Ideen stehen, geraten die Idealisten gar nicht erst in Gefahr, sich beim Versuch eine blutige Nase zu holen, das immer kindliche und unbeständige Volk oder die genuß- und machtverliebten Herrscher der großen Staaten auf die Höhe ihrer Ideale zu erheben. Sachsen-Weimar läßt hier grüßen und mit ihm die Vorliebe der frühen deutschen Idealisten für die Kleinstaaterei und das geistige Weltbürgertum. Ersichtlich schadet dem Idealismus nichts mehr als die hohe Komplexität des Wirklichen.

In jedem Fall hat ein guter Roman dem Leser nicht Ideen zu liefern, die in eine umfassende gesellschaftliche Praxis umsetzbare wären, sondern nur soziale Empfindungen in ihn einzupflanzen, aus denen die guten gesellschaftsverändernden Taten später einmal aufgehen können. Zunächst produziert der Roman im Leser jedoch soziale Gefühle und Vernunft um der sozialen Gefühle und Vernunft willen, so wie die bürgerliche Wirtschaft, die sich gerade etabliert, Geld um des Geldes willen produziert. Diese Entsprechungen fallen dem Literaturtheoretiker Blanckenburg nicht auf. Vielmehr hofft er, daß, so belehrt und aufgeklärt, sich die Weisheit des Lesers mit der „Weisheit des Schöpfers vereinen" (VR, 312) werde.

Freilich weiß Blanckenburg auch, daß er dem Romancier und dem Genre eine Aufgabe zuweist, die beide notwendigerweise überfordert. Denn der Autor der Romantheorie ist sich klar, daß die Wirkungszusammenhänge sowohl in der realen Welt als auch im „Inneren" des Menschen viel zu komplex sind, als daß sie einsichtig und literarisch darstellbar wären. Er schreibt:

> Eine andre Folge, die aus dieser Behandlung der Begebenheiten entsteht, ist diese, daß der einzelnen Vorfälle nicht mehr so viel werden seyn können, als die bis jetzt in den gewöhnlichen Romanen zusammen gepfropft sind. Der kleinste Vorfall nämlich wird zu seinem Wirklichwerden eine Reihe von Ursachen nöthig haben, die zwar an und vor sich selbst auch wieder andre Vorfälle seyn können; diese aber werden sehr oft aus so unmerklich kleinen Zügen bestehen müssen, daß man sie nie unter die Begebenheiten eines Romans wird zählen wollen, wenn man die Begriffe hierzu aus den gewöhnlichen Werken dieser Art nimmt. Daher wird natürlich eine einzige Begebenheit, zu ihrem Wirklichwerden, mehr Raum erfodern, als jetzt zur Erzehlung von zehnen erfodert wird. Ob die Neugierde hiebey gewinne, und die Sucht nach Abentheuern, weis ich nicht? Aber das weis ich, daß beyde nicht verdienen, durch den Dichter gepflegt und genährt zu werden, – der diesen Namen mit Recht behaupten will. (VR, 308)

Auch für Blanckenburg vermag der Roman die Welt also nur unter den Bedingungen stark reduzierter Komplexität abzubilden. Das stört ihn jedoch keineswegs. Zwar bekennt er ein, daß die Ursache-Wirkungszusammenhänge, die der Roman explizit darstellt, auf Entscheidungen des Dichters beruhen, und nicht auf den Zusammenhängen, in denen sie sich wirklich ereignet haben. Blanckenburg beruhigt sich jedoch mit der Auffassung, den Dichtern sei es gegeben, intuitiv die relevanten Ursachen und Wirkungen zu erfassen und aufzuzeigen. Deshalb kann Blanckenburg zuversichtlich schreiben:

> Das Werk des Dichters muß eine kleine Welt ausmachen, die der großen Welt so ähnlich ist, als sie es seyn kann. Nur müssen wir in dieser Nachah-

> mung der großen Welt mehr sehen können, als wir in der großen Welt selbst, unsrer Schwachheit wegen, zu sehen vermögen. Wir müssen die Verbindung der Theile unter sich, und mit dem Ausgange des Werks anschauend erkennen, ihr Verhältniß gegen einander prüfen, die Wirkungen und Ursachen abmessen, und es mit Gewißheit sehen können, warum die Sachen so, als anders erfolgen? Ist diese Verbindung nicht anschauend vor uns da: – was hilft uns ihr Daseyn? (VR, 312)

Im Klartext heißt dies: „Starke" Dichter gleichen die „Schwachheit" der Menschen aus und schaffen in poetischen Nachahmungen eine „kleine Welt", in der alles einsichtig, wohl geordnet und gut ist. Der Effekt dieser kleinen Welt ist, daß man sich um das „Daseyn" der „großen Welt" kaum mehr zu kümmern braucht. Im Lichte der „Wissenschaft vom Menschen" herrscht bei Blanckenburg der reine dezisionistische Illusionismus. Die Dichterwelt, nicht die wirkliche, wird zum Erfahrungsfeld der Lernprozesse, die die literarischen Texte stimulieren. An die Stelle der ursprünglichen menschlichen Neugierde, die sehen, experimentieren und verifizieren will, tritt im Leser eine Glaubensbereitschaft dem Gelesenen gegenüber, das nicht verifizierbar ist, sondern höchstens kommentiert werden kann. Der Mikrokosmos, der sich im Kopf der Leser bildet, mag zwar in einigem dem Makrokosmos der Welt gleichen, in der der Leser lebt, aber er steht in keiner Berührung mit ihr. Wer sich derart vertrauensvoll auf literarische Werke einläßt, läuft jedoch Gefahr, daß sein Bewußtsein derealisiert wird. Dem Schrecken, den die Entdeckung der Enteignung des eigenen Bewußtseins begleitet, entgeht – wie Blanckenburg zeigt – am besten, wer Dichtungen als höhere Offenbarungen oder, was dasselbe ist, als ‚realistisch' begreift.

In Wezels Augen gibt es jedoch keine andere ‚Wahrheit' als die empirische. Jede Substitution des Realen durch ästhetische Fiktionen bildet für Wezel jedenfalls dann eine gefährliche Irreführung des Lesers, wenn der Autor die Komplexitätsreduktionen, die er vornimmt, weder markiert noch angibt, wie und für welches Vorhaben er seinen ‚Fall' zurichtet. In vielen Fällen, in denen die Welt und die Menschen als ein erklärtes ‚Ganzes' realistisch dargestellt werden, offenbart diese Vorgehensweise weniger eine Lernbereitschaft, sondern eine seelische Notlage, aus der der Betroffene in die Schaffung erdichteter Welten flüchtet. Wenn die hier vorgelegte Lesart richtig ist, hat Wezel einschlägige Erfahrung mit derart phobischen Schreibbedürfnissen. In jedem Fall stellt er sie im *Tobias Knaut* eigens dar. Hier figuriert als der Typ des neurotischen Künstlers und Dichters der misogyne Tragödienschreiber Stesichorographus, in dessen Stücken sich nichts anderes als seine Angst vor und sein Haß auf Frauen auf ästhetisch sublimierte Weise äußern. Texte diesen Kalibers erfreuen sich nicht deshalb großer Beliebtheit, weil sie das Wissen vermehren oder den Leser zu einem besseren Menschen machen, sondern weil sie seelenverwandten Lesern Skripte liefern, in denen sich ihre eigene kranke Seele inszenieren kann.

Ähnlich problematisch sind für Wezel die literarischen Werke, in denen lebensuntüchtige, kranke Künstlerseelen sich eine Welt zurechtfantasieren, in der alle Konflikte, Härten und Plackereien getilgt sind, die für Wezel die Herausforderungen des Lebens bilden. Die in der Aufklärung so populären Utopien wie Schnabels *Insel Felsenburg* gehören zu diesem Genre. Aber auch jenseits der Geschichten vom familiären Inselglück erzielen die literarischen Geschichten, die von Menschen berichten, die nichts Böses tun können, das Schöne auf eine Weise, die geneigt macht, an die illusionäre Trinität des Vernünftigen, Guten und Schönen zu glauben. Für Wezel sind die Sirenengesänge des Schönen eine ähnlich gefährliche Erfindung wie die des Wahren und der ewigen Ordnungen des Guten: sie sind Opium für den Geist.

Einerseits verwirft Wezel also ‚das Kunstwerk' im Namen von Erkenntnis, andererseits ist ihm bewußt, daß Erkenntnis nur stattfindet, wo die Komplexität des Wirklichen auf Erkennbarkeit hin reduziert wird. Wezels literarische Verfahren zeichnet also ebenfalls aus, Realität in Gestalt reduzierter Komplexität zu präsentieren. Der Unterschied ist allerdings, daß Wezel seine reduktionistische Darstellungstechnik nicht um der Wahrheit und Schönheit willen benutzt, vielmehr kommt es ihm darauf an, Sachverhalte, deren Erklärung und Einschätzung in Frage stehen, so zu ‚präparieren', daß sie auf der Grundlage des verfügbaren Wissens und unter Zuhilfenahme von wissenschaftlich akzeptierten Erklärungshypothesen expliziert oder zumindest diskutiert werden können. Phillip McKnight hat sehr fein beobachtet, daß Wezels Vorgehensweise in vielem den literarischen Praktiken ähnlich ist, die Brecht als Verfremdungseffekt berühmt gemacht hat.[97] Der V-Effekt will ebenfalls die Erkenntnis und Explikation einer Situaton bewirken, die deren Veränderung ermöglicht und nahelegt. Wie Brecht vermeidet Wezel bewußt alle Effekte des traditionellen, ästhetischen Reduktionsverfahrens: vor allem die

---

[97] Phillip S. McKnight:The Novels of Johann Karl Wezel. Satire, Realism and Social Criticism in Late 18th Century Literature. Bern-Frankfurt/M-Las Vegas: Peter Lang 1981, S. 40

Schaffung von geschlossenen, integrierten Handlungszusammenhängen.[98] Um ja nicht die Illusion zu erwecken, als bilde die menschliche Welt ein geschlossenes Raum-Zeit-Gebilde, in dem Menschen nach erkennbar motivierten und konsequent verfolgten Intentionen handeln, löst Wezel in seinen frühen Romanen, besonders im *Belphegor,* oft die Einheit von Zeit und Raum auf überdeutliche Weise auf. Ebenso überdeutlich indiziert Wezel, daß seine literarischen Figuren nicht den Anspruch erheben, individuierte Gestalten zu sein, sondern daß sie wissenschaftliche Demonstrationsfunktion haben. Im *Tobias Knaut,* aber nicht nur in Wezels erstem Roman, sind die Grade der Reduktion in der Regel schon in den Namen der Personen indiziert. Je lateinischer oder griechischer, d.h. je ‚wissenschaftlicher' die Namen klingen, desto mehr sind ihre Träger ‚Dummies'. Im oben erwähnten Tragödiendichter „Stechisorographus" liegt ein solcher Fall vor. „Eupator" vertritt, wie der Name sagt, den Typ des aufgeklärten väterlichen Staatsreformers mit einem Minimum an Individualität. Der gesamte Personenbestand des *Belphegor* besteht aus Figuren, an denen ein Gedankenexperiment durchgeführt wird. Im übrigen können auch ‚Dummies' recht realistisch gestaltet sein. Tobias Knaut und sein Förderer Selmann sind die relativ individuiertesten Testpuppen des Romans, obwohl auch Selmann schon in seinem Namen angibt, daß hier eine Seelenmonade zu erwarten ist. Wenn ich dies richtig sehe, so hat der Grad an Individuation auch damit zu tun, daß in bestimmte literarische Charaktere der Autor Teile seines eigenen Egos in Rollen eingestaltete, die jene Fehlformationen seines Ichs repräsentieren, die er inzwischen aufgearbeitet hat. Wie bei Goethe ist auch bei Wezel das Dichten Teil einer großen Konfession, wobei die literarischen Geständnisse bei Wezel allerdings nach den Regeln der Komödie gestaltet und didaktisch aufbereitet werden. D. h. die literarische Eingestaltung der Lebensbeichte gleicht bei Wezel nicht nur der von komischen Helden, sondern auch der von Brechts Lehrstückfiguren. Alle literarischen Objektivationen seines Selbst werden ‚benutzt', sind selbst ‚ohne Wert' und bieten sich daher nicht als Identifikationsfiguren an. Tobias, den Titelhelden, kann der Erzähler ganze sechs Jahre einfach vergessen, und ihn wieder hervorholen, sobald er ihn ‚braucht'.

---

[98] Im Vorwort bezeichnet Wezel die linear-kausalen Narrative als „einschläfernd..." und erklärt: „Mein Plan sollte dem Plane der wirklichen Begebenheiten ähnlich seyn; alles ohne Ordnung scheinen, und nichts ohne Endzweck seyn." (TK, 1, XVI)

Der Hinweis auf Brecht war insofern erhellend, als es Wezel im Gegensatz zu Blanckenburg nicht um die Darstellung des „Menschen“ geht, sondern um eine Darstellung, die einsichtig macht, weshalb das Kulturkonzept „Mensch“ eine riskante Deformation des Menschen darstellt, die sich selbst und den anderen mehr schadet als nützt. Wezels Kritik am falschen Bewußtsein des „Menschen“ ist jedoch von der Brechts dadurch verschieden, daß Wezel kein Marxist ist. Die Wissenschaft vom Menschen, die Wezel die Einsichten zu seiner Kritik der Bewußtseins-, Kultur- und Gesellschaftsformen liefert, ist dabei mit seinem literarischen Schaffen auf die folgende Weise verknüpft: Wezel versteht sich nicht einfach als Popularisator der neuen ‚Wissenschaft‘, sondern er weiß, daß die Wissenschaft selbst auf eine nichtwissenschaftliche Wissensform angewiesen ist, die die Wissenschaft auf zusammenhängende Weise, aber auch im Zusammenhang mit den konkurrierenden Weltanschauungen darstellbar macht. Zum anderen weiß er, daß die Menschen immer an die Wissenschaft herangeführt werden müssen. Wezels narrative Techniken sind häufig denen gleich, die wir von der Wissenschaftsdidaktik kennen. Sein Erzähler des *Tobias Knaut* ist oft ein Dozent, der seine Leser belehrt, korrigiert und ihnen von den letzten Erkenntnissen und theoretischen Annahmen der Wissenschaft berichtet, deren Wissenschaftlichkeit sie selbst noch nicht beurteilen können. Aber er belehrt seine Leser auf eine Weise, die sie in die Wissenschaft vom Menschen so einführt, daß sie nicht nur Fakten, sondern Denkformen und Verfahrensweisen lernen, durch die sie selbst ‚Wissenschaftler‘ werden können. Diese wissenschaftsdidaktische Narrativik ist freilich nur erfolgreich, wenn sich Leser finden lassen, die sich mit dem Gelesenen nicht identifizieren wollen, sondern bereit sind, sich im Lesen von Literatur in eine wissenschaftliche Betrachtungsweise des Menschen und der Welt einführen lassen. Worum es deshalb geht, ist nicht allein die Vermittlung von Wissen und bestimmten Explikationsverfahren, sondern auch die Einübung in das wissenschaftliche ‚Spiel‘ der Erkenntnisgewinnung, dessen Regeln sich von denen der kulturell eingespielten Operationsweisen des Bewußtseins ebenso wie vom neuen ästhetischen Lesen unterscheiden. Die Attraktivität des wissenschaftlichen ‚Erkenntnisspieles‘ sucht Wezel umso unwiderstehlicher zu machen als er aufweist, welche verkrüppelnden oder tödlichen Folgen das Spielen nach den herkömmlichen und den ästhetischen Regeln hat.

Es ist diese Rolle, die die Wissenschaft vom Menschen und die Wissenschaftlichkeit als Denkform in Wezels literarischem Schaffen spielt, die die Applikation von Lukács berühmter Romantheorie[99] auf Wezels Romane problematisch macht. Da diese Schrift des vormarxistischen Lukács großen Einfluß auf die Gattungstheorie der Frankfurter Schule hatte, ist die Wirkung der Lukácsschen Romantheorien bei einigen Wezelinterpreten, die diesen Autor in ihre „transzendentale Topographie des Geistes" unterbringen, unübersehbar.

Lukács' auf einer Geschichtsphilosophie der Formen aufbauende Romantheorie definiert diese Gattung als „die Epopöe der gottverlassenen Welt" (TR, 267), bzw. als „Epopöe eines Zeitalters, für das die extensive Totalität des Lebens nicht mehr sinnfällig gegeben ist, für das die Lebensimmanenz des Sinnes zum Problem geworden ist, und das dennoch die Gesinnung zur Totalität hat." (TR, 245) Die „Psychologie des Romanhelden" erklärt Lukács zum „Wirklichkeitsgebiet des Dämonischen" (TR, 267), in dem der „Suchende" einerseits zwar im bloß „biologische(n) und soziologische(n) Leben" verharrt, andererseits aber „alle psychologischen und soziologischen Grundlagen (seines) Daseins kündigt(.)" (TR, 269) „Das Gottverlassene der Welt" (TR, 269), das vom Romanhelden als „Substanzlosigkeit" und absoluter Mangel an Sinn erfahren wird, transzendiert die Wirklichkeit auf eine negative Weise, deren dichterisches Pendant die Ironie ist: „Die Ironie des Dichters ist die negative Mystik der gottlosen Zeiten," schreibt Lukács und weiter:

> Für den Roman ist die Ironie diese Freiheit des Dichters Gott gegenüber, die transzendentale Bedingung der Objektivität der Gestaltung. Die Ironie, die das von Gott Erfüllte der von Gott verlassenen Welt in intuitiver Doppelsichtigkeit zu erblicken vermag; die die verlorene utopische Heimat der zum Ideal gewordenen Idee sieht und dieses doch gleichzeitig in seiner subjektiv-psychologischen Bedingtheit, in seiner einzig möglichen Existenzform erfaßt; diese Ironie, die – selbst dämonisch – den Dämon im Subjekt als metasubjektive Wesenheit begreift und dadurch, ahnend und unausgesprochen, von vergangenen und kommenden Göttern spricht, wenn sie von Abenteuern verirrter Seelen in einer wesenlosen und leeren Wirklichkeit redet; die Ironie, die in dem Leidensgang der Innerlichkeit, die eine ihr angemessene Welt suchen muß und nicht finden kann, zugleich die Schadenfreude des Schöpfergottes über das Scheitern aller schwachen

---

[99] Georg Lukács: Die Theorie des Romans. Ein geschichtsphilosophischer Versuch über die Formen der großen Epik. I. Die Formen der großen Epik in ihrer Beziehung zur Geschlossenheit oder Problematik der Gesamtkultur. In: Zeitschrift für Ästhetik und Allgemeine Kunstwissenschaft. 11/1916. Zitate daraus werden im Text nachgewiesen: Sigle TR

Aufstände gegen sein mächtiges und nichtiges Machwerk und das über allen Ausdruck hohe Leiden des Erlöser-Gottes über sein Noch-nicht-kommen-können in diese Welt gestaltet. (TR, 270–271)

Die Anwendung dieser verzweifelten Psychodramatik auf Wezel und seine Romanfiguren führt zu den Interpretationen, die Wezel als geistigen Desperato, Nihilisten, Menschen- und Gotteshasser, oder zumindest als einen gründlich negativen Intelligenztyp verstehen, der seinen Frust über die nichtige Welt in seinen Dichtungen austobt. Nach der hier vorgeschlagenen Lesart geht es Wezel jedoch eher darum, den von Lukács abgesteckten Problemrahmen zu eskamotieren, bzw. zu zeigen, daß die Probleme der superiorisierten Seele, deren Befindlichkeit Lukács unbenommen zur Problematik der Moderne hochstilisiert, aus einem Kinderbewußtsein resultieren, das man aus dem geschützten Kinderzimmer herausgenommen und unvorbereitet in der wirklichen Welt ausgesetzt hat.

Die ersten Teile des *Tobias Knaut* konzentrieren sich jedenfalls auf die Lebenswelt der gesellschaftlichen Unterschicht, die im wesentlichen durch die Familie der Knauts repräsentiert ist. Ihr Gegenstand ist das inferiorisierte Leben. Nach der vorliegenden Interpretation lebte der hochvalorisierte Schuljunge Wezel selbst in einem inferiorisierten Körper und in einer inferiorisierten Umwelt. Ich gehe davon aus, daß sich Wezel im Prozeß seiner „Selbsterkenntnis" klar wurde, was Inferiorisierungsprozesse motiviert und wie fatal die Eingriffe in den psycho-physischen Organismus waren, an dem sie durchgeführt werden. Er weiß vor allem, daß das superiore Ich alle degradierenden Zurichtungen seines realen Ichs und der anderen in einer Weise durchführen muß, in der es selbst nicht weiß, was es sich und den anderen antut. Der „Herr" und der inferiorisierte „Knecht" leben daher faktisch ein separiertes Leben und sind zugleich – ohne es zu ‚wissen' – die Ursache ihres jeweiligen Schicksals. Die Einsichten, die Wezel aus seiner Selbsterkenntnis gewonnen hat, wendet er im *Tobias Knaut* auf die spätfeudalen gesellschaftlichen und kulturellen Verhältnisse an. Die „Herren" und die „Knechte" im Deutschland des 18. Jahrhunderts erscheinen in der Gestalt, in der Wezel seine eigene Superiorisierung, bzw. Inferiorisierung entdeckt hat. Im Titelhelden des Romans schildert Wezel seinen inferiorisierten Körper, abgelöst von seinem superioren Ich, daher nicht als Opfer der bildungsbürgerlichen Superiorisierung, sondern als Opfer der real bestehenden Herrschaftsverhältnisse, in denen sich das Unterschichtsleben im 18. Jahrhundert vollzog und von dem Karl Biedermann einen anschaulichen Bericht lieferte[100]. Seine Fähigkeit, inferiorisierte Gestalten des Lebens zu entdecken, verbindet der junge Schriftsteller nach seiner „Hauptrevolution" also mit den ‚in der Studierstube' angeeigneten, politischen, ökonomischen und anthropologischen Theorien, die ihm erlauben, die Ursachen für die Verhunztheit der unterschichtlichen Gestalten des Lebens aufzuzeigen. Detlef Kremer hat in seiner Untersuchung *Wezel. Über die Nachtseite der Aufklärung. Skeptische Lebensphilosophie zwischen Spätaufklärung und Frühromantik*[101] den Nachweis zu führen versucht, daß die Darstellung der Personen in Wezels Roman Zeugnis von der Demontage des bürgerlichen Subjekts durch den skeptischen Diskurs geben. Zutreffender scheint mir dagegen die Auffassung, daß es Wezel darum geht, den Herrendiskurs zu demontieren, der die Zurichtung der Beherrschten und sich selbst verschleiert.

Was nach der hier vorgelegten Lesart in Wezels literarischer Gestaltung der Personen fusioniert, ist also sein Wissen von den realen Verstümmelungen des mißachteten und erniedrigten Selbst auf der einen Seite und sein Wissen von den illusionären, skandalös arroganten Aufblähungen des psycho-phyischen Organismus im höheren Menschen auf der anderen Seite. Beide, Verstümmelungen wie Aufblähungen, werden, wie Wezel weiß, in schöner Regelmäßigkeit innerhalb der diskursiven und sozialen Ordnungen seiner Zeit exekutiert. Es handelt sich sozusagen um den ganz alltäglichen ‚Faschismus' der abendländischen Kultur und Gesellschaftssysteme, die nicht aufhören können, Herren und Untermenschen, ‚Hirten' und ‚Schafe' zu produzieren. Dieser Prozeß wird durch die Sprachregelung kaschiert, die bestimmt, daß man statt von phantasmatischen Inferiorisierungen und Superiorisierungen von ‚Werten' zu sprechen hat.

Wezels literarische Techniken sind von der Absicht geleitet, die vom Diskurs unsichtbar gehaltenen Beschädigungen des ‚Menschen' so sichtbar zu machen, wie ein Chirurg oder Anatom ein unsichtbares Geschwür sichtbar macht, indem er die Körperhaut durchschneidet und das Geschwür bloßlegt. Zugegeben: die Schäden an Körper und Geist, die Wezel als Folge der Zurichtung des Menschen zum Untermenschen an Tobias Knaut aufzeigt, sind auf ‚Erkennbarkeit' hin vergrößert worden. Wezel nennt dies sein

100 Karl Biedermann: Deutschland im 18. Jahrhundert. Hrsg. und eingel. v. Wolfgang Emmerich. Frankfurt/M.-Berlin-Wien: Ullstein 1980

101 München: Fink 1985.

schriftstellerisches Mikroskopieverfahren.[102] Als bloße Monstren und Karikaturen mögen die „anatomisierten" Menschen in Wezels Romanen denen erscheinen, die von Dichtern vor allem die Darstellungen eines höheren Menschseins erwarten.

Tobias erblickt das Licht der Welt im Haus eines Dorfschullehrers. Seiner Herkunft nach kommt er aus der Bevölkerungsschicht, die zur damaligen Zeit zwei ganz unterschiedliche kulturelle Einschätzungen erfuhr. Auf der einen Seite standen die aufklärerischen Reformer, die aufs Land zogen, um die Bauern und Dörflern darüber zu belehren, daß ihre primitive bisherige Denk-, Arbeits- und Lebensweise dringend ‚modernisiert' werden müßte. Auf der anderen Seite entdeckte eine bürgerliche Stadtjugend, die in ihrer modernen Stadtwirklichkeit nicht anzukommen bereit war, das Land und die ländlichen Mentalitäten als Hort einer ursprünglichen Weisheit, einer Tugendhaftigkeit und eines Wissens, die alle Errungenschaften der jüngst vollzogenen Verwissenschaftlichung des Denkens in den Schatten stellten. Um aller Dorf- und Landlebenidyllik vorzubeugen, ist in Wezels Roman dessen kleinwüchsiger, buckliger Held ein stammelnder „Weiser", der weder Gedanken noch Worte in kohärente Gefüge zu bringen vermag. Im Klartext: Tobias ist ein geistiger, sprachlicher und körperlicher Krüppel. Die Annahme, unter der Landbevölkerung sei eine besondere Form höherer Weisheit zu entdecken, hat für Wezel einfach deshalb keinen hohen Wahrscheinlichkeitswert, weil die Bedingungen, unter denen die Dörfler im 18. Jahrhundert leben, nach dem Kenntnisstand der Zeit kaum geeignet sind, die Entwicklung von Intelligenz zu fördern.

In der Tat funktionieren die Knauts als Demonstrationsobjekt dafür, daß die lebensweltlichen Bedingungen, unter denen das Landvolk lebt, alle menschlichen ‚Anlagen' eher verkümmern lassen als stimulieren. Der politisch-soziale und kulturelle Raum, in dem Tobias seine Kindheit verbringt, ist sehr konkret abgesteckt durch den Herrschaftsbereich eines Adligen, dessen Familie seit Menschengedenken die Privilegien des Adels als selbstverständlich für sich in Anspruch nimmt und genießt. Strukturell sind die feudalen Verhält-

---

[102] „(O)hne Mikroskop könnte ich doch nicht schreiben" heißt es im Vorwort des ersten Bandes (TK, 1, XIX). Die enormen Erfolge, die die Physiologie seit der Einführung der Mikroskopie durch den italienischen Arzt Malpighi machte, macht sich der Schriftsteller Wezel ersichtlich zunutze, um ein literarisches Vorgehen zu legitimieren, das nicht den Wahrnehmungsweisen der natürlichen Sinne folgt, sondern deren Wahrnehmungsweisen erweitert, um das aufzudecken, was den ‚Sinnen' sonst verborgen ist.

nisse des ausgehenden 18. Jahrhunderts kolonialen Verhältnissen gleich, in denen eine Herrenkaste über versklavte oder halbversklavte Untertanen herrscht. Als eigenständige Wesen haben diese weitgehend aufgehört zu existieren; sie wurden zu einfachen ‚Teilorganen' des aufgespreizten ‚Körpers' des Feudalherrn, dessen ebenso aufgeblasener Geist und Wille alle und alles regulierte.[103]

Das Bewußtsein von wechselseitiger Anerkennung und Verpflichtung, die das alte lehnsherrliche Dasein vielleicht einmal beinhaltete, hat sich im Standesdünkel der modernen Adelsgesellschaft verflüchtigt. Der Dauergenuß eines arbeitsbefreiten Herrenlebens hat bereits zur notorischen Unterstimulierung der aristokratischen Gehirne geführt, was nach Wezels Darstellung zu einer verbreiteten Idiotisierung des Landadels führte. Freilich setzt der geistige Verfall der parasitären Herrenmenschen bei Wezel kein Aufbegehren der Untertanen und Leibeigenen in Gang. Was Wezel als gutsherrlich-dörfliche Verhältnisse beschreibt, ist bei allen ständischen Differenzierungen vielmehr eine symbiotische Lebensgemeinschaft von geistig und seelisch verwahrlosten Idioten, die mit dem ‚Körper' ihres despotischen Herren so verwachsen sind, daß sie ohne ihn nicht leben können.

Ihrer Qualität nach bildet diese Symbiose ein Inferno von Stupidität, Indifferenz und Gewalt. Sehr anschaulich werden die materiellen, körperlichen und geistigen Zerstörungen, die zum Alltag gehören, in der Geschichte des herrschaftlichen Schießstandes dargestellt, der ans verfallende Dorfpfarrhaus angebaut ist. Das kugelumflogene Dasein der Pfarrfamilie zeigt, daß das Prestige der landesherrlichen Kirche in der absolutistischen Epoche zumindest auf den Dörfern nur noch *pro forma* Bestand hatte. Für den Landgeistlichen wie für die anderen Untertanen verläuft das Leben als Prozeß einer systematischen ‚Entmächtigung', in dem dem einzelnen Ich ebenso grundlos wie unerbittlich untersagt wird, selbst die zur Erhaltung seiner psychischen und physischen Gesundheit nötigsten Dinge zu tun. Der Effekt dieser Bewußtseinsenteignung ist eine totale Willenlosigkeit, ein Sich-Anheimgeben an die Gnade des großen Anderen, der Fürst und Gott heißt. Im Dorfpfarrhaus paßt die herrschende Misere bis ins Detail mit der Lutherischen Lehre vom unfreien Willen, von der Sinnlosigkeit der ‚Tat', von der Abhängig-

103 Was diesen Tatbestand angeht, ist immer noch instruktiv, die einschlägigen Kapitel über die ‚barbarischen Maschinen' in Gilles Deleuze et Félix Guattari: L'Anti-Oedipe. Paris: Les Editions de Minuit 1972 zu lesen.

keit von göttlicher Gnade, vor allem aber von der Omnipräsenz des Teufels zusammen. Christliche Lehre und Leben erhellen sich hier wechselseitig mit kaum überbietbarer Präzision. Man kann annehmen, daß – von allen satirischen Übertreibungen einmal abgesehen – eben dies die verheerenden, materiellen wie geistigen Verhältnisse waren, an denen die aufgeklärten Agrarreformer verzweifelten, als sie mit ihren Verbesserungsideen aufs Land gingen und meist gleich dumpf-dumme Adlige, Pfarrer, Lehrer und Bauern antrafen.

Wegen dieser Dumpfheit und Dummheit gerät die Schilderung der grauenhaft-skandalösen Verhältnisse im Dorflehrerhause Knaut weniger zur anklagenden Satire als zu einer „Art Idylle". Dies ist bekanntlich der Untertitel zu Jean Pauls Erzählung über das *Leben des Schulmeisterlein Maria Wutz in Auenthal*. Jean Paul, der Epoche des klassischen Idealismus zugehörend, läßt seinen Wutz die erschütternde Misere seines Schullehrerdaseins dadurch in ein Paradies verwandeln, daß dieser Virtuose des Glücks alle Macht des Wirklichen über sein Bewußtsein zu brechen imstande ist. Er ermächtigt seine Fantasie, ihm eine Welt herzustellen, in der nichts stattfindet, was nicht als Erfüllung eines Wunsches erlebt zu werden vermag. Jean Pauls Kurzroman läßt offen, ob es ein Bewußtsein wie das Wutzsche außerhalb der Dichtung wirklich geben kann. Der Autor selbst brauchte bekanntlich eine Unmenge Bier, um sich die Welt vom Leibe und seinen Idealismus am Leben zu halten.

Bei Wezels Dorfschullehrer gehen die Dinge in jedem Fall einen weniger glücklichen Gang. Hier sorgt die Natur vermöge des Prinzips der funktionalen Anpassung auch an die miserabelsten Umweltverhältnisse nur für eine geistige und psychische Abstumpfung, um die Elendsexistenz erträglich zu machen. Vater Knaut kann dabei schon von seiner Erbmasse profitieren. Durch den Dauermangel an positiven Stimulationen der Psyche schrumpften nach den Darstellungen des Romans alle humanen Potenzen der Knaute, auch ihre Empfindungsfähigkeit, längst in die Nähe ihres Nullwertes zusammen. Keine Zärtlichkeiten, kein ermunterndes Gewährenlassen und keine liebevollen Zuwendungen wurden den Knauten in dem Maße zuteil, daß sich daraus jene Selbstachtung bilden konnte, die alle elementaren Lebensenergien speist. Die unausgesetzte Gängelung und Bevormundung, die die Knaute seit Generationen erlebten, bewirken eine fatale Stagnation in der Entwicklung der Knautschen Psyche, Persönlichkeit und Intelligenz. Unter den autoritären Verhältnissen ist die Lern- und Denkfähigkeit von Tobias' Vater auf das Nachahmen und die Wiedergabe von Gelerntem reduziert, auf jene mentalen Operationen also, zu denen auch dressierte Tiere fähig sind.

Jene Gehirnzentren, in denen kreatives Denken und orginelle Problemlösungen hervorgebracht werden, wurden in der Familiengeschichte der Knaute nie stimuliert und fallen deshalb aus. Das individuelle Leben läuft – wieder wie im Tierreich – als genaue Kopie des vorausgegangenen ab. Das jahrhundertealte Elend der Knaute hat diese Schwundstufigkeit des Lebensvollzugs schließlich so in der Erbmasse verankert, daß die normalen menschlichen Vermögen zum großen Teil entweder abgestorben oder zumindest so verkümmert sind, daß nur eine lange Regenerationsphase sie wieder in einen normal aktivierbaren Zustand zu bringen vermöchte. Das betrifft die emotionalen und die intellektuellen Verkrüppelungen ebenso wie die totale Verödung des Gefühls für Anstand, Geschmack, Sittlichkeit und Menschenwürde. So wird aus gesellschaftlichen und kulturellen Beschädigungen ‚Natur', und die Dysfunktionalitäten, auf die die Menschen durch kulturelle und gesellschaftliche Gewalt reduziert wurden, begegnen ihnen wieder als Vorwürfe der Dummheit, Abgestumpftheit und Animalität, vorgebracht von den Repäsentanten eben der kulturellen und politischen Macht, die die Zerstörungen bewerkstelligte. Selbst Germanisten können die hämische Wonne kaum unterdrücken, die sich in ihnen als Vertretern des superioren Bewußtseins angesichts der Dummheit und Unfähigkeiten der Knaute einstellt. Tatsächlich wird die Geschichte der Knaute oft als eine Satire auf die Kleinbürger gelesen, die Wezel der Lächerlichkeit preisgebe!

Dem Vater Knaut, den Wezel euphemistisch als „Schnecke" oder „stoische(s) Thier" (TK, 1, 6) beschreibt, war – so heißt es im Text – „durch eine frühzeitige Uebung in Beschwerlichkeiten über die Werkzeuge seiner Empfindung eine so starke Rinde gewachsen, daß ein Unglück sehr ungetüm hätte seyn müssen, um sich bis an sein Herz durchzudrängen." (TK, 1, 6) Qualen, ins Unerträgliche gesteigert, führen nicht nur zum Verstummen des Gequälten, sondern auch zu dessen „Unempfindlichkeit" (TK, 1, 7). Nur an somatischen Phänomenen wie an regelmäßigen Schweißausbrüchen Knauts ist noch zu erkennen, welchen Belastungen sein psycho-physischer Apparat bei der Absorbierung des alltäglichen Grauens ausgesetzt ist. Äußerlich scheint Vater Knaut in zufriedener Gleichgültigkeit dahinzuvegetieren. Der Erzähler kommentiert, daß eben dies der geistige Zustand ist, den „man gemeinen Menschenverstand zu nennen pflegt" (TK, 1, 4). Der Sache nach handelt es sich um eine Dauerapathie, in der sich die Seele gerade noch zu stabilisieren vermag, bevor sie vor Entsetzen in den Wahnsinn flieht. Den antiken Kynikern gleich rechnet Knaut beständig mit dem Schlimmsten und schraubt seine Ansprüche ans Leben auf das unterste Niveau hinab. Ironisch meint der Erzähler, in seiner totalen Anspruchslosigkeit hätte der alte Knaut selbst „Diogenes in seinem Fasse" beschämt (TK, 1, 8). Essen, gleichgültig was, Trinken, wenn nur etwas Alkoholisches, seine Pfeife und sexuelle Aktivität: nach mehr gelüstet es dem alten Knaut wie schon seinen Vorfahren nicht. Bieten sich exzessive Besäufnisse und Fressereien an, so sind auch die dem alten Knaut willkommen. Aufgrund der immer gleichen Unterdrückung durch das feudale System gleichen sich die Knaute wie geklonte Menschen. Sarkastisch preist Wezel die „ununterbrochene Gleichheit" der Knaute als „von dem zwölften Jahrhundert an unaufhörlich blühende(.) Familientugend" (TK, 1, 32). Mit physiologischen Vorstellungen spielend, stellt der Erzähler fest, daß bei der Armut, denen die Knaute als Dorflehrer über die Jahrhunderte ausgesetzt gewesen seien, keine von überfüllten Mägen herrührenden, „böse(n) Dünste" in ihre Köpfe aufgestiegen seien und dort Bitternis oder Ideen mit schädlichen Wirkungen hervorgerufen hätten. Weil vielmehr „in all ihren Köpfen ewige Windstille herrschte" (TK, I, 33), nennt Wezel die Knautsche Tugend „eine Tugend von guter Familie" (TK, 1, 33). Der Erzähler erklärt weiter, daß gerade Deutschland den vortrefflichen Boden für eine umfangreiche Sammlung ähnlicher Familientugenden bilde.

Bei Mutter Knaut – wie bei den anderen Frauen – hatte das Dauerelend andere Wirkung. Das hat mit Wezels Verständnis der weiblichen Natur zu tun. Er folgt hier der verbreiteten Auffassung, daß die Veränderungen, die in den Monatszyklen in weiblichen Körpern vorgehen, bei Frauen die Wirkung haben, daß Streßsituationen nicht zur Abstumpfung führen, sondern eher zu erhöhter Erregbarkeit und psychischer Instabilität. Mutter Knaut, die „würdige(.) Gattin" (TK, 1, 9), ist in jedem Fall ein „Aprilweib" (TK, 1, 9), das ist eine höchst erregbare und extrem instabile Person. „(S)ie war", heißt es, „eine von denen, bey welchen der scharfsinnigste Beobachtungsgeist und die ausgebreitetste Kenntniß des weiblichen Herzens nicht zureicht, um die Regeln, nach welchen sie empfinden, denken, und handeln, zu entdecken." (TK, 1, 9) Ihre depravierte Seele, die dem emotionalen Kretinismus des Ehepartners ebenso ungeschützt ausgesetzt ist wie allen Nöten materieller Armut, reagiert auf dieses Elend teils kompensatorisch mit überschwänglicher Zärtlichkeit, in der Regel allerdings mit maßloser

Aggressivität. Auch ihre eifrige Bibellektüre kann nicht absorbieren, was sie an Schrecklichem umgibt. Die harmloseste Manifestation ihrer Aggression sind die täglichen Schimpftiraden im sog. weiblichen „Dorfparlament“ (TK, I, 75ff), dem neben Frau Knaut eine alte Zugehfrau, die Pastorenfrau und die Kammerjungfer der gnädigen Frau zugehören. Der „Geist“, der alle Parlamentsdebatten steuert, hat die Qualität des „Neides“ oder der „Eifersucht“ (TK, 1, 80); sämtliche Personen, Handlungen oder Ereignisse, die den Gesprächsgegenstand bilden, werden schlecht gemacht, d.h. auf das inferiore Maß reduziert, das man selbst verkörpert. In inferiorisierten Ichs – behauptet der Erzähler – bilden Neid und Eifersucht, die „*vis obtrectatoria*“ (TK, 1, 81), eine seelische Elementarkraft. Im psycho-physischen Kräftespiel, dessen Studium der Erzähler unter dem Namen „Pneumatologieprojekt“ zu seinem bevorzugten Wissenschaftsprojekt erklärt, ist der Neid und die Eifersucht daher eine beständig aktive Energie. Wezel hat sich in seinen psycho-physischen Vorstellungen wohl auch von Holbachs Theorien inspirieren lassen. Bekanntlich hat Holbach die Seelenkräfte in Analogie zu den physischen Kräften expliziert und behauptet, daß die physikalische Trägheitskraft ihr psychisches Pendant in der Lust hat. Nach Wezel mutiert in Kultur und Gesellschaftssystemen, die superiore und inferiore Menschen produzieren, das Lustprinzip ins Neid- und Eifersuchtsprinzip, weil das, was zum Erreichen des Lebensgenusses nötig wäre, scheinbar immer bei den anderen ist. Bis zu einem gewissen Punkt kann der *Belphegor* als die literarische Ausführung des „Pneumatologieprojekts“ gelesen werden, insofern darin die „physischen Kräfte der Seele“ (TK, 1, 80) unter den deformierenden Bedingungen des herrschenden Diskurses in ihrem Spiel untersucht und dargestellt werden.

Sonst wird von Mutter Knaut gesagt:

> Wenn sie befahl, so zitterte alles außer dem Herrn des Hauses; und selbst die unvernünftigen Thiere hatten eine so heilige Furcht vor ihr, daß sie lieber noch einen Tag länger hungerten, als das Futter von ihren Händen annahmen (sic). (TK, 1, 11)

In diesem Haushalt wächst Tobias Knaut auf, den der Titel des Romans als „Weiser“ und „Stammler“ ankündigt. Wezel beginnt die Geschichte dieses „Weisen“ in Tristram-Shandy-Manier schon im pränatalen Stadium. Das „schwere Blut“ (TK, 1, 28) der väterlichen Erbmasse und die hysterischen Konvulsionen der schwangeren Mutter, die nach den Auffassungen der Zeit auf entscheidende Weise die

Gestalt und Körperchemie des Fötus bestimmen, machen von vornherein klar, daß der nachmalige ‚Weise' durch genetische und vorgeburtliche Deformationen geistig und körperlich so verunstaltet sein wird, daß von Weisheit keine Rede mehr sein konnte. Zugleich weist Wezel auf, weshalb die Aufklärung diesen Beschädigungen nicht abzuhelfen vermochte. An der Masse der psychisch und geistig verelendeten Bevölkerung prallen alle Appelle an einen vernünftigen Gebrauch der Vernunft nämlich schlicht deshalb ab, weil deren IQ und EQ wegen jahrhundertelanger Verkrüppelung durch die herrschenden sozio-kulturellen Formationen auf ein bereits genetisch verankertes Schwundstufenformat hinabgesunken ist. Am Scheitern Selmanns, der Tobias aufnimmt und unbesehen zum Denker zu machen sucht, zeigt sich, daß alle hochgesteckten Bildungspläne ins Leere laufen, weil sie – wie dies Friedrich der Große dem gescheiterten Reformkaiser Joseph II. vorgeworfen hat – den zweiten Schritt vor dem ersten machen: sie versäumen, dem operanten psycho-physischen Organismus die Zeit zu langsamer Regeneration zu lassen, die er braucht.

Wezels These von der momentanen Unaufklärbarkeit der Massen ist jedoch weder Ausdruck eines philosophischen Pessimismus noch einer elitären Gesinnung. Sie bezeugt nurmehr, daß für ihn die bisherigen kulturierenden Leistungen der europäischen Gesellschaft in sehr weitem Maße in der Produktion von menschlichem Schrott bestand. Aber das Aufdecken der Ursachen dieser systematischen Beschädigungen gibt ihm Hoffnung, daß Schritte zur langsamen Abhilfe möglich sind[104]. Nach der Lektüre des *Tobias Knaut* liest man jedenfalls Kants pathetische Definition der Aufklärung, sie sei „der Ausgang des Menschen aus seiner selbstverschuldeten Unmündigkeit"[105] anders. Kants Aufforderung, „sich seines Verstandes ohne Leitung eines anderen zu bedienen" (BF, 53), klingt im Lichte des Wezelschen Romans arg rhetorisch und abstrakt. Und wenn Kant dann „Faulheit und Feigheit" als die „Ursachen" nennt, „warum ein so großer Teil der Menschen, nachdem sie die Natur längst von fremder Leitung freigesprochen (naturaliter maiorennes), dennoch gerne

[104] Dazu der Aufsatz von Gerhard Sauder: „Verhältnismäßige Aufklärung". Zur bürgerlichen Ideologie am Ende des 18. Jahrhunderts. In: Jahrbuch der Jean-Paul-Gesellschaft. 9 (1974) S. 102- 126

[105] Immanuel Kant: Beantwortung der Frage: Was ist Aufklärung. In. ders.: Werke in zehn Bänden. Hrsg. v. Wilhelm Weischedel. Darmstadt: Wissenschaftl. Buchgesell. 1968, Bd 9, S. 53. Künftige Zitate im Text: Sigle BF

zeitlebens unmündig bleiben“ (BF, 53), wird man nach Wezel sagen müssen, die ‚natürliche Mündigkeit‘ sei eine ebenso krude Fiktion der klassischen Aufklärung wie die Annahme, die ‚Natur‘ befähige den Menschen, sich denkend zu orientieren. Ersichtlich hat hier der Physiologe Wezel ein tieferes Verständnis für den „Mangel des Verstandes“ als der Transzendentalphilosoph.

Was die geistigen Vermögen des Tobias angeht, so verfolgt Wezel deren Konstitutionsprozeß durch alle frühkindlichen Phasen hindurch[106]. Extensiv diskutiert der Erzähler die maßgeblichen Theorien seiner Zeit über die Rolle, die die Natur und die Erziehung in der Entwicklung von emotionalen, moralischen und kognitiven Vermögen bilden. Wezel vertritt in diesen Fragen eine Auffassung, die er an einem Vergleich mit Pflanzen wie folgt erläutert: die Natur, meint er, gebe „den Samen“ (TK, 1, 45), der alle gattungsmäßigen und ‚familienspezifischen‘ Bestimmungen der Pflanze enthalte und das Vermögen, nach der Befruchtung zu keimen. Die „äußeren Verhältnisse“ – bei Pflanzen die Bodenqualität, der Standort, die Witterung, die biologische Umwelt, in frühen Kindheiten dagegen die Ernährung, die Einrichtung der kindlichen Lebenswelt, das erzieherische Verhalten der Eltern, die Einführung in Sprache und Kultur, all dies „und vielleicht noch viele andere“ (TK, 2, 45) – bilden die primären „Nährstoffe“ (TK, 2, 45) des Bildungsprozesses. Der Wert dieser Nährstoffe ist für die Grundqualitäten des schon vor der Geburt gekeimten Samens entscheidend, nämlich für die Enge und Weite der ‚Röhren‘, die Geschmeidigkeit der Fasern und die Menge des Pflanzenmarks. Im Menschen wären dies die Feinheit und Geschmeidigkeit von Körperbau und Nervengewebe, der Grad innerer Lebendigkeit, körperlicher und geistiger Aufgewecktheit und Sensibilität sowie die Entwicklung des Gehirns mit all seinen ‚Fasern‘ und Teilzentren, von denen die intellektuellen Kapazitäten abhängen. Was immer der Pflanze nach dem Aufbau dieser elementaren Strukturen geschieht, diese bleiben konstant, regenerieren sich ständig und bilden die Bedingungen der Möglichkeiten, nach denen sich die Pflanze später zu entwickeln vermag. In einem emphatischen Appell wendet sich der

[106] In anderer Perspektive als der hier vorgelegten hat Chang-Bae Jeo in seiner materialreichen Untersuchung: Gestörte Identitätsbildung. Studien zur Gestaltung des Romanhelden und seiner Biographie in der deutschen Literatur des späteren 18. Jarhunderts. (Berlin: Köster 1993) die „gestörte Frühkindheit“ des Tobias untersucht (S. 31–35).

Erzähler des Tobias Knaut an die Eltern und ermahnt sie: „Glaubt mir, ihr lieben Eltern, ihr seyd die Eltern eurer Kinder in jedem Verstande – Eltern ihres Körpers – Eltern ihres Charakters, ihres Glücks." (TK, 1, 69)

Die familienspezifische Qualität des Knautschen ‚Samens', die Bedingungen, unter denen der Fötus im Mutterleib ‚keimte', und der Wert der ‚Nährstoffe', d.h. das häusliche Ambiente, die elterlichen Zuwendungen und die erzieherischen Stimulationen, bewirkten insgesamt, daß Tobias keinerlei Chancen hatte, je über schwundstufige Formen von seelischen, moralischen und geistigen Vermögen hinauszukommen. Was Tobias geistig zu leisten vermag, sind – wie bei seinem Vater – Nachahmen und Memorieren. Zu höheren Denkleistungen ist er nicht in der Lage. In der Tat wird der kleine Tobias keinen kindgerechten Situationen ausgesetzt, die die Entwicklung elaborierter Gehirnzentren gefördert hätten. Von fast tödlicher Monotonie und Dumpfheit, sind seine Umgebung und seine Tagesabläufe die ewige Wiederkehr des immergleichen Elends. Für Tobias gibt es nicht einmal den Zugang zu alternativen Lebenswelten in Form von Büchern: der Junge, der erst verspätet und dann nur stammelnd sprechen lernt, bleibt Analphabet. Reisen steht außer Frage. Die schmarotzenden Besucher des Herrenhauses haben mit den Dorfbewohnern keinen Kontakt. Fantasie kann sich so kaum entwickeln. Mühe hat das Kind schon, in seiner Umgebung ‚Stoffe' für seinen Spiel- und kindlichen Tätigkeitstrieb zu finden. Fast ein Glück für den Jungen ist, daß der Pfarrfamilie schließlich das Dach über dem Kopf einstürzt und das gesamte Haus auf Kosten der Kirche renoviert wird. Die Bauarbeiten am Pfarrhaus stimulieren den kleinen Tobias aus reinem Nachahmungstrieb und nicht aus Veranlagung, zugleich Pfarrer und Maurer zu spielen. Auf wie immer rudimentäre Weise schreiben sich dadurch ins Rollenrepertoire seiner Seele die Muster einer Größen- und einer inferioren Rolle ein. Tobias wird von beiden ‚Anlagen' später Gebrauch machen.

Von den Eltern gehen keinerlei Initiativen aus, um die Trostlosigkeit der äußeren Verhältnisse durch gezielte und anregende Aktivitäten zu kompensieren. Wenn der alte Knaut sich mit dem Jungen abgibt, begibt er sich mit diesem in den Schmutz des Dorfplatzes und baut Lehmhäuser. Der Ärger, den der Beiden Spiele im Lehm bei Frau Knaut hervorrufen, läßt die schmutzige Vater-Sohn-Idylle in heftiger Mißstimmung enden. Wenn es um ihre Kinder geht, sind bei Wezel die Eltern immer zerstritten. Lernt Tobias vom Vater, im Lehm zu spielen, so erzählt die Mutter, wenn sie sich mit den Kindern beschäftigt, Schauergeschichten, als möchte sie sie durch Schocks auf das Grauen des Lebens vorbereiten. Gespenstergeschichten sind hier an erster Stelle zu nennen, aber auch aus dem reichen Fundus des Aberglaubens jene Schreckenserzählungen vom Schicksal armer Seelen, die die Seelen der Zuhörer in ewige Angst versetzen. Die Grundstimmung in Tobias' Seele ist daher seit seiner Kindheit kein fröhlicher Mut, sondern eine latente Furcht, die bei dem geringsten Anlaß offen ausbricht.

Keine emotionalen Zuwendungen vermitteln dem Kind, daß es die Erfüllung eines Elternwunsches ist und als Person geachtet und geliebt wird. Keine Zärtlichkeiten der Eltern stimulieren im verunstalteten Körper des Jungen Körperlust und Sexualität. Vielmehr gestaltet Mutter Knaut die seelische Innenwelt ihres Sohnes zu einer gruseligen Geisterbahn aus. Für Wezel ist dies für die seelische Befindlichkeit der Unterschicht nicht untypisch. Die beständig mitgeführte Angst verhindert jede Form geistiger Mündigkit und schafft die Bereitschaft, sich in die Macht eines großen Andern zu begeben, der – gleichgültig ob Gott oder Fürst oder Bischof genannt – Schutz verspricht. Unterm Einfluß der fantastischen Schreckensgeschichten wird Tobias daher zu dem Stoff, aus dem die Untertanen sind. Er wird zeitlebens nach einem Führer suchen oder die Führerschaft anderer anerkennen, mit anderen Worten: er bleibt ein unmündiges Kind.

Die Sprechakte, denen Tobias elterlicherseits zumeist ausgesetzt war, sind Befehlen, Verhören, Beleidigen und Bestrafen. Dabei überflutet vor allem die Mutter in ihren Zornaufwallungen den Sohn mit so vielen sinnlosen Fragen, daß das kleine Gehirnorgan bei diesen akustischen Orkanausbrüchen in Panik und Schock gerät. Nachdem wieder einmal ein derart beleidigender Frageschwall im Inneren des Jungen ein Gedankenchaos hat entstehen lassen, erklärt der Erzähler:

> Wirklich konnte auch der gute Bube bey einem solchen inneren Lärme, und aus großer Bemühung alle Fragen auf einmal zu beantworten, gar keine beantworten, sondern blieb, wenn er mit verwirrtem Gesichte seine Examinantin eine Zeitlang angestaunt hatte, sprachlos stehen, oder fuhr in seiner vorhabenden Beschäfftigung (sic) ungehindert fort, bis ihre Hände durch einige Hiebe ihm das fernere Nachdenken über den Sinn ihrer Fragen ersparten, und seine ganze Person an einen anderen Ort durch einen Stoß versetzten. Im öftersten ereigneten sich dergleichen Auftritte im Geschmacke des italiänischen Theaters, bey Gelegenheit seiner Lieblingszeitvertreibe. (TK, 1, 43f)

Es sind dies die „äußeren Verhältnisse", die, statt Nährstoffe zur Zerebralisation eines zum Denken aufgelegten und befähigten Gehirns zu sein, „einen wirklichen Knaut aus ihm" machten (TK, 1, 42).

Die stark reduzierten geistig-seelischen Kapazitäten der Knaute benutzt Wezel allerdings auch, um an derart restringiertem Denken, Fühlen und Handeln aufzuzeigen, wie Bewußtseinsabläufe, emotionale Prozesse und ihre Umsetzung in Tätigkeiten funktionieren. Die Ohrfeigenepisode wurde schon früher genannt. Der Kretin Tobias hat im Roman daher eine mehrfache Demonstrationsfunktion: an ihm wird aufgezeigt, zu welch verkrüppelten Formen des Humanen Menschen im deutschen Kulturraum zugerichtet werden, die auf ländlichen Adelsdomänen leben; er ist zweitens, wie die Statuen in Condillacs und Bonnets philosophischen Abhandlungen, das „Geisterskelett" (TK, 1, 24), an dem der physiologische Moralist und Philosoph Wezel den Aufbau der geistigen Welt in „medicinische(m) Gewande" vorführen kann, und an ihm wird schließlich gezeigt, was geschieht, wenn ein defizientes Bewußtsein phantasmatischen Bildungsunternehmungen ausgesetzt wird, für die es nicht die zerebralen Voraussetzungen besitzt. Um die Differenz zwischen den Mängeln des faktischen Zustands und dem Bilde, das auf der Folie der kulturellen Abbildungen erscheint, herauszuarbeiten, benutzt Wezel das literarische Verfahren der unangemessenen Analogien und kontrafaktischen Syntagmen: er benutzt z. B. das Adjektiv ‚weise' im Zusammenhang mit Tobias oder die Substantive ‚Philosoph', ‚Tugendhaftigkeit' oder ‚Stoiker' im Zusammenhang mit Tobias' Vater oder den Begriff ‚Dorfparlament' als Bezeichnung der Zeterstunde der Frauen. All diese Syntagmen und metaphorischen Substitutionen indizieren nicht, was der ‚Fall' ist, sondern was nicht der ‚Fall' ist, von manchen aber, die keinerlei Interesse an den wirklichen Sachverhalten haben, gern als Wirklichkeit angesehen wird. Wezels Satire richtet sich, wie mir scheint, weniger gegen die Personen seines Romans, sondern gegen die Diskurse, die deren Befindlichkeit mit Vokabularen beschreiben, die das, was vorliegt, beschönigen und verhüllen. Nicht die Wissenschaft vom Menschen ist, wie in der Wezelliteratur beständig beteuert wird, eine „traurige Wissenschaft"[107], was vielmehr in Depression und Trauer versetzt, sind die Entdeckungen der Wirkungen diskursiver Zurichtungen des Menschen sowie die Entdeckung der Strategien, mit denen die vom Diskurs Privilegierten die Effekte der Diskurse und damit ihr eigenes Treiben kaschieren.

---

[107] In Vertretung vieler anderer sei hier nochmals auf Kremers Untersuchung verwiesen, insbesondere auf das Kapitel: „Traurige Wissenschaft des Menschen. Verlust eines positiven Menschenbildes".

Der erste Band erzählt die Geschichte des Tobias bis zum verärgerten Verlassen des Elternhauses, eine Situation, die der Erzähler benutzt, um eine ingeniöse Theorie des Ärgers zu entwickeln und um im Rahmen dieser Theorie das gesamte „Gedankenspiel" (TK, 1, 203) vorzuführen, das zu Tobias' unsinnigen Entschluß führte, wegzulaufen und Soldat zu werden. Tobias hatte ein Gespräch seiner Eltern mitgehört, in dem sie sein Leben verplanten. Während die Mutter beschlossen hatte, daß Tobias Pfarrer werden sollte, hatte der Vater für den Jungen vorgesehen, Soldat zu werden. Da, das weiß Wezel wie kein anderer, inferiorisierte Söhne ihre Mütter hassen, beschließt der Junge spontan und trotz der früheren Pfarrerspiele dem Willen des Vaters zu folgen, obwohl sich in ihm kaum ein Mehr an Vernünftigkeit objektiviert. Um dem vorhersehbaren Sieg der Mutter über den väterlichen Willen zuvorzukommen, beschließt der Junge ferner, sein Elternhaus schleunigst und heimlich zu verlassen. Sichtbar wird bei dieser Analyse vor allem, daß in primitiven Denkmaschinen Entschlüsse nicht vernunftgeleitet, sondern zufällig sind, oft in panischen Zuständen zustandekommen und dann die Form einer fixen Idee haben, die sich hartnäckig erhält. Wo derart fixe Ideen die Denkmaschinen blockieren, können Lernprozesse kaum stattfinden. Mit seiner fixen Idee besteht der ‚Tor' auf seiner Weltfahrt mehr schlecht als recht eine Reihe von Abenteuern. Der Erzähler beweist an ihnen ironisch, daß das Leben „eine schwere Kunst" (TK, 2, 37) ist, die „am besten" von dem betrieben wird, „der sie nie gelernt hat" (TK, 2, 37). Durch solch offensichtlich ironisches Reden gewarnt, geht der Leser nicht den Irrtümern auf den Leim, die der Erzähler aus dem Füllhorn der zeitgenössischen A-la-mode-Philosophien verstreut. So etwa, wenn an Tobias' geistiger Unbedarftheit der ‚Nachweis' erbracht wird, daß die Natur „eine viel bessere Mutter, als die Philosophie" (TK, 2, 38) sei.

Tatsächlich zeigt sich von Beginn an, daß Tobias durchs Leben eher ‚katastropht', ohne mit sich selbst und den andern umgehen zu können. Tobias verfügt zwar über alle Sinne, aber nicht über das Vermögen der „Aufmerksamkeit", das ihn befähigte, eine situations- und interessenangemessene Selektion des Datenstroms vorzunehmen, den er aufnimmt. Tobias bewegt sich daher durch das Leben wie ein Analphabet durch eine Bibliothek. Er ist sehend blind, hörend taub und, obwohl mit Tastsinn versehen, empfindungslos. Dies zeigt sich in der Episode mit der diebischen Zigeunerin. Die Verführungskünste der üppigen Schönen verfangen an Tobias nicht, weil der nie sexualisierte Junge sexuell nicht ansprechbar ist. Vergebens drückt die „weibliche Substanz“ (TK, 2, 19), wie Wezel die Gaunerin in ironischer Anspielung auf die rationalistische Ontologie bezeichnet, die Hand des Tobias an ihre nackte Brust, nachdem sie beim Raub ertappt worden war. Tobias greift weder zu, noch begreift er die diebischen Absichten der Frau, noch daß sie ihn durch Verführung von ihnen abzulenken sucht. Als die Diebin sich dem Soldaten *in spe* als Soldatenwitwe präsentiert, gibt ihr Tobias in einem Akt vorauseilender Solidarität die oberste Lage seiner Kleider und verspricht ihr die restlichen, sobald er Soldat geworden sei. In vorauseilender Entgegennahme bemächtigt sich die schlaue Zigeunerin unverzüglich all seiner Kleider, als Tobias in einem Teich ein Bad nimmt.

Das unwillkürliche Zustandekommen seiner Gedanken und Handlungen aufgrund von Ideenassoziationen, die allein Wortassoziationen sind und jeden Bezug zum Realen vermissen lassen, setzt sich bei Tobias in allen späteren Situationen fort. Was tatsächlich ‚Sache‘ ist, begreift Tobias nie. Ersichtlich ist für Wezel der Haupteffekt der Verkümmerungen der operanten Lebenssysteme die Unfähigkeit des Bewußtseins, sich in Form eines offenen Interaktionsspiels möglichst sachadäquat und nach Maßgabe einer bestehenden Interessenlage auf die äußere Wirklichkeit einzulassen. Unbegriffen erhält selbst die simpelste Wahrnehmung den Wert eines Rätsels, dessen Auflösung Tobias zu divinieren hat. Sinnsuchend erbaut sich der junge Kretin aus dem geringen Archiv seiner assoziierten Ideen wechselnde Wort-Welten, die mit der wirklichen Welt nichts zu tun haben. Die Kluft zwischen eingebildeter Welt und wirklichem Leben vermag, wenn einmal aufgebrochen, Reflexion kaum mehr zu schliessen. Im Falle des Tobias fehlen eh die gedanklichen Werkzeuge, um solche Kontrolloperationen in Formen durchzuführen, die den Namen einer Reflexion verdienen. Tobias lebt daher in einer Art von Gefangenschaft in sich selbst, einer Form von Autismus, in dem das isolierte Ich mit einem unzureichenden Ideenvorrat und einer desolat ausgestatteten „Gedankenwerkstatt“ auskommen muß.

Nicht zufällig erörtert Wezel gleich zu Beginn des zweiten Bandes das Vermögen der „Einbildungskraft“. Die Einbildungskraft ist die Fähigkeit, die den unablässig Gedanken produzierenden Bewußtseinsapparat von der Abhängigkeit äußerer Stimulation befreit und die ihm erlaubt, mit den Daten, die er aufgenommen hat, denkend und fantasierend umzugehen. Die Einbildungskraft ist also das Vermögen, das den Menschen befähigt, sich von der Empirie zu lösen, und das bewirkt, daß die empirischen Daten zum Gegenstand eigentlich gedanklicher Arbeit werden können. Dabei sind verschiedene Modi zu unterscheiden, in denen die Einbildungskraft tätig ist. Der schlichteste ist der unbewußte Gedankenfluß, in dem die Lebensgeister den assoziierten Ideen entlanggehen und sie zu willkürlichen Gedankenketten kombinieren. Elaborierter ist die Tätigkeit der Einbildungskraft, die von einem Wunsch in Gang gehalten wird und Wunschfantasien herstellt. Schließlich spielt die Einbildungskraft als Problemlösungsfantasie auch beim bewußten Nachdenken eine heuristische Rolle, indem sie durch die Neukombination von Ursache-Wirkungsverhältnissen neue Erklärungshypothesen generiert. Anders als beim Aufmerken und Beobachten spielen sich alle von der Einbildungskraft produzierten mentalen Ereignisse innerhalb des Bewußtseinsapparats ab. Es bedarf deshalb bestimmter Kontrollen, um festztstellen, ob die Welt, die sich im gedankenproduzierenden Kopf bildet, mit der Wirklichkeit in einem Verhältnis steht, das etwas taugt. Im Bewußtsein gibt es jedoch keinen Mechanismus, der solche Kontrollen automatisch auslösen würde. Das Ich kann sich, wie am Tobias vorgeführt, daher durchaus „in den eigenen vier Wänden" aufhalten und den Kontakt zur Außenwelt auf ein Minimum reduzieren. Dazu ist das Ich gezwungen, wenn ihm nicht zugestanden wurde, alle Potenzen eines erwachsenen Bewußtseins zu entwikkeln, aber es kann auch einfach der Neigung zu solchen Rückzügen aus dem Wirklichen nachgeben, wenn die Außenwelt für das Ich psychisch und physisch allzu unwirtlich ist.

In der Beschreibung der empfindsamen Adelsfräulein Adelheid und Kunigunde, die den beraubten Tobias aufnehmen, zeigt Wezel, daß nicht nur der Kretin Tobias außerstande ist, in der Wirklichkeit anzukommen, sondern daß die gesamte, hochelaborierte Kultur der Empfindsamkeit im Wirklichkeitsfeld des Imaginären zuhause ist. In den Seelen der beiden jungen Damen hatte die Erziehung zu sozialen Tugenden, die im 18. Jahrhundert Dogma war und bis in Adelskreise hinein Anerkennung gefunden hatte, eine immense Mitleids- und Liebesbereitschaft hergestellt. Die praktische Applikation der neuen moralischen Sensibilität mußte für die luxurierende Aristokratie freilich in engen Grenzen gehalten werden, in den Grenzen etwa, in denen sich die Freigebigkeit, Liebes- und Hilfsbereitschaft der Reichen bis heute bewegen. Derart limitiertes Gutsein und Lieben bedarf einer Ergänzung durch die Fantasie, um die eng gezogenen Grenzen der Liebespraxis verdrängen und sublimieren zu können. In den fiktiven Ausgestaltungen des eigenen Gutseins entfaltet sich das Mitleiden nicht mehr an realen Ereignissen und Personen, sondern an Eingebildetem und Gespieltem. In solchen Inszenierungen der sozialen Tugenden verlagert sich das Sittliche unversehens vom Feld der Pflichten aufs Feld der Neigungen, der Lüste – und der schlechten Reime. Als die „allerliebste(n), zuckersüße(n), ätherische(n) Seelchen" (TK, 2, 47) den nackten Tobias entdeckten, waren sie gerade zugange, eine Trauerode auf den Tod eines Schmetterlings zu verfassen. Ihr Dichten gehört nach Auskunft des Texts zu „jene(r) neue(n) Einrichtung in der Dichterwelt" (TK, 2, 66), in denen der Reim die alte Funktion der nützlichen, weil anwendbaren Gedanken übernommen hat. Im Vollzug dieser Neu-Einrichtung haben die dichterischen Liebes-Klang-Reden allen Ballast von wirklichkeitsbezogenen Ideen abgeworfen. Das In-Gedankengutsein wird auf diese Weise in der Tat zu einem Schönen und Lustvollen, allerdings nur für den, der sich in schönen Reimen als guter Mensch fantasiert.

Das Bedürfnis, sich in moralischen Liebesfantasien zu derealisieren, ließ einen immensen Bedarf an fiktiven Szenarien entstehen, in denen man sich verliebt und mitleidsvoll ‚spielen' konnte. Dieser Bedarf wurde von der Branche vermarktet, deren Geschäft eh die phantasmatische Befriedigung von Bedürfnissen ist. Der Buchhandel des 18. Jahrhunderts veröffentlicht einen Roman nach dem anderen, der von ‚guten' Menschen lustvoll gelesen werden konnte, weil er ihnen Gelegenheit bot, ihre Liebes- und Mitleidsfähigkeit lesend ebenso billig wie genußreich in Tätigkeit zu setzen. Adelheid und Kunigunde werden aus eben diesem Grund zu passionierten Leserinnen. Durch den Kulturbetrieb mit immer neuen Ausstattungen ihrer empfindsamen Traumwelten versorgt, siedelten sich beide so im Literarischen an, daß ihr Leben selbst zur ‚imitatio' der Dichtung mutierte. Spöttisch bemerkt der Erzähler:

> Sie hatten aus dem Kerne aller älteren und neuern Romane, und aus den zierlichen französischen und deutschen Ammenliederchen auf den Amor, auf alle Rosen in und außer Deutschland, und andre dergleichen empfindungsreiche Gegenstände zur Nahrung ihres Geistes die Essenz herausgezogen, und diese Nahrung so sehr in ihre Substanz verwandelt, daß ihr ganzer Geist nichts, als ein anakreontisches Liedchen, und ihr ganzes Leben ein Roman war. (TK, 2, 48)

Gefangen in einer literarischen Geisteskindlichkeit wird ihr gesamtes Leben auf das Spielen von literarischen Rollen reduziert, die nichts mit ihren wahren Empfindungen und Gedanken zu tun haben. Im Zusammenhang mit der gezierten Keuschheit der jungen Frauen weist der Erzähler eigens daraufhin, daß diese Zurschaustellung des allerkeuschesten Verhaltens ein Indikator dafür ist, daß ihr Herz, zu echter Liebe unfähig, voll verborgener, obszöner Gedanken steckt. Alle gezierte Tugend funktioniert nach Wezel – darin bestehen interessante Parallelen zwischen ihm und de Sade – als die gespielte Abwehr des Wunsches, dem bösen Verführer ausgeliefert zu werden. Dies indiziert Wezel in der Lebensgeschichte der Adelheid dadurch, daß er die junge Frau am Ende des Romans als Faustine und ‚empfindsame' Hure im Bordell landen läßt.

Als Kontrastprogramm zu den beschädigten Bewußtseinsformen, die sich von der Wirklichkeit absentieren, läßt Wezel seinen Tobias auf der nächsten Station seiner Abenteuerfahrt bei einem alten Bauernpaar landen, dessen Seele und Geist sich trotz der Verhältnisse, unter denen sie lebten, – frei nach Pythagoras – ‚auf der rechten Bahn halten' konnten. In seiner „Schilderung einer glücklichen armen Familie" (TK, 2, 116) gibt Wezel seine Lebenskunstlehre in einer positiven und bäuerlichen Version. In ihr zeigt sich, daß zur Vorbedingung eines gelungenen Lebens weder materieller Wohlstand noch die Abwesenheit von Unglück, noch ein elaboriertes Reflexionsvermögen gehören. Entscheidend ist vielmehr, daß die Systeme des psycho-physischen Apparats im Wirkungsfeld jenes lebenszugewandten Prinzips operieren, das allem Leben ursprünglich eigen ist und das der alte Bauer „fröhlicher Mut" nennt. Der alternde Mann, dem zwei gebrochene Beine Zeit zu geschwätzig-genießerischer Selbstlebensbeschreibung geben, faßt seine Philosophie in der Maxime zusammen:

> Sey immer frölichen Muths! …, deswegen hat dich Gott auf die Welt gesezt, daß du frölich seyn sollst; und wers nicht ist, der ist nicht werth, daß ihn Gott hingesetzt hat." (TK, 2, 121f)

Die Kardinaltugend des „fröhlichen Mutes" zielt ersichtlich darauf ab, aus dem diesseitigen Leben ein erfülltes zu machen. Sie wird begleitet von einer zweiten, gleich wichtigen Disposition: der positiven Einstellung zum Arbeiten. Dies ist so zu verstehen: die physiologische Betrachtung des Menschen geht von vitalen Kräften und Energien aus, die sich in Tätigkeiten äußern. Tätig zu sein ist daher das Grundbegehren aller belebten Materie. Der Trieb, tätig zu sein, kann in den jeweiligen Entwicklungsphasen des Menschen in unterschiedlicher Gestalt Befriedigung finden. Da der Mensch sich nur arbeitend am Leben erhalten kann, hat die Natur den menschlichen Empfindungshaushalt so eingerichtet, daß beim erwachsenen Menschen das Arbeiten zu den befriedigendsten Formen des Tätigseins gehört. Während Schillers ästhetisch erzogener Mensch nur Mensch ist, wenn er spielt, ist Wezels erwachsener Mensch nur Mensch, wenn er arbeitet. Damit, daß im derealisierten Bewußtsein der Tätigkeitstrieb nicht wirklich befriedigt werden kann, erklärt Wezel die desparate, zum Selbstmord neigende Gemütslage seiner ‚genialen' Altergenossen, deren Talent, Bildungswissen und Drang zu Großtaten in einem umgekehrt proportionalen Verhältnis zu ihrer Fähigkeit standen, sich arbeitend in die Lebensprozesse ihrer Zeit zu integrieren. Im *Tasso* hat im übrigen Goethe auf unüberbietbar klare Weise diese Problematik literarisch behandelt.

Das Arbeiten leistet daher einen elementaren Beitrag zur Erfahrung eines sinnvollen Lebens, und zwar nicht, weil der arbeitende Mensch den Auftrag eines transzendenten Gottes ausführt, sondern weil nur durch die Beteiligung an den elementaren Lebensprozessen, deren Ziel die Sicherung, Erhaltung und Reproduktion des Lebens ist, das Leben als lebendiges erlebt werden kann. Alle Substitionen der Arbeit durch höhere Sinnressourcen verweisen auf die fundamentale Dislozierung eines Bewußtseins, das in der Welt und im Leben keine Bleibe mehr hat. Daß Arbeit sinnvoll ist, setzt freilich voraus, daß der Ertrag der eigenen Arbeit nicht gewaltsam von anderen angeeignet wird. Dies erklärt, weshalb Menschen, die gezwungen sind, in Ausbeutungsverhältnissen zu arbeiten, auf eine transzendente Sinnquelle angewiesen sind, bzw. psychisch verkommen oder ständiger Ablenkungen von der Arbeit bedürfen. Unter den Bedingungen der Ausbeutung verliert die Arbeit den Sinn, der ihr ursprünglich immanent ist.

Lange bevor Marx die Bedeutung der Arbeit in der Geschichte und im Leben der Menschen erkannte, hatten die Philanthropen im 18. Jahrhundert den Wert der Arbeit begriffen und emphatisch hervorgehoben. Bei ihnen führt diese Erkenntnis zum pädagogischen Prinzip der „Erziehung zur Industrie". Die Produktionsverhältnisse und die Verteilung des erarbeiteten Reichtums stehen bei den Philanthropen allerdings nicht zur Debatte. Die „Erziehung zur Industrie" hat daher die Eingliederung der Menschen unter die Arbeitsverhältnisse zum Ziel, wie sie in der frühkapitalistischen Guts-, Heim- und Manufakturarbeit herrschten. Wie im *Tobias Knaut* in der Eupator-Episode deutlich wird, war Wezel entschieden gegen derartige Dressuren zur Arbeit, da sie die Reflexion auf die konkreten Produktionsverhältnisse systematisch verhindern. Andererseits war Wezel auch gegen die Pädagogik der bürgerlichen Klein-Familien, die Kindheiten von aller Arbeit isolierten. Am Beispiel der bäuerlichen Arbeit zeigt Wezel, daß Höfe freier Bauern zwar eine durch die feudalen Verhältnisse gefährdete, aber integrierte Lebensformen bildeten, in der das Leben aller Mitglieder von der gemeinsam ausgeführten Arbeit bestimmt war. Kinder wurden früh ins Arbeiten eingeführt, indem sie die Tätigkeiten ihrer Eltern nachahmend lernten und sich damit identifizierten. Der Effekt solchen Identifizierens ist, daß die Arbeit grundsätzlich gern getan wird. Der alte Bauer beteuert jedenfalls: „Ach, die Arbeit ist gar ein gutes Ding! Ich habe sie in meinem Leben allzeit gern gethan! (TK, 2, 138)

Ausgerüstet mit fröhlichem Mut und dem freudigen Willen zur Arbeit, verfügt das Bauernpaar über ein psychisches Dispositiv, dessen Haupteffekt die Produktion zuversichtlicher Gedanken und Empfindungen und ein intuitives Engagement im Leben selbst sind. Das „Prinzip Hoffnung“, das in diesem Bewußtsein herrscht, steht freilich mit dem „Geist der Utopie“ in keinerlei verwandtschaftlicher Beziehung. Seine bescheidene Devise ist vielmehr: „zeitlebens ist doch noch niemand unglücklich gewesen; es wird dir gewiß wieder gut gehn“ (TK, 2, 141). Ersichtlich ist Wezels „Prinzip Hoffnung“ unendlich bescheidener als das Ernst Blochs, der dem zukunftsgerichteten Denken ein umfangreiches philosophisches Werk gewidmet hat. Wezels „fröhlicher Mut“ antizipiert nurmehr das Ende von Unglücksserien, die jeden Menschen heimsuchen können. Aber gerade im Anvisieren derart realistischer Ziele liegt bei Wezel die Chance und das Geheimnis des Glücklich-Seins.

Herauszuheben ist hier, daß der Lebensverlauf von Wezels „glücklichen“ Bauern alles andere als idyllisch und harmonisch war. Große Teile ihres Erwachsenenlebens waren sie von den Nachstellungen bigotter Pfarrer, den Anfeindungen nachtragender Bauern, den Intrigen geiler Adligen und den Einmischungen törichter Mütter aufs allerschlimmste heimgesucht. Erst spät vermacht ihnen ein reuiger Würdenträger der Kirche sein Gütchen und verschafft ihnen die Chance, ihr Leben in einiger Sicherheit, Unabhängigkeit und bescheidenem Wohlstand zu leben. Was die Nachstellungen von Seiten der Geistlichen angeht, die dem Paar das Leben zur Hölle machen, so ist festzuhalten, daß Wezels Bauern keineswegs a- oder antireligiös sind. Ihr ‚Gott‘ freilich hat noch nicht der Welt den Rücken gekehrt und den Weg in jene Transzendenz genommen, in der die Gottheiten der modernen Weltreligionen zuhause sind. Ihr Gott personifiziert vielmehr die positiven Lebensenergien und jene vitalen Kräfte, die sich im Vollzug, nicht in der „Überwindung“ des Lebens äußern. Für die Vertreter der neuen transzendenten Religionen ist dieses frühreligiöse Gottesverständnis verfolgungswerter Aberglaube.

Daß das alte Bauernpaar in den real bestehenden Verhältnissen alle Nachstellungen und Verfolgungen psychisch, geistig und körperlich unbeschadet überstanden hat, ist eine Unwahrscheinlichkeit. Daran läßt der Roman keinen Zweifel. Das verweist erstens darauf, daß das Bauernpaar unter den gegebenen lebensweltlichen Bedingungen die Ausnahme, nicht die Regel repräsentiert. Zweitens macht das Exzeptionelle ihres jetzigen Lebens darauf aufmerksam, daß das Leben in der frühen agrarischen Ökonomie und Kultur unter Bedingungen stattfand, in denen ein unbeschädigtes Leben die Regel hatte sein können. Die Verhältnisse, die in Wezels Bauerngeschichte vorliegen, sind in der Tat in kulturanthropologischer Hinsicht bemerkenswert. Wir wissen nämlich, daß in den ersten Phasen der menschlichen Kulturentwicklung die Menschen als kleine, vagabundierende Jäger- und Sammlerhorden zusammenlebten, in denen Männer und Frauen weitgehend getrennt lebten und göttliche Kräfte auf eine Weise verehrten, die wir Magie nennen. In der zweiten Phase lebten die Menschen in größeren Stämmen in der Weise miteinander, daß die Frauen Gartenbau trieben, während die Männer weiterhin jagten. Da die Erträge der Gartenarbeit die Erträge der Jagd bei weitem übertrafen, entwickelten sich in dieser Phase jene matriarchalischen Formen des Lebens und der Gottesvorstellungen, deren Vorzüge heute wiederentdeckt wurden. Die für die Moderne entscheidende Wende der Kultur- und Gesellschaftsentwicklung kam erst mit der zweiten Phase der Agrargesellschaft, die den Gartenbau ablöste. In ihr übernahmen die Männer die Feldbestellung unter Zuhilfenahme von Zugtieren, während die Arbeit der Frauen auf das Haus und die Kinderaufzucht eingeschränkt wurde.

Der entscheidende Nebeneffekt dieser Umgestaltung der Produktionsformen ist jedoch, daß die neue Agrarwirtschaft zum ersten Mal in der Geschichte der Menschheit eine Überproduktion an Nahrungsmitteln schuf, die Arbeitskräfte freisetzte, bzw. Arbeitslosigkeit produzierte. Ein Teil der freigesetzten Arbeiter widmete sich der Herstellung der neuen, technisch aufwendigeren Produktionsmittel, ein anderer dem Austausch und der Distribution der Güter, die die Handwerker herstellten oder die die agrarischen Betriebe nicht selbst benötigten. Das heißt, es entstand das Handwerkertum und der neue Stand der Kaufleute. Zu gleicher Zeit entwickelte sich aus dem Rest der Arbeitslosen jedoch eine Kriegerkaste, die sich als Beschützer der Arbeitenden verdingte, bald aber zu deren Beherrschern wurde und in Eroberungskriegen jene neuen großen Staatsgebilde schuf, die die alten Stammesverbände ablösten. Zugleich entwickelte sich ebenfalls aus dem Kreis der von der Arbeit ausgeschlossenen Menschen eine Priesterkaste, die die alten Schamanen ablöste und ihr neues Amt durch die Erfindung transzendenter Gottheiten legitimierte, zu der die Menschen nicht mehr im tätigen Vollzug des Lebens, sondern nur durch die Vermittlung von Priestern in Kontakt standen.

Alsbald gingen die neue Herrscher- und die Priesterkaste eine ‚Heilige Allianz' ein, die auf einen Schlag die Arbeitenden zu Untertanen und geistigen Mündeln, sowie die werktätige Arbeit zu einer inferioren Tätigkeit machte. Sie bedurfte nunmehr einer spirituellen Ergänzung, um nach dem Eingeständnis einer Schuld zumindest als göttliche Strafe sinnvoll ausgeführt werden zu können. In Kafkas Roman *Der Prozeß* könnte diese ebenso absurde wie fundamentale Umorganisation des Lebens unter den Bedingungen der Moderne reinszeniert worden sein.

Damit hatten sich die kulturellen und gesellschaftlichen Verhältnisse eingestellt, durch die alle Formen des höheren und inferiorisierten Lebens entstanden. Das Gesetz, auf dem die neuen Staatsgebilde und Weltreligionen aufruhen, schreibt vor: Du sollst in den Arbeiten, deren unmittelbares Ziel die Erhaltung und Reproduktion der Menschheit ist, keinen ausreichenden Sinn finden. Damit wurde den Mitgliedern der neuen Kulturen und Gesellschaftsformationen der Zugang zur einzig wirklichen Sinnquelle verschlossen. Seiner Wirkung nach besagt dies Gesetz auch: Du sollst nicht erwachsen werden. Per kulturellem Dekret wird ausreichender Sinn nur noch in den Geschäften der Macht und des Geistes anerkannt, also bei den Untaten jener Großmenschen, die historisch als Helden und Heilige oder als Herrscher und Priester oder als Staatsmänner und Dichter und Denker erschienen.

Diese Grundgesetze haben für Wezel bis in seine Zeit nichts an ihrer normierenden Kraft eingebüßt. Die Wiederentdeckung des Landlebens und der ländlichen Arbeit sowie die Rehabilitation der Arbeit im Rahmen der industriebürgerlichen Volkspädagogik schienen ihm Anlaß zur Hoffnung zu sein, daß die Herrschaft der unnatürlichen ‚Zwillinge', die als Krieger und Priester aus den Folgeproblemen der Agrarrevolution hervorgingen und die allem immanenten Lebenssinn ein Ende machten, zu Ende kommt. Zu dieser Hoffnung berechtigte weiterhin, daß die Herren über Staat und Kirche ihr Zusammenleben nicht harmonisch zu gestalten vermochten. Vielmehr stritten sie sich meist über die Hierarchien innerhalb ihrer Superioritäten. Die Situation verkomplizierte sich zusätzlich, als sich neben den zerstrittenen Fürsten und Priestern in den Gelehrten und Philosophen ein neuer Stand etablierte, der Anspruch auf eine höheres Wissen erhob. Im Verlauf dieser Auseinandersetzungen verhunzten sich die Mitglieder der höheren menschlichen Spezies ihre Überlegenheitsansprüche gegenseitig so gründlich, daß die Aura, die sie mit viel Aufwand um sich gebildet hatten, verblaßte. Zunehmend vermochten die inferiorisierten Untertanen die Herrschaft weder des politischen noch des geistigen ‚Adels' anzuerkennen. Vielmehr entdeckten sie in dem, was sie an Arbeit leisteten, mehr Sinn als in den gepriesenen Großtaten, bzw. Gottesdiensten, bzw. Erkenntnissystemen der Herrenmenschen. Interessant ist, daß nicht nur am Ausgang des 18. Jahrhunderts sich die Menschen von den Geschäften der Mächtigen und der Würdenträger des Geistes mit Verachtung abwandten, sondern auch am Ende des 19. Jahrhunderts. Dieser Prozeß ist besonders deutlich in Gottfried Kellers *Der grüne Heinrich* zu verfolgen. Um die Wenden beider Jahrhunderte entfalteten sich jedoch hektische Kulturtätigkeiten, um einen neuen, höheren Menschen wiederzuerfinden. Die Vorstellung, es wäre um die Menschheit besser bestellt, wenn sie die Staaten und die Religionen abschaffte und eine internationale Schar von Werktätigen bildete, hat sich allerdings als subversive Idee im Sozialismus erhalten.

In Wezels glücklichen Bauern erhielt sich jedenfalls trotz aller Regelungen des hegemonialen Diskurses das archaische Wissen am Leben, daß die werktätige Arbeit, wenn sie von Ausbeutung und kultureller Degradierung befreit würde, eine Vollzugsform des Lebens bildet, die weder auf staatliche Herrschaft noch auf kirchliche oder philosophische oder ästhetische Weihen angewiesen ist, um als sinnvoll erlebt zu werden. Wezel erzählt dieses Überleben eines archaischen Wissens in Gestalt des ‚Sieges' eines Bauernpaares über die Verfolgungen von Adel und Kirche, sowie über die verblendeten Mitgliedern der eigenen Klasse. Das Vertrauen des Paares ins Leben und seine Liebe zueinander, zu ihren Kindern und zur Arbeit hielten dabei die ursprünglichen und gesunden kognitiven und emotionalen Operationsformen ihres Geistes und ihrer Seelen lebendig. Deren natürliche Anlage macht sie zwar nicht zu gebildeten, aber zu lern- und liebesfähigen Menschen. Sie sind ebenso kompetent als Liebende und Lebenspartner wie als Eltern und Bauern. Was speziell den ‚Eros' der beiden Bauersleute angeht, so hat er keine platonisch-anamnetische Funktion, durch die das Gegenwärtige durch ein Vergangenes veredelt, idealisiert oder vergöttlicht würde. Ihre Liebe ist vielmehr gegenwärtig, sinnlich und praktisch zugleich. Die Beziehung, in der beide leben, produziert Freude und Lebensakzeptanz nicht nur in den Augenblicken, in denen man gemeinsam „die Wonnen des Lebens" genießt, sondern sie läßt alle Not und alles Leiden, die den beiden zustoßen, als Teile des von beiden gemeinsam gelebten und deshalb geliebten Lebens ertragen. Tobias wird aufgefordert, bei ihnen zu bleiben, vorausgesetzt, er sei bereit, seinen Beitrag zur Erhaltung der kleinen Gemeinschaft zu leisten. Der „weise" Tobias hat jedoch zur Welt der Arbeit ebensowenig einen Zugang wie zur Welt des Wissens. Er lehnt die Einladung zum Mitarbeiten dankend ab und verläßt das Bauernpaar und dessen Kinder, so schnell er nur kann.

Daß das glückliche Bauernpaar nur eine Zwischenstation in der unglücklichen Abenteuergeschichte des Tobias ist, scheint mir darauf hinzuweisen, daß Wezel in Leipzig die Vorboten einer Transformation der Agrargesellschaft in eine industrielle Gesellschaft beobachten konnte und sich offensichtlich klar darüber war, daß der intellektuelle Regreß auf jenes frühagrarische Leben Gefahr lief, eine höchst unzeitgemäße Utopie zu bilden.[108] Er empfiehlt in jedem Fall die Geschichte der Bauern nicht zur Nachahmung, vor allem nicht zu einer jener Nachahmungen, in denen sich nicht nur Philosophen wie Rousseau, sondern auch Königinnen wie Marie Antoinette gefielen. Der *appeal* des bäuerlichen Lebens scheint im übrigen bis heute für bestimmte Intelligenztypen nahezu unwiderstehlich zu sein.

Wezel läßt seinen Tobias nicht auf dem Land enden. Eine viel längere Heimstatt findet er bei der zweiten Hauptfigur des Romans, Selmann. Während sich in der Darstellung der Knaute Wezels Beobachtungsgabe am inferiorisierten Leben bewährt hat, zeigen sich in der Gestalt und Geschichte Selmanns Wezels intime Kenntnisse des superiorisierten Bewußtseins in der besonderen Gestalt der sogenann-

---

[108] Derart vorbildliche Darstellungen des archaischen Landlebens gibt Haller in seinem Gedicht *Die Alpen;* Schiller griff in seinem *Wilhelm Tell* übrigens ebenfalls auf frühagrarische Gesellschaftsformen zurück. In seiner Schweiz leben freie Bauern mit Hirten, Jägern und Fischern zusammen und widersetzen sich erfolgreich der Unterwerfung unter Staatlichkeit und nur symbolisch präsente Macht. Auch der Adel ist vertreten, aber vor allem in Repräsentanten, die bereit sind, alle Unfreiheit ihrer Hörigen aufzuheben. Wezel erweist dem Bauernstand und der frühen agrarischen Lebenswelt ersichtlich die Ehre, die ihnen gebührt, macht jedoch keinen Versuch, sie auch für die Zukunft zu empfehlen.

ten liberalen bürgerlichen Intelligenz, der Wezel selbst zugehörte. Selmann ist die literarische Objektivation des Autors als superiorisiertes Ich und zugleich die Darstellung seiner Lehrer, die ihn zum superioren Ich befördert haben. Selbst die ganz privaten Überlegenheitsfantasien Wezels gehen in die Gestalt Selmanns ein. Wir sahen, daß sich der junge Wezel gern als dem Adel zugehörig dachte: Selmann, der liberale Intellektuelle, ist in Wezels Roman der Sohn bürgerlicher Eltern, die wegen ihres gewaltigen Reichtums in den Adelsstand erhoben wurden und einen veritablen Gutshof mit großen Ländereien und einem „Dorf" erwarben.

Selmann wird in den Roman inkognito eingeführt. Der Romantext gibt, ohne einen Namen zu nennen, ein Streitgespräch zwischen diesem liberalen Intellektuellen und einer zweiten Person wieder, die nicht nur an eine einzige und endgültige Wahrheit glaubt, sondern zugleich daran, in deren Besitz zu sein. Die Sympathiesteuerung, die der Text dabei leistet, geht eindeutig in Richtung auf den undogmatischen Liberalismus. Dadurch wird der Leser verführt zu glauben, daß sich Wezel mit der philosophischen Position Selmanns identifiziert. Dies ist eine raffinierte Irreführung des zeitgenössischen Lesers, durch die der Autor das Vertrauen des Lesers gewinnt, indem er mit derselben Person zu sympathisieren scheint, der nach den Regeln des herrschenden kulturellen Diskurses die Sympathien gehören. Beim weiteren Lesen zeigt sich jedoch, daß die scheinbar so sympathische intellektuelle Haltung Selmanns ein tödliche Gefahr für die Seele, den Geist und das Leben in sich birgt.

Selmann rückt, nachdem der Leser seinen Namen erfahren hat, alsbald ins Zentrum der Romanhandlung, nicht nur weil er den hungernden Tobias aufnimmt und ihn über Jahre unterrichtet. Vielmehr konzentrieren sich die Beobachtungen und Reflexionen des Texts so sehr auf den Intelligenztypus, den Selmann repräsentiert, daß Tobias geradezu in erzählerische Vergessenheit gerät. Wie kein anderer hat dieser Selmann den Interpreten Kopfzerbrechen bereitet. Einerseits bilden die kritische Vernunft und geistige Aufgeschlossenheit dieses merkwürdigen Menschenfreundes wesentliche Identifikationsangebote an den gesellschaftskritischen Leser des *Tobias Knaut*, andererseits irritierten seine unübersehbaren Schwächen und sein peinliches Scheitern. Thurn ist bereit, ihn als „vortreffliche(n) Kopf" anzuerkennen und sein Scheitern ihm nur zur Hälfte anzulasten.[109] Dem wi-

---

[109] Hans Peter Thurn: Der Roman der unaufgeklärten Gesellschaft: Untersu-

derspricht vehement Jansen, der Selman als den „groteske(n) Vorkämpfer-Typus des deutschen Idealismus“ beschreibt, „der programmatisch an der Welt vorbeilebt und damit notorisch den *status quo* der Welt perpetuiert.“[110] Oder noch drastischer: „Die Geschichte Selmanns ist die letal verlaufende Anamnese des idealistischen Philosophen.“[111] Variationen dieser Auffassung wurden wiederholt von Interpreten vorgebracht, die von sich zu erkennen geben, daß sie in die Schule einer kritischen, d.h. materialistisch-dialektischen Philosophie gegangen sind. Seit sich herausgestellt hat, daß die materialistischen Philosophen ihre Welt nicht einmal durch massive Mauern und gewaltige Waffensysteme vor einem letalen Kollaps zu schützen vermochten, hat die Auffassung, nur Idealisten lebten an der Welt und dem Leben vorbei, so sehr an Schlagkraft verloren, daß das Interpretat Idealismus kaum noch einsetzbar ist. Andere, vorsichtigere Verstehensvorschläge laufen darauf hinaus, Selmann als Opfer einer angeborenen Anlage zur Melancholie zu sehen.[112] Am Text läßt sich die Hypothese derart angeborener Dispositionen allerdings nicht befriedigend verifizieren. Ersichtlich greifen Verfahren nicht recht, die bei der Diagnose von Selmanns ‚Fall‘ mit Begriffen umgehen, die zeittypische historische Phänomene beschreiben. Zweifellos tritt Selmann in zeitgenössischen Geisteskostümen auf, aber sein Fall läßt sich nicht dadurch erklären, daß man diese Kostüme beschreibt. Ohne zu sehr auf die zeitgenössischen Komödien zu achten, in denen sich die superioren Ichs inszenieren, wird hier versucht, darauf einzugehen, was der Romantext selbst an Informationen gibt. Dabei wird sich herausstellen müssen, ob das, was als das originäre Problem und Anliegen des Autors erkannt wurde, eine ausreichende Erklärung für die Phänomene liefert, von denen der Text berichtet. Vom Erzähler des Romans wird das intellektuelle Profil Selmanns wie folgt zusammengefaßt: er sei „eine wunderbare Komposition von Eigenheiten, vernünftigen Grillen und vernünftiger Philosophie.“ (TK, 2, 189) Die Frage ist, wie sich die Genese dieses Syndroms aus vernunftgetragener Spleenigkeit und Philosophie erklären läßt.

---

chungen zum Prosawerk Johann Karl Wezels. Stuttgart-Berlin-Köln-Mainz: Kohlhammer 1973, S. 23ff

110 Wolfgang Jansen: Das Groteske in der deutschen Literatur der Spätaufklärung. Ein Versuch über das Erzählwerk Johann Carl Wezels. Bonn: Bouvier 1981, S. 113

111 a. a. O. 115

112 Phillip S. McKnight: The Novels of Johann Karl Wezel, S. 121

Nach Auskunft des Textes ist Selmann der Sohn eines erfolgreichen Kaufmanns, der „sich den Adelstand erhandelt" hatte (TK, 2, 185). Der in der Wirtschaft und Politik gleich versierte Geschäftsmann schickt seinen Jungen nicht auf die Universität, sondern – so wiederum der Text – er „legte seine erste Erziehung gleich so an, daß er (der junge Selmann – d. Vf.) zu den wichtigeren Geschäften des menschlichen Lebens gebildet wurde – Geld zu erwerben und zu verthun" (TK, 2, 185). Obwohl der Vater in materieller wie in sozialer Hinsicht den Jungen in eine durchaus attraktive Wirklichkeit situiert, identifiziert sich das Kind nicht mit der väterlichen Welt, sondern mit der Welt, die die Gegenwelt zur väterlichen bildete: die Welt der Beherrschten und Armen. Besondere Gründe, weshalb der junge Selmann – wie der junge Wezel – am väterlichen Weltangebot keinen Gefallen fand, sondern es auf merkwürdige, noch zu besprechende Weise ablehnt, werden nicht angegeben. Das deutet darauf hin, daß der junge Schriftsteller Wezel sich über diesen heiklen Punkt, nämlich die latenten Ambivalenzen innnerhalb seiner eigenen Sozialisationsgeschichte, noch nicht ausreichend aufgeklärt hat. Interessanterweise ist von einer Mutter Selmanns nie die Rede. Über den jungen Selmann erfährt der Leser nur, daß sich der Heranwachsende intuitiv gegen die väterlichen Verplanungen sperrte, weil sie für ihn keinen Sinn hatten, obwohl sie gesellschaftliche Anerkennung und schier unbegrenzten Lebensgenuß in Aussicht stellten. Wir erfahren weiterhin, daß der ständig geführte Abwehrkampf gegen die vom Vater repräsentierte und dem Jungen auferlegte Welt nicht nur die normale Produktion von Gedanken und Empfindungen stimulierte, sondern ein Übermaß von kritischen Beobachtungen und sozialen Empfindungen. Mit anderen Worten: der Junge beginnt das geistige Profil auszubilden, das gewöhnlich unter dem Namen ‚Intellektueller' firmiert. Als Endprodukt entsteht aus der Überstimulation kritischer Observationen, Ideen und Empfindungen ein Wahrnehmungs- und psycho-mentales Operationssystem, das der Text so beschreibt:

> Herr Selmann ist ein Mensch, der neben dem scharfsinnigsten Beobachtungsgeiste den höchsten Grad von Empfindlichkeit besitzt: man könnte beinahe sagen, daß er von beiden für unsern Erdenkreis zu viel habe. Alles, was er thut, ist daher einige Schritte mehr oder weniger über dem Gleise des gewöhnlichen menschlichen Thun und Lassens. Ideen und Empfindungen sind bey ihm höher, als gewöhnlich, gespannt: ... (TK, 2, 184)

Freilich wird der Zwist zwischen Vater und Sohn nicht offen ausgetragen. Kinder vermögen – wie die Pädagogik des 18. Jahrhunderts weiß – gegen die Eltern, insbesondere gegen den übermächtigen Vater nur unterschwellig zu opponieren. In der Tat erfüllt der junge Selmann gehorsam die väterlichen Pläne und trägt seinen Widerstand in symbolischen Akten auf dem Feld der Literatur aus. Was hier vorliegt, ist die Revolte gegen Väter und Welt in und mittels der Kunst: die Ästhetisierung des Widerstands, lange bevor Peter Weiß darüber seinen umfangreichen Text verfaßte. Durch Goethes *Wilhelm Meister* wurde diese Form der Revolte zur offiziellen Norm erhoben und in den bürgerlichen Sozialisationsprozeß integriert. Seither ist es eine Binsenwahrheit, daß Kultur, sofern sie eine richtige ist, aus einer hegemonialen Väterkultur und einer ästhetischen Gegenkultur der ‚jungen' Generation zu bestehen hat. Das Adjektiv ‚jung' bezeichnet hier weniger eine Altersgruppe als eine höhere Form des Bewußtseins und Denkens. Zu den typisch bürgerlichen Sozialisationsprozessen gehört spätestens seit 1800 ein „Dissens" der Jungen mit dem Bestehenden, das unter der Herrschaft der Väter steht wie die Sätze unter der Herrschaft der Verben. Diese Auseinandersetzung kann im Machtbereich der Väter nicht ausgefochten werden, sie führt daher notwendigerweise in die Kunst. Ob das rebellierende Ich im Verlauf seiner Bildungsgeschichte neben seinem neuen Obdach in der Kunst seine Zelte auch wieder in der Wirklichkeit aufschlagen muß oder ganz im ästhetischen Stadium zu verbleiben hat, darüber gehen die Meinungen der Diskursherren bekanntlich auseinander. Gleichgültig jedoch, ob das Ich zwei ‚Wohnsitze' oder ‚Seelen' hat oder ob es sich darauf konzentriert, die Wirklichkeit ganz in Kunst und Poesie zu transformieren, in jedem Fall funktioniert das moderne Bewußtsein, das auf sich hält, d.h. das kein inferiorer ‚Philister' sein möchte, nach Maßgabe eines kooptierten oder eines ausschließlich ästhetischen Operationssystems.

Im *Tobias Knaut* konzentriert sich Wezel auf das Phänomen der ästhetischen ‚Dissidenz', denn mit ihr hat er selbst die einschlägigsten, sowohl persönlichen wie literarischen Erfahrungen. Ähnlich wie der junge Wilhelm Meister seine Autonomie gegen die Gebote des Vaters dadurch rettet, daß er in dem von der Mutter geschenkten Puppentheater ein ästhetisches Refugium gründet, in dem er den Sieg über den Vater in David-Spielen unerkannt und unbewußt inszenieren darf, widersteht der junge Selmann dem väterlichen Willen, sich selbst kaum bewußt und hinter dem Rücken des Vaters, durch ein ‚siegreiches' Lesen von Dichtung. Solche ästhetisch geretteten Söhne sind Wesen eigener Art. Die geistige Wiedergeburt, aus der sie entstehen, ist eine Selbstzeugung, in der – darin dem absoluten Ich Fichtes gleich – ihr Ich sich selbst und alles Nicht-Ich zugleich generiert. Der unbewußte, psychische Effekt besteht dagegen in der Weigerung, erwachsen zu werden und in die Wirklichkeit einzutreten. Da das ästhetische Dasein *de facto* eine Kontinuierung der Kindheit ist, hört das wiedergeborene Ich nicht auf, sich die Welt nach Maßgabe der Erfahrungen vorzustellen, die es in privilegiert-bürgerlichen Kindheiten machte. Derartig wirklichkeitsgeschützten Kinderwelten eignet jedoch, ebenso begückend-vollkommen wie irreal-künstlich zu sein. Im Vollzug des ästhetischen Widerstandes transsubstantiiert das Ich sich daher nicht nur in ein absolutes Ich, sondern zugleich auch in eine schöne Seele, die – ewig jugendlich – sich, die anderen und die Welt im Zustand eines not- und arbeitsbefreiten, vollkommenen Glücks vorstellt, eben in der Gestalt, in der die Welt verwöhnten und privilegierten Kinder vorkommen mag. Da andererseits die von Selmanns Vater vertretene neuadelig-bürgerliche Wirklichkeit mit ihrem Repräsentations- und Konsumwahn einen Zustand der vollendeten Unnatur darstellt, erhalten sowohl Selmanns Verweigerung wie seine Verbesserungsfantasien einen gehörigen Anschein von moralischer Würde und Vernunft. Dieser Moral und Vernunft sind allerdings jene fantastischen ‚Grillen' des irrealen Wunschdenkens beigemischt, die der Erzähler im „Kompositum" Selmann entdeckte. Man könnte auch sagen: es ist die Korruptheit und Unvernunft des Wirklichen, die jedem dissidenten Denken den Schein des Vernünftigen, Moralischen und daher Überlegenen gibt, obwohl es *de facto* und *materialiter* von der Korruptheit und Unvernunft der bestehenden Verhältnisse nur profitiert.

In jedem Fall ist der unmittelbare Effekt der ästhetischen Verweigerung eine Spaltung des Ichs in ein verachtetes wirkliches und ein geliebtes eingebildetes. Einerseits eignet sich der Junge in einer inferioren Werktagsexistenz die Alltagsroutinen, Wissensgehalte und Verhaltenskompetenzen an, die ihn befähigen, in Erfüllung des verhaßten Willens des Vaters als die Person zu leben und zu arbeiten, die der Vater entworfen hat. In dieser Gestalt kennen Selmann auch die anderen, in ihr ist er wirklich da. In dieser Gestalt ist Selmann jedoch nicht das Ich, als das er sich weiß. Dessen superiores Leben spielt sich ausschließlich im Raum der Literatur und der Einbildungen ab. Lesend besorgt sich sein höheres Ich den Auftrieb, den es braucht, um fantasierend von der Welt abzuheben. Fast gelingt es Selmann, zu einem jener „Luftschiffer" zu werden, wie sie Jean Paul verewigte, die die Erde umschweben, ohne je auf sie zurückzukehren. Da er ständig den irrealisierenden Lesestoff ‚nachtanken' muß, wird Selmann früh zum passionierten, ja süchtigen Leser jener literarischen Werke, „worinnen er“ – wie es im Roman heißt – „seinen Schwung der Einbildungskraft und der Empfindung antraf, ätherische Moralen, ideale Geschichte, seraphische Gedichte, – kurz er war bey seiner ganzen Lektüre immer mit seinem Kopfe und seinem Herzen im Lande der Phantasie.“ (TK, 2, 186)

Damit konstatiert der Text eine ‚Verrückung‘, die irreparable Folgen hat, denn die Irrealisierung greift in die Bewußtseinsmechanismen ein, die die Gedankenproduktion und -kontrolle steuern. Diese ästhetische ‚Verrückung‘ wirkt auch dann weiter, wenn Selmann mit zunehmendem Alter neben Dichtung vermehrt philosophische und wissenschaftliche Werke liest. Sein Denken gewinnt dabei an Elaboriertheit und intellektuellen Konturen, nähert sich aber um nichts jenem Realen, das der heranwachsende junge Mann protestierend verlassen hat. Die Synthesen, in denen Selmann die Differenzen zwischen Denken und Phantasieren, Wissenschaft und idiosynkratischer Logik, Objektivität und Subjektivität aufzuheben sucht, bilden nach Darstellung des Romans eine Verballhornung der Vernunft. Selmanns kritisches Denken hat zwar den Vorzug, daß es die unmenschlichen Lebensformen der gesellschaftlichen Oberschichten nicht affirmiert, aber seine Kritik agiert im Namen einer Gerechtigkeit, der die narzißtische Verletztheit eines Kindes zugrundeliegt, dem der Vater keine akzeptablen Identifikationsangebote machte. Da die psychische Entwicklung Selmanns im narzißtischen Stadium steckenblieb, gehen all seine vernichtenden Urteile über die Welt von dem Grundsatz aus, daß die Welt für seine schöne Seele nicht gut genug ist. Auf diesem Niveau der Kritik kann es zu keiner aussichtsreichen Auseinandersetzung zwischen dem rebellierenden Sohn und dem herrschenden Vater kommen. *De facto* kommt die ästhetische Rebellion daher einer Kapitulation gleich. Selmann – wie übrigens auch Goethes Romanheld – erheben sich nie wirklich gegen die Väter und ihre Welt, vielmehr sitzen sie das Ende der Herrschaft der Väter aus, d.h. sie warten, bis diese sterben. Sklaven, deren Herren sterben, sind jedoch nicht frei, sondern nur herrenlose Sklaven. Der Roman Goethes zeigt, wie die spätere bürgerliche Kultur Vorkehrungen getroffen hat, um die Söhne aus den Eskapaden ihrer ästhetischen Revolten herauszuführen. Die Heimkehr der verlorenen Söhne in eine Väterwirklichkeit wurde dabei so gestaltet, daß der peinliche Unsinn des ästhetischen Widerstands als wertvolle Phase im Rahmen einer ‚Lehrzeit‘ erschien, in der man sich zum ‚Menschen‘ bildete. Anders als Goethes Wilhelm Meister hat Wezels

Selmann keinen Abbé und keine Turmgesellschaft, die ihn vor allzu großen Torheiten geschützt und nach dem Tode des Vaters auf unpeinliche Weise in eine ‚höhere' hegemoniale Kultur aufgenommen hätten.

Aufgrund der Derealisierung seines Bewußtseins lassen Selmanns Urteile darüber, was für das eigene Wohl und das Wohl aller das Beste ist, nicht nur allen Wirklichkeits-, sondern auch allen Möglichkeitssinn vermissen. Vom Vater gezwungen, einen verhaßten Beruf in der fürstlichen Finanzbehörde auszuüben, brütet Selmann in seinen freien Stunden über Projekten, die alle das Gepräge des Nachsinnens und der Menschlichkeit hatten, aber, so der Textkommentar, „wenigstens ein paar Jahrtausend zu zeitig zur Welt kamen, …" (TK, 2, 187) Seine Beziehungen zu den Mitmenschen gestalten sich zu einer Kette bitterer Enttäuschungen. Keiner versteht die Leiden des jungen Mannes, der ein hochprivilegiertes Leben führt, und seine Weltveränderungsprojekte sind für niemanden sinnvoll. So beginnt der junge Mann vor allem daran zu leiden, nicht verstanden zu werden. „Was natürlich aus seiner Beschaffenheit erfolgen mußte", erläutert der Erzähler, „ – er fand keinen Menschen, weil er keinen, wie Er fand." (TK, 2, 187)

Die Enttäuschungen, die der junge Mann in der Gesellschaft des Hofes und der Residenzstadt erlebt, machen ihn zum vergrämten Misanthropen. Ein glücklicher Umstand führt zum Ende der Welt- und Menschenverachtung: Selmanns Vater stirbt und hinterläßt dem jungen Mann sein gesamtes Vermögen. Aufs Arbeiten ist Selmann nun nicht mehr angewiesen. Sein Erbe hat ihn von allen Zwängen des Wirklichen freigesetzt. Wezel gibt seinem Selmann die Traumrolle des gebildeten Bürgers: er darf – nach der Art eines Jungpensionärs – von der Arbeit der anderen leben. Sofort gibt Selmann seine Stelle auf und zieht sich auf das vom Vater erworbene Landgut, d.h. in aristokratische Lebensformen zurück. In den landadligen Lebensverhältnissen, umgeben von weniger Korruption und besserer Luft, weicht seine Menschenverachtung einer feurigen „Menschenliebe"; „aber es war", wie der Erzähler sich zu kommentieren beeilt, „eine Liebe des ganzen Geschlechts und nicht einzelner Menschen, und alle Dienste, die er einzelnen Menschen erwies, that er ihnen nur, weil sie seine Brüder waren." (TK, 2, 188)

Hier spätestens zeigt sich, daß das ‚bürgerliche' Schicksal, dem der junge Selmann erst mit den Mitteln des ästhetischen Widerstands und dann durch adlige Lebensform zu entfliehen suchte, ihn für immer eingeholt hat. Auch als kritischer, philosophisch und literarisch gebildeter Mensch lebt Selmann in Theorien und Abstraktionen, dem geistigen Äquivalent zur verhaßten Geld- und Warenwelt. Begriffe und Ideen, das, was eine spätere kritische Theorie das ‚schlechte Allgemeine' nannte, bilden die eingebildeten Gegenstände seines Denkens und die Welt seiner Scheinerkenntnisse. Wezel weiß, daß, wer einmal in das Reich des höheren Geistes eingetreten ist, kaum wieder aus ihm herausfindet. Und er weiß ebenfalls, daß der, der verzweifel sich bemüht, aus dem Geisterreich in die Wirklichkeit zurückzukehren, nicht im sichernden Netz des Wirklichen landet, sondern zunächst einmal im Nichts. So läßt sich zumindest Wezels folgender Kommentar zu den „philosophischen Erklärungen" verstehen:

> Sie sind nichts als Angelhaken: ihr dachtet: ey, das ist ein Fraß! Aber ihr seht die Angel nicht, die dem Regenwurme im Leibe steckt. – Begierig schnappt ihr zu – pump! Steckt euch die Angel im Halse; und nun könnt ihr kauen, die Zunge vorwärts oder rückwärts wenden, die Muskeln an eurem Kinnbacken rechts oder links drehen – ihr werdet sie doch nicht los, bis sie euch jemand bedächtlich aus dem Halse zieht. Sitzt die Spitze im Fleisch, so ists vorbey; und am Ende, wenn ihr auch von der Angel wieder befreit seyd, so habt ihr doch weiter nichts in eurem Magen, als – einen Regenwurm. (TK, 1. 86)

Die Welt der „philosophischen Erklärungen", der Wezel wohl zu optimistisch meinte entgangen zu sein, bildet die einzige Welt, die Selmann zugänglich ist. Verwehrt ist ihm dagegen der Zugang zum Sinnlichen, Körperlichen, Konkreten und Individuellen. Selmann liebt die ‚Menschheit' in der Fiktion einer ‚vaterlosen' Menschheitsfamilie, einer Republik, in der ein Allgemeinwillen alle Menschen wie Kinder in eine Familie oder Gläubige in eine Kirche integriert, so daß alle gleich und Brüder würden. Die wirklichen Menschen liebt er nur, wenn er zu ignorieren vermag, wer er ist und wer sie wirklich sind.

Die fundamentale Irrealität seiner Denkart zeigt sich auf peinliche Weise darin, daß der immens informierte Selmann in seinen intellektuellen Spekulationen und Analysen im Allgemeinen häufig zu Erkenntnissen gelangt, die bisher übersehen wurden und die potentiell wertvoll wären. Aber all seine Einsichten haben eine Form, in der sie sich kaum erfolgreich praktisch anwenden lassen, oder es zeigt sich, daß der Erfolg der Maßnahmen, die Selmann ergreift, bestenfalls ein nichtintendierter Nebeneffekt war. In keinem Fall begreift Selmann, welche Konsequenzen seine Handlungen, wenn verantwortlich durchgeführt, für seine eigene Person und deren

Verhalten hätten. Die systematischsten Fehler, die Selmanns Denkorgan trotz aller philosophischen Informiertheit beständig produziert, zeigen sich vor allem bei seiner Beurteilung der Menschen und in den Sympathieverteilungen, die sich daraus ergeben. Stolz auf seine nonkonformistische Lebens- und Denkweise verachtet Selmann das Normale und Gewöhnliche. „Die Gesellschaft der gewöhnlichen Menschen war ihm fade, unschmackhaft" (TK, 2, 188), heißt es im Text. Wie viele Intellektuelle der Zeit ist auch Selmann Agrarromantiker. Er liebt „die unverdorbenen Landleute" (TK, 2, 189), vor allem aber liebt er „die besonderen Charaktere" (TK, 2, 189). Wie Sherlock Holmes auf das nächste Verbrechen wartet, wartet Selmann auf Menschen mit deviantem Verhalten und psychischen Störungen. Superiorisierte Ichs lieben wie ihr himmlisches Vorbild eben mehr die ‚Sünder', die ihrer Gnade bedürfen als die ‚Schafe', die in der Herde geblieben sind und tun, was Schafe normalerweise tun. Wolfgang Promies hat in seiner schon 1966 erschienenen Studie *Der Bürger und der Narr oder das Risiko der Phantasie* die tiefen Affinitäten zwischen bürgerlicher Kultur und Narrheit aufgewiesen. In der Tat teilt das Bürgertum mit dem Christentum die – aus Wezels Perspektive – zweifelhafte Ehre, von seinen Mitgliedern sagen zu können, sie seien ‚Narren vor der Welt'. Alle Formen der geistigen Verwerfungen, seien es exzentrische Verstiegenheit, Perversion, Wahnsinn, Idiotismus und Kriminalität, übten eine ungleich größere Faszination auf das Bewußtsein der Klasse aus, die die bürgerliche ‚Kultur' seit dem Ende des 18. Jahrhunderts dominiert. Wezel zeigt diesen Aspekt der sich etablierenden Kulturformation, indem er Selmann und seine Bekannten als „eine moralische Raritätenkammer … (beschreibt), wo oft die abentheuerlichsten Charaktere neben einander figurirten" (TK, 2, 189) Selmann sucht die Exzentriker, die ihn faszinieren, auf Wegen und an Zäunen, vor allem aber in Landgasthäusern auf, und wo er sie findet, können sie seiner Zuneigung und seines Verständnisses sicher sein. Freilich achtet der superiore Geist Selmanns darauf, daß die Dysfunktionalitäten seiner „besonderen Charaktere" Dysfunktionalitäten eines superiorisierten Ichs sind, die er auch „Genies" oder „Orginalköpfe" nennt.

Da Selmann der Umgang mit gewöhnlichen Menschen psychisch unerträglich ist, müssen die Fundamente des Umgangs zwischen „besonderen Charakteren" erst einmal hergestellt werden. Dieses wird zur Hauptaufgabe einer Psychologie, die sich im selben Augenblick als zentrale Wissenschaft etabliert, in dem das Kulturkonzept

„Mensch“ inthronisiert wird. Denn der „Mensch“ ist zugleich immer Psychologe und ein ‚Fall‘ der Psychologie, weil der „Mensch“ ohne Psychologie mit sich und den „Menschen“ nicht umgehen könnte. Wie früher die Religion den Umgang unter den Christen regulierte, reguliert die neue Psychologie den Umgang unter den „Menschen“, indem sie erstens den normalen Menschen so ignoriert wie die Christen die Nicht-Christen und indem sie zweitens das anormale Kulturprodukt „Mensch“ in all seinen superioren und inferioren Erscheinungsformen zum Menschen erklärt.

Das psychologische Eingehen auf psychisch gestörte Menschen ist für den beziehungsgestörten Selmann die einzige Form des zwischenmenschlichen Umgangs, zu dem er in der Lage ist. Indem jedoch die neue Psychologie die Beziehungen zwischen den kranken, schönen Seelen vermittelt, gerät sie in einen vom neuen Diskurs festgelegten, theoretischen Rahmen und einen Benutzungszusammenhang, der auf systematische Weise verhindert, daß die Psychologie das Wissen generiert, das sie befähigen würde, die wirkliche Reparatur von beschädigten, psychomentalen Apparaturen in Angriff zu nehmen. Vielmehr übernimmt die Psychologie im ästhetischen Stadium die vormalige Funktion der Religion, die das beschädigte Menschsein sanktonierte und perpetuierte. Der Amateurpsychologe Selmann stellt eine frühe Verkörperung der neuen Psychologie dar: bei ihm gerät psychisch deviantes Verhalten unversehens zum Symptom des Genialen. Selmann wiederholt dabei nur, was Wezel am eigenen Leibe erlebte, als die Schulmänner Gisecke und Böttger den von den anderen verachteten Gymnasiasten zum Junggenie und Dichter erhoben. Bei Selmann profitiert vor allem Tobias von der Aufwertung psychisch-geistiger und sozialer Dysfunktionalität. Ein Effekt seiner verdrehten Psycho-Logik ist nämlich der, daß er den Kretin Tobias, den die anderen „verrückt“ (TK, 2, 178) nennen, sofort zum „größte(n) Originalkopf erklärt, den Deutschland jemals gesehen hat!“ (TK, 2, 178) So verklärt sich, was verstümmeltes und verkümmertes Leben ist, unterm Blick der kritischen Intelligenz zum Hoffnungsträger der Menschheit.

Es ist wert, genau hinzusehen, welche Konfiguration in dem Augenblick entsteht, in dem Wezel Tobias und Selmann zusammenführt und letzterer beschließt, zum Erzieher des Tobias zu werden. Was durch die Erziehungsintentionen Selmanns zu einer integrierten Einheit wird, entspricht nämlich ziemlich exakt dem idealistischen Projekt der Wiederherstellung des ganzen Menschen, so, wie es etwa Hamann vorschwebte. Selmann, der körperlose, entsexualisierte, intellektuell überaktive, daher superiore Geist, teilt sich dem geist- und geschlechtslosen Körper des Tobias mit, um aus dem superiorisierten Ich und inferiorisierten Körper ein Neues zu schaffen, das dann den Namen „Mensch“ erhält. Dabei weiß jeder insgeheim, daß das neue Ding ein geschlechtsloser „Übermensch“ oder ein Gottesmensch oder der biblische Mensch ist. Daß die Konstellation, aus der das neue Bildungsprodukt hervorgehen soll, in ihrer Zusammensetzung nicht nur unnatürlich ist, sondern vergeblich aus zwei Denaturiertheiten eine neue und heile Natur herzustellen beansprucht, zeigt Wezel so deutlich, wie dies sonst nur in Frankensteintexten und -filmen gezeigt wird.

Selmann, der zölibatär lebende, neue ‚Vater‘ des Tobias, ist nicht nur kein Vater, sondern aufgrund der Beschädigungen seiner kognitiven und emotionalen Intelligenz so wenig in der Lage, eine Vaterrolle und -funktion zu übernehmen wie etwa Rousseau, der Meisterpädagoge des Jahrhunderts. Die Liebe zur Erziehung, die mit Selmann das ganze ausgehende Jahrhundert kennzeichnet, indiziert nach Wezel nicht einen Überfluß an pädagogischem Wissen vom rechten Leben, sondern eher den völligen Mangel an Erziehungsfähigkeiten. Selmann ‚lehrt‘ das rechte Leben, weil er es nicht kennt und nicht leben kann. Tobias profitiert von dieser Art des pädagogischen *eros*, soweit man von ihm zu profitieren vermag.

An keiner Stelle wird im Roman in Zweifel gestellt, daß Selmann ein Mensch mit den besten Absichten ist. Dies zeigt sich u. a. darin, daß der Gutsherr Selmann eine Reihe von wohltätigen, landwirtschaftlichen Reformmaßnahmen ergreift, die auf längere Sicht der Leistungsfähigkeit und den Erträgen seiner Domäne zugutekommen. Selmann, der einen ebenso unscharfen Begriff von Eigentum hat wie von der Wirklichkeit überhaupt, hatte seinen Bauern „das gute Land“ gegeben (TK, 2, 181) und bei einer Teuerung sogar „das gute Korn“ (TK, 2, 181). Bei seinen adligen Nachbarn gilt Selmann daher als „sonderbar“ und „dumm“ (TK, 2, 181), aber der psychologische Effekt seiner Maßnahmen ist, daß seine Bauern erheblich motivierter arbeiten, weil durch die Fürsorge, die sie erfuhren, ihr Selbstgefühl gehoben wurde und weil die Erhöhung der Arbeitserträge zusätzliche Einkommen einbrachte, wodurch ihre Arbeit zusätzlichen Sinn erhielt. In jedem Fall wird Selmann durch seine Reformen ein erfolgreicher Gutsbesitzer, der über glückliche Bauern regiert. Einige Jahre später verliert er jedoch keinen Gedanken daran, das Glück seiner Untertanen zu verspielen, als er wegen wolkiger Studienpläne das Gut einem unfähigen und ausbeuterischen Junker übergibt. Im ästhetischen Bewußtsein kommt eben das Prinzip ,Verantwortung' nicht vor.

Derselbe gute Wille, den Selmann als Landbesitzer zeigte, zeichnet ihn auch als Erzieher aus. Seiner Intention nach läßt sich Selmann zweifellos in die Reihe jener Erzieher stellen, die aus inferiorisierten Ichs Über- und Herrenmenschen, zumindest aber Geschichtssubjekte oder autonome Subjekte zu machen gedachten: sagen wir also Buddha, Platon, Christus, Goethe, Nietzsche, Marx oder Hitler. Die personale Konstellation, die in diesen Bildungsprozessen gegeben ist, ist immer dieselbe: ein superiores Ich nimmt sich eines inferioren an und hebt es zur eigenen Superiorität empor. Das Neue Testament, die Bildungskonzepte der Goethezeit, Nietzsches *Zarathustra,* Marx' *Kapital* und Hitlers *Mein Kampf* empfehlen sich als Lehren, durch die die Erniedrigten erhöht und die ,falschen' Herren erniedrigt werden. Darin liegt ihre unwiderstehliche Attraktivität. Auch in Märchen wie dem *Aschenputtel* oder *Schneewittchen* sind derartige Mutationen des inferiorisierten Lebens ein Lieblingsthema. Ersichtlich ist, was in solchen transformativen Bildungsunternehmungen geschieht, auf elementare Weise von dem verschieden, was sich in eigentlichen Lernprozessen ereignet. Während in Bildungsprozessen ein Ich durch die Gnade oder Macht eines großen Anderen sich in ein superiores verwandelt, werden dem Ich in Lernprozessen ein Wissen, bzw. kognitive und praktische Fertigkeiten vermittelt, die dem Ich erlauben, sich inmitten einer komplexen, interessenbesetzten Welt einigermaßen kompetent, klug und anständig zu verhalten. Die Agenten des Bildungswissens preisen daher die völlige Zweckfreiheit ihres Tuns, während die Agenten des praktischen Wissens gern darauf verweisen, daß das Leben einer Gesellschaft durch eine Abwesenheit der Vertreter des höheren Wissens in nichts gefährdet würde, während dieselbe Gesellschaft die Abwesenheit der Vertreter des praktischen Wissens nicht einen Tag überleben könnte. Wezel, der selbst ins höhere Wissen initiiert war, hört nicht auf, darzustellen, daß die Metamorphosen des Inferioren in ein höheres und vollkommeneres Wesen, die die Kultur seiner Zeit in religiöser und ästhetischer Gestalt versprachen, nichts als ein Betrug sind, dem allzugern die auf den Leim gehen, deren Ich sich unter den Bedingungen der gegenwärtigen Sozialisationsinstanzen gebildet hat. Im *Tobias Knaut* stellt Wezel weiterhin dar, daß diese Metamorphosen ein Phantasma sind und – wie alle schlechten Einbildungen – in Wirklichkeit mißlingen. Und er stellt dar, daß die Bewohner des vermeintlich erlösten Geisterreiches zwar den kulturellen Diskurs beherrschen, aber selbst nichts als dysfunktionale Menschen sind, die aus ihrer Dysfunktionalität ebenso hemmungs- wie ahnungslos Kapital schlagen.

Denn wie in den vorangegangenen und noch folgenden Perfektibilisierungsunternehmungen fehlt es auch bei Selmann an wirklicher Einsicht sowohl ins Erziehungsgeschäft als auch in die Potentiale seines Zöglings. Daß er die geistigen Fähigkeiten des Tobias völlig falsch einschätzt, wurde oben schon gesagt. Da für Selmann und sein derealisiertes Denken alles „Idee“ ist, sucht er den geistigretardierten Jungen, dem alle zerebralen Voraussetzungen zum abstrakten Denken fehlen, im Reich seiner Ideen heimisch zu machen. Sechs Jahre lang lehrt er ihn „täglich seine Grundsätze und die Resultate seines Nachdenkens“ (TK, 3, 38). Zusammengefaßt lauten diese Grundsätze:

> Alles ist Idee, …, alles beruht auf der Vorstellung, spricht der weise Antonin, und er hat Recht.
> Einer der vorzüglichsten Unterschiede zwischen Mensch und Thier ist es – das Thier wird blos durch die sinnlichen Eindrücke bewegt, und in den gegenwärtigen sinnlichen Eindrücken besteht sein Glück und sein Unglück – der Mensch wird außerdem noch von **bloßen** Ideen in Bewegung gesetzt, Ideen, von denen kein sinnliches Urbild außer seinem Verstande existiert – – –
> Der Mensch hat eine eigene Glückseligkeit, die man die imaginarische nennen könnte – Ruhm, Ehre sind Ingredienzien davon – Ruhm und Ehre sind **bloße** Ideen –
> Alles beruht auf der Vorstellung – ja wohl, Antonin! – und die Vorstellung beruht **im Grunde** auf Sachen, die nicht in unsrer Gewalt sind. (TK, 2, 243f – Hervorhebungen im Text)

Ersichtlich benutzt Wezel hier die wörtliche Rede zur Selbstdekonstruktion des idealistischen Diskurses. Denn Selmann spricht selbst aus, daß das Verlangen nach „Ruhm und Ehre“, jene psychischen Kräfte, auf die alle Superiorisierungen und Inferiorisierungen zurückgehen, rein imaginärer Natur sind, d.h. daß ihnen außerhalb krankhafter Einbildungen kein wirklicher Wert zukommt. Selmann lehrt weiterhin, daß die „Vorstellungen“, die sich in uns bilden, ihre Genese in lebensgeschichtlichen Erfahrungsprozessen haben, so daß jedes Individuum in einer eigenen Vorstellungswelt lebt. Aber er zieht daraus nicht die Konsequenz, daß es eine vordringliche Aufgabe wäre, der Entstehungsgeschichte der eigenen Größenvorstellungen auf die Spur zu kommen. Vielmehr plädiert er für Toleranz, was soviel heißt, daß er jedem gestattet, seine eigenen Unterlegen- und Überlegenheitsvorstellungen von sich und den anderen zu pflegen.

Tobias lauscht, „mit einer Ruthe im Sande" (TK, 2, 243) spielend, den Lehren seines Meisters und vermag wegen der Inkompabilität seiner eigenen, minimal ausgestatteten Vorstellungswelt mit der elaborierten Vorstellungswelt Selmanns dessen Reden nicht denkend nachzuvollziehen, sondern nur im Wortlaut zu folgen. Das bloße Nachsprechen oder Zitieren der ‚rechten' Lehre ist in Bildungsprozessen bekanntlich nicht die Ausnahme, sondern eher die Regel. Wirkliches Lernen findet nicht oder kaum statt. Das kognitive Resultat der angestrengten Bildungsarbeit ist daher minimal. Der Akkulturationsprozeß des Tobias endet im Nachplappern und Nachspielen von Unverstandenem. Als Resultat des aufwendigen pädagogischen Unternehmens wird angegeben:

> . . und so flößte sich nach und nach seines Lehrers ganze Denkungsart in seine Seele, und wie Leute, die lange bey starken Gewürzen sich aufgehalten haben: ward seine ganze hockrige Person von der Denkungsart, den Sitten, Meinungen und Empfindungen seines Gönners parfumiert (sic)." (TK, 3, 40)

Mit anderen Worten: Tobias wird kein denkender Mensch, sondern er riecht nur wie einer. Die parfümierten Gedanken liefern ihm auch keinerlei brauchbare Orientierungen in den Situationen, in die er gerät. Das Wenige an ‚vernünftigen' Gedanken, die Tobias' Geist produziert, kommt aus den intakten, wenn auch unterentwickelten Teilen seines psycho-physischen Apparats, der ihm zumindest mitteilt, was sein Körper an Bedürfnissen hat.

Der Bildungsprozeß des Tobias wird vorläufig abgebrochen, weil Selmann der fixen Ideen verfällt, durch ein Universitätsstudium seine eigene Bildung zu letzter Vollkommenheit zu bringen. In Vorstellungen seine Glückseligkeit zu suchen, die nur auf subjektiven Erfahrungen beruhen, erscheint Selmann plötzlich nicht mehr gut genug. Er ist überzeugt, in den Erkenntnissystemen der Gelehrten und Philosophen Einsichten zu finden, durch die die eigenen Gedanken eine höhere Würde erhielten. Kurz: Selmann möchte sich durch die Wissenschaften bescheinigen lassen, daß seine persönlichen, dem ‚Leben' und den Büchern abgewonnenen Wahrheiten objektiven Wahrheitswert besitzen. Der voreilende Enthusiasmus, den Selmann gegenüber der Institution Universität entwickelt, die er nicht kennt, indiziert, daß hier illusionäre Wunschübertragungen stattfinden, die ganz andere Quellen und Herkünfte haben, als einen wirklichen Willen zum Wissen.

Wie der Autor Wezel sucht sein Romanheld Selmann an der Alma Mater eine Abrundung und höhere Sanktionierung des Wissens und der Wissensform, die sich in seinem Bewußtsein gebildet hatten. Wie im Falle Wezel versagen auch bei Selmann die Professoren und ihre veralteten Wissenschaften gegenüber den Erwartungen des ‚Studenten'. Was Selmann vorfindet, sind die alten theologischen und philosophischen Schulen der klassischen Aufklärung, die in heftigem Krieg miteinander liegen. Am dogmatischen Philosophen und Theologen Sophronius, den Selmann zunächst favorisiert, zeigt Wezel weiterhin die Isomorphien und Abhängigkeiten auf, die zwischen dem metaphysischen Rationalismus und Feudalismus, zwischen philosophischer Gewißheit und aristokratischer Arroganz, zwischen Wissen und Macht bestehen. Enttäuscht erlebt Selmann, wie sich keine seiner Hoffnungen erfüllt. Ersichtlich benutzt Wezel die Schilderung von Selmanns Universitätserfahrungen zur Abrechnung mit dem akademischen Ungeist, dem er selbst ausgesetzt war.

Außerstande, die Situation der deutschen Hochschulen am Ende der klassischen Aufklärung wissensgeschichtlich zu analysieren und ihre Unordnungen als Übergangsphänomene zu begreifen, reagiert Selmann auf die in der Tat desolate Situation gänzlich irrational: er schwört – wie viele der Generationsgenossen Wezels – aller Vernunft ab. Dabei spielt eine erhebliche Rolle, daß Selmanns ‚Lebensgeister' schon zuvor durch die Intrigen zweier Damen verstört worden waren. Er war den beiden Frauen auf dem Weg zu seinem Studienort zufällig in die Hände gefallen. Die eine, Emilie, die von ihrem Geliebten enttäuscht worden war, hatte mit Unterstützung ihrer Schwester Isabell einen unerklärten Krieg gegen die Männer begonnen, vor allem gegen die Männer, die sich für souverän, intelligent und tugendhaft halten. Ihre Einsicht, daß derartig superiore männliche Egos in Illusionen über sich, die Welt und die Inferiorität der Frauen befangen waren, erlaubte ihr die Entwicklung von Strategien, durch die sie die Männer unter ihre Herrschaft brachte, um sie moralisch, psychisch und sexuell zu korrumpieren, ohne daß diese davon etwas merkten. Kaum war Emilie Selmann gewahr geworden, wußte diese Ahnfrau der männerzerstörenden Vamps sich eines neuen Opfers gewiß.

Der Großangriff auf Selmanns aufgeblasenes Ich wird nach glänzender Vorbereitung geschickt von mehren Seiten zugleich vorgetragen. Immer wieder unterbricht der Erzähler seinen Bericht von den Ereignissen auf dem „Schlachtfeld" durch Anrufungen der „Philosophie", dem ahnungslos umzingelten Selmann warnend beizustehen. Wie zu erwarten, erweist sich Selmanns weltabgewandte Philosophie in dieser Situation so überfordert wie Agathons luftiges Denken angesichts der Verführungskünste der Danae. Leicht haben die beiden Frauen die Funktionsweisen und Schwächen der superioren männlichen Psychophysik durchschaut und können deren eigene Energien gegen Selmann einsetzen. Kampfentscheidend freilich wird der gezielte Einsatz ihrer Körper.

Der geheuchelten Bitte nachkommend, eine der beiden Frauen vom Pfade sinnlich-leidenschaftlicher Verwirrungen auf die Wege der Vernunft zurückzubringen, verfängt sich der vermeintliche ‚Retter' Selmann bei der Entgegennahme des Dankes selbst in den ausgelegten Fallstricken passionierter Sinnlichkeit. Der Situationsbericht lautet im Orginal:

> Sie (Isabell, d. Vf.) fuhr einige Zeit fort die Menschenfreundlichkeit, Rechtschaffenheit, Menschenliebe und die übrigen Tugenden des Philosophen mit verstellten Ausdrücken der Dankbarkeit zu kitzeln und mischte nur hin und wieder einen kleinen Zusaz (sic) darunter, der etwas unmittelbarer auf die Liebe wirken sollte, besonders da sie bey der zweiten Umarmung den Kunstgriff gebraucht hatte, mit ihrem wallenden Busen und Selmanns Hand zusammenzutreffen, als diese eben auf dem Wege war, die Augen zu reiben und eine Unordnung der Mine dadurch zu verbergen. Diese unvermuthete Zusammenkunft hatte die Folge, daß sich der Weise vergaß und die Hand während der Umarmung drey völlige Sekunden liegen ließ, wobey die listige Nymphe eine wellenförmige Bewegung in allen Nervengefässen seiner Finger bemerkt haben wollte, welches sie für ein Symtom (sic) von der besten Anzeige hielt. In dem Gedränge von Empfindungen, das auf ihn zudrückte – Eigenliebe, Menschenliebe, Freude über den guten Erfolg seiner Beredsamkeit, Freude, einen Dienst gethan zu haben, und das Gefühl
>
> das Venus weichen Seelen einhaucht,
>
> alles das war in Bewegung – in einem solchen Gedränge vergaß er sich noch mehr, … (TK, 3, 103)

Diese glückselige Selbstvergessenheit zu vergessen, wird danach zum uneingestandenen Hauptanliegen von Selmanns verstörten, philosophisch- moralischen Reflexionen. Er, der nicht zu lieben vermag, redet sich ein, daß das Lieben für ihn bedeutungslos sei: er verdrängt und betrügt sich. Solange Selmann noch die angenehme Anwesenheit der beiden Schwestern genießen darf, ist zwar „sein ganzer Kopf (wie) ein mohamedanisches Paradies" (TK, 3, 120), aber zum Glück vermögen die beiden Frauen Selmann von seiner Wallfahrt zur Universität nicht ganz abzulenken. Dort behält bald seine Philosophie wieder die Oberhand über die Lust. Die trübselige Herrschaft seiner Philosophie wird Selmann jedoch durch die weiteren Enttäuschungen vergällt, die sich in den ebenso unerquicklichen wie unproduktiven Diskussionen mit den Professoren einstellen.

Mit Selmann haben die professionellen Denker das gemeinsam, daß ihr Denken Richtiges auf vereinseitigte Weise enthält. Als Quintessenz der philosophischen Zänkereien hält der Erzähler fest, daß die Differenzen in den großen philosophischen Systemen aus „Fehlsprüngen vom einzelnen aufs Ganze“ (TK, 3, 162) resultieren, insofern in ihnen individuelle Erfahrungen, auf undurchschaute Weise verallgemeinert, zur umfassenden Philosophie ausgebaut wurden. So heißt es z. B. über Rousseau:

> Jean Jaques (sic) war von *etlichen* Gelehrten beleidigt worden, er hatte *einige* Verderbnisse entdeckt, die Folgen oder begleitende Nebenumstände von Künsten, Wissenschaften und Polizierung waren, und siehe da! – ohne allen Anstand wirft er *alle* Künste, Wissenschaften, Gelehrsamkeit, Civilisierung zur Welt hinaus und alle Leute hinter drein, die nicht Huronen sind. – (TK, 3, 162)

Am unerträglichen Verlauf der Diskussionen, die im dritten Band des *Tobias Knaut* fast alle philosopischen Schulen der Epoche behandeln, stellt sich heraus, daß der philosophierende Dilettant Selmann, weil er isoliert auf seinem Gute lebte, mit den Einseitigkeiten und Idiosynkrasien der zeitgenössischen Philosophen problemloser umgehen konnte als die universitären Fachvertreter selbst. Denn die Universität hat durch die unvermeidlichen direkten Kontakte ihrer Mitglieder ebenso wie durch den Zwang zur Berühmtheit einen einzigartigen Kollisionsraum geschafffen, auf dem sich die Repräsentanten des Geistes verhalten wie Platzhirsche im umkämpften Revier: die Rivalen werden durch Imponiergehabe, Drohungen oder offenen Kampf in Schach gehalten. Unverhohlen wird dabei von den Koryphäen des lebendigen Geistes selbst einbekannt, daß in diesem Kampf längst nicht mehr nur die Waffen des besseren Arguments eingesetzt werden, da die das Terrain des Gegners kaum erreichen. Als viel effektiver hat sich die Methode der satirischen Vernichtung des Kontrahenten erwiesen. Durchgeführt werden die „gegenseitigen Mißhandlungen“ häufig „in dem unverschämtesten unanständigsten Tone“ (TK, 2, 171) im wissenschaftlichen Genre der „Rezension“, das der Text als „Pasquill“ bezeichnet. Der Effekt dieser wechselseitigen Rufmorde ist, daß professionelle Philosophen trotz der Öffentlichkeit der Institution, an der sie tätig sind, und trotz ihrer vermeintlichen kommunikativen und kulturellen Kompetenz in tödlicher Isolation und Einsamkeit leben. Selmann, der sich die Universität als Gelehrtenparadies oder zumindest als Gelehrtenrepublik vorgestellt hatte, gerät hier in eine Hölle von Demütigungen und Beleidigungen, die ihn sein Studium schließlich deprimiert abbrechen lassen.

Der unterdrückte Körper und der betrogene Geist Selmanns geraten nach dem Studienabbruch in einen bedenklichen, weil depressiv-selbstdestruktiven Zustand, den der Erzähler als eine „Feindschaft" (TK, 3, 187) zwischen den vitalen Energien und den Organen des Körpers beschreibt, in der „eins dem andern alles mögliche zum Possen und zum Schaden thut." (TK, 3, 187) Es ist dies das finale Stadium des Idealisten. Diese Depressivität ist nach Wezel von einer schwermütigen ‚Natur' zu unterscheiden, die bestimmten Persönlichkeiten das Leben schwer macht. Eine derart unfrohe Natur hat mit der Zusammensetzung der Körpersäfte, also mit der Körperchemie zu tun, die die Grundgestimmtheit des psycho-physischen Apparats determiniert. In den meisten Fällen, vor allem bei epidemischen Verbreitungen von Melancholie und Schwermütigkeit, sind jedoch derartige Abweichungen von der natürlichen Stimmungslage nicht der Natur, sondern der Kultur zuzuschreiben. Denn Zivilisationsprogramme greifen in das natürliche Funktionieren der operanten Systeme ein, die wir sind. Die massive Rezession der Lebenszufriedenheit, die er in den abendländischen Kulturen beobachtete, ist nach Wezel ein direkter Effekt der Eingriffe, die zur vermeintlichen Nachbesserung der Natur von den modernen Kulturprogrammen am Menschen vorgenommen werden. Diese Umprogrammierungen sind ihrerseits das Ergebnis eines hybriden Wissensprojekts, in dem es darum geht, der Natur hinter die Kulissen zu schauen, um in ihr Spiel einzugreifen. Der Erzähler konstatiert:

> Der Mensch wagte zu viel: er sollte nichts wissen, und er wollte alles wissen. – Was nüzt (sic) es, sich in den Nebel der Wissenschaft hineinzuwagen? daß man geblendet wird, sich einbildet, mehr als andre zu *wissen*, und nicht merkt, daß man nichts mehr weis (sic) und nur mehr zu wissen glaubt. Wenn man alle Gelehrsamkeit durchwandert ist, so hat man zuletzt – müde Beine. – Weg ihr elenden menschlichen Wissenschaften! du großsprecherische Gelehrsamkeit! Mache deine Anbeter zu besseren *Menschen*, dann will ich dich für das erkennen, wofür du dich ausgibst! Löse meine Zweifel auf, nimm mir meine Unruhe – du eitle Thörinn! –
> – Die Menschen können nicht anders seyn, als sie sind. – (TK, 3, 211),

Diese Schelte der „großsprecherischen Gelehrsamkeit" richtet sich gegen eine Wissenschaft, die sich nicht damit begnügt, herauszufinden, welche Wirkungen sich unter unterschiedlichen Bedingungen im Spiel der Kräfte zeigen, die das Leben der Menschen bestimmen, sondern die sich anschickt, den Menschen nach einem Bilde neu zu schaffen, in dem er sich in einer göttlich-höheren Gestalt erblickt. Selmann zahlte den Preis für solch höheres Menschsein mit seinem Leben.

Die Ankunft der feministischen Kampfmaschine Emilie retardiert den Verlauf der „Krankheit zum Tode", die Selmann befallen hat. Emiliens Schönheit ist durch die Blattern, von denen sie in der Zwischenzeit heimgesucht worden war, allerdings arg ramponiert. Ihre Chance, sich vermittels ihrer körperlichen Reize zu Selmanns Begehrensobjekt zu machen, haben die Narben zunichte gemacht. Rasch stellt die raffinierte junge Frau ihre Strategie auf die neue Situation ein: sie greift den inzwischen manisch-depressiven Ex-Studenten auf dem Feld eines vorgespielten religiösen Schwärmertums an, um ihn über die Inbrunst einer weltabgewandten Frömmigkeit in Abhängigkeit zu bringen. Im Kostüm des Religiösen hofft sie, auch sein altes sexuelles Begehren wieder aktivieren zu können. Emilie hat mit ihren Weltverachtungspredigten Erfolg und verführt Selmann zu einer gottbegeisterten Einkehr in subkulturelle Einsamkeit und Zurückgezogenheit. Erfolg haben ihre sektiererischen Machenschaften allerdings nicht nur bei Selmann allein. Weil der Weltschmerz im christlichen Abendland ohnehin grassierte und aus vielen anderen Gründen, findet sich eine zunehmende Zahl von Anhängern in ihren Konventikeln ein. Sie wird zum Mittelpunkt einer „kleine(n) fromme(n) Gesellschaft" (TK, 3, 194), in der ihre weltverachtenden Lehren so viel Eigendynamik entwickeln, daß sie „die Larve so bald nicht wegwerfen" (TK, 3, 195) kann, die sie sich zur Durchführung ihrer „Privatkomödie" (TK, 3, 195) aufgesetzt hat. Da der öffentliche Erfolg ihrer Eigenliebe schmeichelt und eine Entlarvung ihr Ansehen vernichtet hätte, identifiziert sich Emilie zunehmend so mit ihrer Position, daß sie am Ende wirklich fast glaubt, was als gemeine Intrige begonnen hat.

Auch bei Selmann geht der Erfolg von Emiliens intrigantem Verhalten weit über das anvisierte Ziel hinaus. Hatte die Ästhetisierung von Selmanns Bewußtsein diesen zu einem guten Menschen und einer schönen Seele gemacht, für die als kindliche der Sex kein Thema ist, so hat die religiös erlebte Erfahrung der Nichtigkeit der Welt die Wirkung einer veritablen Kastration. Damit werden Emiliens eh' schon stumpf gewordene Waffen ganz untauglich. Dies zeigt sich in dem Augenblick, in dem Emilie dem miserabilistischen Schwärmertum eine etwas sinnlichere Richtung geben will. Nachdem Selmann in zugleich richtiger wie falscher Selbsterkenntnis geklagt hatte: „Vom Morgen bis zum Abend ist unser Leben ein stäter Selbstbetrug: wir berauschen uns, daß wir taumeln, und bereden uns alsdann, daß wir vergnügt sind. – Beste Emilie! meine Freuden sind vorüber!“, antwortet Emilie:

> Wissen Sie das Geschichtchen nicht? – Eine Herzoginn – der Himmel weiß ihren Namen – wurde von einem Armen um ein Almosen gebeten, der unter andern sich beschwerte, daß er um die Freuden dieses Lebens gekommen sey. Was? rief die Herzogin, indem sie sich zu ihrem Führer wandte, *est-ce que cet homme-la est eunuque?* (TK, 3, 202)

Der Erzähler kommentiert Emilies Geschichte und Selmanns Reaktion mit der Feststellung: „Diese letzte Frage sprach sie mit einem geistreichen Accente aus, der Todte wieder hätte aufwecken können: doch Selmann mußte mehr als todt seyn; denn er sagte kein Wort darauf, sondern – hustete.“ (TK, 3, 202)

In der Tat ist Selmann in einem psychischen Zustand angekommen, indem er nur noch auf schlechte Nachrichten aus der Welt mit Freude und Zufriedenheit reagiert. Versprechungen eines möglichen Glücks, gleichgültig, ob in Form einer Philosophie oder eines schönen Körpers, erreichen ihn bereits nicht mehr. Er durchläuft alle Phasen und Formen des Lebensekels. Dies erlaubt dem Erzähler, abbreviatorisch eine Vielzahl der religiösen Bewegungen des 18. Jahrhunderts Revue passieren zu lassen. Dabei schreitet Selmanns geistig-körperlicher Verfall insgesamt fort, während Emilie sich langsam aus ihrem religiösen Stupor herausarbeitet. Die letzten Fünklein von Selmanns Lebensenergien verlöschen schließlich nach seiner Begegnung mit der liebeskranken Amalie. In der hoch dramatischen Liebesgeschichte zwischen dem Adelsfräulein Amalie und dem bürgerlichen Sigismund, der nach Überwindung unsäglicher Hindernisse und nach vielen Wendungen ihrer Beziehungsgeschichte seine Geliebte in dem Augenblick verläßt, in dem er sie heiraten kann, weil er sie, die häßlich geworden, nicht mehr zu lieben vermag, und der nach dem Verlust der Geliebten seinem sinnlos gewordenen Leben ein Ende setzt, wird Selmann sein eigenes Psychodrama mitsamt dem unausweichlich tödlichen Ende vorgeführt.

Erinnern wir uns: Der junge Selmann hat nicht die Welt geliebt, in die er hineingeboren wurde und die sein Vater für ihn bestimmt hatte, sondern die ‚andere‘ Welt, die ihm durch die Verplanungen seines Vaters vorenthalten worden war. Diese Liebe zur ‚vorenthaltenen‘ Welt lebte vom Widerstand gegen die reale Welt und gegen die Menschen, die verhinderten, daß er der vorenthaltenen Welt teilhaftig werden konnte. Es war nicht die Wirklichkeit der vorenthaltenen Welt, sondern wesentlich dieser Widerstand, der sie begehrenswert machte. Als die Menschen nicht mehr da waren, die ihm verwehrt hatten, in den Besitz der begehrten Welt zu kommen, stellte sich bei Selmann wie im Falle des Sigismund heraus, daß das Begehrte real häßlich war. Es verlor so alle frühere Attraktivität just im Augenblick seiner konkreten Erreichbarkeit, weil sein imaginärer Status die Bedingung des Begehrens gebildet hat. Mit dem Verlust des eingebildeten Objekts des Begehrens, das alle Lebensenergien bisher stimuliert hatte, versiegt der Fluß der Lebenskräfte und macht den Wirkungskräften des ‚Todestriebs' Platz, der normalerweise erst im hohen Alter an die Stelle der Lebensenergien tritt. Die Tragödie des Liebespaars, das seine Liebe nur unter den Bedingungen des Widerstandes, d.h. nur ästhetisch zu leben vermochte, bestätigt auf eindringliche Weise das in Selmann schon vorhandene Wissen von der Heillosigkeit seiner eigenen Existenz. Sein Körper hat schließlich mit seiner trostlosen Seele Mitleid: Selmann stirbt aus Mangel an Lebenswillen.

Der Tod Selmanns indiziert, daß Wezel zur Zeit, in der er den *Tobias Knaut* schreibt, noch überzeugt ist, daß der Typus der ästhetisch-liberalen Intelligenz noch nicht die Herrschaft im Diskurs angetreten hat. Er scheint ihm nur eine von vielen Krisenformen zu repräsentieren, in denen das irrealisierte Bewußtsein am Ende der metaphysischen Kulturperiode in Erscheinung trat. Zweifellos steht Wezel der Intelligenztypus Selmanns am nächsten und zweifellos betrachtet er ihn als einen der gefährdetsten. Aber der letzte Band beschließt den Roman mit der Schilderung von Existenzen, die sich ebenso in einem ‚Dissenz' mit der Welt befinden, sich aber gleichwohl wohnlich in dieser eingerichtet haben. Die Bandbreite dieser randständigen Figuren reicht von idealistischen Philosophen und kriminellen Betrügern über intellektuelle Exzentriker und Vertreter eines besonders exquisiten Geschmacks bis zu Gesellschaftsreformern, die ihre höchst persönliche Utopie in eine Praxis umsetzen, die nur funktioniert, wenn man sie außerhalb der normalen gesellschaftlichen Bedingungen verwirklicht. Nicht zufällig wechselt Wezel im letzten Band ins aristokratische Milieu.

Der philosophisch „parfümierte" Tobias, der lange nur die Begleiterrolle Selmanns spielte, tritt nun wieder stärker in den Vordergrund. Nachdem ihn Dummheit und sexuelle Apathie vor allen Gefahren im Umfeld der Selmannschen Lebensgeschichte geschützt hatten, wird diese Karikatur eines Philosophen im letzten Romanteil wiederholt in Situationen geführt, in denen seine angelernte Philosophie auf harte Proben gestellt wird. Die Kontrahenten, die in Tobias ihre Schwerter kreuzen, sind in der Regel sein philosophischer Geist, der die Autonomie der Seele und der Ideen vertritt, und sein ebenso insistenter Körper, der die unmittelbaren Evidenzen der sinnlichen Erkenntnisse ins Feld führt, die sich in Empfindungen äußern. Die Kontroversen zwischen Geist und Körper entzünden sich in der Regel in Situationen des Hungrig-Seins oder der Gefangenschaft, also in Situationen, die die rationalistische These, daß in Fragen des Glücks, der Freiheit und der Zufriedenheit der Geist allein zuständig ist, ausgesprochen unplausibel erscheinen lassen. Da Tobias von Kindesbeinen an Schrecken und Unglück gewohnt ist, vermag sein anspruchsloses und entsagungsfähiges Ich selbst schlimmste Verluste und fatale Glückswendungen so gelassen und mit ähnlichen Argumenten hinzunehmen wie der bekannte „Hans im Glück" im gleichnamigen Märchen.

Für den Leser erweist sich an den Siegen des Tobiasschen Geistes allerdings nur, daß eine Vernunft, die sich mit den spontanen, natürlich-sinnlichen Reaktionsweisen anlegt, eine hoffnungslos schlechte Figur macht. In allen Fällen erweist sich die Logik der sinnlichen Erkenntnisse der Logik der geistigen Prinzipien als überlegen. Dabei kommt es bei Tobias zu einigen Lernprozessen, die jedoch die philosophische Substanz seines idealistischen Denkens im wesentlichen intakt lassen. Zwar muß sein philosophischer Geist in der Praxis seinem Körper nachgeben, aber seine Unfähigkeit zu lernen zeigt sich eben darin, daß der ‚Philosoph' sich gerade durch seine Niederlagen bestätigt weiß. Mit anderen Worten: daß sich die ‚Argumente' des ‚Körpers' als evidenter und sogar in der eigenen Lebenspraxis als überzeugender erweisen, gilt dem philosophierenden Tobias als Ausweis für die Macht des falschen Bewußtseins, das sie repräsentieren. Damit figuriert der Philosoph Tobias als Stammvater eines Denkens, das sich seiner Wahrheit deshalb gewiß weiß, weil es sowohl argumentativ wie praktisch das unterlegene war. Auch so halten sich Philosophien am Leben, die im Leben längst ausgespielt haben.

Nach Selmanns Tod erhält Tobias in Elmickor einen neuen philosophischen Mentor und Begleiter. Elmickor vertritt – frei nach Peter Sloterdijk – eine zynisch gewordene Vernunft. Dem studierten Philosophen und welterfahrenen jungen Mann, der es im Leben nicht weit gebracht hat, hatte sich als Summe seiner „Kenntnisse des Menschen“ (TK, 4, 18) die Meinung aufgedrängt, „daß die Menschen insgesamt Schwachköpfe wären, die Bewunderung, Liebe und Beifall nur in dem Maße austheilten, wie sie betrogen würden.“ (TK, 4, 18) Wezel unterscheidet sehr genau zwischen der generellen Richtigkeit einer Aussage und der Absicht, mit der sie gemacht wurde. Die ressentimentgeladene Einsicht Elmickors denunziert der Erzähler ohne Umschweife als einen „Sophismus des Verstandes“ (TK, 4, 22), der wie alle philosophischen und moralischen Sophismen die Grundlage zu einer kriminellen Vernunft werden. Der erfolglose Elmickor wird – wie Schillers Karl Mohr – aus Enttäuschung über die Welt zum Chef einer Räuberbande. Die Begeisterung, die diesem frustrierten Sophisten von seinen Bandenmitgliedern entgegenschlägt, erklärt der Erzähler damit: „er hatte sich ihrer Fantasie bemeistert.“ (TK, 4, 23) Der Erzähler trägt Sorge dafür, daß die literarische Schilderung des Räuberlebens nicht dazu führt, daß sich der Bandenführer auch der Fantasie der Leser ‚bemeistert‘ wie in den sonst so populären Räuberromanen der Zeit. Wezel sah offensichtlich Anlaß genug, um klarzustellen, was vom kriminalisierten Denken zu halten ist. Zudem sorgt er dafür, daß sich keinerlei Aura um die Gestalt des Elmickor und seiner Taten bildet. Denn Elmickor operiert in einem Raum, der gänzlich ungeeignet ist, aus ihm einen Helden zu machen.

Tobias, der zuerst Opfer, dann Mitglied der Elmickorschen Bande wird, gerät über die Durchführung betrügerischer Pläne in Kontakt mit Herrschaftshäusern. Der Roman schildert die aristokratische Gesellschaft als rein parasitäre. Sie ruht einem Wirtschaftssystem auf, dessen Theorie der Erzähler „ein studiertes System des Eigennutzes“ (TK, 4, 50) nennt. Der Lebensinhalt dieser privilegierten Kaste besteht in repräsentativen Inszenierungen ihrer eigenen Größe und im Vertreiben von Langeweile. Was das Letztere angeht, so hält sich Tobias einige Zeit auf dem Schloß einer Dame auf, die durch unkonventionell-provokantes Verhalten ihrem Leben Spannung und Inhalt zu geben versucht. Obwohl sie dem Adel angehört, liest sie mit Vorliebe die skandalösen und revolutionären Autoren der Epoche, vor allem LaMettrie und Helvetius. Zugleich gefällt sie sich darin, ihre Umgebung glauben zu lassen, sie interessiere sich für parapsychologische Erscheinungen. Die aparte Mischung aus Philosophie und Geisterglaube gibt der Dame das Flair exzentrischer Intellektualität und geistiger Kühnheit. Die Aura des Non-Konformistischen weiß sie noch dadurch zu steigern, daß sie sich demonstrativ in den mißgestalteten Tobias verliebt.

Die Resonanz, die derlei schockante Attitüden im Roman finden, dekouvriert ihre Substanzlosigkeit. Wezel läßt nämlich die Dame, die philosophiert, um ihrem Leben Würze zu geben, in einen Konflikt mit ihrem Bruder geraten, der Lebenswürze dadurch erzielt, daß er durch die Lektüre von Kochbüchern gelernt hat, die göttlichsten Speisen herzustellen. Im adligen Geschwisterpaar treten Kochbücher und philosophische Werke, Gewürze und Ideen in direkte Konkurrenz, weil sie schon immer die gleiche Funktion innerhalb einer derart exklusiven Leserschaft hatten.

Was die Inszenierung von adliger Selbstrepräsentation angeht, so zeigt der Roman an der Lebensweise einer zweiten Dame, die Tobias aufnimmt, wie die ästhetischen und moralischen Vollkommenheiten des adligen Lebensvollzugs aus den Bedürfnissen der Größeninszenierung, aristokratischer Machtarroganz und Eitelkeit entstehen. Die Notwendigkeit, sich vom sogenannten ‚gemeinen Mann' zu unterscheiden, akzeleriert die Entwicklung fast endloser ‚Unterschiede' in Kleidung, Ausstattung, Lebensweise etc., d.h. die Entwicklung eines elaborierten Systems des Geschmacks und des Gefühls fürs Angemessene. Die überlegenen Verhaltensweisen, die sich dadurch einstellen, erhalten leicht den Anschein von Tugenden. Zumindest im verblendeten Adelsbewußtsein wie in den Augen des oberflächlichen Betrachters erscheint als wertorientiertes Verhalten, was nur anmaßende Selbstinszenierung ist. Daß in der Welt der vielen Unterschiede Arroganz und keine Sittlichkeit herrscht, zeigt sich an der wiederholt beschriebenen Herzlosigkeit der Aristokratin: Mitgefühl, Güte und Verständnis besitzt die Dame nämlich nur für die Mitglieder der eigenen Kaste.

Im Zusammenhang derartiger Verblendungen sind auch die politischen Reformideen interessant, die im vierten Teil des Romans vorgeführt werden. Ersichtlich geht es Wezel hier um die Demontage der vorrevolutionären, aufklärerischen Gesellschaftsreformen, deren Durchführung zum Teil auch von Fürsten und lokalen Adligen gefördert wurde. Im verblendeten aufgeklärten Bewußtsein geht es dabei um das Projekt eines konfliktfreien und perfekt funktionierenden Staates, in dem glückliche ‚Landeskinder' in einer wohl formierten Gesellschaft unter der ‚milden' Herrschaft des liebenden und geliebten ‚Landesvaters' zusammenleben. In Eupator schildert Wezel einen solchen guten ‚Vater' und die ‚vernünftigen' Prinzipien und Maßnahmen, die seinen Kleinstaat prosperieren lassen. Dieser politische „Mystiker" (TK, 4, 158) hat ein durchkalkuliertes System entwickelt, das elementare psychische Energien in der kindlichen Psyche einseitig stimuliert, um sie dann dazu zu benutzen, vermittels eines komplizierten System von emotionalen Zuwendungen, sowie von symbolischen und materiellen Gratifikationen eine optimal integrierte Klein-Gesellschaft zu schaffen. Keines der Mitglieder seiner Staats-Familie kann je wieder damit aufhören, aus Ruhm-, Ehrsucht und Liebesverlangen für die Gemeinschaft tätig zu sein.

Besonders infam ist dabei, daß Eupator die Liebe als zwangloses Mittel der Indoktrination benutzt. Im Wissen, daß Kinder, aber auch Untertanen, die wie Kinder in totaler Abhängigkeit leben, glauben wollen, daß sie denen, von denen sie abhängig sind, vertrauen können, stimuliert Eupator diesen natürlichen ‚Trieb' durch die spektakulären Inszenierungen seiner Liebe und Fürsorge. Die benutzt er dann dazu, um seine Untertanen exakt auf sein System hin abzurichten, in dem er im Namen der Liebe die absolute Macht behält. Die Philanthropen sind in Deutschland die bedeutendste pädagogische Bewegung, die auf ebenso gezielte Weise Liebe zur Dressur und Verdummung der Menschen einsetzt. Im philanthropischen Reformer Eupator wird die Aufklärung bei der Lüge ertappt, unter der Hand das Wort Macht durch das Wort Liebe, das Wort Herrscher durch das Wort Vater zu ersetzen. Das Umdefinieren der Bedeutung wichtiger Wörter ist bei Wezel die Signatur totalitärer Herrschaft.

Weit entfernt, durch Eupators Erziehungssystem zu eigenem Leben ermächtigt zu werden, rackern sich seine ‚Landeskinder' wie gut dressierte Tiere unermüdlich auf ihren Feldern ab. Sie wiederholen auf Abruf wie sprechende Roboter den Unsinn, den ihr mystisch berauschter Ingenieur ihnen eingedrillt hat. Wezel macht damit klar, daß in der ‚totalen' Vernunft der Aufklärung eine Tendenz zum Totalitären und zum Massenbetrug angelegt ist, die sich hinter Rationalität und Liebe verbirgt.

Tobias' Leben endet jedoch nicht im Reiche Eupators. Knappes Geld zwingt Elmickor und Tobias zu weiterem Pläneschmieden. Elmickors Überlegungen gehen von der Einsicht aus, daß die Normalbürger als „schläfrige Dummköpfe … zwischen dem aufgeklärten Verstand und der Dummheit mitten inne stehen" (TK, 4, 252) und deshalb für „sonderbare Seltsamkeiten" (TK, 4, 252) und sensationell Paradoxes zu haben sind. Damit stellt Elmickor nochmals fest, was Wezel schon an Selmann gezeigt hat: daß nämlich auch die Aufklärung jene Sonderlogiken nicht abzuschaffen vermochte, nach denen das den Menschen als das Größte erscheint, was vor der normalen Vernunft eine Torheit ist. Gemäß dieser Logik beschließt Elmickor, vor aller Welt genau das Umgekehrte von dem tun, was nach

Maßgabe des normalen Menschenverstandes gemeinhein an Verhaltensweisen von Menschen erwartet wird.

Bei der Durchführung seines Planes hat Elmickor Glück. Nach der Ankunft im nächsten Städtchen werden er und Tobias nämlich in ein Bordell einführt, das von Selmanns alter Nemesis, Emilie, geleitet wird. Elmickor kommt sofort die Idee, mit dem mißgestalteten Tobias dadurch zum Gegenstand des stadtöffentlichen Kulturraisonnements zu werden, daß sie zwar regelmäßig das Bordell besuchen würden, ohne je anders als rein platonisch mit den Damen zu verkehren. Dieser erste Plan scheitert daran, daß Tobias im Emiliens Etablissement Adelheid wiederentdeckt, jenes empfindsame Adelsfräulein, das den Bestohlenen einst gerettet hatte. Ersichtlich taugt Adelheit genausowenig zum Hurengeschäft wie Tobias zur Philosophie. Spontan beschließt der junge Held, die Gefallene durch Heirat zu retten. Der gewandte Elmickor modifiziert seinen Plan, auf systematische Weise unsinnig zu handeln, dahingehend, daß im verdrehten Nachspielen Richardsonscher Romanhandlungen Adelheid und eine andere Hure von ihm und Tobias aus dem Bordell entführt werden sollen.

Diese Entführung, durch die nicht tugendsame Bürgertöchter, sondern Huren in die Gewalt von Männern gebracht würden, sollte nicht in der Absicht geschehen, die Frauen sexuell zu mißbrauchen, sondern um sie zu heiraten und mit den geehelichten Freudenmädchen in aller Öffentlichkeit enthaltsam zu leben. In der schier unendlichen Parade von Lebensgeschichten, in denen im *Tobias Knaut* das Leben versäumt wurde, bildet das Romanende den letzten makabren Höhepunkt. In einem ‚finale furioso' werden alle Register der sinnlosen Vermeidung des Wirklichen gezogen. Leben vollzieht sich hier nicht nur im verkehrten Nachspielen von Romanen, sondern im Mißverkennen des Spielens zugleich. Denn selbstverständlich bleibt der haarsträubende Unsinn des Theaters, in dem sie zwei der Hauptrollen spielen, von Adelheid und Tobias unbemerkt. Obwohl sie in alle Pläne eingeweiht sind, verheddern sie sich so total in den Schlingen des Imaginären, daß sie selbst die absurdesten Verkehrungen der sentimentalen, englischen Romanwelten ernst nehmen.

Allerdings geht auch Elmickor, indem er mit Tobias und den beiden Frauen in die Höhle einzieht, in die Falle seiner eigenen, sophistisch verdrehten Lebensphilosophie. In der Absicht, sich als moderne Vertreter des Kynikers Diogenes feiern zu lassen, hat Elmickor offensichtlich übersehen, daß der griechische Philosoph dafür bekannt war, daß er *coram publico* mit Freudenmädchen kopulierte.

Die Tatsache, daß alles an dem Unternehmen der vier ‚falsch' ist, hindert nicht daran, daß die öffentliche Zurschaustellung des enthaltsamen Lebens der beiden Männer mit den früheren Prostituierten zu einem Spektakel wird, dem die Zuschauer bewundernd einen tiefen Sinn beimessen. Kafka hat in seiner Erzählung *Der Hungerkünstler* ein ähnliches Faszinosum beschrieben. Die Fatalität der gegen das Leben gerichteten Logik zeigt sich nirgends deutlicher als im Augenblick, in dem alle vier, nachdem Elmickor sie auf die „strengste Enthaltsamkeit" (TK, 4, 303) eingeschworen hatte, in Erwartung der „Bewunderung der Welt" (TK, 4, 303) verdrießlich in ihre Höhle einziehen. Der Ruhm und die Aura, die alle Vertreter der kulturellen Klasse umgibt, bilden eine Falle, die genau zu dem Zeitpunkt zuschnappt, in dem sich die erhoffte „Bewunderung der Welt" einstellt. Der Erzähler schließt mit der lakonischen Feststellung:

> Die beiden Nymphen stießen im Unisono einen großen Seufzer aus, warfen sich nieder und schliefen vor Verdruß ein, und träumten – man rathe wovon!
>
> Elmickors Absichten gelangen: er erndtete mit meinem Helden Bewundrung, und stieg durch diese nebst ihm zu einem Glück empor, das seinen Ehrgeiz befriedigte. (TK, 4, 304)

Die komische Lebensgeschichte

Herrmann und Ulrike

Daß die nach dem *Tobias Knaut* erschienenen Romane Wezels, also *Belphegor*, *Robinson Krusoe* und *Wilhelmine Arend oder die Gefahren der Empfindsamkeit,* hier nicht eingehend behandelt werden, hat hauptsächlich damit zu tun, daß sie für die hier gewählte Interpretationsperspektive keine wesentlichen neuen Erkenntnisse liefern. Von den Intelligenztypen, deren Dysfunktionalitäten Wezel im *Belphegor* demonstriert, repräsentieren Fromal und Medardus zwei Formen des abgewirtschafteten Aufklärungsdenkens. Auch die Verführerin Akante ist kaum mehr als eine Kopie von Emilie, die hier extremeren Situationen ausgesetzt wird. Im Titelhelden Belphegor wird dem Leser erneut der idealistische „Mensch" vorgestellt, mit dem er bereits in Selmann in allerdings weit differenzierterer Gestalt bekannt worden war. Im Unterschied zum *Tobias Knaut* macht Wezel im *Belphegor* allerdings nicht nur die ganze Welt, sondern auch zurückliegende Epochen der europäischen Geschichte zum Schauplatz des Romans. Ich meine, daß ihm dies eher schadet als nützt. Denn dadurch ist Wezel gezwungen, ein Wissen ins Romangeschehen einzubringen, das die Kulturanthropologie und die Geschichtsschreibung seiner Zeit über die mentalen, psychischen und lebensweltlichen Bedingungen weit entfernter Kulturen oder zurückliegender Zeiten zur Verfügung gestellt hatten. Ersichtlich ist sich Wezel bewußt, daß dieses ‚Wissen' über europäische und außereuropäische Kulturen und deren Geschichte dank der herrschenden, superiorisierenden und inferiorisierenden Wahrnehmungsweise eher einer interessen- und wunschgeleiteten Erfindung gleicht als einer Verbindung aus Tatbeständen und überprüfbaren Verstehenshypothesen.[113] Wer jedoch weiß, daß das Wissen, das der herrschende Diskurs produziert, falsch ist, hat deshalb nicht gleich einen Zugang zum besseren Wissen.

Im *Belphegor* erweist sich die Wirkung des Falschen auf folgende Weise: Wie im *Tobias Knaut* ‚katastrophen' auch die Helden des *Belphegor* mit ihren imaginären Welten im Kopf oder Herzen durch die

[113] Isabell Knautz hat mich durch ihre Interpretation des *Belphegor* auf diesen Tatbestand aufmerksam gemacht.

unverstandene wirkliche und in der Tat grausame Welt. Die Operationsweisen ihres Verstandes und all ihre Kenntnisse liefern ihnen keinerlei Orientierungen, die ihnen erlaubt hätten, klug und auf situationsadäquate Weise zu handeln. Selbst wenn sie sich in Machtpositionen befinden, kommen ihnen trotz ihres Hasses auf die schlechte Welt keine praktikablen Einsichten zur zumindest partiellen Beseitigung der unnötigen, kultur- und gesellschaftsbedingten Grausamkeiten. Derart dysfunktionale Bewußtseinsformationen hat Wezel jedoch im *Tobias Knaut* wohl deshalb besser analysiert, weil er in den Personen dieses Romans die Phasen seiner eigenen Bewußtseinsgeschichte eingestaltet hat, über deren Deformiertheit er sich im Verlauf seiner „Hauptrevolution" sehr genau aufgeklärt hatte, und weil er die dysfunktionalen Bewußtseinsformen im Rahmen lebensweltlicher Bedingungen agieren ließ, die ihm genauestens vertraut waren. Deshalb gelang es ihm da, die Differenzen zwischen der verhaßten und unverstandenen Welt, die die Protagonisten in ihrem Kopf trugen, und den kulturellen und gesellschaftlichen Zuständen, die wirklich hassenswert und unverständlich waren, so herauszuarbeiten, daß der Leser die Chance hatte, einen Blick zu entwikkeln, der sich zwischen dem Wahn in den Köpfen und dem Wahnsinn der Verhältnisse zurechtzufinden vermag. Die lebensweltlichen und psychomentalen Verhältnisse, die in früheren europäischen oder in den zeitgenössischen, asiatischen, afrikanischen und amerikanischen Gesellschaften und Kulturen herrschen, kennt Wezel jedoch nur aus zweiter Hand, nämlich aus Büchern. Zwar macht – wie bereits gesagt – der *Belphegor* klar, daß sein Autor den Darstellungen der Bücher mißtraut und sie für Erfindungen hält, aber Wezel vermag aufgrund seines eingestandenen Unwissens hinsichtlich der wirklichen fremdkulturellen und historischen Verhältnisse kaum, die verzerrte Optik der zeitgenössischen Wahrnehmungsformen so zurechtzurücken, daß der Leser sich im Falschen etwas besser zurechtfindet. Vielleicht resultierte eben daraus die große Popularität dieses Romans unter den heutigen Lesern, denen die Einsicht in Fleisch und Blut eingegangen ist, daß es kein „richtiges Leben im Falschen" gibt.

Im *Robinson Krusoe* verfolgt Wezel die meines Erachtens unglückliche Idee, an der Geschichte eines Helden, der wiederum den väterlichen Verplanungen nicht folgt, sondern sich mit wolkigen Vorstellungen auf die See begibt und auf einer Insel Schiffbruch erleidet, zugleich die gesamte „Geschichte des Menschen"und die Erfindung aller technischen Fertigkeiten und Berufe und die Einrichtung der historisch bedeutsamen Gesellschafts- und Staatsformen explizieren zu wollen. Hier reduziert Wezel Komplexität auf ein Maß, an dem aller Erkenntniswert verloren gegangen ist. Am Scheitern dieses Projekts zeigen sich erneut die unzureichenden Kenntnisse, die Wezels Epoche über die Entwicklungsgeschichte der menschlichen Kultur und Gesellschaft besaß. Ich habe auf diesen Tatbestand schon bei Gelegenheit von Rousseaus Abhandlung über die Ungleichheit der Menschen und von Herders Theorien zur Bildungsgeschichte der Menschheit hingewiesen. Wezels *Robinson* leidet an ähnlichen Mängeln. Dadurch wird der Wahrheitswert des Romans ziemlich auf Null reduziert. Als historisches Dokument sowie im Zusammenhang mit den pädagogischen Debatten im Umkreis der Philanthropen und im Hinblick auf die Jugendbuchliteratur der Zeit ist sein *Robinson* natürlich allemal interessant, obwohl er sich in wirkungsgeschichtlicher Hinsicht nicht entfernt mit Campes *Robinson* messen kann, mit dem Wezels Robinsonade direkt konkurrierte.

Mit der *Wilhelmine Arend* findet Wezel wieder auf sichereren Boden zurück. Neben Philipp Moritz' *Anton Reiser* gehört dieser Roman Wezels zweifellos zu den bedeutendsten Vertretern der Gattung des psychologischen Romans, der deviante und dysfunktionale Operationsweisen des Bewußtseins analysiert. Bemerkenswert ist dabei, daß Moritz die unsäglichen Psychodramen seines Protagonisten durchgehend von einem einfühlsamen, erfahrungsseelenkundlich geschulten Psychologen kommentieren läßt, während bei Wezel mehrere Personen, neben zünftigen Seelen- und Körperkennern auch Laien, den Fall begutachten und therapieren. Dadurch kommt ein weites Spektrum von diagnostischen und therapeutischen Positionen seiner Zeit zur Sprache, ohne daß sich Wezel, wie er feierlich in der Vorrede erklärt, mit einer der vertretenen Ansichten identifizierte. Der distanzierte narrative Gestus zeigt, daß sich Wezel bewußt war, daß weder die klinische Psychologie noch die angewandte Medizin zu seiner Zeit den vollen Status einer Wissenschaft besaßen, sondern erst dabei waren, sich als Wissenschaften zu etablieren. Mit der Geschichte der empfindsamen Wilhelmine und dem Schicksal ihres Ehemanns hat Wezel Fälle geschildert, die zwar psychologisch und kulturhistorisch hoch interessant sind, im Gegensatz zum Fall Selmanns oder zu Moritz' *Anton Reiser* intellektuell jedoch so wenig Bedeutung besitzen wie etwa der Fall der empfindsamen Kunigunde und Adelheid im *Tobias Knaut*.

Bedeutungsvoll im emphatischen Sinne ist erst wieder Wezels *Herrmann und Ulrike*. In diesem Roman schließt der Autor an Themen an, die er im *Tobias Knaut* extensiv dargestellt hatte. Im Klartext: Wezel kommt in *Herrmann und Ulrike* auf das Schicksal des „Menschen“ zurück, der im *Tobias Knaut* entweder an Weltverachtung gestorben war oder der sich wegen seiner Weltverachtung in die Falle eines tödlichen *ennui* und inhaltslosen Lebens hineinmanövriert hatte. Offensichtlich hatte Wezel jedoch in der Zwischenzeit erkannt, daß er das verfehlte Kulturkonzept „Mensch“ zu voreilig abgeschrieben hatte. Er muß beobachtet haben, daß auf eine für ihn unvorhersehbare Weise der Staat, vor allem der aufgeklärte Staat, ein Interesse am „Menschen“ entdeckt hatte. Das läßt sich auf die folgende Weise erklären: die aufgeklärten Fürsten hatten durch die Diskreditierung von Kirche und Religion, an der sie selbst mitgewirkt hatten, den ‚superioren‘ Partner verlorenen, mit dem sie durch gegenseitige Anerkennung die staatliche, d.h. die eigene Superiorität und Souveränität legitimiert hatten. Zwar versuchten vor allem im Deutschen Reich und in Rußland die Staatsoberhäupter alles, um das Ansehen von Religion und Kirche zu rehabilitieren, neue „Heilige Allianzen“ zu schmieden und auf diese Weise den superioren Status des Staats zu sichern. Nicht allen Staatenlenkern paßte es allerdings, wieder ‚zu Kreuze zu kriechen‘ und im ausgedienten Kostüm von ‚Priesterkönigen‘ aufzutreten. Zumindest einige Fürsten hielten es für klug, neben der Kirche und Religion mit einer zweiten superioren Instanz Kontakt aufzunehmen, um sich in einer neuen ‚alliance cordiale‘, d.h. durch wechselseitige Anerkennnung die eigene Superiorität bestätigen zu lassen. Im „Menschen“, der trotz hoher Intelligenz und ausgewiesenem künstlerischem Talent bislang eher heimat- und orientierungslos durch die Gefilde des Irdischen ‚katastropht‘ war, bot sich dem Staat ein neuer ‚superiorer‘ Partner an, der die Stelle der in ihrer Reputation angeschlagenen Religion ausfüllen konnte. Genau diese Funktion vermochten die aufgeklärten Reformer nicht auszufüllen, weil ihrem pragmatischen, problemzentrierten Denken die metaphysische Dimension fehlte, die ein Denken benötigt, um für Superiorisierungszwecke einsetzbar zu sein.

So wiederholt sich erneut der Vorgang, daß es der göttlichen Weisheit oder dem Zufall gefiel, die Last der Wahrheit auf die Schultern von Toren zu legen. In jedem Fall kam es zu einer vorsichtigen Kontaktaufnahme zwischen den Fürsten und dem „Menschen“. Bekanntlich wurde in Deutschland im kleinen Fürstentum Sachsen-Weimar die neue Partnerschaft zementiert und in verbindliche Form gebracht. Die involvierten Parteien, Fürst, Kirche und „Mensch“, letzterer auch unter dem Namen Goethe bekannt, einigten sich bald über die diskursiven Reglementierungen, die ihr kooperatives Zusammenwirken zum Vorteil aller am Herrendiskurs Beteiligten festlegten. Der „Mensch“ durfte von nun an unter staatlichem Schutz seine ästhetische Sonderexistenz weiter pflegen und erhielt Zugang zu den höheren staatlichen Stellen. In diesen vermochte er sich als ‚höheres Wesen‘ im Gesellschaftlichen zu etablieren und sich durch die Reformen des ‚höheren‘ Erziehungswesen erfolgreich zu reproduzieren.[114] Die aufgeklärten Reformer wurden durch diese Umorientierung der staatlichen Politik nicht ganz überflüssig und arbeitslos, aber sie hatten ins zweite Glied zurückzutreten und ihre Tätigkeiten und Leistungen wurden vom Glanz der erhabenen und erhebenden Projekte des „Menschen“ so in den Schatten gestellt, daß sie kaum mehr Beachtung fanden.

Diese Degradierung des aufgeklärten Reformdenkens muß auch Wezel getroffen haben. Denn der hatte zweifellos nichts lieber getan, als an den Reformen mitzuarbeiten, die den Abbau der dysfunktionalen hierarchischen Ordnungen betrieben und die die Formen der gesellschaftlichen Organisation nach den Prinzipien eines mündigen und selbstverantworteten Lebens und den pragmatischen Kriterien der Zweckmäßigkeit und Effizienz modernisieren wollten. Dies geht nicht nur eindeutig aus seinen Schriften, sondern auch seinen allerdings nicht sehr erfolgreichen, beruflichen Bemühungen hervor, mit den Philanthropen zu kooperieren und in der Hauptstadt des habsburgischen Reformkaisers Joseph II. Karriere zu machen. Da Wezel seiner geistigen Herkunft nach bis zu seiner „Hauptrevolution“ jedoch selbst zu den „Menschen“ gehört hatte, war er wohl zeitweise auch davon überzeugt, daß die vom „Menschen“ initiierten reformerischen Initiativen, die die Einrichtung einer „menschengerechten“ Lebenswelt anvisierten, Verhältnisse schaffen könnten, die nicht nur den Herrenmenschen innerhalb des neufor-

---

[114] In den Interpretationen von *Herrmann und Ulrike* ist das Verhältnis von „Mensch“ und Staat nie ausführlich diskutiert worden. Von meinem Standpunkt aus ergeben sich gerade daraus die fruchtlosen Diskussionen darüber, ob Herrmann sich dem Staat unterworfen oder den Staat in einem friedlich-revolutionären Akt in seinen Gewalt gebracht hat. Meiner Ansicht nach zeigt der Roman, wie der „Mensch“ und der Staat sich so aneinander anpaßten, wie sich früher der Staat und die Kirche einander angepaßt haben. Derartige Anpassungen zum Zweck der wechselseitigen Superiorisierung fanden ja nicht nur zwischen dem bürgerlichen „Menschen“ und seinem Staat statt, sondern in mindest ebenso peinlichen Formen zwischen dem sozialistischen „Menschen“ und seinem Staat.

mierten Herrendiskurses, sondern der gesamten Menschheit zugutekamen. Ebenso zweifellos blieb Wezels Einstellung gegenüber dieser neuen politischen Formation jedoch auch immer ambivalent, denn er wußte zu genau, daß die psycho-mentalen Operationsweisen sowohl des religiösen als auch des „menschlichen" Bewußtseins auf fatale Weise derealisiert waren und damit einen beständigen Gefahrenherd für Kollektive wie Individuen bildeten. Nachdem die Herrschenden für die Allianz mit dem „Menschen" optiert hatten, befand Wezel sich in jenem geistigen Dilemma, in dem dem Bewußtsein das, was es gerne glauben würde, aus der Sicht seines Wissens als absurd erscheint, aber in dem es trotzdem an seinem Glauben festhalten möchte. Diese Situation ist im übrigen für den Intelligenztyp, den man häufig schlicht als ‚die Intelligenz' bezeichnet, innerhalb der abendländischen Kultur schon seit Jahrhunderten vor Wezel die Regel, und an dieser Regel hat sich bis heute nichts geändert, sieht man vom den wenigen „erpreßten Versöhnungen" ab, die sich die Intelligenz in vielen Fällen auferlegt hat. Häufiger sind freilich das *credo quia absurdum* anzutreffen oder der Ironiker, der weiß, daß seine Wahrheit eine fatale Illusion ist. Was die neuere Zeit angeht, so denke man nur an Thomas Manns Verhältnis zum real existierenden Bürgertum, Brechts Verhältnis zum real existierenden Kommunismus oder das Verhältnis der nationalistischen deutschen Generale zum real existierenden deutschen Faschismus. Vor allem, solange die geglaubten Illusionen gegenüber solchen Instanzen historisch erfolgreich sind, die das Bewußtsein perhorresziert, ist es für das Bewußtsein fast unmöglich, sich von dem als falsch Erkannten zu trennen. Die Zerrissenheiten, die aus diesen Situation resultieren, stellten die Psyche, wie man weiß, oft genug auf Zerreißproben, denen sie nicht standhielt.

Für Wezel war der ambivalente Standpunkt gegenüber dem historischen Sieg des „Menschen" wohl deshalb besonders schwierig durchzuhalten, weil er seit der anthropologischen Wende seines Denkens die Mischung aus „vernünftigen Gedanken und vernünftigen Grillen", die das Denken des „Menschen" ausmachte, sogar ursächlich erklären konnte. Gleichwohl versuchte er in *Herrmann und Ulrike* so gut, wie wie er dies seinem ‚Wissen' immer zumuten konnte, eine positive Haltung gegenüber dem „Menschen" einzunehmen. Ambivalenzen lassen sich freilich nicht unterdrücken. Burghard Dedner hat diesen Tatbestand so beschrieben, daß in *Herrmann und Ulrike* zwei Romantypen nebeneinander herlaufen: einmal „das alte Schema der Donquijoterie", zum anderen das „moderne(.) Prinzip des Entwicklungsromans"[115]. Mit anderen Worten: die Helden des Romans erscheinen einmal als hoffnungslos ihren Hirngespinsten hinterherjagenden ‚Ritter', aber zugleich auch als entwicklungsfähige Subjekte, die intellektuell ernst zu nehmen sind. Andere meinten noch mehr als nur zwei widersprüchliche Erzählmuster in *Herrmann und Ulrike* entdecken zu können, unter anderem auch ein problematisches narratives Konglomerat aus Roman und „politische(m) Märchen".[116] In der Regel wird diese gattungsmäßige Inkonsistenz Wezel als literarische Fehlleistung angelastet. Die Tatsache, daß der Protagonist eines Romans die Gesetze gegensätzlicher Erzählschemata erfüllen kann, kann meines Erachtens jedoch nur dem als ein Fehler erscheinen, der meint, eine Geschichte des „Menschen" ließe sich widerspruchsfrei unter Einhaltung harmonisierend-superiorisierender Darstellungsmittel schreiben. Ich nehme an, daß die Verteidiger der widerspruchsfreien Darstellung „menschlicher" Größe zu den Verehrern und Fans von Leni Riefenstahl gehören. Wezels Einsicht in die Janusköpfigkeit des „Menschen" läßt in jedem Fall eine geglättet-harmonisierende Darstellung des „Menschen" nicht zu, und wenn dies ein ästhetischer Fehler ist, so meine ich, daß ihn dieses künstlerische Mißlingen ehrt. Ja, ich meine, es gereicht seinem Roman *Herrmann und Ulrike* zur besonderen Ehre, daß er die Widersprüche im Kulturkonzept „Mensch" nicht nur durch den Schleier einer diffusen Ironie durchscheinen läßt, sondern die Geschichte des historischen Siegeszugs des „Menschen" so schreibt, daß dem Leser nicht verborgen bleibt, daß sie eine Geschichte des Wahns und der Leiden ist. Auch ohne die Rolle des dozierenden Erzählers einzunehmen, macht es Wezel dem Leser leicht, zu den anthropologischen Einsichten zu finden, die erklären, was den Wahn und die Leiden des „Menschen" verursachte.

In den Ambivalenzen, die in der Erzählhaltung in *Herrmann und Ulrike* in Erscheinung treten, zeigt sich freilich auch, daß der Autor trotz aller Selbstaufklärung und „Hauptrevolutionen" vom „Angelhaken" der Superiorisierung, an den er geraten war, nicht endgültig frei gekommen ist. Darin ähnelt er jenen ‚verbürgerlichten' Adligen,

---

[115] Burghard Dedner: Wezels „Herrmann und Ulrike": Idealbilder, Kontraste und die fragwürdige Realität. In: ders.: Topos, Ideal und Realitätspostulat. Studien zur Darstellung des Landlebens im Roman des 18. Jahrhunderts. Tübingen: 1969, S. 138–157, Zitat S. 151

[116] Vgl. Wilhelm Voßkamps Rezension der von Eva D. Becker besorgten Romanausgabe in ZdPh 92, 1973, S. 590–593, Zitat S. 592

die in ihren Reden längst ‚Abschied vom Adel' genommen haben, aber dennoch von jedem Ereignis fasziniert sind, in dem der Adel eine besondere Rolle spielt. Wezels Fall gibt – besser als alle mir sonst bekannten Fälle – Zeugnis von der eminenten Resistenz dagegen, sich durch besseres Wissen vom als falsch erkannten, aber zum eigenen psychischen Überleben notwendigen Wissen abzunabeln. Dies wiederum könnte besser als alle ‚Dialektiken der Aufklärung' erklären, an welchen psychischen Widerständen die Aufklärung bis heute gescheitert ist.

Im Roman zeigt sich auf jeden Fall folgendes: erstens ist sich Wezel über die Chancen und die ersten positiven Wirkungen der neuen, höchst unwahrscheinlichen Allianz zwischen Staat und „Mensch" klar geworden. D. h., er hat erkannt, daß das Schicksal des „Menschen" nicht darin aufgeht, durchs Leben zu ‚katastrophen', sondern daß der „Mensch" die Chance erhalten hat, sich im Schutz des Staates eine respektable, partiell sogar nützliche Existenz zu schaffen. Zweitens hat Wezel in seinen qua Selbsterkenntnis gewonnenen Einsichten in den Formierungsprozeß und in die Funktionsweise des superiorisierten Bewußtseins des „Menschen" erhebliche Fortschritte gemacht, drittens hat sich sein Urteil über den elementar dysfunktionalen Charakter der „menschlichen" Wahrnehmungs-, Denk- und Verhaltensweisen zwar in einigen Punkten modifiziert, aber grundsätzlich nicht geändert, und viertens kann er sich trotz seiner Einsichten in die eminent gefährlichen Deformierungen des psychomentalen Apparats des „Menschen" nicht eindeutig entscheiden, wie er sich gegenüber dem abzeichnenden politischen und kulturellen Siegeszug des „Menschen" zu verhalten hat.

Der Roman *Herrmann und Ulrike* gilt gemeinhin als das *opus magnum* Wezels. Oft als Bildungsroman[117] klassifiziert, lasen ihn frühere Interpreten auch als Gegenstück zu Goethes *Wilhelm Meister*, insofern Wezel in Herrmann die Lebensgeschichte der revolutionären bürgerlichen Intelligenz geschrieben habe, die ihre umstürzlerischen Absichten im „langen Marsch durch die Institutionen"[118] verwirklicht. Meine eigene Lesart ist weder auf die Gattung des Bil-

[117] So von Kurt Adel: Johann Karl Wezel. Ein Beitrag zur Geistesgeschichte der Goethezeit. Wien: Notring 1968, S. 108; Hans Peter Thurn: Der Roman der unaufgeklärten Gesellschaft, S. 222; Phillip S. McKnight: The Novels of Johann Karl Wezel S. 351 und andere.

[118] Thilo Joerger: Roman und Emanzipation. Johann Carl Wezels ‚Bürgerliche Epopee'. Stuttgart: Akademischer Verlag 1981, S. 215

dungsromans fixiert noch auf die Formierung und das Schicksal des bürgerlich-revolutionären Bewußtseins.

Liest man *Herrmann und Ulrike* im Kontext der romantheoretischen Äußerungen Wezels, so bietet sich an, dieses Werk als die Verwirklichung des Romanprojekts zu lesen, das Wezel in der Vorrede zu seinem *Robinson Krusoe* als großer Jugendroman mit einem vorbildlich-positiven Helden beschrieben hat. Über einen solchen Helden schreibt Wezel, er müsse

> ein Beispiel großer, edler, aufstrebender Tätigkeit (enthalten), wie sie ein jeder Jüngling nachahmen kann, das die Triebfeder der menschlichen Größe, die Ehre, anspannt; ein Beispiel voll Nerven, Geist, starker männlicher Empfindung; ein Charakter, aus den zwei Hauptelemeneten einer großen Seele, aus hoher Denkungsart und gefühlvollem Herze, zusammengesetzt, ohne die mindeste idealische Vollkommenheit, mit Schwachheiten und Gebrechen beladen, aber eine Seele voll Gleichgewicht; dieser Charakter muß durch eine Reihe von wahrscheinlichen Begebenheiten ohne alle Abenteuerlichkeit hindurchgeführt werden, immer stolpern, oft durch die Übertreibung seiner guten Eigenschaften fallen, dem Untergang und sogar dem Verderben sich dadurch nähern und durch seinen wirksamen, starken, männlichen Geist sich wieder emporreißen, mit Leidenschaft, Phantasie, Menschen und Schicksal kämpfen und doch mit unerschütterlichem Ausharren zu seinem letzten Zwecke durchdringen – zu dem Zwecke, durch nützliche Geschäftigkeit auf einen beträchtlichen Teil seiner Nebenmenschen auf eine Art zu wirken, wie sie in unsrer Welt und bei unsrer Verfassung möglich ist.“[119]

Allerdings nimmt Wezel in der Vorrede zu *Herrmann und Ulrike* auf seine Ausführungen im *Robinson* keinerlei Bezug. Vielmehr reflektiert er darin die merkwürdige Tatsache, daß der Roman zugleich zu der am meisten gelesenen und am meisten verachteten literarischen Gattung zählt[120] (HU, 1, I). Er erklärt diesen Tatbestand damit, daß viele Romane in der Tat nur „Mißgeburten“ (HU, 1, II) der Fantasie und des Denkens ihrer Verfasser seien. Wezels Vorschlag, den Roman vor allen devianten Operationsformen der Autorengehirne zu retten, läuft darauf hinaus, Romane in ihrer Ereignisfolge der Biographie und im Hinblick auf die Einstellung des Autors dem Lustspiel anzunähern. D.h., dem Romancier wird empfohlen, seinen Ro-

---

[119] Johann K. Wezel: Robinson Krusoe. Mit e. Nachw. von Rolf Strube. Berlin 1982, S. 8

[120] Johann K. Wezel: Herrmann und Ulrike. Ein komischer Roman. Mit e. Nachw. von Eva. D. Becker. Stuttgart: Metzler 1971. Zitate aus diesem Roman werden im Text nachgewiesen: Sigle HU, die darauf folgende Zahl gibt den Band, die zweite die Seitenzahl an.

man nach dem Muster einer Lebensgeschichte aufzubauen, die Lebensgeschichte aber aus der kritischen Distanz des Lustspielautors zu erzählen. Dessen Aufgabe ist bekanntlich, Charaktere, Ideen oder kulturelle Formationen so darzustellen, daß bei Vermeidung von Katastrophen ihre Fehler und Schwächen sichtbar werden. Die Verbindung aus Biographie und Lustspiel ergibt nach Wezel die „wahre bürgerliche Epopee“ (HU, 1, III), die zugleich das Wesen des Romans ausmache.

Danach grenzt Wezel das Heldengedicht vom bürgerlichen Roman weiterhin dadurch ab, daß im Heldengedicht alles „poetisch und idealistisch“ zu sein habe, während im Roman alles „menschlich und realistisch“ zugehen müsse. Die Charaktere müssen also in einer Weise denken, empfinden und handeln und die Begebenheiten müssen so auseinander hervorgehen, wie man dies nach den Kenntnissen über den Menschen und nach den historischen und alltäglichen Erfahrungen als ‚wahrscheinlich‘ empfinden würde. Diese Wahrscheinlichkeitsregel schließt nach Wezel das Wunderbare und Ungewöhnliche jedoch immer dann nicht aus, wenn die Notwendigkeit besteht, auf Ursachen aufmerksam zu machen, die vom Normalbewußtsein übersehen werden und daher als Unwahrscheinlichkeit wahrgenommen werden. Das einzige Gesetz, das ein Autor immer zu respektieren hat, ist nach Wezel das von Ursache und Wirkung. Deshalb unterscheidet er zwischen Wunderbarem, das durch bisher verdeckte Ursache-Wirkungs-Zusammenhänge hervorgebracht ist, vom bloß Abenteuerlichen, das von Ereignissen und Charakteren handelt, die Produkte der spielenden Fantasie sind. Was die Behandlung von Nebenhandlungen und -figuren angeht, so rät Wezel, sie sollten in den Roman so eingebracht werden, daß sie das meiste „Licht“ auf den Hauptzweck des Romans werfen.

Was der Hauptzweck von *Herrmann und Ulrike* ist, verrät Wezel jedoch nicht. Er setzt sich nur von den empfindsamen Romanen und den „butterweichen Seelen“ (HU, 1, VII) ab, die deren Protagonisten sind. Weiterhin unterscheidet er zwischen einer Liebe, der es nur um die Liebe geht, und einer, die zum Tätigsein führt[121]. Die sich schier

[121] Interpreten wie Isabell Knautz, aber gewiß nicht nur sie, sind dieser Äußerung Wezels auf den Leim gegangen, weil sie nicht weiterfragten, welche Form des liebenden Tätigseins hier gemeint ist: das ‚spielende‘ Tätigsein des „Menschen“ oder das von Verantwortungs- und Selbstverantwortungsbewußtsein getragene Tätigsein des wirklich erwachsenen Menschen. Dies ist eine durchaus verständliche Unterlassungssünde, denn Wezel scheint sich auch nicht in jedem Augenblick darüber klar zu sein, welche Formen des Tätigseins er meint.

automatisch einstellende Vorstellung, daß alle Menschen aus Liebe tätig werden könnten, wenn sie nur beschlössen, dies zu tun, wird durch die Feststellung Wezels auf indirekte Weise zurückgewiesen, daß er die Welt in seinem Roman nicht schöner darstellen werde, als es ihrem „Schöpfer" (HU, 1, VII) gefallen hat, sie einzurichten. Ersichtlich hat es diesem gefallen, die Welt nicht so einzurichten, daß sie eine Welt von Liebestätern werden konnte. Dies wiederum ficht nach Auskunft des Autors nicht den Tatbestand einer moralischen Weltordnung an. Denn er versichert weiter, daß sein Realismus, der sich nicht anmaßt, die ‚geschaffene' Weltordnung nachbessern zu wollen, keine Äußerungsform des zynischen Bewußtseins sei, vielmehr sei jede Zeile des Romans moralisch motiviert. Das ist alles eher verwirrend als erhellend.

Soweit ich sehe, läßt sich, was Wezel mit literarischem Realismus meint, am besten so beschreiben: Ein realistischer Autor sucht, neue und im Hinblick auf die Geschichte der Menschheit relevante Zeiterscheinungen so darzustellen, daß dem Leser die Bedingungen der Möglichkeiten einsichtig werden, die das Auftreten dieser Phänomene erklärten. Durch diese ‚genetische' Heranführung an die Phänomene wird erkennbar, aus welchen ‚Samen' sie hervorgegangen und welche ‚Früchte' von ihnen zu erwarten sind. Diese Einsichten helfen dem Leser, auch dann einen kühlen, denkenden Kopf zu behalten, wenn ihm die neuen Zeitphänomene in Gestalten vorgeführt werden, in denen sie als die sieghaften Verkünder einer neuen Frohbotschaft von der goldenen Zukunft der Menschen erscheinen. Dabei hat der Romanautor nicht einmal eine explizite, kritische Stellungnahme zu dem abzugeben, was im Triumphwagen der Geschichte vorbeifährt. Derart ambivalente, d.h. uneindeutige Verfahrensweisen können freilich nicht verhindern, daß sich der Leser mit der ‚siegenden Sache' identifiziert, von deren Faszination sich ja auch der Erzähler nicht befreien konnte. Daß literarische Texte, die etwas taugen, ihr Äquivalent im Sprechakt der Warnung haben, ist ebenso hinreichend bekannt wie die Tatsache, daß solche Warnungen deshalb vergeblich sind, weil die Kunst für die Sache, vor der sie warnt, immer zugleich auch wirbt.

Um jedoch wieder auf die eingestaltete, diskursanalytische Struktur von *Herrman und Ulrike* zurückzukommen, so gibt der erste Band des Romans z.B. Antwort auf die historisch-transzendentale Frage: Unter welchen Bedingungen ist es möglich, daß ein Knabe von bürgerlicher Herkunft eine Willenshaltung entwickelt, die ihn wünschen läßt, gegen die Absichten eines geliebten Vaters in die

Adelsgesellschaft aufgenommen zu werden. Daran schließt sich die Frage an: welche Bedingungen müssen innerhalb der adligen Mentalität und Lebenswelt gegeben sein, damit Mitglieder der Adelsgesellschaft bereit sind, gegen die eingespielten und sanktionierten Verhaltensformen der ständischen Abgrenzungen zu verstoßen und den Wunsch des Jungen zu erfüllen? Ganz im Sinne der Gadamerschen Hermeneutik[122] liest sich Wezels Roman als literarische Beantwortung auf lebenspraktisch relevante Fragen, die sich im Verlauf der elementaren Umgestaltung der kulturellen und gesellschaftlichen Organisationsformen stellten. Ganz im Gegensatz zum ‚Klassizisten' Gadamer und zum ästhetischen Paradigma, in dem dieser seine Wahrheitsfrage sehr unbefriedigend zu entfalten sucht, wird bei Wezel deutlich, daß die ästhetischen Antworten, die in der Klassik auf die Fragen der Zeit gegeben wurden, wenig Sinn hatten und daß unabhängig davon, wie gut sie gemeint waren, keine Aussichten auf das Erreichen ihrer anvisierten Ziele bestanden.

Was die Herstellung von adelslüsternen Knabenwünschen angeht, so lautet die Antwort des Romans wie folgt: es ist der muttergeschützte und durch eine neue mütterliche Erziehung ins Hypertrophe stimulierte kindliche Narzißmus, der diese Wünsche aufkommen läßt. Diese neue mütterliche Erziehung der Söhne geht unmittelbar einher mit der Aufkündigung der bisherigen konjugalen Solidaritäten in bürgerlichen Familien. Denn die neuen Mütter, beraten durch neue superiorisierende Erziehlehren[123], sind nicht mehr bereit, mitanzusehen, wie inferiore Väter ihre Söhne zu ‚Kopien' ihrer selbst machen. Sie rebellieren gegen das paternale Privileg, das Leben der Söhne zu bestimmen, und verplanen diese gegen den Willen ihrer Ehemänner in eine ‚verklärte' große Zukunft. Konkret: die neuen ‚Mütter' fantasieren für ihre Söhne Lebenspläne, in denen sie Zugang zu den Instanzen finden, die den Herrendiskurs im Besitz halten, ja sie fantasieren sich selbst als Trägerinnen ‚adligen Samens'. Dies macht sie, wie der Leser auch von Herrmanns Mutter erfährt, bereit, Zuneigungsbezeugungen und lüsterne Blicke des Adels nicht

[122] Hans-Georg Gadamer: Wahrheit und Methode. Tübingen: Mohr. 1965 (2. Aufl.)

[123] In Jean Pauls Erziehlehre ist die ‚erhebende' Absicht bereits im Titel *Levana* angegeben. Dieser römischen Göttin opferten die Väter ihre Söhne zu eben dem Zweck, daß sie sie zu höheren Wesen emporhebe. Freilich haben im alten Rom die Väter der Göttin die Söhne zur Erhebung anbefohlen, in der Moderne geht diese vergöttlichende Initiative von den Müttern aus. Das ist bei Jean Paul sehr genau dargestellt.

als unangemessene sexuelle Belästigungen zu empfinden. Das heißt nicht, daß Herrmanns Mutter wirklich mit ihrem Landesherrn ein Verhältnis hatte und daß Herrmanns eigentlicher Vater der lokale Fürst war. Nur in der mythisierenden Fantasie besitzt der Ehemann den Status des ‚Ziehvaters Joseph‘ und nur in ‚heiligen Geschichten‘, in denen Mütter zu Gottesmüttern werden, kommt es zu unbefleckten Empfängnissen, die sich in der Form eines wohlgefälligen Blicks vollziehen, den ein ‚höheres‘ Wesen auf die jungfräuliche Mutter wirft und der aus Söhnen Gottessöhne macht. Solch ‚heilige Geschichten‘ werden bekanntlich erzählt und von manchen wortwörtlich ernst genommen. In einen nicht sakralen Diskurs übersetzt, wird in ihnen erzählt: Menschen werden in Begattungsakten gezeugt, die zwischen Vätern und Müttern stattfinden, und diese Menschen werden, wenn sie nicht zum „Menschen“ erhoben werden, nach patrilinearen Prinzipien in die Gesellschaft integriert. Die Transformation zum „Menschen“ entsteht in einem zweiten, rein parthogenen Zeugungsakt[124], wobei die mütterlichen Zeugungsorgane, in denen die Metamorphose des Menschen zum „Menschen“ stattfindet, nicht im Unterleib plaziert sind, sondern im Seelenorgan Auge, vorausgesetzt, der Mutter war zuvor durch den Blick eines großen Anderen ein göttliches Auge eingesetzt worden. Denn aus dem mütterlichen Gottesauge fließt jener liebende Blick, der Menschen in „Menschen“ verwandelt. Die vergöttlichende Wirkung des weiblichen Liebesblicks hat keiner besser beschrieben als Dante in seiner *Vita Nova.* Was dagegen Menschen geschieht, die vermeinen „Mensch“ zu sein, denen aber die Mutter ihren „menschenmachenden“ Blick versagt, versuchte Schiller in seinem Fragment gebliebenen Drama *Demetrius* darzustellen. Kurz: die Herstellung des „Menschen“ ist

[124] Ersichtlich entsteht der „Mensch“ aus einer Doppelgeburt und ist deswegen zweimal da. Die frühen Romantiker, die sich darin gefielen, ihre philosophischen Fantasien über den „Menschen“ in Formen der Mathematik und der Wissenschaften durchzuspielen, benutzten daher geschickt die mathematischen Potenzierungsverfahren bei ihrer Beschreibung und Analyse des „Menschen“. Dabei begnügten sie sich freilich nicht mit der einfachen Potenzierung, sondern sie potenzierten den „Menschen“ gleich ins Unendliche, so daß „der Mensch“ auf ähnliche Weise die gesamte Menschheit umfaßte, wie die nach der Präformationslehre in den Eierstöcken der Eva präsent war. Wer Sinn fürs spielerische Denken hat, muß solche Gedankenspiele reizend finden, ja er mag sich sogar dazu verführen lassen, selbst mitzuspielen. Wer weniger spielerischen Sinn hat, mag sich über die Peinlichkeit solcher Denkfantasien trösten, indem er sich klar macht, daß die Romantiker noch sehr jung waren, als sie ihre Mathematik und Wissenschaft vom „Menschen“ erfanden.

im Diskurs um 1800 das einzig bedeutsame Geschäft der Mütter, ein Geschäft, in dem sie von hohen „Menschen“ unterstützt werden, die als Staats- und Erziehungsbeamte die Wege des jungen „Menschen“ in die Reiche des geistigen Adels leiten.

Was die Beziehungen zwischen den neuen adelsverehrenden Müttern und ihren Söhnen angeht, so treffen sich auch ohne explizite Kommunikation die phantasmatischen Pläne der Mütter mit den kindlich-narzißtischen Größenfantasien ihrer jungen Söhne, und zwar auf dem Wege von unausgesprochenen, wechselseitigen Identifikationen mit den Wünschen des anderen. Mütter und ihre neugeborenen Kinder verkehren ausschließlich auf diese sprachlose Weise. Aus den gemeinsamen Begehren, Fantasien und Wünschen entsteht eine neuartige, lang anhaltende und geheime Allianz zwischen Müttern und Söhnen, in der – gegen die Väter – die sprachlose Mutter-Infans-Symbiose auch dann noch fortgesetzt wird, wenn die Söhne längst zu sprechen gelernt haben. Was die narzißtischen Größenfantasien von Knaben angeht, so bilden sie einerseits ein natürliches Stadium des kindlichen Bewußtseins, andererseits bewirkten die besonderen erzieherischen Zuwendungen der Mütter bei begabten Kindern nicht nur die Ausbildung übervalorisierter Kinderpsychen, sondern sie hatten den zusätzlichen Effekt, daß sie die Intelligenzentwicklung stärker stimulierten. Die müttergebildeten Söhne waren – wie früher die Söhne aus protestantischen Pfarrhäusern – den anderen Kindern im Hinblick sowohl auf ihre kognitiven und kreativen Fähigkeiten als auch im Hinblick auf ihre Kenntnisse von kulturell hochbewerteten Wissensgehalten überlegen. Tatsächlich erreicht die Entwicklung der Intelligenz mit der Expansion der mutterzentrierten bürgerlichen Kleinfamilien zu Wezels Zeiten ein neues Niveau. Trotzdem bilden die neue Mutterliebe und die zunehmende Narzißisierung von Kindern in den Augen der Aufklärer einen besorgniserregenden Trend, der nicht nur die kindlichen Seele in signifikanten Mengen aus der rechten Bahn zu werfen drohte, sondern auch die elterlichen Beziehungen gefährdete, die die Grundlage sowohl einer glücklichen Ehe als auch einer gelingenden Sozialisation bilden.

Von Herrmann erfährt der Leser zunächst, daß er im Städtchen als „Hurkind“ (HU, 1, 4) gilt und sich hartnäckig das Gerücht hält, er sei das uneheliche Kind des lokalen Grafen von Ohlau. Dies kann nur als versteckter Hinweis darauf gelesen werden, daß Wezel in Herrmann seine eigene ‚eingebildete‘ Lebensgeschichte miteingestaltet. Konkret begegnet der Leser Herrmann, dessen kaum benutzter Vorname Heinrich[125] ist, zuerst als Sechsjährigem bei der Lieblingsinszenierung seiner kindlichen Größenfantasien: auf einem Spaziergang der Familie spielt das Kind, es sei König. Urszenenhaft ist die väterliche Reaktion: Vater Herrmann versucht unter Einsatz seines Stockes den Sohn auf den Boden der Wirklichkeit und unter seine Regie zurückzubringen. Eben dies wird durch das entschiedene Einschreiten der Mutter verhindert, die auf den Namen Nillchen hört. Der Zwist der Eltern findet hinter dem Rücken des kleinen Herrmann statt und bleibt diesem daher verborgen. Der Zufall will, daß sich im Augenblick, in dem Herrmann sich in der Königsrolle gefällt, auch das Grafenpaar von Ohlau nähert. Da das adlige Paar das königliche Spiel des Jungen stört, wird es von diesem sofort zurechtgewiesen.

In der Schilderung des Grafenpaares zeigt sich, daß die konjugalen Verhältnisse auch beim Adel nicht mehr stimmen. Hier hatte die exzessive Ritualisierung der adligen Selbstrepräsentationen zum Tod aller vitalen Formen des Zusammenlebens geführt. Im Roman ist die Dekadenz des Grafen so weit fortgeschritten, daß er unfähig ist, seine Geschäfte als Ehemann und als Staatsoberhaupt selbständig und ordentlich zu betreiben. Aufgrund der unmäßigen Repräsentationskosten ist der Graf bereits so verschuldet, daß eine Gesundung seiner Finanzen auch dann kaum möglich gewesen wäre, wenn er die Einsicht in die notwendige Neugestaltung des staatlichen Haushalts gehabt hätte. Da dem Grafen sowohl diese Einsicht als auch die finanztechnischen Kenntnisse fehlen, ist er zunehmend den gewissenlosen Machenschaften seiner Gläubiger ausgeliefert, die im Roman Juden sind. Aus Wezels Darstellung der Juden geht wiederum hervor, daß es ihm trotz aller Einsicht in die absurden Aufwertungs- und Abwertungsgepflogenheiten der abendländischen Kultur nicht einfällt, den Leser über das Schicksal der inferiorisiertesten gesellschaftlichen Gruppe Europas aufzuklären. Die Beseitigung derart eingefleischter Vorurteile ist wohl deshalb eine so

---

[125] Es ist auffällig, daß Wezel die „Menschen“ in seinen Romanen nicht mit ihren Vornamen nennt. Das war schon bei Selmann der Fall. Offensichtlich betrachtet Wezel den „Menschen“ nicht als Individuum, sondern als ‚Familie‘, d.h. als eine Untergattung innerhalb der Untergattung ‚Mann‘. Ersichtlich folgt Wezel dem Motto *Nomen est omen* und gibt seinen „Menschen“ entsprechende Bezeichnungen: Selmann, der früher Vertreter des „Menschen“ ist der Mann mit Seele, der spätere Herrmann dagegen der „Mensch“, der Herr sein wird.

schwierige Sache, weil deren Deformiertheiten schon nicht mehr wahrgenommen werden.

Obwohl die kinderlose Gräfin von der Überlegenheit des Adels felsenfest überzeugt ist und obwohl sie vom bevorstehenden Staatsbankerott nichts ahnt, verachtet sie ihren Mann zutiefst. Sie ist daher eher amüsiert darüber, daß der hübsche und offensichtlich intelligente kleine Herrmann in seinem realitätsvergessenen Königsspiel dem Grafenpaar zunächst befiehlt, auf die Seite zu treten. Um von der peinlichen Situation abzulenken und um ‚im Spiel' zu bleiben, schlägt die Gräfin dem jungen ‚König' vor, mit ihr Blumen zu pflücken. Ihre Eitelkeit ist geschmeichelt, als der junge ‚König' ihr unverzüglich anträgt, sie zu heiraten. Es zeigt sich spätestens hier, daß die neue Mutterliebe die geliebten Söhne sehr früh, und zwar auf präpubertäre oder prägenitale Weise sexualisierte.

Was die Gräfin an ihrem jungen Kavalier besonders erheitert, sind die Schmähungen, die der junge Liebesfantast gegen den anwesenden Grafen vorbringt. Die Gräfin prophezeit darauf dem Jungen, er habe das Zeug, entweder „ein großer Mann oder ein großer Narr" (HU, 1, 13) zu werden und lädt den Jungen zu einer Fahrt in der gräflichen Kutsche ein, die auf dem Schloß endet.[126] Auf der Fahrt zeigt sich, daß der Junge in seinem ‚Spiel' kein machtgenießender, sondern ein guter, von allen geliebter ‚König' sein will. Während es der Graf liebte, auf seinen Spazierfahrten ein Pfänderspiel zu initiieren, das in Ringkämpfen ausgetragen wurde, ändert der kleine Herrmann, nachdem ihm die Leitung des Pfänderspiels übertragen worden war, sofort dessen Regeln: er sorgt dafür, daß die Pfänder gleichmäßig verteilt wurden, so daß Kampf und Streit unnötig werden.

Der schönen Gräfin, deren Gefallsucht und Liebeshunger durch den langweiligen Grafen nie befriedigt wurden, gefallen die Liebe und Bewunderung, die der Junge ihr entgegenbringt, ebenso wie dessen selbstsicheres und unkonventionelles Verhalten. Unter dem Vorwand, dem intelligenten Jungen zu einer besseren Erziehung zu verhelfen, schlägt sie dem Grafen vor, Herrmann aufs Schloß zu bringen. Tatsächlich möchte sie den Jungen, der nicht aufhört, ihr zu schmeicheln, adoptieren, um ihn immer um sich haben zu können.

---

[126] Wiederum überläßt es Wezel dem Leser zu erkennen, daß der „Mensch" in jedem Fall sowohl „ein großer Mann" als auch „ein großer Narr" ist.

Der Graf, der, um seine überlegene Machtposition zu demonstrieren, alle Vorschläge der Gräfin aus Prinzip zurückweist, hat dieses Mal sogar einen vernünftigen Grund für seine Ablehnung: er stellt fest, daß es sehr mißliche Folgen hat, wenn innerhalb einer Ständegesellschaft jemand nach dem Selbstverständnis und den Anforderungen eines Standes erzogen wird, zu dem er nicht gehört. Die Gräfin, die längst gelernt hat, mit dem ‚Nein' ihres Gatten zurechtzukommen, weiß ihre Idee bei einer anderen Gelegenheit so zu formulieren, daß die prompte Ablehnung ihres Vorschlags den Effekt hat, daß Herrmanns Eltern den Befehl erhalten, den Jungen aufs Schloß zu bringen.

Als Reaktion auf diesen Befehl entbrennt im Hause Herrmann ein langwieriger Ehekrieg um das Schicksal des Sohnes. Dieser will selbst nichts lieber, als auf das Schloß ziehen. Nillchen unterstützt diesen Wunsch des Sohnes mit mütterlicher Leidenschaft, während der standesbewußte und -stolze Vater sich strikt weigert, seinen Sohn dem Hofleben auszusetzen und ihm eine aristokratische Erziehung angedeihen zu lassen. Auf Nillchen machen weder seine Argumente noch physische Gewalt und überlegene Muskelkraft Eindruck. Sie ist die listigere und weiß zudem, daß sie die besseren Waffen hat. Seit der *Lysistrata* des Aristophanes ist es ein offenes Geheimnis, daß, gleichgültig wofür Männer kämpfen, ihnen nichts wichtiger ist als der „Schoos" ihrer Frau. Nillchen setzt ihren Unterleib gezielt und erfolgreich im Ehekrieg ein. Das Denken und der Wille von Vater Herrmann werden zudem durch seine Liebe zum Wein geschwächt. Der Sex und der Wein machen ihn letztlich gefügig. Psychisch verkraftet der alte Herrmann seine Niederlage nie; der Unterlegene entwickelt eine Neurose, die die Form hat, daß er sich ständig – besonders durch den Adel – beleidigt fühlt, auch dann, wenn er in einer konkreten Situation selbst der Beleidiger war. Während der Vater im Zustand des Beleidigtseins noch lange weiterlebt, erhält Herrmann dank des Sieges der Mutter eine adelsprotegierte Erziehung, die ihn nicht für einen bürgerlichen Beruf qualifiziert, sondern die Voraussetzung für den späteren Zugang zur politischen Klasse bildet. Wezel zeigt damit allerdings auch, daß der Bildungsprozeß, der den ‚Bürger' vorgeblich zum autonomen „Menschen" macht, präziser mit der Formel beschrieben wird, die der sächsische Freiherr und romantische Dichter Friedrich von Hardenberg prägte, als er mit sehr viel Einsicht ins neue bürgerliche Bildungsgeschehen die Lebensgeschichte von Goethes Wilhelm Meister als eine „Wallfahrt nach dem

Adelsdiplom"[127] charakterisierte. Auf Wilhelm Meisters Überzeugung, daß der Adel dem Bürger ontologisch überlegen sei, wurde bereits hingewiesen. Sie bestätigt im Nachhinein Wezels freilich eher respektlose Ansicht, daß das pompöse Konzept des „Menschen" darauf beruht, den „Menschen" unter den Menschen einen aristokratischen Status mit dem entsprechenden Selbstverständnis und den entsprechenden Privilegien zu geben. Deshalb sind im neuen humanen Diskurs zwar alle „Menschen" Bürger, aber nicht alle Bürger „Menschen" in jenem emphatischen Sinne sind, den der Begriff des Menschen im Ausgang des 18. Jahrhunderts angenommen hat. Das neue Kulturkonzept „Mensch", das gern und emphatisch die brüderliche Gleichheit aller Menschen besingt, schließt, wie die Geschichte belegt, Sklavenhaltung und Klassengesellschaften nicht nur nicht aus, sondern hat die Gründung von gesellschaftlichen ‚Licht- und Schattenwelten' zur Voraussetzung seiner Verwirklichung. Die alte Feudalgesellschaft faßte die Mitglieder ihrer „Schattenwelt" unter dem degradierenden Titel eines amorphen Dritten Standes zusammen, aber sie räumte ihnen immerhin einen Platz und einige Rechte ein. Dagegen halten die höheren „Licht-Menschen" ihre sozialen Schattenreiche so im Dunkeln, daß man – frei nach Brecht – die ‚im Dunkeln' gar nicht mehr sieht. Ähnlich wie ein Kuckucksjunges die ursprüngliche und eigentliche Brut aus dem Nest und in ihr Verderben wirft, spreizt sich der „Mensch" in Kultur, Bewußtsein und im herrschenden Diskurs so aus, daß für die Menschen kein Platz mehr ist. Die Gesellschaft des „Menschen" wurde daher im Vergleich zur Feudalgesellschaft zu keiner humaneren, eher zu einer unmenschlicheren Ausbeutungsgesellschaft. Deshalb konnte die „soziale Frage" im 19. Jahrhundert ein größere Dringlichkeit erhalten als je zuvor. Bei der Formulierung der „sozialen Frage" erwies sich, daß der Trick des „Menschen", sich schlicht an die Stelle des Menschen zu setzen und damit den Menschen aus der Sprache und den Texten zu tilgen, fatale Folgen hatte. Da der „Mensch" seine Rechte und seinen privilegierten Status in Texten und Reden formuliert hatte, in denen die Anführungszeichen weggelassen sind, erhielten die unterdrück-

---

[127] R. Samuel u.a. (Hrsg): Novalis Schriften. Bd 3: Das philosophische Werk II. Darmstadt: Wissenschaftliche Buchgesellschaft 1968, S. 646. Ansonsten freilich bildet die romantischen Romantheorie die genaue Gegenfolie, vor der sich das Romanprojekt Wezels besonders deutlich abhebt. Denn vor allem der frühromantische Roman erzählt scham- und hemmungslos nichts als die Geschichte des „Menschen" und ignoriert souverän, was dadurch dem Menschen angetan wird.

ten und ausgebeuteten Menschen die Chance, das Unrecht, das sie durch den „Menschen“ erlitten, gegen diesen unter Berufung auf die Rechts- und Verfassungstexte einzuklagen, die die Privilegien des „Menschen“ ursprünglich sicherzustellen hatten. In den Forderungen, die als Lösung der „sozialen Frage“ gehandelt wurde, kam daher weniger zum Tragen, daß sich Menschen in verantwortlicher Weise als Menschen verhalten sollten, sondern die Inanspruchnahme des Rechts auf die „Menschwerdung“ des Menschen, was Heine sehr treffend die „Wiedereinsetzung des Menschen in seine Gottesrechte“[128] genannt hat.

Was freilich dabei herauskommt, wenn alle Menschen erfolgreich die „Menschenrechte“ für sich in Anspruch genommen haben, ist kaum abzusehen. Denn der „Mensch“ ist und bleibt wie der Adel ein superiorisiertes Wesen: er ‚existiert‘ seinsvergessen und parasitär außerhalb der Sphäre des realen Lebens und der Arbeit. Das Schicksal der sozialistischen Gesellschaften scheint zumindest zu zeigen, daß die Chancen, daß durch erfolgreiche Menschenrechtsbewegungen aus „Menschen“ Menschen werden, wesentlich geringer sind als die, daß der Sieg der „Menschenrechte“ aus Menschen lebensuntaugliche „Menschen“ macht, die – wie Kinder – unfähig sind, im Realen zu überleben. In der nicht immer uneinsichtigen Kritik von Vater Herrmann an den aristokratisierenden Erziehungsplänen seiner Frau formuliert Wezel den Verdacht, daß die neuen „Menschen“, weil sie „Menschen“ sind, so korrupt und nichtsnutzig sein werden, wie es der Adel bereits seit geraumer Zeit war.[129]

Die Insistenz, mit der der Graf die Freigabe des jungen Herrmann fordert, hat jedoch nichts mit dessen Einsicht zu tun, daß begabte Bürgerkinder eine unbürgerliche Erziehung benötigen, um später die Funktion von neuen staatlichen Eliten ausfüllen zu können. Viel-

---

[128] Heinrich Heine: Zur Geschichte der Religion und Philosophie in Deutschland. In. Ders. Sämtliche Werke. Düsseldorfer Ausgabe Bd 8/1, S. 113. Im übrigen ist die philosophische ‚Entdeckung‘, daß alle Attribute Gottes eigentlich Attribute der Menschheit seien, die Quintessenz der Religionskritik des 19. Jahrhunderts. Daraus leitet sich bekanntlich das Programm der „Gottwerdung des Menschen“ab, dessen wortgewaltigster Verkünder Heine war.

[129] Jörg Paulus geht in seinem Aufsatz: *Kasuistik der Leidenschaft. Schicksal, Charakter und menschliche Natur in Wezels ‚Herrmann und Ulrike‘* einer ähnlichen Frage nach wie der, die ich in der Differenz zwischen „Menschen“ und Menschen zu explizieren versuchte. Allerdings operiert Paulus im Rah-

mehr hatte er den Jungen der Gräfin als Geburtstagsgeschenk versprochen, und seine Adelsehre verpflichtet ihn, der Ehefrau das gegebene Versprechen zu halten. Insofern ähnelt der Fall Herrmanns in nichts dem Fall Schiller, den der württembergische Herzog vom Vater als Sohn abverlangte, als er ihn an seiner Hohen Karlsschule aufnahm. Aber die Gründung der neuen Fürstenschulen zeigt, daß einige unter den adligen Staatenlenkern ein bislang unbekanntes Interesse an begabten Bürgerkindern hatte. Die Erziehung zur neuen Staatselite, die auf den Fürstenschulen anvisiert war, schloß bürgerliche, d.h. natürliche Vaterschaft aus und machte die Eleven zu den Adoptivsöhnen von Fürsten, die ihre künstliche Vaterschaft durch in Aussicht gestellte Staatskarrieren und Frauenkörper attraktiv machten. Insofern waren die Verhältnisse in Württemberg mit denen in Wezels Roman nicht ganz unähnlich.[130]

Die Gestaltung der Geburtstagsfeierlichkeiten liegt in der Hand Siegfrieds, der die Leitung der Geschäfte am gräflichen Hof deshalb innehat, weil er dem Grafen ohne Unterlaß zu schmeicheln versteht. Siegfried hat die Idee, der Gräfin Herrmann als sinnfällige Allegorie der Liebe des Grafen in Gestalt ‚Amors im Vogelbauer' zu präsentieren. In dieser allegorischen Rolle wird Herrmann in die Hofgesellschaft eingeführt. Das Motto „L'Amour Encagé" veranlaßt die Gräfin zur boshaften Bemerkung: „Das hieße ja so viel als ob ich und die Liebe am besten aufgehoben wären, wenn man uns einsperrte" (HU, 1, 106). Die Liebesallegorie bleibt allerdings nicht lange eingesperrt: Bei seinem Bemühen, durch die Gitterstäbe hindurch an die um den Käfig aufgebauten Torten heranzukommen, bringt Herrmann den Käfig zum Kippen und damit den gesamten Aufbau der Speisen zum Einsturz.

---

men eines von Walter Benjamin geprägten Begriffskonzepts. Ich kann Paulus nur beipflichten, wenn er erklärt, daß das Schicksal des „Subjekts Mensch" nicht aus der Geschichte des Menschen erklärt noch in ihr dargestellt werden kann, daß jedoch der Mensch auf unaufhebbare Weise das Schicksal des „Menschen" bestimmt, obwohl der „Mensch" alles tut, um sich als Menschen zu ignorieren. Ich sehe wie Paulus, daß Wezel diese Verhältnisse in *Herrmann und Ulrike* zwar ebenfalls zu ignorieren versucht, aber aufgrund seiner anthropologischen Kenntnisse nicht zu ignorieren vermag. Die begrifflichen Differenzen genau zu entflechten, die sich aufgrund der Unterschiedlichkeit der von Paulus und mir vertretenen Positionen ergeben, wäre jedoch zu mühsam.

[130] Dazu: Friedrich A. Kittler: Schiller: Archäologie der Psychologie des bürgerlichen Dramas. In: ders.: Dichter – Mutter – Kind. München: Fink. 1991, S. 47–102

Durch den Sturz des Käfigs kommt die Geburtstagsfeier zu einem ungeplanten schnellen Ende. Herrmann, der befreite Liebesgott, löst jedoch sofort neue Begehren aus, deren Wirkung am Ende nicht nur die Geburtstagsgesellschaft auflösen wird. Der allegorisierte Junge tritt nämlich nicht nur aus dem Käfig ins Leben ein, sondern als gefallener Liebesgott erweckt er sogleich das Mitleid und die Liebe der jungen Ulrike, die als arme und verwaiste Verwandte des Grafenpaars im Schloß aufwächst. Die vom Schicksal arg mitgenommene junge Adlige hat einen besonderen Sinn für ‚gefallene' Junggötter und bringt daher alle Eigenschaften mit, um als Geliebte Hermanns an die Stelle Nillchens zu treten. Die ursprünglichen, superiorisierenden Liebesverhältnisse zwischen Mutter und Sohn, der Gräfin und ihrem zu jugendlichen Liebhaber werden dadurch nahtlos in ein altersgemäßeres Liebesverhältnis übergeleitet. Mit ihrem Lieben treten Herrmann und Ulrike in ein ‚neues' Leben ein, das bis zum Ende des Romans dauert und von besonderer Qualität ist. Denn mit dem mitleidig-liebenden Blick, mit dem Ulrike des jungen Liebesgotts ansichtig wird, zieht dieser in ihre Seele ein und verklärt das arme Mädchen in die göttlich reine Gestalt eines Engels, in der Ulrike ihr Ich als ein unendlich liebenswertes und vollkommenes Wesen ‚erkennt'. Ulrikes Verlieben bestätigt zur gleichen Zeit Herrmann in seiner göttlichen Größenrolle, die sein Lieblings- und Ideal-Ich bildet. So werden beide füreinander zu lebendigen Spiegeln, in denen sie ihre Superiorität und Vollkommenheit wechselseitig wahrzunehmen vermögen und durch Anerkennung bestätigt finden. Die Schemata, die sich in diesem „Spiegelstadium"[131] in ihrem Bewußtsein ausbilden, werden zur fundamentalen Matrix ihrer gesamten Selbstwahrnehmung und ihrer Wahrnehmung der anderen und der Welt. In seiner Wirkung kommt das liebende Selbst- und Welterkennen einem systematischen Verkennen des eigenen Ichs und der umgebenden Welt gleich. Zugleich entsteht daraus die irrige Auffassung, daß allein der Liebende zu wahrer Erkenntnis fähig ist, weil der nichtliebende Blick die Vollkommenheiten und das Höhere im Ich übersieht.

Zumindest für Herrmann ist die Liebeserfahrung, die er an Ulrike macht, jedoch keine Ur-Szene. Ihn hat bereits der Blick der unmäßigen Mutterliebe ins erhöhte Dasein gehoben. Auf Ulrike fällt

[131] Der Begriff spielt, wie hinreichend bekannt, in Lacans psychoanalytischer Theorie eine zentrale Rolle. Ich benutze ihn freilich nicht strikt im Lacanschen Sinne, was hier nicht ausführlich begründet werden muß.

der vergöttlichte Blick des Jungen zurück, und sie ist in einer psychischen Situation, die sie diesen Blick so erwidern läßt, daß das Fortleben superiorer Menschen gesichert ist. Mit anderen Worten: Ulrike nimmt von nun an die Funktion der Mutter und des mütterlichen Superiorisierungsblicks ein. Niemand wird im Verlauf von beider Leben diese gegenseitige Verklärungsfunktion ersetzen können. Deshalb werden beide sich ein Leben lang unersetzlich sein. Kommt hinzu, daß der verklärende Blick, den beide aufeinander werfen, das Maß nicht nur dafür bestimmt, was ihnen als schön und vollkommen erscheint, sondern auch dafür, was von ihnen als gut wahrgenommen wird. Da die Liebe der beiden eine Kinderliebe und kindliche Liebe zugleich ist, bilden sich die fundamentalen Schemata dessen, was sich in ihrer weiteren kognitiven Entwicklung zu ihrem moralischen Sinn und – verallgemeinert – zum verbindlichen Tugendsystem ausbildet, an den Eigenschaften, Denk- und Verhaltensweisen aus, die dem körperlichen, psychischen und geistigen Entwicklungsstand der Kinder gemäß sind. Um genau zu sein müßte man sagen: was den durch Verdrängung geglätteten Selbstwahrnehmungen superiorisierter Kinder gemäß ist. Im wesentlichen gehören zu diesen Tugenden: ein unendliches Liebesverlangen bei Abwesenheit aller genital-sexuellen Begehren; eine Freude an großen Glücks- und Harmoniefantasien bei – scheinbarer – Abwesenheit jedes interessegeleiteten und strategischen Denkens; die vertrauensvolle Bindung an ein – scheinbar – menschlich intaktes und herrschaftsfreies Kollektiv; die Bereitschaft, sich in Glaubens- und Liebesgemeinschaften zu integrieren; die Prävalenz des Prinzips Hoffnung vor dem Realitätsprinzip. Durch die Raster dieses ebenso illusionären wie kindlichen Tugendkanons fällt alles, was an Eigenschaften, Kompetenzen, Wissen und Geschick benötigt wird, um sich in der wirklichen Welt als Erwachsener verantwortlich zu verhalten. Wenn das Verhalten in der Welt überhaupt mit den infantilen Tugenden des Liebens, Glaubens und Hoffens in Beziehung gesetzt wird, wird es sofort auf der Seite der Laster eingetragen oder unter den subhumanen Verhaltensweisen des „geistigen Tierreichs“ abgebucht. Herrmann und Ulrike verpflichten sich gegenseitig auf ihre kindlichen Tugendideale und halten sich solange für gut, als sie diesen Idealen treu bleiben. So wird z.B. zu ihrem moralischen Hauptanliegen, Ulrikes Unschuld zu bewahren. Was sie sonst treiben, liegt für sie im Jenseits von Gut und Böse. Am Funktionieren dieses ziemlich blödsinnigen moralischen Sinns in ‚höheren‘ „Menschen“ hat sich mindestens bis ins Jahr 1999 kaum etwas geändert, wie sich im Impeachment-Verfahren des amerikanischen Präsidenten zeigte.

Die Einsicht, daß die Liebe einen psychischen Transsubstantiationseffekt zu haben vermag, in dessen Vollzug sich die Seele als göttliche erscheint, ist eine alte und schon von Platon dargestellte Erfahrung, vielleicht sogar das Kernstück des platonischen Philosophierens. Seit dem Mittelalter können auch die Dichter außerhalb der hellenistischen Welt nicht aufhören, diese veredelnde Wirkung der Liebe zu besingen. Diskreter wird dagegen der Nebeneffekt dargestellt: denn die seelische Transsubstantiation in ein superiores Wesen läßt das reale Ich als geschmähtes und von der Liebe ausgeschlossenes Ich zurück. Der dadurch ausgelöste seelische Konflikt wurde nirgends besser als in Kleists Komödie *Amphytrion* dargestellt, die wiederum altes antikes Wissen aufnimmt. In ihr wird dargestellt, wie der Feldherr Amphytrion von großen Taten nach Hause eilt, um durch die Liebe seiner Frau in den ‚Genuß' seiner Taten zu kommen. Aber er findet sich vor verschlossenen Türen, weil der Göttervater Zeus sich in Amphytrions ‚göttlicher' Gestalt mit Alkmene vergnügt. Ersichtlich finden die Psycho-Dramen der romantischen Liebe und des superioren Ichs auf einer doppelstöckigen Bühne statt: auf der oberen, meist voll ausgeleuchteten vollziehen die vergöttlichten Liebenden ihre Liebe in Liebesgrotten und auf Altarbetten. Auf der unteren, meist verdunkelten erlebt das ‚gehörnte' reale Ich den Verrat der Geliebten, die oben mit dem superioren Ich buhlt, in ohnmächtiger Verzweiflung und Wut. Aber nicht nur verliebte Frauen, auch verliebte Männer haben – wie Goethe in den *Wahlverwandtschaften* schildert – nicht die Frauen im Arm, an denen sie den Beischlaf vollziehen, sondern die, die sie zu ‚Göttern' machen. Zu den Besonderheiten des romantischen Liebens gehört also, daß jeder Vollzug der Liebe zugleich ein Verrat an der Liebe ist, weil der Liebesakt immer nur an einem Teil-Ich ausgeführt wird. Anders gesagt: alles romantische Lieben hat die Gestalt eines Dreiecksverhältnisses und ist daher psychisch eminent belastend, denn zwischen dem superiorisierten und inferiorisierten Ich, aus dem der „Mensch" besteht, herrscht eine unbehebbare Rivalität, in der es um Anerkennung und Geliebt-Sein geht. Was die Leiden und Lüste betrifft, die die doppelbühnigen, romantischen Liebesdramen begleiten, sind sie im Begriff des Sado-Masochismus zutreffend beschrieben worden.

Nur in einer Situation gereicht dem „Menschen" die fatale doppelte Konstitution seines Ichs zum Vorteil: in Situationen nämlich, in denen er wegen begangener Verbrechen angeklagt wird. Denn er hat nun die Möglichkeit, sich hinter das Ich zu stellen, das bei den Taten seines anderen Ichs selbst das mißhandelte ‚Opfer' war. So erklärt sich das unanfechtbar gute Gewissen des „Menschen" und seine Unfähigkeit, seine verbrecherische Vergangenheit zu „bewältigen" oder sich zu den Folgen der Taten zu bekennen, die er begangen hat. Da der „Mensch" in seinen Taten zugleich immer Täter und Opfer ist, liegt für ihn das eigentliche moralische Versagen immer bei den anderen, d.h. bei denen, die ihn aus blankem Unverständnis seiner tragischen Situation auf die Anklagebank setzen. Allenfalls das, was der „Mensch" seinesgleichen antut, kann der Grund für die Entstehung seines Schuldbewußtseins sein. So resultiert aus der Superiorisierung des Bewußtseins ein notorisches Mißverstehen des eigenen Tuns, im besten Fall eine sehr partielle moralische Sensibilisierung.

Wezel, dessen Seele durch die übermäßige Liebe seiner Mutter aus der Bahn geworfen worden war, weiß, daß sowohl die kulturell sanktionierte neue Mutterliebe als auch die propagierte romantische Liebe anbefohlene Verhaltensweisen mit verheerenden Wirkungen auf das Selbstverständnis, die Sittlichkeit und das tatsächliche Verhalten des „Menschen" sind. Ja, Wezel hat an sich in den unsäglichen Leiden seines Schülerlebens die Erfahrung gemacht, daß die neue Mutterliebe, die göttliche Kinder auf die Welt bringt, jedem ihrer ‚realen' Kinder ein entsetzliches Sterben bereitet. Die bewunderte ‚neue' Frau und Mutter in ihrer Rolle als Kindsmörderin ist nicht nur ein bevorzugtes Thema des Sturm-und-Drang, Kindertotenlieder werden überall da gesungen, wo der „Mensch" seine Auftritte hat. Die Erzählverläufe von Bildungsromanen lassen diese Kindertoten aus oder die kaschieren geschickt die Gründe für ihr sinnloses und unnötiges Sterben. Zwar verfolgt auch Wezel in *Herrmann und Ulrike* als getreuer Chronist den sozialen und politischen Aufstieg und den historischen Sieg des „Menschen", aber zugleich macht er deutlich, daß alle Siege des „Menschen" Pyrrhussiege sind, insofern die Verluste die Gewinne bei weitem übersteigen. Die narrativen Strategien, die Wezel wählt, verfolgen nicht zuletzt das Ziel, diese Verluste ans Tageslicht zu bringen, die der „Mensch" im Erzählen seiner Erfolgsgeschichte geschickt zu verstecken weiß. Darin wird Wezel, soweit ich sehe, nur von Heinrich von Kleist übertroffen, dem ebenfalls unheilbaren Experten für die psychisch verheerenden Katastrophen, die Superiorisierungskulturen bewirken. Aber auch Wezel versteht es, in den depressiven Einbrüchen und wechselnden seelischen Malaisen, die die Höhenflüge der Protagonisten begleiten, das Bewußtsein sehr eindringlich darüber lebendig zu halten, daß es sich hier nur scheinbar um Erfolgsgeschichten handelt und daß tatsächlich eine Geschichte des Wahns und der Leiden erzählt wird. [132]

Zunächst freilich bereitet den jungen und verliebten Herrmann und Ulrike ihr Lieben ungetrübte Freude. Die Standesunterschiede, die zwischen den beiden Kindern bestehen, spielen in ihrem kindlichen Bewußtsein keinerlei Rolle, und die Hofgesellschaft duldet die kleinen Zärtlichkeiten und unschuldigen Liebesspiele der beiden, weil sie keiner ernst nimmt. Die emotionale Ehrlichkeit der Kinderliebe steht im Roman in schroffem Gegensatz zum Spiel der Verstellungen, Schmeicheleien und Lügen, das den Verkehr zwischen den Erwachsenen bestimmt. Nachdem Herrmann für kurze Zeit dem Grafen als Zimmer-Türke gedient hat und auch die Liebe der Gräfin zum Kinde Herrmann verflogen war, landet Herrmann, wo er landen sollte: beim Reformpädagogen Schwinger[133]. Denn nur so kann sich Wezel mit der Frage auseinandersetzen, welche Bedingungen gegeben sein mußten, daß in ein superiorisiertes, bürgerliches Kinderbe-

---

[132] Postmoderne Interpreten gefallen sich darin, die Turbulenzen und „Tumulte", die im Leben und Lieben des „Menschen" entstehen, auf die Wirkung der Erfindung moderner Medien und Kommunikationstechniken zurückzuführen. Im konkreten Fall von *Herrmann und Ulrike* ergab sich daraus der brillante Aufsatz von Peter Bexte „Tumulte: Die Liebe unter den Bedingungen der Post in Wezels Roman *Herrmann und Ulrike*". Die Faszination des Technischen zeigt sich ebenfalls im Buch *Maschinendenken/Denkmaschinen. An den Schaltstellen zweier Kulturen,* dessen Verfasser Werner Künzel und Peter Bexte sind. Darin findet sich das Kapitel „Wezels genialer Maschinenbau der Seele". Da der „Mensch" nicht im Wirklichen, sondern nur im imaginären Raum von ‚Medien' existiert, bin ich leicht davon zu überzeugen, daß die technologische Entwicklung im Medienbereich, in dem Texte, also die traditionellen Wohnsitze des „Menschen", eine immer geringere Rolle spielen, das Schicksal des „Menschen" und damit der Metaphysik tangieren. Allerdings scheint mir, daß in allen neueren Transformationen des kulturellen Diskurses die elementaren Schemata nicht revidiert wurden, die die hier analysierten Inferiorisierungs- und Superiorisierungseffekte erzeugten. Soweit ich dies sehe, sind die Tumulte und Turbulenzen im psychischen Apparat nur in ihren spezifisch modernen Formen von technischen Innovationen bestimmt, ihr Entstehen geht auf die Irrealisierungseffekte der Fehlkonstruktion „höherer Mensch" zurück, mit denen die Menschheit seit sehr langer Zeit zu leben hatte.

[133] Die Bedeutung, die der Erzieher Schwinger in Herrmanns Leben einnimmt, hat manche Interpreten des Romans veranlaßt, ihn zur Gattung des aufklärungsnahen Erziehungsromans zu zählen und die Geschichte Herrmanns als eine Geschichte von Prüfungen zu lesen, an denen sich die Erziehungsideale

wußtsein idealistische politische Gesinnungen einprogrammiert werden konnten.

Den Hofmeister Schwinger hatte der Hof, offensichtlich in Unkenntnis seiner politischen Ideen, als Erzieher Ulrikes angestellt. Die spezielle gesellschaftliche Erziehung Ulrikes steht allerdings unter der Leitung der Hofdame Hedwig, die ihr die französische Sprache und französische Manieren beibringt. Konkret heißt dies: Ulrike lernt so zu sprechen, daß das, was sie meint oder Sache ist, nur verdeckt hinter metaphorischen oder vag allgemeinen Wendungen zur Sprache kommt. Die Sprache der Adelskultur repräsentiert damit eine Ordnung, die mit den Ordnungen des Realen nur soviel gemein hat, daß das Reale in den Reden als das Verschwiegene und Verborgene präsent ist. Dieses Verstecken des Wirklichen und Eigentlichen durch die Sprache ist für Wezel im allgemeinen dadurch motiviert, daß das Treiben und Denken des Adels in der Tat nicht unverhüllt zur Sprache kommen darf, weil der Adel und seine Kultur sonst vor Scham vergehen müßten. In Hedwigs besonderem Fall ist es die Liebe zum Stallmeister, die das Kaschieren verlangt.[134]

Schwinger hat als Erzieher ganz andere Ambitionen, als seine Zöglingen zu lehren, wie man durchs Reden unanständiges Verhalten ungesehen machen kann. Verantwortlich für die schulische Ausbildung, findet er in Herrmann, was die bislang eher bedrückte Ulrike nicht bieten konnte: nämlich einen behenden Intellekt mit einer besonderen Lernbereitschaft gegenüber allem, womit sich ein Junge mit hochfliegendem Selbstbewußtsein identifizieren konnte. Für Schwinger ist Herrmann ein Bündel von positiven kognitiven und emotionalen Energien, die er nur mit den rechten Stoffen versorgen und in seine Richtung lenken mußte. Diese Richtung ist eine politische, und zwar eine antifeudal-republikanische. Schwinger selbst

---

bewähren mußten. Vor allem Isabel Knautz verfolgt diese Interpretationslinie mit guten Argumenten. Ich kann mich allerdings nicht davon überzeugen, daß Wezel im Zögling Herrmann eine bewundernswerte kindliche Seele hat darstellen wollen noch die Erziehungsziele und pädagogischen Verfahren Schwingers gutgeheißen hat. Ich lese den Roman daher als Kritik an der zeitgenössischen Zurichtung der Kinderseelen und als Kritik an der zeitgenössischen Pädagogik, die die deformierten Kinderseelen mißbrauchte, damit frustrierte Erzieher ihre Größenfantasien austoben konnten.

[134] Diese Invektive gegen die Benutzung des Französischen durch den deutschen Adel ist natürlich im Zusammenhang mit Wezels Schrift *Über Sprache, Wissenschaften und Geschmack der Teutschen* (Leipzig: Dyck 1781) zu lesen, die er gegen Friedrich des Großen Kritik an der deutschen Literatur verfaßte.

war zwar mit seinen ehrgeizigen politischen Weltveränderungsplänen gescheitert und als kleiner Hofmeister auf dem gräflichen Schloß gelandet. Aber sein Scheitern hatte keine „Hauptrevolution" in seinem Denken bewirkt, vielmehr war er zu einem vergrämten Hypochonder und Melancholiker geworden. Aber alle eingebildeten Leiden und Depressionen sind verflogen, als Schwinger meint, im jungen Herrmann den Ideal-Zögling gefunden zu haben, in dem er die Wiederauferstehung seiner einstigen Größenrolle feiern konnte.

Schwingers Erziehungsziel ist es weder, den psychischen Energien Herrmanns Zügel anzulegen, noch die Fantasiewelt, in die der Junge lebt, schrittweise an die wirkliche Welt anzunähern. Wie sich Elmikor und Eupator im *Tobias Knaut* „der Phantasie" ihrer Gefolgsleute „bemächtigten", so „bemächtigt" sich auch Schwinger „der Phantasie" seines Schülers, allerdings mit ganz anderen Absichten und ganz anderen Inhalten, als es die Figuren des früheren Romans mit ihren Opfern taten. In seinem ersten Gedichtzyklus, den *Traumbildern*, hat Heine das glückliche Kompositum „Traumgott"[135] geschaffen. Ich meine, der Begriff beschreibt exakt die Funktion Schwingers im geistigen Leben Herrmanns. Denn ein „Traumgott" ist bei Heine eine Instanz, die, überzeugt von der Wahrheit ihrer Botschaft, das Ich so in den Bann ihrer Bilder, Träume und Fantasien zieht, daß das Ich in ihnen leben muß. Andere bekannte Namen für Traumgottinstanzen sind „Erlkönig" oder „Loreley". Spätere Autoren zogen die Begriffe „Magier" oder „Zauberer" vor. Vor allem bei Thomas Mann und in der Literatur über Thomas Mann wimmelt es nur so von „Zauberern". Gleichgültig, welchen Begriff man favorisiert, es geht immer um eine Instanz, die das Ich, sein Begehren und Wünschen beherrscht und auf systematische Weise verhindert, daß der mentale *modus operandi* je aus dem Fantasieren ins Denken übergehen kann. Bestenfalls träumt man, man erwacht aus dem Traum. Denn die Herrschaft des „Traumgotts" würde in dem Augenblick enden, in dem das Ich wirklich erwachte, d. h. zu denken begänne. Erzieher wie Schwinger haben deshalb dafür Sorge zu tragen, daß ihre Zöglinge nie aus dem „Träumen" aufwachen. Ihre zweite Sorge ist, daß das Ich sich von anderen „Traumgöttern" ablenken läßt und in den Bann von deren Bildern und Fantasien gerät. Jahwe und Traumgötter eint, daß sie ungern fremde Götter neben sich haben. Schwinger wird, wie sich noch zeigt, seine liebe Not haben, sich gegen andere, ebenfalls hochattraktive „Traumgötter" und

135 Heinrich Heine: Sämtliche Werke. Düsseldorfer Ausgabe. Band I/1, S. 26

„Traumgöttinnen" durchzusetzen und Herrmann in ‚seinen' Träumen zu halten. Heute, wo es gang und gäbe ist, daß das Ich von Dutzenden von „Traumgöttern" beherrscht wird, die sich Künstler, Politiker, Designer, Modeschöpfer, Stars oder Idole nennen, ist es schwer zu verstehen, daß die Goethezeit noch einen Horror vor jedem Traum-Polytheismus hatte. Tatsächlich meinte man aber damals, im Besitz eines nicht nur attraktiven, sondern eines wahren ‚Menschenbildes' zu sein, das alles Humane und Edle in sich vereinigte. Die seelischen Begehren dieses ‚Modells' des Menschen waren in der Tat ganz auf das Verlangen nach Selbst-Veredelung, Freiheit und Selbstbestimmung eingestellt worden. Dieses Verlangen sollte alle Formen der politischen und kulturellen Repression mitsamt allen Kerkermauern zerbrechen. Es ist genau dieses ideale Bild des „Menschen", auf das Schwinger das Größenbewußtsein des Jungen auf politisch brisante Weise ausrichtete. Ersichtlich hat Schwinger zuviel Rousseau und andere politische Schwärmer gelesen. Der Stoff, an dem sich das Ich und die Ideale des jungen Herrmann bilden, ist jedenfalls eine idealisierte und demokratisierte Gestalt der politischen Kultur der römischen Antike, wie sie später in der Französischen Revolution tatsächlich ‚nachgespielt' wurde. Cicero, Cato, Mark Anton, Seneca und die stoische Philosophie stellt Schwinger Herrmann als große geschichtliche Vorbilder vor, die bis in die Gegenwart die Liebe und Bewunderung aller wohlmeinenden Menschen finden.

Der Sache nach polt Schwinger das Liebes- und Größenverlangen des Jungen von Frauen auf den Staat um, wobei die Liebe zum abstrakten Staat ihre Energien aus den konkreten verklärenden Liebesverhältnissen bezieht, in denen der Junge in seinen Fantasien lebt: aus der Liebe zur Mutter, zur Gräfin und besonders zu Ulrike. Dadurch wird das staatliche und politische Handeln zu einer ähnlich superiorisierenden Tätigkeit wie das Lieben. Die pädagogische Benutzbarkeit der psychischen Bedingungen, die durch eine derartige Kurzschließung von Liebe und Staat gegeben sind, hat bereits Rousseau erkannt. Im *Emil* stellt sich dies so dar, daß Rousseau seinen heranwachsenden Zögling vor seiner politischen Erziehung mit der vollkommenen Jungfrau Sophie zusammenführt, um das sofort ausgebrochene Liebesverlangen Emils zu seiner politischen Erziehung benutzen zu können. Der eminente Vorteil dieser Erziehungsstrategie liegt auf der Hand: die Bindung des Ichs an den superiorisierenden Staat wird für das Ich genau so unersetzlich wie seine Bindung an die superiorisierende Liebesinstanz zuvor. Fast zwanglos ergibt sich aus dieser psychischen Übertragung die Vorstellung, daß das Leben im Staate gleich glücksproduktiv und vergöttlichend sein könne wie das Leben in der Liebe. Von da ist kein weiter Weg zur Idee, daß Staatsgemeinschaften eigentlich heilige Liebesgemeinschaften seien. Man sieht: über alle interpersonalen Beziehungen hinaus richtet die politisierende Pädagogik der Moderne eine psychisch unaufgebbare Bindung des Ichs an seinen Staat ein. Die psychischen Energien, die in diesen umgepolten kindlichen Abhängigkeiten fließen, stellen her, was Nationalismus heißt.

Nichts hat wohl den Primat der Vernunft und der Moral mehr unterminiert als die Implantierung und Politisierung dieser infantilen Liebe in die Psyche des „Menschen". Die Doppelpolung des Liebens auf Frauen und auf menschheitsbeglückende Staatspolitik macht bekanntlich Schule. In Schillers *Don Carlos* findet das Paradigma seine klassisch-tragische Gestaltung; des Novalis staatstheoretische Fantasien liegen auf derselben Linie; auch der abtrünnige Romantiker Heine wird später in einem Atemzug von seiner „Liebe zu schönen Frauen und zur Revolution" sprechen. Im Falle Herrmanns zeigt Wezel, daß diese Doppelpolung der Liebe eine nicht unproblematische Sache ist: mit sehr hoher Wahrscheinlichkeit kommen dabei lausige Liebhaber und schlechte Politiker, im besten Fall gute Dichter und Künstler heraus.

Im Falle Herrmanns und Ulrikes zeigen sich die ersten Turbulenzen im psychischen Apparat, den die neue Pädagogik eingerichtet hat, als die beiden jungen Liebenden in die Pubertät kommen. Gegen die einprogrammierten „Kultur-Träume" verlangen die sinnlichen Begehren nach ihrem Recht. Das Problem, das sich daraus ergibt, ist das folgende: zwar konnte die Seele oder das Ich Herrmanns durch die Liebe Ulrikes erhöht werden, ohne daß dies einen Skandal ausgelöst hätte. Sein Körper blieb jedoch, ohne dies zu wissen, ‚bürgerlich', d.h. inferior. Da den Körpern der ontologische Status ihrer Seelen gleichgültig ist, verhielten sich die Körper von Herrmann und Ulrike ungehemmt nach den sinnlichen Begehrungen, die pubertierende Körper gegenüber ihren Liebesobjekten entwickeln. Daß jedoch inferiore Bürgerkörper mit edlen Adelskörpern in Lustbeziehungen treten, kann die Adelsgesellschaft nicht zulassen, ohne alle Unterschiede zwischen „Mensch" und „Adel" einzuebnen. Also mußte das pubertäre Lieben der Beiden unterbunden werden. Schwinger will jedoch von einer Trennung seiner Schüler nichts wissen und verstärkt seine erzieherischen Manipulationen, um das sinnliche Liebesverlangen des Jungen zu marginalisieren. In der Tat spielt Herrmann bald wieder nichts lieber als seine vorweggenommenen politischen Größenrollen. Seinen neuen demokratischen Ideen entsprechend fantasiert er sich nun nicht mehr als „König“, sondern als Mitglied des „Gipssenat(s)“ (HU, 1, 160), den er sich eigens angefertigt hat. Schwingers politische Programmierungen erweisen sich in der Tat als so stark, daß sie die sexuellen Begehren unter Kontrolle halten. Die Gräfin, die die Beziehung der beiden Pubertierenden besorgt beobachtet hatte, meint schon, ohne Probleme das koedukative Verhältnis auflösen und Herrmann wegen seiner schlechteren Herkunft von Ulrike trennen zu können. Da Herrmann inzwischen sich gegen alles, was seinen Wünschen Widerstand leistet, aufbäumt, hat der Eingriff der Gräfin den Effekt, die Liebe zu Ulrike zu neuer Leidenschaft aufflammen zu lassen.

Die vernachlässigte Ulrike hatte inzwischen im Lesen von hochidealistischen Liebesromanen Ersatz für die politisierte Liebe Herrmanns gefunden. In ihrer Seele besitzt Herrmann bald kaum mehr als die Funktion einer Chiffre, an deren Stelle alle idealen Liebhaber treten können, von denen sie in ihren Romanen liest. Der psychische Effekt, den die Substitution des Wirklichen durch ein Imaginäres hat, ist die Ausbildung einer „Tiefsinnigkeit“ (HU, 1, 201), jener neuen Innerlichkeit also, die man in den neuen „Menschen“ bewundert und die für Wezel eine seelische Krankheit ist. Herrmanns und Ulrikes Bewußtsein befindet sich nach Angabe des Romantextes im Zustand eines „unendlichen Mangels an Sein“: in seinem Fall hat der politische Ehrgeiz, in ihrem Fall die ästhetisierte Liebe zur Derealisierung des Denkens und der Empfindungen geführt. Was bei den Tätigkeiten eines Bewußtseins herauskommt, das in die eigenen ‚Weltinnenräume‘ eingeschlossen ist, sind Leidenschaftsfantasien und schlecht durchdachte Fluchtpläne.

Da beide nicht in der Lage sind, mit ihrer Liebe umzugehen, durchläuft ihr reintensiviertes Liebesverhältnis verschiedene Stadien. Schwinger, der die erneute Sexualisierung von Herrmanns Denken nicht vorgesehen hat, ist zunächst ratlos. Er gibt Herrmann seine gesamte erotische Bibliothek zu lesen. Deren Lektüre macht Herrmann jedoch nicht zu einem sachkundigen Liebhaber, sondern sie literarisiert zunehmend seine Liebe. Im zeitgenössischen Leser hat bei Wezel das Lesen von Büchern, auch wenn sie sachbezogene Probleme erörtern, nie den Effekt, Sachkompetenz herzustellen, sondern nur den, einen imaginären Umgang mit dem einschlägigen Problem zu initiieren. Das Lesen der Erotica hat jedenfalls das schon bekannte Phänomen zur Folge, das bei Wezel „Leben wie ein Roman“ heißt.

Statt ein Bewußtsein von dem zu erhalten, was sich unter dem Einfluß der pubertären Psychophysik ihrer Körper tut, gefallen sich die Liebenden nun darin, sich durch das Vorlesen von Liebesdichtungen versteckte Liebeserklärungen zu machen. Psychisch ist das Ausleben der Liebe in Dichtungen kaum hilfreich. Herrmann erkrankt schließlich an seiner Liebe. Ulrike darf als ‚Krankenschwester' sich nun offen besorgt um ihn zeigen: sie gibt Herrmann den ersten Kuß.

In Jakob, dem Sohn Siegfrieds, dessen Erziehung Schwinger ebenfalls übernehmen muß, entsteht dem psychisch angeschlagenen Herrmann ein neuer Rivale, der ihm zum Glück nicht gewachsen ist. Ich meine, in der bodenlosen Dummheit und unverschämten Frechheit Jakobs gestaltet Wezel all die Verhaltensweisen ein, die er als Lehrerfavorit und Klassenprimus in Sonderhausen an seinen Klassenkameraden ‚wahrgenommen' hatte. Trotz der Unterlegenheit seines verachteten neuen Zimmergenossen wird die Situation am Hofe für Herrmann und Ulrike zunehmend unerträglich. Auch Vater Herrmann reklamiert seinen Sohn wieder für sich. Auf der Flucht, die die beiden Verliebten schließlich durchführen, werden sie vom Grafen, dem Hofschranzen Siegfried und Herrmanns Rivalen Jakob just in dem Augenblick in ihrem Fluchtkabinett überrascht, als die in einem zu kleinen Bauernkleid verkleidete und daher nur unzureichend bedeckte Ulrike sich Herrmann und dem Glück ihrer Freiheit hingeben will. Beide werden vom Hof verwiesen.

Mit der Rückversetzung in die bürgerliche Welt endet die eigentliche Erziehung Herrmanns. Der Kontakt zu Schwinger reißt jedoch ebensowenig ab wie Wilhelm Meisters Kontakt zum Abbé der Turmgesellschaft. Die ständige Beaufsichtigung Wilhelms wie Herrmanns ist nicht nur wegen der ständigen „Traumkontrollen" nötig, sondern auch deshalb, weil beide Romanprotagonisten auf die Welt, in der sie funktionieren müssen, denkbar schlecht eingestellt oder vorbereitet sind. Die Fahrt nach Dresden, wo Herrmann dank der Vermittlungen Schwingers Unterkunft und Anstellung bei einem Advokaten finden soll, erlebt dieser als eine Reise durch eine Welt, die ihm nicht fremder hätte erscheinen können, wenn sie auf dem Mars stattgefunden hätte. Der hochgebildete Herrmann ahnt plötzlich, aufgrund seiner Bildung vom Leben ausgeschlossen zu sein, und er beginnt, das einfache Landvolk zu beneiden. Schon auf der Fahrt nach Dresden wird der Leser auf die Beantwortung der Frage vorbereitet, weshalb ein Bürgersohn, dessen psychische Apparatur durch eine zuerst mütterliche, dann staatsprotegierte Erziehung superiosiert und schließlich durch idealistische, gesellschaftliche Vorstellungen politisiert worden war, sich in seiner politisch unterdrückten Herkunftsschicht nicht zurechtfinden kann. Der *terminus technicus* für dieses Phänomen heißt Entfremdung.

Nach seiner Ankunft in Dresden hat sich der verstoßene Herrmann in wirklich höchst jämmerlichen Verhältnissen zurechtzufinden. In der Advokatenfamilie, an die er empfohlen worden war, herrschen nämlich just die ehelichen Verhältnisse, wie sie in Herrmanns Familie nach dem Ende des Ehekriegs um das Schicksal des Sohnes entstanden sind: auch der Advokat lebt mit seiner herrschsüchtigen Frau unter den Bedingungen der totalen Kapitulation und kann nur versuchen, in Geheimaktionen die Dinge zu tun, an die er glaubt und die er tun möchte. Die widerständige Haltung, in der er lebt, generierte allerdings kaum vernünftige Gedanken. Vielmehr regredierte seine Vernunft zu der jener sprichwörtlichen Mäuse, die auf dem Tische tanzen, sobald die Katze aus dem Haus ist. Als ständiger Verlierer im Ehekrieg wird der Advokat allerdings zu einem natürlichen Verbündeten des inferiorisierten Herrmann. Den versetzen die Verhältnisse innerhalb der bürgerlichen Welt in den Zustand einer Dauerempörung. Seiner durch Kindheits- und Erziehungserfahrung bestätigten Vorstellung, daß das Zusammenleben der Menschen von wechselseitiger Liebe und Sorge bestimmt werde, widerspricht die vorgefundene bürgerliche Ordnung auf Schritt und Tritt, sowohl im privaten als auch im öffentlichen und im wirtschaftlichen Bereich. Denn das diskursive Gesetz, daß der Mensch nur „Mensch" ist, wenn er inferiorisiert und superiorisiert, gilt keineswegs nur für den Adel und die Kirche. Dort hat es sich vielmehr nur in offiziellen Hierarchien objektiviert. In der bürgerlichen Gesellschaft sind die respektierten Positionen dagegen in offenen Konkurrenzen auf ökonomischer, politischer, kultureller und geschlechtlicher Ebene ständig zu erobern, bzw. zu verteidigen. Die Rangunterschiede, die sich dabei einstellen, sind im wesentlichen durch den Reichtum bestimmt, zu dem eine Familie gelangt ist. Deshalb sind die reichen Bürger ebensowenig bereit, ihren Reichtum und das Profitprinzip aufzugeben wie der Adel seine Titel oder der „Mensch" sein Bildungswissen, denn beim „Bürger" bestimmt die Menge des Geldes den ontologischen Status, in dem er lebt.

Intellektuell und praktisch ist Herrmann gegenüber der verhaßten Welt, der er entstammt und deren Produkt er ist, hilflos. Er verbleibt ihr gegenüber in einer ebenso insistenten wie unfruchtbaren Opposition. Sein gutes Herz, das irrigerweise die unbezahlbar-luxuriösen Verhältnisse, die es auf dem Grafenschloß erlebte, für allgemein realisierbare Lebensstandards gehalten hat, empört sich angesichts der verbreiteten Armut. Aber allzu naiv stellt sich Herrmann vor, daß eine Umverteilung des Reichtums einen allgemeinen Reichtum, keine gleichverteilte Armut schaffen würde. Der Idealismus des erniedrigten Herrmanns und sein Samaritertum machen ihn deshalb zum leichten Opfer von Betrügern; sein guter Wille, der grassierenden Armut durch die Distribution seines Geldes entgegenzuwirken, verschlimmert seine eigene Bedürftigkeit. Ersichtlich bemüht sich Wezel zu zeigen, daß der neue bürgerliche Intelligenztyp aufgrund der Erziehung zum Idealisten eminent gefährdet ist, das Opfer der bürgerlichen Gesellschaft zu werden, deren Einfluß er eben zu dem Zweck entzogen worden war, um sie von all ihren Übeln zu erlösen.

Am schlimmsten leidet Herrmanns Größen-Ich unter den miserablen Arbeitsbedingungen, die er in der sächsischen Hauptstadt vorfindet. Aufgrund der wenigen vermarktbaren Fertigkeiten, die er sich angeeignet hat, bleibt ihm nichts anderes als die Stelle eines Schreibers und Bürogehilfen bei dem wenig erfolgreichen, aber gutmütig-schwachen Rechtsanwalt Nikosius. Das enge persönliche Verhältnis zu Nikosius führt dazu, daß Herrmann beständig in den Ehekrieg seines Arbeitgebers miteinbezogen wird. Dessen renommier- und gefallsüchtige Frau, die den Doktorentitel trägt, vertut die nicht sehr üppigen Einkünfte des Gemahls auf wenig sinnvolle Weise und erträgt Herrmann nur deshalb in ihrem Hause, weil sie meint, er sei in sie verliebt. Der sonst so begierig lernende Herrmann findet keinerlei Interesse an der Welt der Gesetze und Gerichte, weil die fundamentale Verfaßtheit dieser Welt der seinigen diametral entgegensteht. Mit jedem neuen Tag und jedem neuen Scheitern erweist sich, daß das gesamte geistige Arsenal, mit dem ihn der Reformpädagoge Schwinger ausgerüstet hatte, gegenüber den Herausforderungen der bürgerlichen Gesellschaft nicht einsatzfähig ist. Wenig günstig auf Herrmanns Stimmung wirkt sich auch die Nachricht aus, daß die Grafenehe und die gräfliche Wirtschaft vom Ruin bedroht sind und daß sein Vater bereits seine Stelle verloren hat. Der Zusammenbruch der Welt, aus der Herrmann kam und in der er zum Idealisten wurde, beweist, daß sie nach Prinzipien funktionierte, die sie nicht überlebensfähig machten. Seiner ‚Heimat' beraubt, der er alles verdankt, was er wurde, lebt Herrmanns Seele nun im Zustand jener ‚transzendentalen Obdachlosigkeit', die Lukács als den Zustand des modernen Menschen angegeben hat.

Derart desparate Zustände führen – wie am hypochondrischen Melancholiker Schwinger demonstriert – zu massiven Deformationen der Seele. Davon ist auch Herrmann bedroht. Während Schwinger durch den Zufall gerettet wurde, daß er Herrmann als Schüler erhielt, wird Herrmann neu und positiv dadurch motiviert, daß er eine geheime Nachricht Ulrikes zu entziffern vermag, in der die Geliebte ihm mitteilt, daß auch sie nach Dresden kommen werde. An Ulrikes Schicksal zeigt sich erneut Wezels Einsicht, daß der Wille zu ‚höherem' Dasein über kurz oder lang in gefängnisähnlicher Isolation oder ‚Welteinsamkeiten' endet. Um sie vor allem Kontakt mit dem nicht standesgemäßen Herrmann zu bewahren, wurde Ulrike bei einer verwandten Obristin untergebracht, die sie wie eine Strafgefangene behandelt und in Isolationshaft hält. Nachdem sich herausgestellt hat, daß Ulrike trotz ständiger Überwachung Kontakt mit der Welt und Herrmann aufzunehmen vermochte, soll sie in ein Frauenstift gebracht werden, um auf unabsehbare Zeit von der inferiorisierenden Welt getrennt zu werden. Der Gedanke, Ulrike befreien zu müssen, evoziert in Herrmann neue hochfliegende Berufspläne. Als realisierbar erweist sich keiner. Während Herrmann von Traumberufen und heroischen Befreiungstaten träumt, ergeht sich Ulrike in Fantasien über ihr Leben nach der Befreiung, die sie folgendermaßen zusammenfaßt: wenn wir zusammen sind, „dann wollen wir uns lieben, wie Engel: nichts thun und denken und fühlen als Liebe." (HU, 2, 194) Im träumerischen Antizipieren ihres Glücks versäumen es die Liebenden allerdings, ihre Treffen so geheim zu halten, daß sie niemand entdecken kann. Die Entdeckung führt zu erneuter Trennung von Ulrike, die erneute Trennung zur körperlichen Erkrankung Herrmanns.

Schwinger, stets über Herrmanns Treiben informiert[136], fordert diesen schließlich brieflich auf, sich endlich aus dem Bann seiner unerfüllbaren Liebe zu Ulrike zu befreien und sich entschieden den großen weltbürgerlichen Geschäften zuzuwenden, für die er ihn gemacht hatte. Um seiner großen Zukunft auf die Sprünge zu helfen, hat Schwinger für Herrmann eine Anstellung bei einem Berliner Kaufmann gefunden. Herrmann nimmt die Ermahnungen seines geistigen Mentors weiterhin ernst. Dies trägt jedoch wenig dazu bei,

---

[136] Eine Untersuchung der Überwachungssysteme, die notwendigerweise um den „Menschen" aufgebaut werden, wäre eine eigene Arbeit wert. Ihr Ergebnis könnte vielleicht den Zusammenhang zwischen „Menschsein" und Geheimpolizei erklären, ebenso die Bereitschaft des „Menschen", aus Sorge um sich selbst in totalitären und nicht-totalitären Staaten mit der Geheimpoliziei zusammenzuarbeiten.

daß in Herrmanns Denken endgültige Klärungsprozesse stattfinden. Da seinen bisherigen Ambitionen innerhalb der bürgerlichen Welt wenig Erfolg beschieden war, schlägt der verunsicherte Herrmann einen dritten Weg ein. Er verzichtet auf Liebe und Politik und schließt sich dem vorgeblichen Missionar Willibald an, der ihm „Entsagung" (HU, 2, 216) predigt und ihn nach Berlin mitnimmt, um die korrupte Berliner Gesellschaft zu bekehren. Das Bekehrungsthema ist dem Wezelleser aus dem *Tobias Knaut* hinreichend bekannt. Anders als Selmann sieht sich Herrmann jedoch nicht nur als einen Bekehrten, sondern als einen aktiven Bekehrer, ja als den „Bonifatius" des libertinistischen Berlins und damit auf dem Weg zu ewigem Ruhm. Wezel will mit dem arroganten Nonsens, den sich Herrmann einredet, offensichtlich die Anfälligkeit des Intelligenztypus aufzeigen, den er repräsentiert. Da Herrmanns Glaube an die Realität seiner eingebildeten Welt nie grundsätzlich in Frage gestellt wurde, zeichnet ihn eine Glaubensbereitschaft aus, die jeder Sektierer zur gegebenen Zeit zu seinen Gunsten benutzen kann. Die Reise nach Berlin wird von Herrmann mit dem Geld Ulrikes finanziert, was der Heuchler und Betrüger Willibald weidlich ausnützt. In Berlin angekommen, macht er sich zum Glück für Herrmann aus dem Staube.

Herrmann zeigte sich den Anforderungen, die das bürgerliche Leben in Dresden stellt, nicht gewachsen, weil das psychische Dispositiv „Mensch", das in ihm eingerichtet worden war, verhinderte, daß er je in einer bürgerlichen Gesellschaft effektiv funktionieren konnte. Herrmanns Scheitern hatte dabei durchaus nicht vorrangig mit den Willenshaltungen seines Ichs zu tun. Tatsächlich schmiedete er wiederholt ehrgeizige Karrierepläne: z.B. wollte er über seine Schreiberstelle und Sekretärsdienste zum Rat und Geheimen Rat aufsteigen. Er war sogar bereit, die Unterstützung der wahrhaft ekelhaften Ehefrau des Advokaten zu akzeptieren. Aber der Plan mißglückte, weil Herrmann es nicht über sich bringen konnte, den für seine Karriere wichtigen Personen den Hof zu machen. Jede Niederlage, die er erlitten hatte, verwandelt er nachträglich unverzüglich in einen Sieg: er erklärt seine Unfähigkeit, im bürgerlichen Leben zu reüssieren, zur Wirkung seiner hohen moralischen Standards. Die Tugenden, die er in sich entdeckt, manifestieren sich zwar weniger in den bewußten Intentionen seines inzwischen erwachsenen Ichs, sondern eher darin, daß sein Ich, gelenkt durch unbewußt wirkende moralische Energien, die seinem psychischen Apparat einwohnen, seine Absichten nicht durchzuführen vermag. Der Sache nach sind es die Interventionen der verinnerten und inzwischen sedimentierten

Kindermoral, die dem erwachsenen Ich Herrmanns verbieten, das zu tun, was für ihn und andere von Vorteil wäre. Die Verhaltensweisen, die Herrmanns Ich im Nachhinein erlauben, seine selbstgerechten ‚sittlichen' Reflexionen durchzuführen, haben ihren ‚Sitz' also nicht in den Gesinnungen und moralischen Prinzipien seines Ichs. Oft genug ist dem Ich das Eingreifen der ich-fremden Energien, die seine moralischen Siege bewirkten, sogar lästig. So klagt Herrmann wiederholt: „alles liebt rings um mich her, alles darf lieben, alles wird geliebt, nur ich, Elender, ich darf nicht, ich kann nicht." (HU, 2, 296)

Im Verlauf seiner Anstellung als Kaufmannsgehilfe in Berlin wiederholt sich seine Erfahrung, zu bürgerlichen Berufen geradezu unfähig zu sein. Wieder rationalisiert Herrmann seine Ungeeignetheit zu kaufmännischen Tätigkeiten moralisch. Denn die Operationsformen eines Geistes, der in Kaufmannsgeschäften Glück und Erfolg findet, müssen – so räsonniert Herrmann – vom Eigennutz gesteuert werden, während die Operationsformen seines Geistes ganz vom gemeinnützigen und menschheitsbeglückenden Prinzipien organisiert werden. Durch dieses schlichte Inferiorisierungs-, bzw. Superiorisierungskalkül schafft sich Herrmann den moralischen Freiraum, das Kaufmannsgewerbe zu verachten und zu verlassen, um sich den politischen und staatlichen Klassen zuzuwenden. Konkret: vermöge seiner pseudomoralischen Überlegungen und Urteile findet Herrmann eine moralischen Rechtfertigung dafür, sich in die korrupteste aller Gesellschaftsschichten zu begeben, in die Gesellschaft des hofnahen Stadtadels. Das zu voller Schönheit erblühte Adelsfräulein Ulrike war in dieser Gesellschaft bereits gelandet. Durch sie kommt auch Herrmann in Kontakt mit den libertinistischen Adelskreisen der preußischen Hauptstadt. Diese macht- und geldverwöhnte Klasse hatte sich in ein ‚Spiel' verliebt, nach dessen Regeln inferioren Menschen Teilhabe am Reichtum und der Macht gewährt wurde, wenn sie es verstanden, den Mächtigen zu schmeicheln, indem sie sich ‚erobern' und zu Lustobjekten degradieren ließen. Die inferioren Teilnehmerinnen an diesem Spiel heißen gewöhnlich Mätressen, die inferioren Teilnehmer Liebhaber, die Ausstatter und Dekorateure des ‚Spiels' firmieren unter dem Namen Künstler.

Ulrike, die nach ihrer Flucht aus Dresden im Haus des sehr reichen Herrn von Troppau als Gouvernante Anstellung gefunden hatte, hatte bereits die Erfahrung gemacht, daß inmitten der grassierenden Unzucht nichts attraktiver ist als eine Schönheit, die ihre perfekte Selbstdarstellung mit sexueller Zurückhaltung verbindet. Herrmann, der seine umworbene Geliebte im Glanz ihrer kunstvoll optimierten Schönheit erstmals im Theater erblickt, in dem Racines *Bérénice* gespielt wird, ist unter der Wirkung der französischen Tragödie eher schockiert über die Freude, mit der Ulrike ihr Kurtisanenleben zu genießen scheint. Denn eindringlich gemahnt ihn das entsagende Verhalten des Kaisers Titus, der, um dem Volk zu dienen, auf seine Geliebte Bérénice verzichtet, an sein eigenes Dilemma und seine eigenen Pflichten. Ulrike hat jedoch wenig Mühe, ihn davon zu überzeugen, daß man in den Adelskreisen leben kann, ohne dadurch wirklich korrumpiert zu werden. Vor allem leuchtet Herrmann unmittelbar ein, daß ein heiteres, genußreiches Leben unendlich mehr Spaß macht als das melancholische Dahinvegetieren des Idealisten. Freilich bedarf es einiger weiterer pseudomoralischer Räsonnements und einiger strategischer Gerissenheit, um den Eintritt des „Menschen" ins verwerfliche Leben sittlich zu rechtfertigen. Einmal hört Herrmann nicht auf, vollmundig die Unmoral der Adelsgesellschaft zu verurteilen, an deren verworfenem Leben zu partizipieren er eben beschlossen hat. Seine Lamentationen gleichen den Entrüstungen jener Touristen, die gerade von einer Sextour aus Thailand zurückkehren und sich nicht genug darüber empören können, wie der Sextourismus die thailändischen Mädchen schändet. Zum anderen adoptiert Herrmann ein ähnlich passives Vorgehen, das sich bei Ulrike bewährt hatte: er wird nichts aktiv unternehmen, um an die Teilhabe von Macht, Lust und Reichtum zu gelangen, sondern nur zulassen, daß ihm durch die Gunst der anderen widerfährt, reich an Besitz und Einfluß zu werden. Es ist diese Passivität, die bekanntlich den bürgerlichen Romanhelden vom wirklichen Helden unterscheidet. Zum dritten beginnt Herrmann zwischen sozusagen ‚läßlichen' Sünden und den wirklich unverzeihlichen Lastern und Vergehen zu unterscheiden. Heute haben diese Gewichtungen des Bösen oft die Form, daß die Greueltaten des Faschismus als eigentliches Böses gerechnet werden. Solange man einen Unterschied zwischen seinen eigenen Untaten und den faschistischen glaubhaft machen kann, darf man sich getrost zu den guten Menschen zählen. Im moralischen System des „Menschen" des 18. Jahrhunderts galten dagegen die Laster des adligen Wüst- und Lüstlings als das Nonplus-Ultra des Bösen. Das superiore Ich des bürgerlichen Menschen mußte also entsprechende moralische Abwehrkräfte mobilisieren, um nicht ganz und auf Dauer dem Lüstlingsdasein zu verfallen.

Hervorzuheben ist hier, daß Herrmann – wie der Goethesche Faust – jetzt fast schon bewußt damit rechnet, daß sein Ich, gleichgültig wie korrumpierbar sich seine Einstellungen und Willenshaltungen erweisen würden, nicht in den eigentlichen Höhlen des Lasters anlanden würde. Denn er hatte bisher wiederholt die Erfahrung gemacht, daß der psycho-mentale Apparat, dem sein Ich einwohnt, wie ein moralisches Immunssystem funktioniert. Dieses setzt in entscheidenden Augenblicken die psychischen Energien frei, die verhindern, daß sein Ich völlig aus dem moralischen Ruder läuft. Indem sich Herrmann stillschweigend auf dieses ‚Immunsystem' verläßt, gibt sein Ich einen großen Teil der Regie über sein Leben an einen transpersonalen, psychischen ‚Automaten' ab. Aber es sind die Wirkungen dieses Automaten, die Herrmann jeweils nachträglich für die Siege ‚seiner' Tugend und die moralischen Superiorität seines Ichs reklamieren wird, weil es ‚seine' Vorsehung war, die ihn vor dem Bösen bewahrte. Damit wird Herrmann zu jenem neuen Typ des guten Menschen, der nicht gut ist in dem, was er tun will oder zu tun bereit ist, sondern der deshalb gut ist, weil eine einprogrammierte Psychophysik sein Ich daran hindert, das jeweils Schlechtest-Mögliche zu tun. Daraus ergeben sich die in der modernen Geistesgeschichte so häufig vorfindlichen paradoxen Figuren: der Mensch, der einen Pakt mit dem Teufel schließt und trotzdem sicher ist, nicht dem Teufel anheimzufallen; der Verführer, der ein Asket ist; der Bordellbesucher, der ans Klavier flüchtet und klassische Musik spielt; der Soldat, der in Hitlers Uniform kämpft, aber sich zugleich als Vertreter des ‚anderen' Deutschlands und allen Nicht-Deutschen überlegen weiß. Die Reihe dieser tapferen Sünder, die noch tapferer glauben, ließe sich noch lange fortsetzen.

Mit diesen ideologischen Ausrüstungen und strategischen Plänen im Tornister glaubt sich Herrmann wohl gerüstet, um als ‚guter' Mensch in den Sümpfen des Lasters überleben zu können und dabei gute Gewinne zu machen. Unverzüglich fügt er nämlich zur Liste der Eigenschaften des ‚großen' Menschen das Reichsein hinzu. Das erlaubt ihm, beim Verfolgen des altruistischen Zieles, ein großer Mann zu werden, zunächst das egoistische Ziel anzugehen, reich zu werden. Da er keine Ahnung hat, wie der Reichtum zu erwerben wäre, meint Herrmann, die Beziehungen, die er in der großen Gesellschaft herstellen kann, würden ihn geradewegs zu sprudelnden Geldquellen führen. Und er ist überzeugt, daß diese Geldquellen für ihn reichlich fließen würden, ohne daß er sich zu prostituieren hätte.

Herrmanns und Ulrikes Situation am Anfang ihres Berliner Lustlebens gleicht in vielen der des Faustschen Teufelspakts. Der Teufel, der in *Herrmann und Ulrike* die ‚Wette' der beiden Verliebten annimmt, ist eine Teufelin namens Vignali, die Favoritin unter den Mätressen des Herrn von Troppau, dessen Schwester im übrigen eine religiöse Fanatikerin ist. Troppau respektiert die Religiosität seiner Schwester. Dies gewährt Ulrike einigen Schutz, obwohl ihr Troppau in einem sehr zweideutigen Gespräch zu verstehen gibt, daß das von ihr präferierte Verhalten der naiv-unschuldigen Verführerin einem „Kind“ (HU, 2, 410) ansteht. D. h. Troppau erkennt sehr schnell, daß Ulrikes raffiniertes, mädchenhaftes Unschuldsverhalten und *mutatis mutandis* damit auch das Herrmanns einer gerissenen, intentionalen Infantilisierung gleichkommt und nichts mit der Unschuld von Kindern zu tun hat. Denn für Troppau ist klar, daß das Spielen von Kinderrollen beide nicht zu unschuldigen Kindern, sondern eben nur zu ‚Spielern‘ macht, die die Spiele der Macht, der Lust und des guten Lebens nach eigenen, abgefeimteren Regeln spielen. De Sade hat diese Form der Tugendhaftigkeit genüßlich auseinandergenommen. Das ändert nichts daran, daß sich Troppau, des anstrengenden Treibens seiner Maitressen müde, später sehr ernsthaft in das „Kind“ Ulrike verliebt.

Die mit allen Wassern gewaschene Intrigantin Vignali meint, die moralische Arroganz und das falsche Spiel von Herrmann und Ulrike bestrafen zu müssen. Durch ihr hervorragendes Informationssystem weiß sie jeden Augenblick, was Herrmann und Ulrike unternehmen, mit wem sie verkehren und in welchen Stimmungen sie sich befinden. Es ist ihr ein Leichtes, die beiden so hinters Licht zu führen, daß sie wechselseitig an der Tugend und Treue des anderen zweifeln. Besonders Herrmann bringt Vignali bald ganz unter ihre Kontrolle. Selbst ein Brief Schwingers vermag nichts gegen die Macht, die Vignali über Herrmanns Seele und Denken hat. Und weil die Vignali es so will, läßt Herrmann sich auch vor seinem Vater verleugnen. Wohl wissend, daß er in all seinen Handlungen Unrecht tut, genießt Herrmann die ‚Tyrannis‘ der Vignali und ist glücklich dabei, daß sie ihn zwingt, angenehme Dinge zu tun, die er als moralischer Mensch verachtet.

Wiederum zeigen die hochgesinnten Seelen der beiden jedoch trotz aller Naivität ihre erstaunliche Widerstandskraft, vor allem in Sachen Sex. Ulrike wird im Intrigenspiel der Vignali arg zugesetzt. Die Zahl ihrer ‚Prüfungen‘ und ‚Versuchungen‘ ist Legion und hier nicht nachzuerzählen. Am Ende läuft alles auf die Situation zu, daß Ulrike einerseits zusehen muß, wie die liebeserfahrene Frau ihren Herrmann voll an sich gefesselt hat, andererseits wirbt ein immens reicher englischer Lord um ihre Liebe und Hand. Hier muß Ulrike eine ähnliche Erfahrung im Hinblick auf die begrenzte Macht ihres Ichs machen wie Herrmann: sie weiß zwar, daß nur ein angenehmes Leben und die sinnliche Liebe als Glück erlebt werden kann, aber zugleich muß sie sich eingestehen, daß sie nur zu einer ebenso unsinnigen wie frustrierenden ‚Herzensliebe' fähig ist. Diese Herzensliebe gilt dem Mann, der sie in einem ‚himmlischen Ursprungsakt' in der idealen Größengestalt ‚erkannt' hatte, in der sich Ulrike von diesem Augenblick an selbst liebte und die von allen Gestalten ihrer inszenierten Salonschönheit verschieden war. Dieses Wissen vom ursprünglichen Erkennen und Anerkennen des wahrhaft liebenswerten und wahrhaft eigenen Ichs durch den wahrhaft liebenswerten Anderen schafft ein vorrationales, ich-freies, „reines Nicht-Wollen". Dieses zwingt Ulrike, das Heiratsangebot des englischen Lords auszuschlagen, der sie leidenschaftlich und insistent verehrt. Selbst im ärgsten Zweifel darüber, ob Herrmann noch ihrer Liebe treu ist oder ob ihre Liebe zu Herrmann je eine praktische Verwirklichungschance hat, kann sich Ulrike nicht von ihm lösen, obwohl ihr alle Vernunftgründe raten, das Angebot des englischen Adligen anzunehmen, dessen Liebe zu Ulrike nie in Frage gestellt wird und dessen Reichtum selbst unter den Reichen Eindruck macht. Ihre Vernunft und ihr Ich vermögen sich jedoch nicht durchzusetzen. Von Troppau zweifelt schlicht an ihrem Verstand, Vignali bringt die Dinge auf den rechten Begriff, indem sie Ulrike wiederum „ein Kind" nennt (HU, 2, 444). In der Tat erweist sich Ulrikes Unmündigkeit in ihrer Unfähigkeit, sich ihres Verstandes zu bedienen, und ihre totale psychische Abhängigkeit von der Liebe Herrmanns offenbart jene schon analysierte Geisteskindlichkeit im Lieben, denn sie lebt in derselben seelischen Angewiesenheit, in der ein kleines Kind lebt.

Herrmanns Resistenz gegen die Verführungskünste, die Vignali in höchst eigener Person gegen den schnell „adonisierten" (HU, 2, 421) jungen Mann zur Anwendung bringt, geht rasch in die Brüche. Sein genußbereites Ich ist trotz allen moralischen Resistenzenergien den Intrigen und den körperlichen Vorzügen dieser Frau in keiner Weise gewachsen, solange sie ihn nicht zu genitalem Sex verführen möchte. Ansonsten ist sein versklavtes Ich mehr als willig, der angebeteten Frau bei ihren Vergnügungen Gesellschaft zu leisten, zumal diese Titanin der Verleumdungen und Verstellungen ihm weismachen kann, daß Ulrike ihre Unschuld verloren habe. Die Strategie, durch die die Vignali die Herrschaft über Herrmann gewinnt, ist genugsam bekannt: sie „bemächtigt sich seiner Phantasie". Genauer: sie verwickelt Herrmann in erotische Gespräche, in denen sie ihn die

Schönheiten ihres Körpers und die raffiniertesten Reize der „Buhlschaften“ fantasieren läßt. Genüßlich und widerstandslos gibt sich der fantasiegewohnte Herrmann den erotischen Träumereien der Vignali hin, die bei ihrem ersten Verführungsversuch im entscheidenden Augenblick allerdings den Fehler macht, daß sie das ‚eingebildete‘ Genießen Herrmanns zu schnell auf sich und ihren wirklichen Körper lenkt. Auf dem Feld des Wirklichen kommen Herrmanns moralische Immunsysteme erneut zur Wirkung: Sein Wahrnehmungssystem läßt ihm die herrliche, nackte Frau als „forderndes geiles Weib“ (HU, 3, 116) erscheinen. Spontan ‚muß‘ Herrmann die Verführungen der Vignali abweisen, was er unverzüglich als den Sieg seiner Tugend feiert. Reine Freude über diese Siege will sich in unsrem Helden jedoch nicht einstellen. Zu reizvoll waren die Gelegenheiten, die er verpaßt hatte. Seine Begeisterung für die großen und erhabenen Gegenstände seiner Idee macht zunehmend einem Vergnügen an lüsternen und ergötzenden Gedanken Platz. „Nicht wollen und doch wollen, verwerfen und doch begehren, vermeiden und doch suchen war der Lebenslauf seines Herzens“ (HU, 3, 192), so faßt der Text den Zustand seines Ichs und dessen Fantasien zusammen.

Nach der Kapitulation von Herrmanns Ichs, das die Tyrannis der Vignali immer widerstandsloser genießt, verliert auch die Repulsionskraft der einprogrammierten Seelenenergien die Macht einer hürnernen, moralischen Haut. Letztlich verdanken es sowohl Herrmann wie Ulrike günstigen Zufällen oder den strategischen Fehlern ihrer Verführer, daß ihre Tugend unbeschadet bleibt. Besonders Vignali ist eine brillante Psychologin und weiß die ‚Drachen‘ einzulullen, die die Tugend auch dann bewachen, wenn das Ich sich längst nicht mehr um sie kümmert. Mit großer Behutsamkeit bereitet Vignali ihren zweiten Großangriff auf Herrmanns Tugend vor, und der Text läßt keinen Zweifel, daß weder Herrmanns moralischer Wille noch seine psycho-physischen Immunsysteme etwas gegen die Verführungen der Vignali hätten ausrichten können, wäre nicht ein Rouleau heruntergefallen. Dieser Stimmungsbruch löst den Bann, in dem alle moralischen Kräfte Herrmanns gefangen waren. Wieder siegt die Tugend; diesmal verdankt sie ihren Sieg jedoch dem reinen Zufall. Für eine erneute Attacke hat Vignali keine Zeit. Sie gerät zunehmend unter Zeitdruck, weil sich von Troppau in Ulrike verliebt hat. Die Heiratswilligkeit von Troppaus und seine Wahl Ulrikes indiziert, daß in Wezels Epoche Männer es zunehmend müde werden, die anstrengenden Spiele der Lust und Macht weiterzuspielen. Damit kommt die Ära zu Ende, deren weibliche Heldinnen vom Schlage der Vignali waren.

Im psychischen Apparat der ‚Sieger', wenn man Herrmann und Ulrike einmal so nennen will, herrschen ersichtlich die Verhältnisse, die die christlichen Seelenkenner so beredt als engelbeschützte Versuchungen beschrieben haben. In ihrem Diskurs hätten Gottes Gnade oder seine schützenden Agenten Herrmann und Ulrike vor dem Sündenfall bewahrt. Im Diskurs des „Menschen", den Goethes Mysterienspiel *Faust* präsentiert, erhält die siegende Macht im ‚irrenden, aber strebenden Menschen' ihre verbindliche Ausformung im „Ewig-Weiblichen". Ersichtlich retten die christliche Seele und die Seele des „Menschen" eine ich-transzendente Kraft. Im christlichen Diskurs wie im Diskurs des „Menschen" ist es die Wirkung dieser Kraft, die den Menschen superiorisiert und zum Erwählten Gottes bzw. zum erlösten „Menschen" macht. Im Gegensatz zu beiden Diskursformationen expliziert Wezel das Phänomen dieses moralischen Autopiloten der Seele getreu seiner Maxime, daß im Roman alles „menschlich und realistisch" zugehen müsse, psychologisch: er läßt Gott, den Teufel und alle Mysterien aus dem Spiel und begnügt sich mit der genauen Analyse des Spiels der psychischen Mechanismen, die durch die neuen pädagogischen Programmierungen bei der Generierung von Gedanken, Empfindungen und Willenshaltungen am Werke sind und die bei Wezel nicht so sehr der Hölle ihren Sieg nehmen, sondern vor allem das Erwachsenwerden verhindern.

Es ist nach dieser Lesart des Romans nur stimmig, daß Wezel seine Helden nicht als superiore Sieger von der Kampfstätte gehen läßt. Die Zeichen der Zeit erkennend, entschließt sich Vignali nämlich zu einer neuen Strategie: sie arrangiert eine Situation, in der Herrmann und Ulrike, die sie wieder zusammengeführt hat, veranlaßt werden, allein eine Nacht in einer kleinen Hütte zu verbringen. Mit dieser Strategie ist Vignali erfolgreich. Die wechselseitige Attraktion ihrer Körper bringt die Tugend von Herrmann und Ulrike zu Fall. Gepeinigt von unsäglichen Skrupeln, aber außerstande, ihren wechselseitigen Anziehungskräften zu widerstehen, beschlafen sich die Beiden und werden dadurch zu Mördern der Tugend, die zu bewahren sie sich geschworen hatten. Nach dem Verlust ihrer Unschuld ist Ulrike im Kampf um die Gunst von Troppaus ausgeschieden.

Nachdem sich Hermann und Ulrike bisher wechselseitig in einer Engelsgestalt wahrgenommen hatten, sehen sie sich jetzt in der unerträglichen Gestalt von Teufeln. Kleist hat in der *Marquise von O...* eine ähnliche Erfahrung geschildert. Ulrikes Seele ist wie gelähmt.

Herrmann verfällt in tiefe Depressionen. Beide sind in der Endphase der Berliner Zeit weder ‚Herren im eigenen Hause' noch Herren ihrer äußeren Situation. Daß sie einigermaßen ungeschoren aus Berlin davonkommen, verdanken sie, so der Roman, der menschlichen Größe der Vignali, die beiden ermöglicht, nach Leipzig zu reisen und dort unterzukommen. Damit endet der beiden Aufenthalt im modernen Venusberg in einer Situation, die sowohl einem Sieg wie einer Niederlage gleichkommt. Ersichtlich ist es Wezel wichtig zu zeigen, daß die überstandenen Versuchungen in den korrupten Kreisen der Aristokratie nicht ein Eignungstest waren, durch den der politische Idealist Herrmann seine Qualifikation als politische Erlöserfigur nachgewiesen hatte. Vielmehr beweisen beide auf ihren nächsten Lebensstationen nochmals, daß ihre psychische Ausstattung sie zu nichts anderem qualifizierte, als weiterhin ‚erfolgreich' durchs Leben zu ‚katastrophen'.

Ulrike, mit der Herrmann in Leipzig nicht zusammenfindet, war schwanger geworden und verzehrt sich in gott- und menschenverlassenen Todessehnsüchten und Selbstvorwürfen. Bei Herrmann geht die seelische Erschütterung über den „Mord" an Ulrikes und seiner Tugend so weit, daß er den Staat und das politische Handeln als Ziele seiner Wallfahrt und Pilgerschaft völlig aus den Augen verliert. Die traurige Situation, in der er sich befindet, gibt allerdings Anlaß zu tiefsinnig-tristem Sinnieren: Herrmann ‚entdeckt', daß die existentielle Grundbefindlichkeit des Menschen das vergebliche „Suchen" (HU, 3, 294) ist. Alle Menschen, denen er in Leipzig begegnet, scheinen – nicht anders als er selbst – das Leben als einen Mangel zu empfinden, den sie ersichtlich nicht durch sich selbst zu beheben vermögen und ebenso vergeblich durch andere zu beheben suchen. Der aus der Bahn geworfene Herrmann trifft in der sächsischen Kulturmetropole jede Menge aus der Bahn geworfener „Menschen", deren miserabilistisches Denken sich ebenfalls um die Übel der Zeit dreht. In ihren kritischen Kulturanalysen sehen sie die Gefahren, die die „schönen Geister" und die Ästhetisierung des Denkens darstellen. Sie werden dafür verantwortlich gemacht, daß inzwischen „etwas schön sagen … an die Stelle von etwas Richtigem sagen" (HU, 3, 314) getreten ist. Weiterhin wird die Abnahme der Kraft und Überlebensfähigkeit des Menschen durch die rapide Zunahme von „Witz" (HU, 3, 315) und „Genies" (HU, 3, 316) beklagt, die alles seriöse Denken veröden ließen. An der Kauzigkeit der Charaktere, die diese Zeitdiagnosen vortragen, zeigt Wezel, daß richtige Einsichten in die Zeitkrankheiten keineswegs gleich zu deren Heilung führen.

Denn wie schon im *Tobias Knaut* werden auch in *Herrmann und Ulrike* von den Leipziger Intellektuellen partiell richtige Erkenntnisse durch vereinseitigende Generalisierungen verfälscht und und in ihren wirklichen Ursachen mißverstanden. Eingestimmt durch die zwar hypochondrischen, aber teilweise zutreffenden Klagen der anderen entdeckt Herrmann auch an sich selbst sehr zutreffende Mängel: seine Unfähigkeit, sich arbeitend einen Lebensunterhalt zu verdienen, die dysfunktionale Arbeitsweise seiner psychomentalen Apparaturen, die ihm das Leben unerträglich schwer machen, sowie die einfache Tatsache, daß er ein „unnützes Geschöpf" (HU, 3, 331) ist. Aber er bucht die Negativseiten seiner Befindlichkeit auf dem Konto der Natur und nicht auf dem der Kultur ab, und verbaut sich alle Wege, therapeutisch erfolgreich über seinen Fall nachzudenken.

Da das Denken Herrmann so viele unglückliche Einsichten beschert, beschließt er bald, mit dem Denken ganz aufzuhören. Seine ‚Gedankenflucht' führt ihn erst an die Universität, dann zu seinem Glück an den Spieltisch. Durch den skrupellosen Spieler Arnold mit dem Spielen vertraut gemacht, erspielt sich Herrmann schnell ein Vermögen und wird dadurch bekannt. Die Windigkeit seines Lebenswandels reflektiert Herrmann durch einen „Sophismus seines Verstandes" weg, wie man ihn vom Elmickor des *Tobias Knaut* kennt. Herrmann war nämlich zur ‚Einsicht' gelangt, daß zwischen den Prinzipien seiner Erziehung und den Prinzipien der Wirklichkeit eine grundsätzliche Differenz bestehe: als Spieler lebe er nach dem Realitätsprinzip, das jenseits von Gut und Böse liegt. Die Abtötung aller moralischen Skrupel gelingt Herrman jedoch nur in Bezug auf sein Spielen. Wiederum verhindert sein moralisches Immunsystem, ganz nach der Unmoral seines neu entdeckten Realitätsprinzips zu handeln. Seine Berühmtheit als Spieler hat zudem einen positiven Effekt: sie kommt Ulrike zu Ohren, die in völliger Armut dahinsiecht.

Inzwischen ist das Grafenpaar, Herrmann und Ukrikes ‚Adoptiveltern', wieder in die Romanhandlung zurückgekehrt, der Graf hauptsächlich dadurch, daß er erst Ulrike, dann Herrmann festnehmen will. Durch Interventionen der Gräfin soll Hedwig, Ulrikes alte Gouverante, die Schwangere zurück aufs Schloß bringen. Um zu zeigen, daß in der Welt kaum etwas nach Plan geschieht, läßt Wezel den Kutscher die beiden Frauen auf der Reise versetzen. Sie kommen mittellos bei einem Witwer unter. Ulrike hat mittlerweile einen Geisteszustand erreicht, der dem fortgeschrittenen Geistesverfall der Wilhemine Arend nicht unähnlich ist: sie hat sich mit ihrem Unglück und ihrem Tod bereits völlig abgefunden. In diesem Zustand trifft sie der zu Hilfe eilende Herrmann an. Glücklicherweise läßt sich die junge Frau wieder ins Leben zurückführen, als ihr Geliebter die Ehe und ein gemeinsames Leben auf dem Land verspricht. Wie Selmann sind auch Herrmann und Ulrike wahre Agrarromantiker. Die „poetische Wirtschaft“, die sie auf ihrem Gut betreiben, gleicht – allerdings auf dem Niveau einer Farce – den Verhältnissen auf dem Rosenhof in Stifters *Der Nachsommer*. Das Verhalten von Wezels neuen Hofbesitzern gehorcht ebenfalls ganz den Gesetzen der Schönheit und lieben Menschlichkeit, nicht den Gesetzen des Nützlichen und der Ökonomie. Die Poetisierung der bäuerlichen Arbeitswelt läßt sie Hühner durch Pfauen, Obstbäume durch Zierbäume ersetzen. Kurz: die beiden ‚spielen‘ Bauern, um sich aus dem gesellschaftlichen Leben zurückziehen zu können. Die fortschreitende Infantilisierung der Liebenden, deren Eheschließung wegen bürokratischer Hindernisse nicht zustandekommt, überträgt sich auch auf ihr Sexualleben. Nach dem frühen Tode ihres Kindes schwören Herrmann und Ulrike an dessen Grab, für mindestens zwei Jahre enthaltsam zu leben. Der Verzicht auf den Sex führt zu keiner erkennbaren Belastung ihrer ‚gespielten‘ Beziehungen. So unwiderstehlich reizend läßt sich die ästhetische Gestaltung des Lebens an, daß nicht nur die überzählig angestellten Mägde und Knechte fröhlich mitspielen, sondern auch der wieder aufgetauchte Vater Herrmanns und die Adelsdame Hedwig, die sich inzwischen dem alten Herrmann angeschlossen hat.

Die Rechnung für den kindlichen Regreß ins Paradiesische kommt nach zwei Jahren: das Bauerngut ist bankerott. Mit dem Stocken des Geldflusses gerät auch die Liebe ins Stocken. Glücklicherweise wird Ulrike, bevor alle Gefühle zwischen den Liebenden völlig abgekühlt sind, auf Betreiben des Grafen an die Residenz eines Fürstenhofes entführt. Durch diesen Zufall werden die Weichen so gestellt, daß Herrmann sein einprogrammiertes Ziel, ein Staatsmann zu werden, doch noch erreicht. Im *Wilhelm Meister* wird das erfolgreiche Ankommen des Protagonisten in der Turmgesellschaft mit der Geschichte Sauls verglichen, der nach dem Bericht des Alten Testaments ausgezogen war, um verlorengegangene Esel zu suchen und der dabei ein Königreich fand. Ähnlich unerwartet und unverdienterweise arriviert auch Herrmann im Staate. Schwinger darf nun endlich triumphieren. Die Metamorphosen des Eros, die am Ende der Berliner Periode einsetzten, über die enthaltsame Gutshofphase weitergegangen waren, kommen jetzt an ihr Ende: der politische Ehrgeiz übernimmt wieder den Primat vor der Liebe. Freilich sind auch die letzten Stationen auf der Wallfahrt zum Staat ein Weg mit vielen Hindernissen. Die Vignali taucht erst als Sängerin, dann als Favoritin des Fürsten in der Residenzstadt auf und wechselt, wie gewohnt, in ihren Bündnissen zwischen allen Parteien. Auch Herrmanns früheren Kompagnon Arnold verschlägt es in die Residenzstadt, wo er dazu beiträgt, daß Betrug und Korruption Hochkonjunktur haben. In dieser Situation macht der politische Idealist Herrmann Karriere.

Die Geschichte ist immer dann denen günstig, die am miserabelsten zum Geschichtemachen qualifiziert sind, wenn die Klasse, deren Geschäft die Politik ist, völlig versagt. Dies war nicht nur 1933 der Fall. Vielmehr verfiel nach Wezel auch im ausgehenden 18. Jahrhundert die politische Klasse in Unfähigkeit und Korruption. Herrmann und Ulrike finden im Fürstentum, in dem sie angelandet waren, einen desolaten Zustand der Staatsgeschäfte vor, in dem sich alle Bürger nur für das Wohlleben des Hofes abarbeiten, genauer für die Inhaber der Machtpositionen am Hofe, die sich den erwirtschafteten Reichtum in intriganten Verteilungskämpfen aneignen. Das vom Fürsten überwachte Spiel um die Macht vollzog sich nach dem Gesetz, daß einerseits die von ihren staatlichen Machtpositionen am meisten profitieren durften, die im Umgang mit der Macht die cleversten waren, andererseits aber auch die Bereitschaft zeigten, ihr Geschick dazu zu benutzen, die Macht und den Wohlstand des Fürsten zu erhalten oder zu erweitern. Das Problem, das sich im Roman wie in der politischen Wirklichkeit des ausgehenden 18. Jahrhunderts zeigte, war, daß die Fürsten oft die Kontrolle über dieses Spiel verloren hatten, so daß sie selbst und der Staat Opfer des Mächtespiels wurden, von dem sie und der Staat profitieren sollten.

Darin liegt die historische Chance des neuen „Menschen“, dem es bei seinem politischen Handeln nicht primär um die Macht, sondern um die Verwirklichung seiner ‚Ideale‘ ging. Was ihn zum Herrschen und Regieren motivierte, war das Bedürfnis, gute und edle Handlungen auszuführen, die der in Staaten organisierten Menschheit und damit dem Staate nützen. Der repolitisierte Herrmann, die Verkörperung des neuen „Menschen“, leidet daher spontan am desolaten Zustand der Staatsgeschäfte des Fürstentums und ist uneigennützig bereit, die korrupten Staatsdiener aus ihren Pfründen zu vertreiben, die privaten und staatlichen Bereiche zu separieren und, getragen vom Vertrauen seines ‚guten‘ Fürsten, staatliche Reformen durchzuführen, die der geistigen, moralischen und körperlichen Regenerierung der inferiorisierten Mitbürger ebenso dienen wie der Verbesserung ihrer Lebensverhältnisse.

Was Herrmann im Wege steht, um die alte politische Klasse durch eine neue zu ersetzen, ist zunächst sein völliger Mangel an Kompetenz, was die Geschäfte eines Staates angeht. Wegen des Fehlens jeder beruflichen Vorbildung und Erfahrung verdankt er seine erste Anstellung beim Staat eben der Korruption, die er später systematisch bekämpfen wird. Durch eine geschickte Intrige, die Ulrike im Bunde mit der Vignali einfädelt, wird die Ausschreibung der Sekretärsstelle, um die sich Herrmann bewirbt, hintertrieben, so daß der unqualifizierte junge Mann keinen Konkurrenten hat. In den zwei Jahren, in denen Herrmann dem korrupten Präsidenten als Sekretär dient, lernt er nicht nur den höfischen Verwaltungsapparat von innen heraus kennen, sondern er findet genügend Zeit zu staatswissenschaftlichem Selbststudium. Wie Selmann ist Herrmann Autodidakt, d.h. einer der lernt, was ihm paßt. Sein Regierungsprogramm ist nicht aus den Erfahrungen und Einsichten entstanden, die ein mündig-erwachsener Mensch in der gesellschaftlichen Lebenswelt macht. Herrmanns politische Konzepte sind Lesefrüchte; ihre Entstehung verdanken sie einem identifikatorischen Lesen von staatspolitischen Theorien, die jene Mischung von Vernunft und Spleenigkeit repräsentieren, die für das Denken der zeitgenössischen Intelligenz in Wezels Augen typisch ist. Sein Geschäft wird es, diese politischen Theorien in Praxis umzusetzen. Über die Selektion der Theorien entscheiden, wie früher bei Selmann, Herrmanns neue Einsichten in die Verfassung des Staates, aber immer auch sein lieber Charakter. Wie Selmann unter den Bedingungen der totalen Ausbeutung der Bauern durch den Landadel mit seinen menschenfreundlichen Agrarreformen erfolgreich ist, hat Herrmann das Glück, daß unter den Bedingungen der totalen politischen Korruption, die das zeitgenössische staatliche Leben in den Bankerott treibt, seiner Politik der Reformen und der Liebe Erfolg beschieden ist.

Der Fürst, der das Verhalten des neuen „Menschen“ zunächst kaum begreift, läßt sich bald von der Ehrlichkeit Herrmanns überzeugen. Mit anderen Worten: er sieht ein, daß es Herrmann mit dem Spiel, das er spielt, Ernst ist. Die Bereitschaft des Fürsten, seinen politischen Apparat diesem neuen „Menschen“ anzuvertrauen, wird auch dadurch beeinflußt, daß die Prinzipien, nach denen der „Mensch“ operiert, für den Staat und damit für ihn von Vorteil sind. Fraglos taugt Herrmann als Staatsdiener mehr als die korrupten Hofleute, denen die Staatsgeschäfte bisher anvertraut waren. Das heißt freilich keineswegs, daß Herrmann ein wirklich guter Staatsmann ist. Wezel läßt Herrmann sein neu erworbenes Wissen von den Staatsgeschäften mit guten Argumenten in den Ratssitzungen gegen die anderen Räte vorgetragen. Ebenso läßt er ihn bei der Überführung der Betrugsgeschäfte des Präsidenten erfolgreich sein. Unverzüglich macht ihn der Fürst darauf zum persönlichen politischen Berater und dadurch faktisch zum Leiter der Staatsgeschäfte. Damit vollzieht sich eine Ablösung der Machtelite, die mehr als nur ein personaler Wechsel ist: Mit dem Abtreten des Präsidenten verschwinden auch die Vignali und Arnold von der politischen und kulturellen Bühne. Dadurch wird die Bühne jedoch nicht frei für kompetente und verantwortlich handelnde ‚Erwachsene', sondern für die guten ‚Kinder' Herrmann und Ulrike.

Das Paar, dessen Liebe am Hofe rasch wiederauflebte, hatte bald eine Seilschaft gebildet und agitierte erfolgreich innerhalb der Hofpolitik. Die unmittelbare Nähe zur Fürstin gibt Ulrike Einsichten in die Dysfunktionalität des höfischen Lebens, das mehr von den Launen der Mächtigen bestimmt wird als vom Willen, für die anstehenden sozialen, wirtschaftlichen und politischen Probleme Lösungen zu finden. Geschickt erwirbt sie sich Pöstchen, die ihr Einblick in die Machenschaften der Hofleute erlauben. Als Schatzmeisterin der staatlichen Armenkasse hatte sie z.B. entdeckt, daß diese hemmungslos geplündert worden war. Mit Herrmann teilt Ulrike den Ehrgeiz, das Regieren und Herrschen auf Ziele auszurichten, die dem Glück der Menschen förderlich sind. Zur Linderung der Not in einem besonders strengen Winter hatte die junge Frau den Vorschlag gemacht, daß die Hofdamen für die Armen stricken könnten. Ihr sozialer Sinn trifft sich mit Herrmanns Regierungsplänen, die Reformen der Schulen, der Industrie, der öffentlichen Moral, die Einrichtung eines Arbeitshauses für die Armen sowie eine Agrarreform zur Verbesserung des Landbaus und die Einschränkung des Einflusses der Kirche vorsehen. Daß das Paar, das eine so enge geistig-politische Gemeinschaft bildet, zusammengehört, sieht auch der Fürst ein, obwohl er sich in Ulrike verliebt hatte: er beendet alle Nachstellungen, denen das Paar wegen ihrer Liebe ausgesetzt war, und befiehlt beiden zu heiraten. Seit geraumer Zeit von allen Reizungen der Lust befreit, bilden beide eine ideale neue Familie: Herrmann dient dem Staat, Ulrike unterstützt ihn darin und bringt für den Staat lustfrei ein Kind nach dem anderen auf die Welt. Was die Lust und was den Ruhm angeht, endet auch diese Geschichte des „Menschen" wie die des *Tobias Knaut*: lustlos, aber ruhmvoll. Allerdings nicht in einer Höhle, sondern in Staatsämtern.

Es ist wert, einen kurzen Blick auf die Ehe des „Menschen“ zu werfen. In Wezels Roman wird eine solche Ehe nicht mehr im Himmel geschlossen, aber auch nicht auf der Grundlage körperlich-sinnlicher Begehren. Was Herrmanns und Ulrikes Ehe zusammenhält und ihr zugleich den Wert einer ‚höheren‘ Bindung gibt, ist ihr gemeinsamer Wille, dem Staat und der Gesellschaft zu dienen. Deshalb ist ihre Ehe weder ein Sakrament, noch der Vollzug sinnlicher Lüste, sondern ein Staatsakt, der nicht nur durch den Staat, sondern auch zum Behuf des Staates ausgeführt wird. Das staatliche und gesellschaftliche Leben und ihre berufliche Tätigkeit, d.h. nicht primär ihre Liebe bestimmen die ‚Bahn‘ ihrer Seelen. Darin liegt ein fundamentaler Unterschied zwischen der Ehe des glücklichen, armen Bauernpaares im *Tobias Knaut*, deren Seelen durch die Liebe auf der rechten Bahn gehalten wurde. Ob der Staat und die Gesellschaft wirklich dazu taugen, Seelen in einer Bindung und auf der rechten Bahn zu halten, wird das zentrale Problem der vielen Romane sein, die um die Ehe des „Menschen“ geschrieben wurden, nachdem dieser seine Wallfahrt zum Staat erfolgreich beendet hat. Goethes *Wahlverwandtschaften* und Fontanes *Effi Briest* bilden in der langen Reihe dieser Romane nur zwei herausragende Höhepunkte. Beide Romane zeigen allerdings, daß der „Mensch“, die „Gesellschaft“ und der „Staat“ ziemlich untaugliche Instanzen für funktionierende Ehen sind, sondern eher die Seelen von Eheleuten elend machen und zum Tode führen. Wezel läßt sich in *Herrmann und Ulrike* auf dieses Thema nicht ein, sondern konstatiert nur die Inthronisierung der neuen staats- und gesellschaftsfundierten Ehe. Seine Einsicht, daß Ehen in seiner Zeit nicht funktionieren, hat Wezel u.a. in der *Wilhelmine Arend*, im *Peter Marks* und in der *Wilden Betty* zu literarischer Darstellung gebracht. Darin hat der eheunerfahrene Wezel allerdings nie das Niveau der großen Eheromane erreicht.

Wezel hat eingesehen, daß der neue „Mensch“, an dem der Kelch des Erwachsenwerdens vorübergegangen war, in der neuen gesellschaftlichen Formation die gesellschaftliche, kulturelle und politische Schlüsselstellung einnimmt, die er als aufgeklärter Erwachsener anvisiert hatte. Unter der Ägide des „Menschen“ gibt sich seine Epoche Ziele vor, deren Undurchführbarkeit für Wezel außer Frage steht. Im neuen Diskurs wird die Politik auf fundamentale Weise ästhetisiert; ihr Ziel wird, das Schöne durch politische Maßnahmen zu verwirklichen und die harten Bedingungen des Lebens in solche umzuwandeln, in denen das Gute das Angenehme und das Leben zum Spiel wird. Im rauschenden Applaus, mit dem Herrmanns neue

Politik von den Menschen begrüßt wird, gibt Wezel wieder, wie seine Zeitgenossen die Inthronisierung des „Menschen“ erlebten. Als Erzähler weigert er sich, die maßlose Euphorie zu kommentieren. Ein späterer Nachfahre Wezels wird vergleichbare Großplanungen zu Menschheitsfesten in seinem *Mann ohne Eigenschaften* unter den Titel „Seinesgleichen geschieht“ stellen.

Epilog

Kakerlak und *Die wilde Betty*

Daß die in der Geschichte ‚siegende Sache' wohl den Göttern, nicht aber allen Zeitgenossen gefällt, ereignete sich nicht nur im alten Rom. Der Erzrepublikaner Cato der Jüngere hat aus dem Sieg des verhaßten Kaisertums eine Konsequenz gezogen, die ihn unsterblich machte: er beging Selbstmord. Solch radikale Schritte wird man nicht von einem erwarten, der zur ‚siegenden Sache' eine ambivalente Einstellung hatte. Nachdem Wezel in *Herrmann und Ulrike* den historischen Sieg des „Menschen" in einer komischen Lebensgeschichte erzählt hatte, in der der „Mensch" zugleich als „großer Mann" und „großer Narr" vorgeführt wurde, schrieb er als *coda* oder Anhang in Jean Pauls Manier die satirische Erzählung *Kakerlak oder die Geschichte eines Rosenkreuzers aus dem vorigen Jahrhundert.*

Die Rosenkreuzer figurieren in dieser Geschichte als eine geheime Bruderschaft, deren Existenz auf Erden nicht nachzuweisen ist, weil ihre Mitglieder ersichtlich zur Gattung der ‚höheren' Menschen gehören. Die Erhebung ins Transhumane und Transterrestrische findet dann statt, wenn ein Mensch ein tiefes Ungenügen an der Begrenztheit des menschlichen Lebens und aller menschlichen Erkenntnisweisen empfindet und den Beschluß faßt, auf außerirdischen Wegen seine Suche nach dem absoluten Wissen und den endgültigen Problemlösungen fortzusetzen. Von diesem Augenblick an ist das Virtuelle und das Fantastische der Raum, in dem die Mitglieder des Rosenkreuzlerischen Geheimbundes, dessen Mitglieder nicht einmal offiziell von ihrer und der anderen Mitgliedschaft wissen, aufgesucht werden müssen. Nach dem „Bruch mit der menschlichen Weisheit"[137] (K, 12) hatte sich Kakerlak, ursprünglich und dem Schein nach noch immer Wissenschaftler und Philosoph, den Hexen und der Magie ergeben.

Wie sich *Herrmann und Ulrike* als eine vorweggenommene Parodie auf den späteren *Wilhelm Meister* lesen läßt, so der *Kakerlak* als

[137] Johann Karl Wezel: Kakerlak oder die Geschichte eines Rosenkreuzers aus dem vorigen Jahrhundert. Hrsg. Hans Henning. Freiburg 1985. Zitate daraus werden im Text nachgewiesen; Sigle K.

eine vorweggenommene Parodie auf Goethes *Faust*[138]. Während Faust im großen Welt- und Mysterienspiel jedoch nach verzweifelter Wissenschaftsschelte mit Mephisto paktiert, gerät Kakerlak in der Welt seiner Fantasien in die Hände von zwei konkurrierenden Hexen: der – scheinbar – guten Hexe Tausendschön und der – scheinbar – gefährlichen Hexe Schabernack. Beide sind eine Wette eingegangen: Tausendschön, die ersichtlich auf der Seite des „Menschen" steht, will alles tun, um die „Menschen" dauerhaft glücklich zu machen. Schabernack, ungleich vernünftiger und ersichtlich auf der Seite des Menschen, hält es für diese zuträglicher, wenn sie ständig neuen Herausforderungen ausgesetzt sind und nicht im Dauerglück dahinvegetieren. Sie tut also alles, um das Verweilen im Glück zu verhindern. In den fantastischen Abenteuern, die Kakerlak dank Hexenkunst erleben darf, manifestieren sich in wahnhafter Gestalt sowohl die Wünsche als auch die Nöte des derealisierten, zeitgenössischen Bewußtseins: Fantasien über eine gute Herrschaft lösen Sexualfantasien in orientalischen Serails ab. Seelen- und Körpertausch finden statt, ohne daß sich die Unlust am Leben beheben ließe; sogar Winckelmann und die Griechenlandsehnsüchte spielen im *Kakerlak* eine Rolle. Dabei wiederholt sich an Kakerlak das Schicksal des Tantalus: im Augenblick, in dem Kakerlak meint, in den Genuß der fantasierten Lüste zu kommen, entziehen sie sich ihm regelmäßig, eben weil sie nur Fantasien sind. Entsagend wendet sich Kakerlak schließlich wieder den Büchern zu, ja siegesgewiß „holte Schabernack seine Bücher nebst der ganzen Stube herbei, wie er sie vor seiner Auswanderung nach dem Vergnügen verließ." (K, 152) Die satirische Pointe des Romans ist, daß Kakerlak am Ende bei seinen Büchern ein ebenso bleibendes wie irreales Kinder-Glück findet:

> Willkommen, ihr teuren Gefährten meines Lebens, eh ich undankbar euch verließ! Ich durstete nach Vergnügen und fand keins; ich irrte von einem täuschenden Schimmer zum andern, hielt es für ein Vergnügen und betrog mich; ein leuchtender Dunst war es, der aus einem Moraste aufstieg. Weg mit den Puppen! Ich bin kein Kind mehr. Ihr seid zwar auch nur Puppen, aber doch männliche Puppen; ihr seid zwar auch nur Spiele mit Gedanken, wie andere mit Würfeln oder gemalten Blättern spielen, aber doch edelere Spiele des Geistes. Willkommen! Nie will ich an euch die zweite Undankbarkeit begehen. (K, 152)

---

[138] Vgl. Kurt Adel: Eine vergessene Faust-Dichtung des 18. Jahrhunderts: Johann Karl Wezels ‚Kakerlak'. In: Jahrbuch des Wiener Goethe Vereins (1962), S. 61–74

Schabernack hat offensichtlich übersehen, daß die zeitgenössische Buchproduktion jenen ‚Gralseffekt' hatte, den man im Mittelalter nur sakralen Gefäßen zutraute, und als Füllhorn allen ‚Hunger' und alle Glücks-Begehren des fantasiesüchtigen Bewußtseins stillt. Bücher bilden im *Kakerlak* wie im *Don Quichote* den Ausgangspunkt und den Endpunkt aller *aventuiren*, die moderne Ritter unternehmen. Selbst der Hinweis der Hexe, daß er, der große Philosoph, wenn er in Lese-Spielen sein Glück sucht, in infantile Stadien des Denkens regrediert, stört Kakerlak nicht mehr:

> „Das ganze Leben ist ein Spiel", antwortete Kakerlak. „Das Kind spielt mit Puppen oder Trommeln, der Jüngling mit Hunden und Pferden, das Mädchen mit der Liebe, mit Stoffen und Bändern, die Großen mit Soldaten, Sternen, Stammbäumen, Ordensbändern, die Kleinen mit Titeln, Männer und Weiber mit Karten, Würfeln und Kegeln, der Weise mit Gedanken und Empfindungen. Wenn alles spielt, warum sollte ich allein es nicht tun?" (K, 153)

Damit hat die Kindheit den alternden Kakerlak endgültig eingeholt. In Wahrheit hat er den Bannkreis der Bücher und Kindheiten nie verlassen. Seitdem ein berühmterer Generationsgenosse Wezels erklärt hat, daß der Mensch nur da „Mensch" sei, wo er spielt, ist es schwierig, den weisen Kakerlak, der spielt, indem er liest, als den „Narren" zu erkennen, der er in Wezels Augen ist.

In der Antike schlossen Komödien die Vorführungen der Tragödien ab, um die Theaterbesucher darüber zu beruhigen, daß die unlösbaren Probleme der Tragödie nur die der „Menschen" sind, sie als Menschen jedoch nicht betrafen[139]. Derartige psychische Restabilisierungen können kaum wirksam werden, wenn sich die Seele nicht zuvor allen Schrecken des „Menschseins" ausgesetzt hat. Die Komödie vom Pseudophilosophen und -wissenschaftler Kakerlak ist deshalb zwar der letzte literarische Text Wezels, aber nicht das Ende der Tragödie des Autors. Zunächst macht sich Wezel daran, systematisch zusammenzuschreiben, was ihm die anthropologischen Kenntnisse an Wissen über den Menschen geliefert haben. Der *Versuch über die Kenntnis des Menschen* bleibt Fragment. Wezel kommt über eine systematische Darstellungen der Empfindungen

[139] Zutreffend ist daher die Auffassung, daß die Ereignisse in der Tragödie ein Gottesgeschehen darstellen, während die Komödie auf der Ebene der Menschen spielt. Daß das 17. Jahrhundert daraus eine Ständeklausel machte, entspricht nur den veränderten gesellschaftlichen Vorstellungen vom ‚höheren' Menschsein.

nicht hinaus. Die Teile über die Ideen und das Wollen und Tun bleiben ungeschrieben. Das kann Zufall sein. Mir will jedoch scheinen, als habe Wezels Psyche ihn veranlaßt, nach den Empfindungen vom *Versuch* abzulassen, weil die anthropologische Analyse der Ideen und Willenshaltungen die eigene psycho-mentale Befindlichkeit auf unerträgliche Weise aufgestört hätte.

In jedem Fall täuscht die komödienhafte Heiterkeit des *Kakerlak* darüber, daß sich Wezel nach dem Sieg des „Menschen" in einer seelischen Streßsituation befand, die durch ebenso intensive wie unauflösbare kognitive Dissonanzen, emotionale Ambivalenzen und widersprüchliche Loyalitäten gekennzeichnet war. Bei der Lektüre von Wezels Werken bin ich auf einen Text gestoßen, der einen ‚Helden' in einer vergleichbaren Lage schildert. Es ist dies die Erzählung *Die wilde Betty*, und daher ist der vorangegangene Satz dahingehend zu korrigieren, daß Wezel in die Lebensgeschichte einer ‚Heldin' lebensgeschichtliche Konfessionen eingestaltet hat, die er in den großen Romanen verschwieg.

Nach Auskunft ihres Autors ist *Die wilde Betty* das komplementäre, feminine Gegenstück zur *Sechsfache(n) Ehestandts=Geschichte des ehrsamen Herrn Philip Peter Marks.* Im *Peter Marks* werden die Nöte eines Ehemannes geschildert, der nacheinander fünf Frauen heiratet, die in satirischer Übertreibung fünf unterschiedliche Weiblichkeitstypen repräsentieren, wie sie die bürgerliche Kultur der Zeit produzierte. Erst mit der sechsten Frau, deren Persönlichkeit sich weniger in Verinnerungen von kulturellen Zurichtungen bildete als in konkreten Auseinandersetzungen mit ihrer Umwelt und der umgebenden Natur, findet Peter Marks sein Glück.

Auch *Die wilde Betty* ist – wie es der Untertitel ankündigt – eine „Ehestandsgeschichte"[140]. Aber zugleich ist die Geschichte der Betty eine Bildungsgeschichte, genauer die Geschichte eines Kampfes gegen die Bildungserwartungen und -angebote, die die bürgerliche Gesellschaft an Mädchen und Frauen heranträgt. Bildungsprozesse, wie in der *Wilden Betty* dargestellt, sind keine Lernprozesse, sondern gesellschaftlich sanktionierte Zurichtungen am Leib, der Seele und dem Geist eines Ichs, durch die das Ich darauf eingestellt wird, nach den Regeln des herrschenden Diskurses zu funktionieren. Personen, die sich willig diesen diskursiven Zurichtungen unterwerfen, erhal-

---

[140] Die wilde Betty. Eine Ehestandsgeschichte. Mit vier Kupfern von D. Chodowiecky. Leipzig, im Verlag der Dykischen Buchhandlung 1779. (Zitate werden im Text unter der Sigle WB nachgewiesen.)

ten dadurch das *entrée billet* zur bürgerlichen Kultur und mit ihm alle Rechte und Privilegien, die den Mitgliedern der höheren menschlichen und gesellschaftlichen Ordnungen im 18. Jahrhundert zustehen. Da diese Zurichtungen mit dem natürlichen Begehren kollidieren, begegnen sie Widerstand. Dieser Widerstand gegen die abverlangte Unterwerfung unter die diskursiven Gesetze verflüchtigt sich jedoch angesichts der attraktiven Offerten, die jungen Menschen nach Aufnahme in die kulturell und gesellschaftlich führenden Schichten in Aussicht gestellt werden. In der Regel macht der Widerstand sogar einem Diskursbegehren Platz. Die Entschiedenheit des Widerstands gegen das Unternehmen, das die lebendige Maschinen Mensch in die tote Maschine „Mensch" transformiert, ist eh dadurch gemindert, daß die Exekutoren der bildungsmäßigen Zurichtungen die Eltern und Erzieher sind, also Personen, zu denen Kinder in einem besonderen Liebes- und Angewiesenheitsverhältnis stehen. Auch die späteren Autoritäten oder die anderen Agenten des Herrendiskurses stehen in Wezels Satire zum Ich, das sie zu kontrollieren suchen, in enger Beziehung. Da das Zuschneiden des Ichs nach den diskursiven Mustern in der Regel ohne nennenswerte Reibungsverluste durchgeführt werden kann, bildet Bettys heftiger Widerstand gegen das Gebildet-Werden eine berichtenswerte Ausnahme.

Die umkämpften Bildungsprozesse in der *Wilden Betty* finden in den folgenden Beziehungsverhältnissen statt: in Eltern-Kind-Beziehungen, Ehebeziehungen, außerehelichen Liebesbeziehungen und beruflichen Verhältnissen. Dabei wird zwischen zwei Beziehungstypen unterschieden: der erste und wichtigste Typ hat die Gestalt eines ‚Gesetzes', dem sich jeder zu unterwerfen hat, der in dieser Beziehung lebt. Der zweite Typ hat den Charakter einer ‚Flucht', insofern man sich in ihm vermeintlich dem ‚Gesetz' entzieht und sich in einen vermeintlich herrschaftsfreien Raum begibt, in dem allein das Lustprinzip und die Gesetze der Freiheit regieren. Zum ersten Typ gehören die Kind-Elternbeziehung und die Ehe, zum zweiten die Liebschaften und bestimmte berufliche Tätigkeiten.

Das Besondere an Bettys jugendlicher Bildungsgeschichte ist, daß sie sich nicht eigentlich wie ein ungefügiges Mädchen, sondern wie ein ‚richtiger' Junge verhält, der sich durch niemanden und nichts unterkriegen läßt. Wezels Betty wächst mutterlos unter der strengen Obhut ihres Vaters und eines Stiefvaters auf. Ihre Aversion gegen alles, was in den Augen ihrer Väter und in der Gesellschaft als das Gebildete und Schickliche gilt, ist so massiv, daß sie allen erzieherischen Unternehmungen zu widerstehen vermag. Ihre Haut ist gebräunt, ihre Hände meist schmutzig, in ihren Taschen tummeln sich Würmer und Frösche. Sie haßt Bücher und den ganzen Bildungskram. Stattdessen spielt sie lieber draußen mit gleichaltrigen Knaben. In den unausbleiblichen Kämpfen und Auseinandersetzungen steht sie ihren ‚Mann', und wenn es darauf ankommt, sind immer die anderen die Opfer ihrer Neckereien und Schandtaten. Kurz: das Mädchen Betty ist ein vollwertiges, integriertes und respektiertes Mitglied in der Gemeinschaft ihrer männlichen Altersgenossen.

Man sieht leicht: Betty ist als Person, in ihrer Lebensweise und in allen Verhältnissen, in denen sie lebt, das spiegelverkehrte Ich-Ideal Wezels.[141] Der Bildungsprozeß, den Wezel durchlief, kann an ihr daher unter den Bedingungen eines vehementen Widerstands dargestellt werden, den der Junge nie leisten konnte und deshalb verdrängen mußte. In Betty wird dieser Widerstand auf ein Mädchen transferiert und in der Fantasie nachgeholt. Diese Übertragung ist ein faszinierendes psychologisches Phänomen. Es läßt sich damit erklären, daß der Widerstand gegen die schablonisierten, gesellschaftkonformen Bildungspläne der Väter in Wezels Leben wirklich von weiblichen Wesen geleistet wurde. In dieser Funktion hat Wezel das Weibliche offensichtlich so introjiziert, daß es zu einer Gestalt seines Ideal-Ichs werden konnte. In jedem Fall ist die durch Betty repräsentierte, wilde Imago des Weiblichen im komplexen Ich-System Wezels der Gegenpol zu seinem männlichen Größen-Ich, in dem er sich als gebildeter „Mensch" bewundert und liebt. Die Binnenbeziehungen, die sich in Wezels vertracktem Ich gebildet haben, kennen nach meiner Lesart der *Wilden Betty* also zwei Ich-Ideale, die in genauem Gegensatz zueinanderstehen und in verschiedenen Geschlechtern repräsentiert sind. Als Gegenspieler und Kontrastgestalten sind sie die Ursache für die Kakophonien in den inneren Dialogen, die Wezels Ich führt. Ihr oppositionelles Verhältnis erklärt auch, weshalb in Wezels Romanen auch die positiven Helden Gestalten eines falschen Bewußtseins repräsentieren. Da Wezels renitentes Ich-Ideal ein feminines ist, erklärt sich auch, wie problematisch Wezels Verhältnis zu Frauen war. Frauen, wenn sie sich nicht ganz in den Dienst des männlichen Größendiskurses gestellt haben, sind bei We-

---

141 Es darf daran erinnert werden, daß Wezel in der Obhut zweier ‚Mütter' aufgewachsen ist, die sich intensiv darum kümmerten, daß der Junge, statt mit den anderen zu spielen, sich die Fertigkeiten erwarb, mit Kulturtechniken umzugehen.

zel die natürlichen Gegner der großen „Menschen“, die ihrerseits die Frauen auf ebenso systematische Weise verkennen wie sie die Qualität der Beziehungen überschätzen, die sie zu Frauen aufnehmen.

In der *Wilden Betty* sind es – wie auch sonst in den Bildungsromanen – die Väter, die das ‚Gesetz‘ repräsentieren, das Kindern und Frauen anbefiehlt, was für sie das Anständige, das Schickliche und das Wissenswerte ist und in welchen Fertigkeiten sie sich auszeichnen müssen. Betty leistet – wie schon gesagt – gegen alle Bildungs- und Erziehungsunternehmen erfolgreichen Widerstand. Dem verzweifelten Vater fällt als letzte Maßnahme ein, die Tochter zu verheiraten, hoffend, daß der Ehestand sie unters Joch des Ziemenden und der Kultur zwingt.

Die Zurichtung zum Ehestand vollzieht sich zu allererst an Bettys Körper. Die Wasser und Kremen, die ihre Haut bleichen sollen, führen zu einer veritablen Hautablösung. Diese Häutung läßt zwar Bettys Äußeres in einer ehetauglichen Gestalt erscheinen, geistig und seelisch ist sie allerdings in keiner Weise auf die Ehe vorbereitet. In völliger Unkenntnis, was von ihr als Ehefrau erwartet wird, läßt sich Betty auf den Ehewunsch des Vaters ein, weil man ihr die Illusion läßt, ihr Ehemann werde ihr ein Reitpferd kaufen. Der jedoch hat alles andere im Sinn, als seiner jungen Frau durch den Besitz eines Reitpferds die Möglichkeit zu verschaffen, ihre Neugierde zu befriedigen und sich selbständig in weiten Räumen zu bewegen. In Erwartung des Pferdes verhält sich Betty zunächst als gehorsame Ehefrau, die ihre aufs Haus beschränkte, passive Lebensform allerdings zutiefst langweilt. „Die wilde Betty“, heißt es im Text, „war lebendig todt.“ (WB, 72) Diese Beschreibung der ersten Ehejahre läßt sich *mutatis mutandis* wohl als eine zutreffende Beschreibung von Wezels ersten Studienjahren lesen.

Für den Kampf gegen den Ehemann, der ihre völlige Unterwerfung unter die von ihm repräsentierten Ordnungen und Verhaltensformen fordert, ist Betty nicht nur nicht vorbereitet, der Pferdewunsch lenkt sie zunächst davon ab, überhaupt an geeignete Gegenmaßnahmen zu denken. Da die Erfüllung des Pferdewunsches ausbleibt und um der drohenden Kapitulation vor dem Ehemann zu entgehen, entwickelt sie schließlich Strategien, die den Wert von Ausweichmanövern haben. Die Mittel, die sie dabei einsetzt, sind die außereheliche Liebe, eine Beziehungsform also, in der es keine von Ehemännern besetzten Territorien gibt und die zugleich ein psychisches Gegengewicht gegen die häuslichen Machtverhältnisse bildet. Betty nimmt sich als Liebhaber einen Mann, der eine Bekannter ihres Mannes und ein angenehmer Gesellschafter ist. Dieses Ausweichmanöver bringt sie im Kampf gegen ihren ‚Herrn' allerdings nur scheinbar weiter, da ihr Liebhaber sich auch gegenüber ihrem Ehemann loyal verhält. Letztlich gewinnt der Ehemann dadurch mehr als sie selbst. Denn da die Anwesenheit des Liebhabers ihr alle Tätigkeiten angenehm machen, auch die, die ihr bisher verhaßt waren, gewinnen das Lesen von Büchern und das Studieren für sie einen neuen Reiz. Offensichtlich repräsentiert dieser erste Liebhaber einen Teil der Funktionen, die in Wezels Bildungsgeschichte zu seiner – wie ich meine – nur halbgelungenen „Hauptrevolution" führten. Wie der junge Wezel geht auch Betty just in dem Augenblick in die Falle des Gebildet-Werdens, in dem sie meint, sich von seinen Zwängen freigemacht zu haben. Der freundschaftliche Verkehr mit ihrem Liebhaber transformiert die vormalige Kämpferin in ein sanftes „Lämmchen, das man mit einem Finger regieren konnte." (WB, 76)

Nicht nur die befreiende Wirkung, auch der Glückseffekt dieser Metamorphose halten sich in Grenzen. Betty bleibt unglücklich, ihre Munterkeit verschwindet, sie spürt, daß die Freundschaft des jungen Gesellschafters nicht die repressiven Effekte der Ehe aufwiegt: sie will nun Liebe, nicht nur Freundschaft. Damit überfordert sie ihren Liebhaber ebenso wie Wezel die Aufklärung überforderte, als er erwartete, sie werde ihm die Kerkermauern seines gebildeten „Menschseins" öffnen. Immerhin leidet Bettys Liebhaber so unter dem Unglücklichsein seiner Freundin, daß er ihr ein Reitpferd schenkt. Am Tag der Übergabe des Pferdegeschenks organisiert er für sie einen Ausritt mit Picknick in der Nähe eines antiken Amphitheaters. Betty genießt den Ausritt in Natur und Antike als den schönsten Tag ihres bisherigen Lebens und als Versprechen des Anfangs einer *vita nova*, denn ihr Auge nimmt beim Anblick der klassischen Ruine zum ersten Mal wahr, was sie von nun an Schönheit nennt.

Der Ehemann, der von dem unautorisierten Ausritt erfährt, zwingt den Liebhaber zur Zurücknahme des Pferdes und zum Unterlassen aller weiteren derartigen Unternehmungen. Schließlich schickt er Betty sogar zu ihrem Vater zurück. Ihre Hoffnung, daß ihr Liebhaber, dessen Gefühle für Betty wegen der autoritären Vorgehensweise des Ehemann etwas feuriger geworden waren, ihr dort seine Aufwartung machen würde, bleibt unerfüllt. Er ist zu schwach, um um sie und ihr Glück zu kämpfen. Sie muß sich einbekennen: „sein Betragen war nur eine gleißende, überfirnißte Decke". (WB, 85) Das läßt sich als das endgültige Urteil Wezels über die Aufklärung und die Versprechen lesen, die die Aufklärung machte. Nach dem Scheitern dieses ersten großen Fluchtversuchs spielt sich Bettys Leben nur noch in Form von Anpassungsprozessen und Kompromissen ab, wenn sie nicht völlig übersieht, was mit ihr gespielt wird und auf was sie sich einläßt.

Nachdem der Ehemann befördert und in eine größere Stadt versetzt wurde, kehrt Betty zu ihm zurück und stellt sich auf die „ceremoniöse Art“ (WB, 87) seines Verhaltens ein. Ihre Anpassungsbereitschaft wird jedoch kaum honoriert. Der beruflich so erfolgreiche Ehemann entwickelt sich zu einem wahren Despoten, der Betty in allem kritisiert, was sie tut und denkt. Wieder weicht Betty aus; sie findet Verehrerinnen und Verehrer, die ihr Leben nach dem Muster von Rokoko-Romanen leben. Deren Know-how zum heiteren Leben ist freilich beschränkt. Betty entdeckt ihren eigenen Einfallsreichtum und ihre Führungsqualitäten im Unterhalten wieder, die sie im Kindesalter zur Anführerin ihrer Altersgenossen gemacht hatten. Rasch avanciert sie zur Regentin des kleinen leichtsinnigen Kreises, da sie die anderen nach Belieben zum Lachen bringen und in amüsanten Spielen unterhalten kann. Als Gegenleistung bewundern ihre Freunde und Freundinnen ihren Witz und Verstand über alle Maßen und vergöttern sie „um die Wette“. (WB, 89) „Das waren Abende, im Himmel zugbracht!“ (WB, 91), kommentiert Betty ihr neues Geselligkeitsleben. Dabei übersieht sie geflissentlich, daß sie ihren Aufenthalt im Himmel dem gesellschaftlichen Avancement ihres Gatten verdankt, der ihr gegenüber weiterhin die Absicht verfolgt, sie zum wirklichen „Menschen“ zu machen. Ich bin geneigt, diese Phase in Bettys Ehegeschichte mit der Phase in Wezels Schriftstellerkarriere gleichzusetzten, in der er erfolgreich Lustspiele und Satiren schrieb.

Was die Hebung von Bettys Selbstgefühl angeht, so tut sich keiner mehr hervor als ein gewisser Koridon, der ihr zweiter Liebhaber wird. Das Herr-Knecht-Verhältnis, in dem Bettty zu ihrem Mann lebt, ist hier geradezu umgekehrt. Koridon scheint bis zur völligen Selbstaufgabe auf sie einzugehen. Jede ihrer Reden wird von ihm als Wunsch oder Befehl aufgefaßt, die er unverzüglich zu erfüllen sucht, bzw. automatisch ausführt. Sie beobachtet, „daß er bloß die Maschine war, durch die ich dachte, urtheilte und handelte, mein leibhaftes Echo, mir in allem so gleichförmig, wie mein Schatten.“ (WB, 93) Er reagiert auf jede ihrer Kritiken, zieht nur an, was ihr gefällt, kurz: er vermehrt die „Eigenliebe eines Frauenzimmers“ (WB, 95) bis zu dem beglückenden Punkt, an dem seine Liebesdienste ihr unentbehrlich werden. In dieser Abhängigkeit der Herrin von ihrem Knecht hat sich das Herr-Knecht-Verhältnis nochmals gewendet. Betty beginnt, „für (s)ich selbst zu fürchten". (WB 95) Sie wird sich bewußt, daß ihr Liebhaber mit den Mitteln einer vorgeblichen Liebe nicht nur alle Macht über sie gewonnen hat, sondern daß sie selbst – wie jede Abhängige – wünscht, daß er diese Macht an ihr ausübt. Im Augenblick, in dem sie den masochistischen Charakter ihres Begehrens erkennt, wird ihr Wille zum Widerstand wach.

> So ein Wunsch (daß ein anderer seine Macht über einen ausübt, d. Vf.) liegt meistens in dem angelegensten Winkel des Herzens, und sogleich deckt die Scham ihren Mantel über ihn her, wenn er ein wenig zu weit sich aus seinem Winkel wagt, oder man ihm zu scharf ins Gesicht sieht. Mir war es aus vielerley Ursachen zu verzeihen, wenn dieser Wunsch länger und stärker bey mir das Obergewicht behielt, als er nach der strengen Moral sollte: ach die gute Moral! – Ich weis nicht, ob sie es war, die mir in dem kritischen Augenblick zu Hülfe kam, ob so etwas, das man Tugend nennt, jenen Wunsch in sein Winkelchen zurückstieß, oder ob es so etwas war, das man Furcht vor dem Manne, Furcht vor der Entdeckung, Furcht vor der Schande nennt: – vielleicht war es alles zusammengenommen: genug, ich schämte mich ganz herzlich vor mir selbst, und beschloß ernstlich, in Zukunft zurückhaltender gegen ihn zu seyn. (WB, 97)

Mir ist keine Stelle in der Literatur bekannt, in der ein Autor des 18. Jahrhunderts offener den psychisch so eminent gefährlichen Zusammenhang zwischen dem Begehren nach Liebe und dem Begehren nach Abhängigkeit analysiert hätte als Wezel an dieser Stelle der *Wilden Betty.* Noch weniger Autorennamen fallen mir ein, in deren Schriften das Bekenntnis zu finden wäre, daß ihrer schriftstellerischen Arbeit und ihrem Verhältnis zu den Lesern masochistische Begehren zugrundeliegen.

Sobald Koridon sich sicher ist, Macht über Bettys Seele zu besitzen, sucht er diese dazu zu nutzen, um auch ihren Körper in Besitz zu nehmen. Zum Zeitpunkt seiner Verführungsversuche hat Betty jedoch schon Einsicht in die psychisch gefährliche Struktur ihrer Beziehung gewonnen und weist Koridon zurück. Der ist darüber so gekränkt, daß Betty Mitleid mit ihm bekommt. Fast läßt sie sich, im Schlaf überrascht, von ihm beschlafen. Ein bellender Hund rettet sie, allerdings nicht davor, daß Koridon sich in der Öffentlichkeit brüstet, sie beschlafen zu haben. Die Gerüchte über Bettys Ehebruch verschärfen ihre Ehekrise ins Unerträgliche. Der totale Ehekrieg muß glücklicherweise nicht bis zum bitteren Ende ausgetragen werden: der verhaßte Ehemann stirbt und hinterläßt Betty ein stattliches Vermögen. Die öffentliche Meinung, die sich über Betty gebildet hat, schränkt den Spielraum ihrer Handlungen und Planungsmöglichkeiten ein. Die gesellschaftlichen Effekte ihres ruinierten Rufes werden jedoch zunächst gemildert, weil sie eine reiche Witwe und wegen ihres Geldes weiterhin attraktiv ist. Betty verdrängt erfolgreich, daß die Liebe und Anerkennung, die sie von den anderen erfährt, nur noch auf ihren Unterhaltungswert und auf ihr Geld gegründet sind. Daß sie selbst von niemandem mehr ernst genommen wird, läßt sie ihr Verlangen nach Anerkennung und Liebe übersehen.

Das Kapital, das sie nach der ersten Ehe und zwei Liebschaften besaß, verflüchtigt sich jedoch schnell im Zusammenleben mit dem nächsten Liebhaber, einem entlassenen Hauptmann. Ihr psychisches Immunsystem, das sie vor Koridons Absichten gewarnt hat, macht sie nicht mehr gegen die Gefahren gefeit, die ihr in ihrer neuen Situation drohen. Denn die anerkennungsverwöhnte Betty braucht die Anerkennung von anderen, d.h. sie braucht, um sie selbst zu sein, andere, die ihr genehm und geneigt sind. Der Hauptmann erfüllt beide Kriterien: er ist ein angenehmer Gesellschafter; er schmeichelt ihr und vermag sie zu unterhalten. Das primäre Interesse, das er an ihr hat, geht jedoch nicht auf den Wert und das Einnehmende ihrer Person zurück. Der pensionierte Offizier braucht dringend ihr Geld, denn auch er hat ein Suchtproblem: er trinkt. Der Alkoholkonsum und das aufwendige Leben dieses Mannes zehren das Vermögen Bettys rapide auf. Sie heiratet ihn, weil sie ihm glaubt, als er behauptet, die Ehe bringe seinen Alkoholismus unter Kontrolle. Alle Versicherungen des neuen Gemahls, ein vernünftiges und maßvolles Leben zu führen, erweisen sich jedoch als Betrug. Als die Gesundheit des Ehemanns durch den übermäßigen Weinkonsum schließlich gänzlich ruiniert ist, ist auch Bettys Geld hin. Mit der Witwenschaft und Armut tritt auch die zunehmende geistige Verwahrlosung in Erscheinung, in die Betty im Verlauf dieser Ehe selbst geraten war. Das heißt, auch ihr Bildungskapital ist aufgezehrt. Sie beschreibt ihre Lage wie folgt:

> Von einem hohen lustigen Berge aus der lachendsten Landschaft plötzlich in eine dumpfe todte Tiefe geworfen zu werden, ist erschrecklich, aber noch nicht viel: aus der Tiefe jemanden sehen, der uns ein Seil von oben herab wirft, das Seil fassen, und rings herum von spitzigen Felsen gehalten werden, daß wir durch die enge Öffnung kaum den Kopf stecken können, und so Tage lang die Rettung sehen, sich durcharbeiten und eingezwängt stecken bleiben, das ist das schrecklichste, was sich denken läßt: das wurde meine Lage.“ (WB, 136)

Der Sturz vom Berg in die Höhle oder vom Himmel der Superiorität in die Hölle des Inferioren und das Steckenbleiben beim darauf folgenden Versuch, sich mit Hilfe anderer aus der Höhle herauszuarbeiten: ich meine, es läßt sich kaum eine präzisere Beschreibung der Situation geben, in der sich Wezel am Ende seiner Schriftstellerkarriere befand, als die, die hier Betty am Ende ihrer zweiten Ehe gibt. Die zitierte Stelle könnte daher als *summa* seines gesamten Lebens gelesen werden.

Bettys Geschichte ist freilich noch nicht zu Ende. Zu deutlich wäre das Einbekenntnis gewesen, daß auch Wezel mit seiner „Hauptrevolution" und in seinen schriftstellerischen Zielen gescheitert war. Wezel läßt Betty deshalb nochmals in eine Position kommen, in der sie die Überlegene ist. Freilich darf sie ihre Überlegenheit nur gegenüber dem billigen Schein des Schönen und dem Wahn des Religiösen ausleben. Keine großen Siege also, vielmehr zeigt sich in den beruflichen Tätigkeiten Bettys, in wessen Dienste zu treten sie inzwischen bereit war. Sie findet nämlich Anstellung als Gesellschafterin eines Adligen, der seinen gesamten, weitläufigen Besitz so ausgestaltete, daß seine Einrichtungen den erlesensten Sinnesgenuß befriedigen. Was dieser Genießer an Betty mag, sind ihre Fähigkeiten, ihn in Gesprächen zu unterhalten und zugleich „ein Auge auf seine Oekonomie (zu) haben." (WB, 142) In den Dienst des Schönen darf Betty also deshalb treten, weil man wiederum ihren Unterhaltungswert schätzt, aber vor allem auch, weil sie das Bewußtsein, das sich in ästhetischen Kreationen zu verlieren droht, freundlich daran erinnert, daß die schönen Fantasien auch bezahlbar sein müssen. Mit der Hervorbringung der ästhetischen Kreationen selbst hat Bettys *job* ersichtlich nichts zu tun. Bettys Anstellungsverhältnis dürfte wohl genau der – positiven – Funktion entsprechen, die der Schriftsteller Wezel auf dem literarischen Markt seiner Zeit hatte, auf dem die neuen Genies zunehmend die Marktführer waren.

Bettys erster Besuch der Liebeshaine und -grotten, die der Venus geweiht waren, verläuft wie der Besuch bei einem Zauberer, der ihr alle Wünsche erfüllt. Als Betty sich freilich insgeheim wünscht, ewig in dieser Lustwelt leben zu dürfen, wird der Zauberer ungehalten und wirft sie hinaus. Betty muß zudem erleben, daß im Volk die schlimmsten Gerüchte über ihren Arbeitgeber kursieren. Insbesondere wird von ihm gesagt, die Herrlichkeiten, die er aufgebaut habe, seinen nichts als Fallen, in denen arme, unglückliche Mädchen gefangen werden. Nachdem Betty ihre neue Stellung angetreten hat, entdeckt sie jedoch, daß die Lüste ihres Arbeitgebers ausschließlich in dessen

Geist ausgelebt werden. Ersichtlich ist der Schöpfer dieser verführerischen Schönheitswelten impotent und voller Berührungsängste, so daß er, sehr zum Verdruß der angestellten Priesterinnen der Liebe, all seine sinnlichen Herrlichkeiten nur über das Ohr und das Auge genießen kann und dadurch, daß er über sie redet. Orgien mit der Lieblingsmätresse finden nur im Vorlesen statt. Die ebenfalls zu Tode gelangweilte Betty beschließt, durch Pannen diesen Inszenierungen der körperlosen Sinnlichkeit ihre magische Kraft zu nehmen. Löcher, die Betty in seine Wände gebohrt hat, lassen im nächsten Schauspiel das Boot von ‚Venus' und ‚Mars' sinken, die von der Mätresse und dem Ingenieur des pseudosinnlichen Adligen gespielt werden. Mars rettet seine Venus jedoch nicht nur, sondern hilft ihr als vollkommener Gentleman beim Ausziehen der nassen Kleider. Bei dieser im Skript des Adligen nicht vorgesehenen Handlung wird das Paar überrascht. Die nicht-inszenierten Nacktheiten verschlagen dem Adligen alle Lust. Auf seinen Befehl wird das Sinnenparadies unverzüglich in einen Bauernhof und bald in eine religiöse Brüdergemeinde umgestaltet, denn unter dem Einfluß von pietistischen Schwestern mutierte der Schönheitssinn des Adligen in reine Frömmigkeit.

Das religiöse Stadium dauert allerdings nur solange, bis der Adlige einen Führer der religiösen Gemeinschaft mit einer seiner frommen Schwestern aus dem Bett steigen sieht. Wieder zur Vernunft und zu Sinnen gekommen, macht er Betty einen Heiratsantrag. Um der Armut zu entgehen, nimmt Betty den Antrag an, unter der Bedingung allerdings, daß sie die Alleinerbin seines gesamten Besitzes sein wird. Die psychischen Beschädigungen, die sich schon im vorausgegangenen Verhalten des Adligen manifestiert hatten, kann freilich auch die Ehe nicht beheben. Rückfälle in die früheren Geisteskrankheiten stellen sich ein. Glück findet Betty erst in ihrer letzten Ehe mit einem Mann, der als Brückenbauer über praktische Kenntnisse verfügt und dessen Geist vor allen Schäden der Bildung bewahrt geblieben war. Diese Ehe wird von Betty allerdings nicht mehr erzählt, denn über sie gibt es nichts zu erzählen, weil es deren Äquivalent im Leben Wezels nie gegeben hat.

Aufschlußreich ist hier, daß Betty in Bezug zum Ästhetischen nie als dessen Agent, sondern nur als ‚Angestellter' eines Agenten geschildert wird. Diese Tätigkeit hat sie zwar mit einigen Erwartungen übernommen, sie wird aber bald vom phantasmatischen Status des Schönen enttäuscht. Von dem Augenblick an spielt sie im Reich des Schönen nur noch die Rolle der Schelmin, die versucht, den Schein zu zerstören, von dem das Schöne lebt. Nur aus Geldgründen, d.h.

aus Not ist sie bereit, den Status der ‚Angestellten' mit dem der ‚Ehefrau' einzutauschen, was weder ihr noch dem Ehemann zum Glück gereicht. Das Eingehen auf die scheinhaften Ordnungen des Schönen ist ebenso wie das Einlassen auf die hohen Ordnungen des Religiösen nach Wezel von vornherein ein distanziertes und bald ein rein negatives gewesen. Man sieht: Wezel ist sehr daran gelegen, sich von jener „Kunstperiode" zu distanzieren, die zu seiner Zeit den kulturellen Diskurs beherrschte, gleichzeitig gibt er zu, sich in die Dienste der „Kunstperiode" begegeben zu haben.

Insgesamt liest sich die Geschichte der ‚Ehen' Bettys als eine Geschichte der Illusionen, der psychischen, geistigen und physischen Unterwerfungen, der ungehaltenen Versprechen, des Betrugs, der psychischen und materiellen Abhängigkeiten, der billigen Vergnügungen, des gezwungenen Sich-Einlassens auf Wahn und Blödigkeit, sowie der vergeblichen Versuche, sich gegen die schlechten gesellschaftlichen und kulturellen Verhältnisse zu wehren. Wunderbarerweise kann sich Betty aus dem Labyrinth des „menschlichen" Lebens befreien: sie findet in dem Ingenieur einen Menschen, mit dem sie leben und vernünftig tätig sein kann. Im Hinblick auf Wezels Leben bleibt dieses Ende jedoch ein Märchenende.

Das nicht so märchenhafte reale Ende der Geschichte des Autors ist, daß Wezels Geist dem schrecklichen Wissen, in der „Höhle" der abendländischen Kultur steckengeblieben zu sein, nicht standhielt. Unfähig, sich aus den göttlichen Tragödien des „Menschen" in die menschliche Komödie zu retten, rettete sich Wezel in den Wahn und spielte den Gott-Menschen, dem er nicht entkommen konnte, in den infamsten und lächerlichsten Inszenierungen. Oder, wenn ihm der Wahn gebot, spielte er als alternative Rolle den untermenschlichen Waldschrat. Der Rest ist – wie immer – Schweigen.

Primärliteratur

Johann Karl Wezel

- Lebensgeschichte des Tobias Knaut, des Weisen, sonst der Stammler genannt. Faksimiledruck nach der Ausgabe von 1775. Mit einem Nachwort von Victor Lange. Stuttgart: Metzler 1971
- Belphegor oder die wahrscheinlichste Geschichte unter der Sonne. Mit einem Nachwort von Lutz Prütting. Frankfurt/M: Zweitausendeins 1978
- Robinson Krusoe. Mit einem Nachwort von Rolf Strube. Berlin: Freitag Verlag 1982
- ‚Peter Marks' und ‚Die wilde Betty'. Mit einem Nachwort von Hans Henning. Leipzig 1969
- Wilhelmine Arend, oder die Gefahren der Empfindsamkeit. Mit Kupfern von D. Chodowiecky. Unveränderter Nachdruck. Frankfurt/M: Minerva 1970
- Herrmann und Ulrike. Ein komischer Roman. Mit einem Nachwort von Eva Becker. Stuttgart: Metzler 1971
- Kakerlak oder die Geschichte eines Rosenkreuzers aus dem vorigen Jahrhunderte. Hrsg. v. Hans Henning. Berlin: Rütten & Loening 1984
- Kritische Schriften. Hrsg. und mit einem Nachwort von Albert R. Schmitt. Stuttgart: Metzler 1971
- Satirische Erzählungen. Hrsg. v. Anneliese Klingenberg. Rütten & Loening. 1983
- Pädagogische Schriften. Mit einer Einführung hrsg. von Phillip S. McKnight. Frankfurt/M u.a.: Lang 1996

Weitere Primärquellen

Bartels, Ernst

- Systematischer Entwurf einer allgemeinen Biologie. Ein Beitrag zur Vervollkommnung der Naturwissenschaft überhaupt und der Erregungstheorie insbesondere. Frankfurt/M: Wilmanns 1808

Becker, D. G. W.

- Neue Untersuchungen über die Lebenskraft organisierter Körper mit vorzüglicher Hinsicht auf den Bildungstrieb. Für Ärzte und Weltweise. Liegnitz-Leipzig: Siegert 1802

Biedermann, Karl.
– Deutschland im 18. Jahrhundert. Hrsg. und eingel. v. Wolfgang Emmerich. Frankfurt/M.-Berlin-Wien: Ullstein 1980 (= Ullstein Materialien)

Blanckenburg, Christian Friedrich von
– Versuch über den Roman. Faksimiledruck der Originalausgabe von 1774. Mit einem Nachwort von Ernst Lämmert. Stuttgart: Metzler 1965

Blumenbach, Johann Friedrich
– Über den Bildungstrieb. Göttingen: Dieterich 1791
– Über die natürlichen Verschiedenheiten im Menschengeschlechte. Nach der 3. Ausgabe und den Erinnerungen des Verfassers übersetzt und mit einigen Zusätzen und erläuternden Anmerkungen herausgegeben von Johann Gottfried Gruber. Leipzig: Breitkopf & Härtel 1798
– Kleine Schriften zur vergleichenden Physiologie und Anatomie und zur Naturgeschichte gehörig. Aus dem Lateinischen übersetzt von J. G. Gruber. 2. Ausgabe. Leipzig: Sommer 1804
– Handbuch der vergleichenden Anatomie. Göttingen: Dieterich 1805.

Blumenröder, August von
– Johann Karl Wezel. Fragmente über sein Leben und seinen Wahnsinn [Auszug]. In: Karl Clausberg: Kosmische Vision: Mystische Weltbilder von Hildegard von Bingen bis heute. Köln: DuMont 1980, S. 239–250

Bonnet, Charles
– Considérations sur les Corps Organisés. Amsterdam: M. M. Rey 1762.
– Analytischer Versuch über die Seelenkräfte. Aus dem Französischen übersetzt und mit einigen Zusätzen vermehrt von M. Ch. Schulz. 4 Bde. Leipzig 1870–71.
– La Palingenésie Philosophique, ou, Idées sur l'état passé et sur l'état futur des êtres vivans. Genève: Philibert & Chirol 1769.
– Werke der natürlichen Geschichte und Philosophie. Leipzig: Junius 1785
– Auszug verschiedener Stellen von Leibnitz über die Fortdauer des Thieres und Betrachtungen über dieselben; als Supplement zum VII. Theil der philosophischen Palingenisie. In: ders.: Werke der natürlichen Geschichte und Philosophie. S. 1–30

– Ein Brief, die Abhandlung des Herrn M. J. J. Rousseau über den Ursprung und die Grundursachen der Ungleichheit unter den Menschen betreffend. In: ders.: Werke der natürlichen Geschichte und Philosophie. S. 104–111
– Philaleth oder Versuch einer Methode um einige Wahrheiten der rationellen Philosophie zu bestätigen. In: ders.: Werke der natürlichen Geschichte und Philosophie. S. 181–284
– The correspondance between Albrecht von Haller and Charles Bonnet. Bern: Huber 1983

Brandis, J. D.
– Versuch über die Lebenskraft. Hannover: Hahn 1795

Condillac, Etienne Bonnot de
– Traité des sensations. Première partie. Avec une notice biographique et une anlyse par Paul Lemaire. Paris: Hatier 1949
– Essai sur l'origine des connaissances humaines. Précédé de l'Archéologie du frivole, par Jacques Derrida. Paris: Galilée 1973

Crusius, Christian August
– Die philosophischen Hauptwerke. Hrsg. von G. Tonelli. (Reprografischer Nachdruck der Ausgabe Leipzig 1747). Hildesheim: Olms 1965

Erxleben, Johann Christian Polykarp
– Anfangsgründe der Naturlehre. Göttingen: Dieterich 1794

Goethe, Johann Wolfgang
– Werke. Hamburger Ausgabe in 14 Bänden. Hrsg. von Erich Trunz. München: Beck 1981

Hamann, Johann Georg
– Sämtliche Werke. Hrsg. Von Josef Nadler. Wien: Herder 1949

Haller, Albrecht von
– Von den empfindlichen und reizbaren Teilen des menschlichen Körpers. Deutsch herausgegeben und eingeleitet von Karl Sudhoff. Leipzig: Barth 1922
– Briefe über die wichtigsten Wahrheiten der Offenbarung. Bern 1772

Hartley, David
– Observations on man, his frame, his duty, and his expectations. (Reprografischer Nachdruck der Ausgabe. London 1749.) Hildesheim: Olms 1967.
– Hartley's theory of the human mind, on the principle of the association of ideas; with essays relating to the subject of it. By Joseph Priestley. London: J. Johnson, 1775.

Heine, Heinrich.
– Sämtliche Werke. Düsseldorfer Ausgabe. Hrsg. Von Manfred Windfuhr. Hamburg: Hoffmann & Campe 1975.

Helvetius, Claude Adrien
– Vom Menschen, seinen geistigen Fähigkeiten und seiner Erziehung. Hrsg., übersetzt und mit einer Einleitung von Günther Mensching. Frankfurt/M: Suhrkamp 1977

Herder, Johann Gottfried
– Werke in 10 Bänden. Hrsg. von Martin Bollacher et al. Frankfurt/M: Deutscher Klassiker Verlag 1958

Huarte, Juan
– The examination of mens wits. New York: Da Capo Press 1969

Humboldt, Friedrich Alexander von
– Versuche über die gereizte Muskel und Nervenfaser nebst Vermuthungen über den chemischen Process des Lebens in der Thier- und Pflanzenwelt. Posen-Berlin: Becker & Rottmann 1797

Hunter, John
– Essays and observations on natural history, anatomy, physiology, psychology, and geology. London: J. Van Voorst 1861
– Bemerkungen über die tierische Oekonomie. Braunschweig-Petersburg: A. Pluchart 1815
– Abhandlung von der venerischen Krankheit. Berlin: W. Adolf 1848

Jean Paul
– Werke. Hrsg. von Norbert Miller. München: Hanser 1960

Kielmeyer, Carl Friedrich v.
– Über die Verhältnisse der organischen Kräfte untereinander in der Reihe der verschiedenen Organisationen, die Gesetze und Folgen dieser Verhältnisse. Mit einer Einführung von Kai Tosten. Marburg: Basilisken Presse 1993

La Mettrie, Julien Offray de
– Der Mensch als Maschine. Mit einem Essay von Bernd A. Laska. Nürnberg: LSR-Verlag 1985 (= LSR-Quellen; Bd. 1)

Lange, Friedrich Albert
– Geschichte des Materialisms und Kritik seiner Bedeutung in der Gegenwart. 6. Auflage von Herrmann Cohen. Leipzig: Baedeker 1898

Lichtenberg, Georg Christoph
- Briefe. Hildesheim: Olms 1966.
- Schriften und Briefe. Hrsg. von Franz H. Mautner. Frankfurt/M: Insel 1983

Link, D. H. F.
- Über Naturphilosophie. Leipzig-Rostock: Stillersche Buchhandlung 1806

Locke, John
- An Essay concerning Human Understanding. 2 Bde. Oxford: Clarendon 1894

Moritz, Karl Philipp
- Anton Reiser: ein psychologischer Roman. Nendeln: Kraus Reprint 1968

Novalis
- Schriften: Die Werke Friedrich von Hardenbergs/Novalis. Hrsg. von Paul Kluckhohn und Richard Samuel. Stuttgart: Kohlhammer 1977

Oken, Lorenz
- Lehrbuch der Naturphilosophie. 2., umgearbeitete Auflage. Jena: Frommann 1831

Osann, E.
- Ideen zur Bearbeitung einer Geschichte der Physiologie. Berlin: Dämmler 1815

Platner, Ernst
- Neue Anthropologie für Ärzte und Weltweise. Mit besonderer Rücksicht auf Physiologie, Pathologie, Moralphilosophie und Ästhetik. Leipzig 1790

Ritter, Johann Wilhelm
- Fragmente aus dem Nachlaß eines jungen Physikers. Leipzig: Insel 1938 (Erstausgabe Heidelberg 1810)

Röschlaub, Andreas
- Untersuchungen über Pathogenie oder Einleitung in die medizinische Theorie. 3 Bde. Frankfurt/M: Andsel 1797–98

Rousseau, Jean-Jacques
- Œuvres Complètes. Paris: Gallimard 1959

Schelling, Friedrich Wilhelm J.
- Von der Weltseele, eine Hypothese der höheren Physik zur Erklärung des allgemeinen Organismus. Nebst einer Abhandlung über das Verhältnis des Realen und Idealen in der Natur oder Ent-

wicklung der ersten Grundsätze der Naturphilosophie an den Prinzipien der Schwere und des Lichts 1798. In: Fr. W. J. Schelling. Schriften von 1794–1798. Darmstadt: Wiss. Buchgesell. 1975

Schlegel, Friedrich
- Kritische Ausgabe. Hrsg. Hans Eichner. München-Paderborn-Wien: Schöningh 1967

Sömmering, Samuel T.
- Über das Organ der Seele. Amsterdam: Bonset 1966
- Hirn- und Nervenlehre. Umgearbeitet von G. Valentin. Leipzig: Voß 1841

Tetens, Johann Nicolaus
- Philosophische Versuche über die menschliche Natur und ihre Entwicklung. 2 Bde. Hildesheim-New York: Olms 1979 (Erstausgabe Leipzig 1777)

Tissot, S. A.
- Abhandlung von den Nerven und ihren Krankheiten, Aus dem Französichen übersetzt von F. A. Weber. 4 Bde. Winterthur und Leipzig 1781

Unzer, Johann August
- Erste Gründe einer Physiologie der eigentlichen tierischen Natur thierischer Körper. Leipzig: Weidmanns Erben und Reich 1771
- Gedancken vom Einfluß der Seele in ihren Körper. Halle 1756
- Neue Lehre von den Gemüthsbewegungen. Halle: Hallescher Verlag. 1995 (Erstausgabe Halle: C. Herrmann 1746)

Wolff, Caspar Friedrich
- Theorie von der Generation. In zwei Abhandlungen erklärt und bewiesen. Theoria generationis. Mit einer Einführung von Robert Herrlinger. Hildesheim: Olms 1966

Zimmermann, Johann Georg.
- Betrachtungen über die Einsamkeit. Zürich: Heidegger 1756

Sekundärliteratur

Adel, Kurt
- Johann Karl Wezel. Ein Beitrag zur Geistesgeschichte der Goethezeit. Wien: Notring, 1968.

– Johann Karl Wezel und Wien. In: Neues aus der Wezel-Forschung 3 (1991) S. 15–25

Althaus, Thomas
– Wezel, Johann Carl (1747–1819). In: Imma Klemm (Hrsg.). Deutscher Romanführer. Stuttgart, S. 493–495
– Literarische Aufklärung: Johann Carl Wezels Romane „Belphegor oder die wahrscheinlichste Geschichte unter der Sonne". In: Thomas Althaus und Stephan Matuschek (Hrsg.): Interpretationen zur neueren deutschen Literaturgeschichte. Münster: Lit 1994, S. 17–42

Ammermann, Monika
– Gemeines Leben: gewandelter Naturbegriff und literarische Spätaufklärung: Lichtenberg, Wezel, Garve. Bonn: Bouvier, 1978. (Abhandlungen zur Kunst-, Musik- und Literaturwissenschaft Bd. 239)

Anderson, Lorin
– Charles Bonnet and the Order of the Known. Dortrecht-Boston-London: Reidel 1982

Ariès, Philippe
– Geschichte der Kindheit. Mit einem Vorwort v. Hartmut von Hentig. Dtv: München 1978 (= dtv wissenschaft)

Ballauf, Theodor
– Die Wissenschaft vom Leben. Eine Geschichte der Biologie. Bd. 1 Vom Altertum bis zur Romantik. Freiburg. München: Alber 1954 (= Orbis Academicus. Problemgeschichten der Wissenschaft in Dokumenten und Darstellungen)

Bärnighausen, Hendrik
– Wezel-Forschung in Sonderhausen, 1986–91. In: Michael Glasmeier und Rolf Lobeck, S. 44–64
– Schloß Sonderhausen in Johann Karl Wezels Roman „Herrmann und Ulrike" In: Neues aus der Wezel-Forschung 3 (1991), S. 43–68
– Wezeltage in Kassel und Sonderhausen. In: Palmbaum. Literarisches Journal in Thüringen 1/1 (1993), S. 83–84
– „Einer der vorzüglichsten Schriftsteller Deutschlands". Johann Karl Wezels Jahre in Sonderhausen. Rudolstadt: Hain 1997

Barkhoff, Jürgen und Eda Sagarra (Hrsg.)
– Anthropologie und Literatur um 1800. München: Iudicium 1992

Becker, Eva D.
– Der deutsche Roman um 1780. Stuttgart: Metzler 1964

Beisteiner, Peter
- Johann K. Wezels „Belphegor“. Eine Fallstudie zur politischen Theorie der Popularphilosophie der deutschen Spätaufklärung. Diss. Salzburg 1991

Behrens, Rudolf und Roland Galle (Hrsg.)
- Leib-Zeichen. Körperbilder, Rhetorik und Anthropologie im 18. Jahrhundert. Würzburg: Königshausen & Neumann 1993

Bennholdt-Thomsen, Anke und Alfredo Guzzoni
- Bad-Bildnis-Bordell. Wezels Umgang mit Liebestopoi im „Tobias Knaut“. In: Alexander Košenina und Christoph Weiß, S. 29–48

Bexte, Peter
- Tumulte: Die Liebe unter den Bedingungen der Post in Wezels Roman *Herrmann und Ulrike*. In: Michael Glasmeier und Rolf Lobeck, S. 167–188

Bexte, Peter
- Tumulte im psychischen Apparat. Wezels genialer Maschinenbau der Seele. In: Werner Künzel und Peter Bexte (Hrsg.): Maschinendenken/Denkmaschinen. An der Schaltstelle zweier Kulturen. S. 17–43

Bilger, Stefan
- Üble Verdauung und Unarten des Herzens. Hypochondrie bei Johann August Unzer (1727–1799). Würzburg: Königshausen & Neumann 1990

Birgel, Franz A.
- Wieland and Wezel: Idealism, Realism and the Polarities of Satiric Temperaments. Diss. Philadelphia 1989.

Blöss, Cathrin
- Brennend scharfen Geistes übervoll … Johann Karl Wezels ‚Belphegor“ – einige Anmerkungen zum Verhältnis von Realität und ihrer Wahrnehmung. In: Euphorion 86/2 (1992), S. 201–208
- „Malt Grausamkeiten, Misbräuche, Laster und Verbrechen …“ Über Johann Karl Wezel (1747–1819). In: Die Horen. Zeitschrift für Literatur, Kunst und Kritik 37/3 (1992), S. 25–38
- „… in dem großen Maschinenwerke der Welt“. Über die Metamorphose einer Metapher. In: Alexander Košenina und Christoph Weiß, S. 179–196

Böck, Dorothea
- Wezel-Konferenz in Weimar. In: Weimarer Beiträge 35/5 (1989), S. 832–834

Böhme, Hartmut und Gernot
– Das Andere der Vernunft. Zur Entwicklung von Rationalismusstrukturen am Beispiel Kants. Frankfurt/M: Suhrkamp 1983

Böhme, Hartmut
– Natur und Subjekt. Frankfurt/M: Suhrkamp 1988

Bohnert, Christiane
– Der Weg vom Wort zur Tat: Maßstab und Wirklichkeitsbezug der Satire 1774–1792. In: German Quarterly 60/4 (1987), S. 548–566

Bracht, Edgar
– Der Leser im Roman des 18. Jahrhunderts. Frankfurt/M-New York: Lang 1987

Bräutigam, Walter (Hrsg.)
– Medizinisch-psychologische Anthropologie. Darmstadt: Wiss. Buchgesell. 1980. (Wege der Forschung; Bd. 228)

Brenner, Peter J.
– Name ist Schall und Rauch ... Jürgen Ebachs Belphegor-Interpretation. In: Deutsche Vierteljahresschrift für Literaturwissenschaft und Geistesgeschichte 1 (1981), S. 161–164

Brüggemann, Fritz
– Vorboten der bürgerlichen Kultur. Leipzig: Reclam 1931

Brummack, Jürgen
– Herders Polemik gegen die „Aufklärung“. In: Jochen Schmidt (Hrsg.): Aufklärung und Gegenaufklärung, S. 277–293

Brunner, Horst
– Kinderbuch und Idylle. Rousseau und die Rezeption des Robinson Crusoe im 18. Jahrhundert. In: Jahrbuch der Jean-Paul-Gesellschaft (1967), S. 85–116

Bunge, Mario Augusto
– The mind-body problem: a psychobiological approach. Oxford-New York: Pergamon, 1980. (Foundations and philosophy of science and technology) (Pergamon international library of science, technology, engineering, and social studies)

Busch, Stefan
– Experimenteller Pessimismus, programmatische Absage an die Utopie und das Melancholiesyndrom in Johann Karl Wezels Roman „Belphegor“. In: Literatur für Leser 4 (1992), S. 208–224

Bynum, W. F. und Roy Porter (Hrsg.)
- Medical Fringe and Medical Orthodoxy 1750–1850. London-Sydney-Wolfeboro: Croom Helm 1987 (= Wellcome Institute Series in the History of Medicine)

Bynum, W. F., R. Porter und M. Shepherd (Hrsg.)
- The Anatomy of Madness: Essays in the History of Psychiatry. Bd. 1. London: Tavistock 1985

Cassirer, Ernst
- Die Philosophie im XVII. und XVIII. Jahrhundert. Paris: Hermann 1939
- Philosophie der Aufklärung. Mit einer Einleitung von Gerold Hartung und einer Bibliographie der Rezensionen von Arno Schubbach. Hamburg: Meiner 1998
- Leibniz' System in seinen wissenschaftlichen Grundlagen. Hildesheim: G. Olms 1961

Chevallier, Pierre
- Quelques emplois du mot „Revolution" dans l'oeuvre de Johann Karl Wezel. In: Études Germaniques 38/2 (1983), S. 229–233
- Voltaire und Wezel. In: Neues aus der Wezel-Forschung 2 (1984), S. 41–47

Conrady, Karl Otto (Hrsg)
- Deutsche Literatur zur Zeit der Klassik. Stuttgart: Reclam 1977.

Corngold, Stanley A., Michael Curschmann u. Theodore J. Ziolkowski (Hrsg.)
- Aspekte der Goethezeit. Göttingen: Vandenhoeck und Ruprecht 1977

Cunningham, Andrew und Nicholas Jardine
- Romanticism and the Sciences. Cambridge-New York-Port Chester-Melbourne-Sydney: Cambridge U 1990

Dedner, Burghard
- Wezels „Herrmann und Ulrike": Idealbilder, Kontraste und die fragwürdige Realität. In: ders.: Topos, Ideal und Realitätspostulat. Studien zur Darstellung des Landlebens im Roman des 18. Jahrhunderts. Tübingen: Niemeyer 1969, S. 138–157

Deleuze, Gilles et Félix Guattari
- L'Anti-Œdipe. Paris: Les Editions de Minuit 1972

Derrida, Jacques
- De la Grammatologie. Les editions de Minuit. 1967

Dietze, Walter
– Erbe und Gegenwart: Berlin: Aufbau-Verlag, 1972
– Wezels „Belphegor“ – ein „deutscher Candide“. In: ders. Erbe und Gegenwart. Aufsätze zur vergleichenden Literaturwissenschaft. Berlin-Weimar: Aufbau 1972, S. 135–192

Dirke, Sabine von
– „All Power to the Imagination!“: – the West German counterculture from the student movement to the Greens. Lincoln: Nebraska P 1997

Dietzsch, Steffen
– Aufklärungsquerelen. Anmerkungen zur Wezel-Platner-Debatte 1781/82: Ein Streit um Leibniz' Theodizee. In: Weimarer Beiträge 35/5 (1989), S. 861–868

Dougherty, Frank W. P.
– Buffons Bedeutung für die Entwicklung des anthropologischen Denkens im Deutschland der zweiten Hälfte des 18. Jahrhunderts. In: Gunter Mann und Franz Dumont (Hrsg.): Die Natur des Menschen. Probleme der Physischen Anthropologie und Rassenkunde (1750–1850), S. 221–279

Ebach, Jürgen
– Belphegor oder die Umkehrung der Heilsgeschichte. Eine Notiz zum Namen der Titelfigur in J. K. Wezels Roman „Belphegor oder Die wahrscheinlichste Geschichte unter der Sonne“ (1776). In: Deutsche Vierteljahresschrift für Literaturwissenschaft und Geistesgeschichte 3 (1980), S. 514–516
– Kurze Replik auf: P. Brenner, Name ist Schall und Rauch… In: Deutsche Vierteljahresschrift für Literaturwissenschaft und Geistesgeschichte 1 (1981), S. 165

Engelhardt, Dietrich v.
– Medizin in der Literatur der Neuzeit I: Darstellung und Deutung. Hürtgenwald: Pressler 1991 (= Schriften zur Psychopathologie, Kunst und Literatur)

Fabian, Bernhard, Wilhelm Schmidt-Biggemann und Rudolf Vierhaus (Hrsg.)
– Deutschlands kulturelle Entfaltung: Die Neubestimmung des Menschen. München: Kraus Internat. Publications 1980

Fischer-Homberger, Esther
– Krankheit Frau. Zur Geschichte der Einbildungen. Darmstadt-Neuwied: Luchterhand 1984

Foucault, Michel
– Sexualität und Wahrheit. 3. Bde. Frankfurt/M: Suhrkamp 1988–89 (= suhrkamp taschenbuch wissenschaft 716–718)

Frank, Manfred
– Aufklärung als analytische und synthetische Vernunft. Vom französischen Materialismus über Kant zur Frühromantik. In: Jochen Schmidt (Hrsg.): Aufklärung und Gegenaufklärung, S. 377–403

Franzen, Monika
– Role Concept and Sociological Perception in a Novel of the Late 18th Century. Johann Karl Wezel's „Herrmann und Ulrike". Diss. St. Louis 1979

Freud, Sigmund
– Gesammelte Werke. Hrsg. V. Anna Freud, et al. London: Imago 1946

Freundlieb, Dieter und Wayne Hudson (Hrsg.).
– Reason and Its Other. Rationality in Modern German Philosophy and Culture. Providence-Oxford: Berg 1993

Futterknecht, Franz
– Physiologie und Anthropologie. Johann Carl Wezels Menschenbild im philosophischen Kontext seiner Zeit. In: Hartmut Laufhütte (Hrsg.). Literaturgeschichte als Profession. Festschrift für Dietrich Jöns. Tübingen: Narr 1993, S. 145–178
– Johann Carl Wezel's „Herrmann und Ulrike" (1780) or the Origin of the Good. In: Robert S. Leventhal (Hrsg.); Reading After Foucault. Institutions, Disciplines, and Technologies of the Self in Germany, 1750–1830. Detroit: Wayne State P 1994, S. 51–63
– „Der Leser denkt, was er kann, und niemals, was er soll". Leserkritik und -typologie im Romanwerk Johann Karls Wezels. In: Hans-Peter Ecker (Hrsg.). Methodisch-reflektiertes Interpretieren. Festschrift für Hartmut Laufhütte zum 60. Geburtstag. Passau: Rothe 1997, S. 253–266
– Leser als „prädestinirte Thoren". Leseridiotismus bei Wezel. In: Alexander Košenina und Christoph Weiß, S. 49–68

Gadamer, Hans-Georg
– Wahrheit und Methode. Zweite Auflage Tübingen: Mohr 1965
– Hermeneutik, Ästhetik, praktische Philosophie: Hans-Georg Gadamer im Gespräch. Hrsg. von Carsten Dutt. Heidelberg: Winter 1993

Gierer, Alfred
– Die Physik, das Leben und die Seele. Anspruch und Grenzen der Naturwissenschaften. München-Zürich: Piper 1988
Glantschnig, Helga
– Liebe als Dressur. Kindererziehung in der Aufklärung. Frankfurt-New York: Camous 1987
Glasmeier, Michael und Rolf Lobeck (Hrsg.)
– Johann Carl Wezel. Akten des Symposiums der Gesamthochschule/Universität Kassel vom 15. bis 18. Oktober 1992. Kassel: Jenior & Preßler. 1994/95
Glasmeier, Michael
– Künstlertum und Physiognomie. In: Michael Glasmeier und Rolf Lobeck, S. 97–112
Gössl, Sybille
– Materialismus und Nihilismus. Studien zum deutschen Roman der Spätaufklärung. Würzburg: Königshausen & Neumann 1987
Gordon G. Globus, Grover Maxwell, and Irwin Savodnik (Hrsg.)
– Consciousness and the brain: a scientific and philosophical inquiry. New York: Plenum 1976.
Grätzel, Stephan
– Die philosophische Entdeckung des Leibes. Stuttgart: F. Steiner 1989
Grimminger, Rolf (Hrsg.)
– Deutsche Aufklärung bis zur Französischen Revolution: 1680–1789. München-Wien: Hanser 1980. (Hansers Sozialgeschichte der deutschen Literatur vom 16. Jahrhundert bis zur Gegenwart; Bd. 3)
Hagener, Michael
– Aufklärung über das Menschenhirn. Neue Wege der Neuroanatomie im späten 18. Jahrhundert. In: Hans-Jürgen Schings, Der ganze Mensch, S. 145–161
Hahl, Werner
– Reflexion und Erzählung. Ein Problem der Romantheorie von der Spätaufklärung bis zum programmatischen Realismus. Stuttgart-Berlin-Köln-Mainz: Kohlhammer 1971
Hall, Thomas S.
– Ideas of Life and Matter. Studies in the History of General Physiology 600 B. C. – 1900 A. D. 2 Vols. Chicago and London: Chicago Press 1969

Heinz, Jutta
– Erzählen statt Klassifizieren. Wezels Theorie der Empfindungen in seinem „Versuch über die Kenntniß des Menschen" im Kontext der zeitgenössischen Affektenlehren. In: Alexander Košenina und Christoph Weiß, S. 237–258
– Wissen vom Menschen und Erzählen vom Einzelfall. Untersuchungen zum anthropologischen Roman der Spätaufklärung. Berlin-New York: de Gruyter 1996

Henning, Hans
– Johann Karl Wezel and the Enlightenment. Studies on Voltaire and the Eighteenth Century 1 (1989), S. 574–578
– Satire, Aufklärung und Philosophie – Johann Karl Wezel. In: Goethe-Jahrbuch 104 (1987), S. 332–349
– ‚Denn haben meine Schriften wahren Werth …' (Wezel): Zum Stand der Wezel-Forschung. In: Das Achtzehnte Jahrhundert 11/2 (1987), S. 79–85
– Wezels dramatisches Werk und die groteske Satire *Die Komödianten*. In: Michael Glasmeier und Rolf Lobeck, S. 113–148
– Wezels Beitrag zur Aufklärungsphilosophie. Der „Versuch über die Kenntniß des Menschen". In: Neues aus der Wezel-Forschung 2 (1984), S. 18–30
– Gedanken zum 230. Geburtstag Wezels. In: Neues aus der Wezel-Forschung 1 (1980), S. 5–8

Herrmann, Ulrich (Hrsg.)
– „Die Bildung des Bürgers". Die Formierung der bürgerlichen Gesellschaft und die Gebildeten im 18. Jahrhundert. Weinheim-Basel: Beltz 1988

Hofmann, Michael
– Agathons unglücklicher Bruder, Wielands konsequenter Nachfolger. Radikalisierende Zuspitzung aufklärerischer Literaturkonzepte in Wezels Roman „Belphegor". In: Alexander Košenina und Christoph Weiß, S. 69–92

Holzhey-Pfenniger, Elisabeth
– Der desorientierte Erzähler: Studien zu J. C. Wezels Lebensgeschichte Tobias Knauts. Bern: H. Lang 1976. (Europ. Hochschulschriften Reihe I, Deutsche Literatur und Germanistik Bd. 150)

Honnegger, Claudia
– Die Ordnung der Geschlechter. Die Wissenschaft vom Menschen und das Weib (1750–1850). Frankfurt/M: Campus 1991

Iser, Wolfgang
– Das Fiktive und das Imaginäre. Perspektiven literarischer Anthropologie. Frankfurt: Suhrkamp 1991

Jacob, François
– Das Spiel der Möglichkeiten. Von der offenen Geschichte des Lebens. Aus dem Französischen von Friedrich Griese. München. Zürich: Piper 1983

Jacobs, Jürgen
– Prosa der Aufklärung. Moralische Wochenschriften, Autobiographie, Satire, Roman. Kommentar zu einer Epoche. München: Winkler 1976
– Die schlechteste aller Welten. Wezels ‚Belphegor". In: Hans-Peter Ecker (Hrsg.) Methodisch-reflektiertes Interpretieren. Festschrift für Hartmut Laufhütte zum 60. Geburtstag. Passau: Rothe 1997, S. 267–274

Jansen, Wolfgang
– Das Groteske in der deutschen Literatur der Spätaufklärung. Ein Versuch über das Erzählwerk Johann Carl Wezels. Bonn: Bouvier 1981

Jaspers, Karl
– Vom Ursprung und Ziel der Geschichte. München-Zürich: Piper 1949

Jaumann, Peter
– Körpertexte – Textkörper. Materialismus, Poetik und Literatur in der Aufklärung. München: Iudicium 1994

Jeon, Chang-Bae
– Gestörte Identitätsbildung. Studien zur Gestaltung des Romanhelden und seiner Biographie in der deutschen Literatur des späten 18. Jahrhunderts. Berlin: Köster 1993

Jilg, Gabriele
– Die Kollision von Gefühl und Verstand. Vom gesellschaftlichen Charakter des Selbstbewußtseins und der Formen seiner literarischen Dokumentation. Bern-Frankfurt/M-München: P. Lang 1983

Joerger, Thilo
– Roman und Emanzipation. Johann Carl Wezels ‚Bürgerliche Epopee'. Stuttgart: Akademischer Verlag 1981
– „Nec temere, nec timide". Unveröffentlichte Korrespondenz Johann Karl Wezels mit der Bayrischen Akademie der Wissen-

schaften. In: Alexander Košenina und Christoph Weiß, S. 259–274
– „The Bible for the Man of True Genius“: Johann Karl Wezel's Views on Shakespeare and German Literature. In: Michigan Germanic Studies 15/2 (1989), S. 203–214

Johansen, Gerhard
– Johann Karl Wezel. Versuch einer Beschreibung. Diss. Berlin (West) 1985

Joos, Verena
– Der Wezel-Clan oder Die unwahrscheinlichste Geschichte unter der Sonne. In: Michael Glasmeier und Rolf Lobeck, S. 218–232

Kiernan, Colm
– The Enlightenment and science in eighteenth-century France. 2nd ed. Banbury: The Voltaire Foundation, 1973. (Studies on Voltaire and the eighteenth century, v. 59A)

King, Lester Snow
– The Medical World of the Eighteenth Century. Huntingdon, N. Y.: Krieger, 1971.
– The Road to Medical Enlightenment, 1650–1695. London: Macdonald; New York: American Elsevier 1970
– Mainstreams of medicine; essays on the social and intellectual context of medical practice. Introd. by David A. Kronick. Austin: U of Texas P 1971
– Medical thinking: a historical preface. Princeton: Princeton P 1982.
– The Philosophy of Medicine: the Early Eighteenth Century. Cambridge: Harvard P 1978.

Kittler, Friedrich A. u. Horst Turk (Hrsg.)
– Urszenen: Literaturwissenschaft als Diskursanalyse und Diskurskritik. Frankfurt/M: Suhrkamp 1977.

Kittler, Friedrich A.
– Aufschreibesysteme 1800/1900. München: Fink 1985
– Dichter – Mutter – Kind. München: Fink 1991

Kleinschmidt, Erich
– Fiktion und Identifikation. Zur Ästhetik der Leserrolle im deutschen Roman zwischen 1750 und 1780. In: Deutsche Vierteljahresschrift für Literaturwissenschaft und Geistesgeschichte 1 (1979), S. 49–73

Klingenberg, Anneliese
– Johann Karl Wezels pädagogische Bestrebungen im Kontext der Aufklärungsbewegung. In: Neues aus der Wezel-Forschung 1 (1980), S. 19–24
– Herder, Wieland oder ein gewisser Wezel? Zu Wezels Roman „Tobias Knaut“. In: Neues aus der Wezel-Forschung. 2 (1984), S. 13–17
– Johann Karl Wezel – radikaler Aufklärer und Literaturtheoretiker. In: Kulturbund der DDR, S. 7–31
– Johann Karl Wezel und die „Neue Bibliothek der schönen Wissenschaften und freyen Künste.“ Ein Arbeitsbericht. In: Alexander Košenina und Christoph Weiß, S. 275–282
– Lebenszeugnisse Wezels: *Briefe*. Georg Joachim Zollikofer an Christian Heinrich Wolke. Carl Friedrich Ludloff: *An Wezel* Mann mit der Jammergestalt! In: Michael Glasmeier und Rolf Lobeck, S. 13–17
– Johann Karl Wezels Literaturtheorie. Herausforderung für die Literaturwissenschaft. In: Michael Glasmeier und Rolf Lobeck, S. 18–43
– Johann Karl Wezel als Theoretiker der Leipziger Aufklärung. In: Weimarer Beiträge: Zeitschrift für Literaturwissenschaft, Ästhetik und Kulturtheorie 36 (1990), S. 755–776
– Radikale Aufklärung und ihr Preis: Johann Karl Wezel (1747–1819). In: Colloquia Germanica, Internationale Zeitschrift für Germanische Sprach- und Literaturwissenschaft 22 (1989), S. 12–20
– Wezels ‚Lebensgeschichte Tobias Knauts des Weisen, sonst der Stammler genannt‘. In: Weimarer Beiträge: Zeitschrift für Literaturwissenschaft, Ästhetik und Kulturtheorie 35 (1989), S. 430–449

Klotz, Volker (Hrsg.)
– Zur Poetik des Romans. Darmstadt: Wissen. Buchgesell. 1965 (Wege der Forschung, Bd. 35)

Knautz, Isabel
– Epische Schwärmerkuren. Johann Karl Wezels Romane gegen die Melancholie. Würzburg: Königshausen & Neumann 1990
– Ein verkannter Aufklärer: Johann Karl Wezel. In: Literaturwissenschaftliches Jahrbuch der Görres-Gesellschaft N. F. 31 (1990), S. 95–131

Koller, Hans-Christoph
– Destruktive Arbeit: Zur Auseinandersetzung mit der philanthropischen Arbeitserziehung in J. K. Wezels „Robinson Krusoe“. In: Lessing Yearbook 22 (1990), S. 169–197
– Arbeit und Bildung in deutschen Romanen von 1770 bis 1790. In: Internationales Archiv für Sozialgeschichte der deutschen Literatur 17/2 (1992), S. 17–60

Košenina, Alexander und Christoph Weiß (Hrsg.)
– Johann Karl Wezel (1747–1819). St. Ingbert: Röhrig 1997

Košenina, Alexander
– Ernst Platners Anthropologie und Philosophie. Der ‚philosophische Arzt‘ und seine Wirkung auf Johann Karl Wezel und Jean Paul. Würzburg: Königshausen & Neumann. 1989 (= Epistemata. Würzburger Wissenschaftliche Schriften)
– Bücherschlachten in Wezels Gelehrtensatire „Silvans Bibliothek“. In: Alexander Košenina und Christoph Weiß, S. 157–178

Krauss, Werner (Hrsg.)
– Die französische Aufklärung im Spiegel der deutschen Literatur des 18. Jahrhunderts. Berlin: Akademie-Verlag, 1963.

Kremer, Detlef
– Wezel. Über die Nachtseite der Aufklärung. Skeptische Lebensphilosophie zwischen Spätaufklärung und Frühromantik. München: Fink 1985
– Spätaufklärung als Groteske. Johann Karl Wezels „Lebensgeschichte Tobias Knauts, des Stammlers, sonst der Weise genannt“. In: Alexander Košenina und Christoph Weiß, S. 9–28

Künzel, Werner und Peter Bexte
– Maschinendenken/Denkmaschinen. An der Schaltstelle zweier Kulturen. Frankfurt/M: Insel 1996 (insel taschenbuch 1771)

Kulturbund der DDR – Bezirksleitung Erfurt (Hrsg.)
– Johann Karl Wezel und die Aufklärung. Beiträge der wissenschaftlichen Konferenz in Weimar am 20. September 1988. Weimar 1989

Kulturbund der DDR. Arbeitskreis Johann Karl Wezel
– Zehn Jahre Arbeitskreis Johann Karl Wezel des Kulturbundes der DDR. Sonderhausen: Der Bund 1984

Lange, Victor
– Erzählformen im Roman des achtzehnten Jahrhunderts. In: Volker Klotz (Hg.). Zur Poetik des Romans, S. 32–47

Laqueur, Thomas
– Making Sex. Body and Gender From the Greeks to Freud. Cambridge-London: Harvard P. 1992

Lehmann, Christine
– Johann Karl Wezel und die Aufklärung. Wissenschaftliche Konferenz am 20. September 1988 in Weimar. In: Zeitschrift für Germanistik 10/4 (1989), S. 485–489

Levin, Michael E.
– Metaphysics and the mind-body problem. Oxford: Clarendon 1979. (Clarendon Library of Logic and Philosophy)

Linden, Mareta
– Untersuchungen zum Anthropologiebegriff des 18. Jahrhunderts. Bern-Frankfurt/M: Lang 1976 (= Studien zur Philosophie des 18. Jahrhunderts)

Littlejohns, Richard
– Johann Karl Wezel, the ‚Weimarer Musenhof' and Faust: A Literary Mystery. In: Publications of the English Goethe Society 60 (1990), S. 1–15

Low, Reinhard
– Philosophie des Lebendigen: der Begriff des Organischen bei Kant, sein Grund und seine Aktualität. Frankfurt/M: Suhrkamp 1980.

Lowood, Henry E.
– Patriotism, Profit, and the Promotion of science in the German Enlightenment. The Economic and Scientific Societies 1760–1815. New York-London: Garland 1991

Lyotard, Jean François
– La condition postmoderne: rapport sur le savoir. Paris: Editions de Minuit 1979

Manger, Klaus
– Johann Karl Wezel. Einzelgänger? Weltverbesserer? Dichterisches Genie? Erste Wezel-Gesamtausgabe in Vorbereitung. In: Forschungsmagazin der Friedrich Schiller-Universität Jena. Sommersemster (1995), S. 32–33

Mann, Gunter und Franz Dumont (Hrsg.)
– Die Natur des Menschen. Probleme der Physischen Anthropologie und Rassenkunde (1750–1850). Stuttgart-New York: Fischer 1990

Martini, Fritz
– Johann Karl Wezels verspätete Lustspiele. In: Stanley A. Corngold u.a. (Hrsg.): Aspekte der Goethezeit, S. 38–67

Mattenklott, Gert und Klaus R. Scherpe (Hrsg.)
– Literatur der bürgerlichen Emanzipation im 18. Jahrhundert. Kronberg (Ts.): Scriptor 1973. (Scriptor Taschenbücher; Literaturwissenschaft)

Maurer, Hans-Joachim
– Medizin der Aufklärung. In: Hans-Joachim Schoeps: Zeitgeist der Aufklärung, S. 173–194

Mazzolini, Renato G. and Shirley A. Roe
– Science against the unbelievers: the correspondence of Bonnet and Needham, 1760–1780. Oxford: Voltaire Foundation at the Taylor Institution 1986.

McKnight, Phillip S.
– The Novels of Johann Karl Wezel. Satire, Realism and Social Criticism in Late 18th Century Literature. Bern-Frankfurt/M.-Las Vegas: Lang 1981
– Wezel-Forschung in der DDR: Miszellaneen, Material und Mutmaßungen aus Sonderhausen und Leipzig. In: Lessing Yearbook/Jahrbuch 19 (1987), S. 223–266
– Folgenreiche Weichenstellung: Weimars Nichtrezeption der Dichtungs- und Gesellschaftskritik J. K. Wezels In: Wolfgang Wittkowski (Hrsg.). Verlorene Klassik?, S. 167–184

Mensching, Günther
– Totalität und Autonomie. Untersuchungen zur philosophischen Gesellschaftstheorie des französischen Materialismus. Frankfurt/M: Suhrkamp 1971

Meyer, Karl-Heinz
– Johann Karl Wezel und die „Nachtwachen von Bonaventura“. Der erste Teil einer Beweisführung. In: Neues aus der Wezel-Forschung 2 (1986), S. 62–86
– Warum sollte dieser Mann vergessen werden? Bilanz nach zwei Jahrzehnten DDR-Forschungsarbeit – Gelüftete Geheimnisse und blockierte Rätsel. In: Thüringische Landeszeitung vom 29. 10. 1988
– Die Lüge vom wahnsinnigen Wezel. In: Neues aus der Wezel-Forschung 1 (1980), S. 29–34

– Wezel in Sonderhausen – Letzte Lebensstation. In: Staatliche Museen Sonderhausens (Hrsg.). Sonderhäuser Beiträge 2 (1991), S. 91–98
– Zur Wezel-Forschung. In: Staatliche Museen Sonderhausens (Hrsg.). Sonderhäuser Beiträge 2 (1990), S. 90
– Wezels Kakerlak: eine vergessene Faustdichtung? Sonderhausen: Arbeitskreis Johann Karl Wezel des Kulturbundes der DDR 1987

Mielke, Andreas
– Wieland contra Swift und Rousseau – und Wezel. In: Colloquia Germanica, Internationale Zeitschrift fur Germanische Sprach- und Literaturwissenschaft 20/1 (1987), S. 15–37

Möller, Horst
– Vernunft und Kritik. Deutsche Aufklärung im 17. und 18. Jahrhundert. Frankfurt/M: Suhrkamp 1986

Montigel, Ulrike
– Der Körper im humoristischen Roman. Zur Verlustgeschichte des Sinnlichen. François Rabelais – Laurence Sterne – Jean Paul – Friedrich Theodor Vischer. Frankfurt/M: Athenäum 1987 (= Hochschulschriften Literaturwissenschaft Bd. 78)

Moravia, Sergio
– Beobachtende Vernunft. Philosophie und Anthropologie in der Aufklärung. Frankfurt/M: Fischer 1989 (= Fischer Wissenschaft)

Müller, Klaus-Detlef
– Der Roman als Gleichnis der Welt. Anmerkungen zu Johann Carl Wezels „Belphegor". In Theo Elm und Peter Hasubek (Hrsg.). Fabel und Parabel. Kulturgeschichtliche Prozesse im 18. Jahrhundert. München: Fink 1994, S. 215–222

Müller, Volker Ulrich
– Aufklärung als „traurige Wissenschaft". Johann Carl Wezels ‚Belphegor oder die wahrscheinlichste Geschichte unter der Sonne'. In: Hans Joachim Piechotta: Reise und Utopie, S. 170–221

Müller, Wilhelm Alfred
– Die Wiederkehr des Zufalls. Kontingenz und Naturerfahrung bei Naturwissenschaftlern, Philosophen und Theologen. Gütersloh: Mohn 1977 (= Gütersloher Taschenbücher/Siebenstern 220)

Nassen, Ulrich
– Trübsinn und Indigestion. Zum medizinischen und literarischen Diskurs über Hypochondrie im 18. Jahrhundert. In: Fugen 1 (1980), S. 171–186

Naumann, Dietrich
– Politik und Moral: Studien zur Utopie der deutschen Aufklärung. Heidelberg: Winter 1977 (Frankfurter Beiträge zur Germanistik; Bd. 15)

Nef, Ernst
– Der Zufall in der Erzählkunst. Bern-München: Francke 1970

Neumann, Erwin
– Lessing, Wezel, Klinger und Goethe. Vom Teufelspakt zum positiven Wettausgang in Fauststoff-Gestaltungen des 18. Jahrhunderts. In: Neues aus der Wezel-Forschung 3 (1991), S. 82–87

Oelmüller, Willi
– Die unbefriedigte Aufklärung. Beiträge zu einer Theorie der Moderne von Lessing, Kant und Hegel. Frankfurt/M: Suhrkamp 1969

O'Flaherty, James C.
– Johann Georg Hamann. Einführung in sein Leben und Werk. Aus dem Englischen von Wenzel Peters. Frankfurt/M-Bern-New York-Paris: Lang 1989 (= Regensburger Beiträge zur deutschen Sprach- und Literaturwissenschaft)

Paulus, Jörg
– Kasuistik der Leidenschaft. Schicksal, Charakter und menschliche Natur in Wezels „Herrmann und Ulrike". In: Alexander Košenina und Christoph Weiß, S. 93–110

Peterson, Brent O.
– Wezel and the Genre of Robinson Crusoe. In: Lessing Yearbook/Jahrbuch 20 (1988), S. 183–204

Perez, Hertha
– Eine neue Verfasserhypothese. In: Etudes Germaniques 39/3 (1984), S. 282–283

Pfotenhauer, Helmut
– Literarische Anthropologie. Selbstbiographie und ihre Geschichte – am Leitfaden des Leibes. Stuttgart: Metzler 1987 (= Germanistische Abhandlungen, Bd 62)

Piechotta, Hans Joachim (Hrsg.)
– Reise und Utopie: zur Literatur der Spätaufklärung. Frankfurt/M: Suhrkamp 1976. (Edition Suhrkamp 766)

Pilling, Dieter
– Wezel und Leipzig. Fakten und Mutmaßungen. In: Kulturbund der DDR, S. 70–87

Popper, Karl R. uUnd John C. Eccles
– Das Ich und sein Gehirn. München-Zürich: Piper 1989

Postma, Heiko
– Verbindung zur Geisterwelt. In: Die Horen 37/3 (1992), S. 39

Promies, Wolfgang
– Der Bürger und sein Narr oder das Risiko der Phantasie. München: Hanser 1966

Richter, Karl
– Literatur und Naturwissenschaft: eine Studie zur Lyrik der Aufklärung. München: Fink 1972

Rieber, R. W.
– Body and Mind: Past, Present, and Future. New York: Academic Press, 1980.

Riedel, Wolfgang
– Die Anthropologie des jungen Schiller: zur Ideengeschichte der medizinischen Schriften und der „Philosophischen Briefe“. Würzburg: Königshausen & Neumann 1985. (Epistemata: Reihe Literaturwissenschaften 17)

Roe, Shirley A.
– Matter, life, and generation: eighteenth-century embryology and the Haller-Wolff debate. Cambridge-New York: Cambridge P 1981

Rothschuh, Karl E.
– History of physiology. Translated and edited, with a new English bibliography by Guenter B. Risse. Huntington: Krieger 1973
– Physiologie: der Wandel ihrer Konzepte. Probleme und Methoden vom 16. bis 19. Jahrhundert. Freiburg-München: Alber 1968 (= Orbis Academicus. Problemgeschichten der Wissenschaft in Dokumenten und Darstellungen)
– Physiologie im Werden. Stuttgart: Fischer 1969 (Medizin in Geschichte und Kultur 9)

Runge, Anita
– Märchenhafte Anthropologie. Johann Karl Wezels „Kakerlak, oder Geschichte eines Rosenkreuzers aus dem vorigen Jahrhunderte“. In: Alexander Košenina und Christoph Weiß, S. 133–156

Rutherford, Donald
– Leibniz and the Rational Order of Nature. Cambridge-New York: Cambridge U 1995

Saine. P. Thomas
– The Problem of Being Modern or The German Pursuit of Enlightenment from Leibniz to the French Revolution. Detroit: Wayne State U 1997

Sauder, Gerhard
– „Verhältnismäßige Aufklärung". Zur bürgerlichen Ideologie am Ende des 18. Jahrhunderts. In: Jahrbuch der Jean-Paul-Gesellschaft 9 (1974), S. 102–126
– Johann Karl Wezels „Wilhelmine Arend, oder die Gefahren der Empfindsamkeit". In: Alexander Košenina und Christoph Weiß, S. 111–132
– Johann Karl Wezel: „Belphegor oder die wahrscheinlichste Geschichte unter der Sonne". In: Interpretationen. Romane des 17. und 18. Jahrhunderts. Stuttgart: Reclam 1996, S. 198–235
– Christian Thomasius. In: Rolf Grimminger (Hrsg.): Deutsche Aufklärung bis zur Französischen Revolution 1680–1789, S. 239–250

Schatzberg, Walter
– Scientific themes in the popular literature and the poetry of the German enlightenment, 1720–1760. Bern: Lang, 1973.

Schings, Hans-Jürgen
– Melancholie und Aufklärung. Melancholiker und ihre Kritiker in Erfahrungsseelenkunde und Literatur des 18. Jahrhunderts. Stuttgart: Metzler 1977
– Der anthropologische Roman. Seine Entstehung und Krise im Zeitalter der Spätaufklärung. In: Bernhard Fabian, Wilhelm Schmidt-Biggemann und Rudolf Vierhaus (Hrsg.): Die Neubestimmung des Menschen, S. 247–275
– Der ganze Mensch: Anthropologie und Literatur im 18. Jahrhundert. Stuttgart: Metzler 1994 (= Germanistische Symposien, Berichtsbände XV)

Schleef, Einar
– Wezel. Schauspiel. Mit einem zeitgenössischen Bericht von Jonas Ludwig Hess. Frankfurt/M: Suhrkamp 1983

Schleiermacher, Detten D.
– *Belphegor* – der film. In: Michael Glasmeier und Rolf Lobeck, S. 181–187

Schmidt, Arno
- Belphegor. Nachrichten von Büchern und Menschen. Frankfurt/M: Fischer 1985

Schmitt, Albert R.
- Paralipomena zu Gerhard Steiners Wezel-Aufsatz. In: Sinn und Form 2/80 (1980), S. 492–497
- Wezel und Wieland. In: Hansjörg Schelle (Hrsg.). Christoph Martin Wieland: Nordamerikanische Forschungsbeiträge zur 250. Wiederkehr seines Geburtstages 1983. Tübingen: Niemeyer 1984, S. 251–275
- Englische Einflüsse in den Schriften Johann Carl Wezels In.: Wissenschaftliche Zeitschrift der Wilhelm-Pieck-Universität Rostock. Gesellschaftswissenschaftliche Reihe 31/8 (1982), S. 23–29

Schmidt, Jochen (Hrsg.)
- Aufklärung und Gegenaufklärung in der europäischen Literatur, Philosophie und Politik von der Antike bis zur Gegenwart. Darmstadt: Wiss. Buchgesell. 1989

Schmidt, Michael
- Die Banalität des Negativen. Johann Karl Wezel als Bearbeiter von Daniel Defoes „Robinson Crusoe“. In: Alexander Košenina und Christoph Weiß, S. 197–216

Schneiders, Werner
- Die wahre Aufklärung. Zum Selbstverständnis der deutschen Aufklärung. Freiburg-München: Alber 1974
- Naturrecht und Liebesethik. Zur Geschichte der praktischen Philosophie im Hinblick auf Christian Thomasius. Hildesheim-New York: Olms 1971

Schönert, Jörg
- Fragen ohne Antwort. Zur Krise der literarischen Aufklärung im Roman des späten 18. Jahrhunderts: Wezels „Belphegor“, Klingers „Faust“ und die „Nachtwachen von Bonaventura“. In: Jahrbuch der deutschen Schillergesellschaft (1970), S. 181–229
- Johann Karl Wezels und Joachim Campes Bearbeitungen des Robinson Krusoe: Zur literarischen Durchsetzung des bürgerlichen Wertkomplexes ‚Arbeit‘ in der Literatur des späten 18. Jahrhunderts. In: Eda Sagarra (Hrsg.): Deutsche Literatur in sozialgeschichtlicher Perspektive: Ein Dubliner Symposium. Dublin 1989, S. 18–34

Schönert, Jörg und Hans-Jürgen Windszus
- Wezels „Wilhelmine Arend oder die Gefahren der Empfindsamkeit". Ein früher Eheroman im Zeichen von Komik, Satire, Ironie und anthropologischer Analyse. In: Neues aus der Wezel-Forschung 3 (1991), S. 69–81

Schoeps, Hans Joachim (Hrsg.)
- Zeitgeist der Aufklärung. Paderborn: Schöningh. 1972.

Schrimpf, Hans Joachim
- Das „Magazin zur Erfahrungsseelenkunde" und sein Herausgeber. In. Zeitschrift für Deutsche Philologie 2 (1980), S. 161–187

Schweizer, Hans Rudolf
- Ästhetik als Philosophie der sinnlichen Erkenntnis. Eine Interpretation der „Aesthetica" A. G. Baumgartens mit teilweiser Wiedergabe des lateinischen Textes und deutscher Übersetzung. Basel-Stuttgart: Schwabe 1973

Sharpe, Lesley
- Über den Zusammenhang der tierischen Natur der Frau mit ihrer geistigen. Zur Anthropologie der Frau um 1800. In: Jürgen Barkhoff und Eda Sagarra (Hrsg.): Anthropologie und Literatur um 1800, S. 213–225

Searle, John R.
- Minds, brains, and science. Cambridge: Harvard U 1984.

Seibert, Regine
- Satirische Empirie. Literarische Struktur und geschichtlicher Wandel der Satire in der Spätaufklärung. Würzburg: Königshausen & Neumann 1981

Sloterdijk, Peter
- Kritik der zynischen Vernunft. 2 Bde. Frankfurt/M: Suhrkamp 1983

Specht, Rainer
- Commercium mentis et corporis. Über Kausalvorstellungen im Cartesianismus. Stuttgart-Bad Cannstatt: Frommann & Holzboog 1966.

Stafford, Barbara Maria
- Body Criticism. Imaging the Unseen in Enlightenment Art and Medicine. Cambridge-London: MIT Press 1993

Steinbrügge, Lieselotte
– Das moralische Geschlecht. Theorien und literarische Entwürfe über die Natur der Frau in der französischen Aufklärung. Weinheim-Basel: Beltz 1987

Steiner, Gerhard
– Zerstörung einer Legende oder das wirkliche Leben des Johann Karl Wezel. In: Sinn und Form 3 (1979), S. 699–710
– Johann Karl Wezels Behandlung durch Dr. Samuel Hahnemann. In: Jahrbuch der Deutschen Schiller-Gesellschaft 25 (1981), S. 229–237
– Das feudale Umfeld Wezels. In: Michael Glasmeier und Rolf Lobeck, S. 65–96
– Die ersten poetischen Arbeiten Johann Karl Wezels. In: Neues aus der Wezel-Forschung 1 (1980), S. 9–18
– Johann Karl Wezel und Heinrich Christian Boie. Bisher ungedruckte Briefe mit Erläuterungen. In: Neues aus der Wezel-Forschung 2 (1986), S. 48–58
– Der literarische Diebstahl. Wezel und Blumröder. In: Kulturbund der DDR, S. 88–95
– Johann Karl Wezel und das vorrevolutionäre Frankreich. In: Kulturbund der DDR, S. 57–69

Strube, Rolf-Günter
– Die Physiognomie der Unvernunft. Studien zur Rolle der Einbildungskraft im erzählerischen Werk Johann Karl Wezels. Heidelberg: Winter 1980

Thome, Horst
– Roman und Naturwissenschaft: eine Studie zur Vorgeschichte der deutschen Klassik. Frankfurt/M-Bern-Las Vegas: Lang, 1978. (Regensburger Beiträge zur deutschen Sprach- und Literaturwissenschaft: Reihe B, Untersuchungen; Bd. 15)

Thurn, Hans Peter
– Der Roman der unaufgeklärten Gesellschaft: Untersuchungen zum Prosawerk Johann Karl Wezels. Stuttgart-Berlin-Köln-Mainz: Kohlhammer 1973. (Studien zur Poetik und Geschichte der Literatur; Bd. 30)

Titzmann, Michael (Hrsg.)
– Modelle des literarischen Strukturwandels. Tübingen: Niemeyer 1991 (= Studien und Texte zur Sozialgeschichte der Literatur 33)

Toellner, Richard
– Anima et Irritabilitas. Hallers Abwehr von Animismus und Materialismus. In: Sudhoffs Archiv; Zeitschrift fur Wissenschaftsgeschichte. Bd. 51, Heft 2 (1967), S. 130–144
– Albrecht von Haller: Über die Einheit im Denken des letzten Universalgelehrten. (Sudhoffs Archiv. Beihefte 10) Wiesbaden 1971

Tronskaja, Maria
– Die Deutsche Prosasatire der Aufklärung. Berlin: Rütten & Loening 1969
– Die Satire in Wezels Roman „Robinson Krusoe". In: Neues aus der Wezel-Forschung 1 (1980), S. 25–27
– Johann Karl Wezel und die deutsche Prosasatire der Aufklärung. In: Neues aus der Wezel-Forschung 2 (1986), S. 7–12

Joseph Vogl
– Homogenese. Zur Naturgeschichte des Menschen bei Buffon. In: Hans-Jürgen Schings. Der ganze Mensch, S. 80–95

Weiland, Daniela
– Wezels Meisterwerk. Eine Hypothese. In: Michael Glasmeier und Rolf Lobeck, S. 187–217

Weiß, Christoph
– Comédie (in)humaine. Johann Karl Wezels „Lustspiele". In: Alexander Košenina und Christoph Weiß, S. 217–236

Wilson, W. Daniel und Robert C. Holub (Hrsg.)
– Impure Reason. Dialectic of Enlightenment in Germany. Detroit: Wayne State P 1993

Wittkowski, Wolfgang (Hrsg.)
– Verlorene Klassik? Ein Symposium. Tübingen: Niemeyer 1986

Wolff, Michael
– Geschichte der Impetustheorie. Untersuchungen zum Ursprung der klassischen Mechanik. Frankfurt/M: Suhrkamp1978

Žmegač, Victor (Hrsg.)
– Geschichte der deutschen Literatur vom 18. Jahrhundert bis zur Gegenwart. Königstein/Ts.: Athenäum 1978